TOBIAS BAYER
Philipp Plein

TOBIAS BAYER

PHILIPP PLEIN

Aus dem Nichts zum Modeimperium.
Die Erfolgsstory eines Underdogs

Lübbe LIFE

Die Bastei Lübbe AG verfolgt eine nachhaltige Buchproduktion. Wir verwenden Papiere aus nachhaltiger Forstwirtschaft und verzichten darauf, Bücher einzeln in Folie zu verpacken. Wir stellen unsere Bücher in Deutschland und Europa (EU) her und arbeiten mit den Druckereien kontinuierlich an einer positiven Ökobilanz.

MIX
Papier | Fördert gute Waldnutzung
FSC® C014496

Originalausgabe

Dieses Werk wurde durch die Literaturagentur
Thomas Schmoll, 10717 Berlin, vermittelt.

Bastei Lübbe AG, Schanzenstraße 6–20, 51063 Köln

Lektorat: Valérie Thieme
Textredaktion: Dr. Matthias Auer,
Bodman-Ludwigshafen
Umschlaggestaltung: © Miriam Steinhart | Guter Punkt, München
Umschlagmotiv: © Philipp Plein
Satz: hanseatenSatz-bremen, Bremen
Gesetzt aus der Minion Pro
Druck und Verarbeitung: GGP Media GmbH, Pößneck

Printed in Germany
ISBN 978-3-431-07050-7

2 4 5 3 1

Sie finden uns im Internet unter luebbe.de
Bitte beachten Sie auch: lesejury.de

INHALT

KAPITEL EINS: IN DER KÖNIGSVILLA

Es ist das erste Mal, dass ich mit Deutschlands erfolgreichstem Luxusdesigner allein bin. Das erste Mal nach über sechs Jahren vergeblicher Versuche. Seit 2016 hetze ich hinter Philipp Plein her. Ich bin ihm über den halben Globus nachgereist und habe bei unzähligen seiner Fashion Shows im Publikum gesessen. Es ist mehr als eine Stunde nach Mitternacht, und wir sind endlich unter uns: nur er und ich.

Plein hat die Presse und Geschäftspartner nach Cannes in seine Villa eingeladen, die er »La Jungle du Roi« getauft hat, »der Dschungel des Königs«. Mit dem König meint sich Plein selbst, Understatement ist nicht unbedingt seine hervorstechendste Eigenschaft. Das Haus ist weitläufig und verwinkelt. Ich denke an *Citizen Kane* von Orson Welles, in dem der Zeitungsmagnat Charles Foster Kane einsam durch sein Privatschloss Xanadu geistert. Wie Plein hat er aus eigenen Kräften und mit unbedingtem Willen ein Imperium aufgebaut.

In dieser Nacht bin ich der letzte Gast. Stundenlang hat Plein geredet, geschäkert, getanzt und dafür Sorge getragen, dass er mit jedem und jeder ein paar Worte gewechselt und ihnen damit das Gefühl gegeben hat, wirklich wichtig zu sein. Jetzt wirkt er erschöpft. Zumindest ein bisschen.

Wir haben uns auf ein Sofa in einem Ruheraum fallen lassen. Plein hat sich weit in die Kissen zurückgelehnt und seine nackten Füße hochgelegt. Er hat die Muße, über sich zu erzählen. Woher er kommt, was ihn geprägt hat, was er erreichen will. Er redet los, ohne dass ich eine Frage gestellt habe. Ich bin still. Mein Aufnahmegerät habe ich so sachte wie möglich neben mich gelegt und angeschaltet. Mehrmals versichere ich mich, dass das rote Licht leuchtet. Denn Plein ist in Fahrt.

Plein ist ein Paradox. Einerseits ist er eine öffentliche Figur, die sich und ihr luxuriöses Leben vor drei Millionen Followern auf Instagram täglich ausstellt. Andererseits entzieht er sich auf magische Weise. Er lässt alle an sich ran, hält aber Distanz und ist nie so recht zu fassen. Eine »Nähe-Vermeidungsmaschine« nannte ihn eine meiner Kolleginnen, was es wohl trifft.

Plein, der Dschungelkönig, ist stets von einem Pulk umgeben, einem Tross von Menschen, die für ihn arbeiten. Von Menschen, die mit ihm Geschäfte machen oder gern mit ihm machen wollen. Von Menschen, die ihm auf die Schulter klopfen, ihn in exaltierter Herzlichkeit umarmen und ihm sagen, wie toll er sei. Einer, der ihn gut kennt, sagte mir: »Plein hat Angst, allein zu sein.«

Plein redet. »Es ist schon toll, die Freiheit zu haben, so kreativ zu sein«, sagt er. »Geld macht nicht glücklich. Der größte Luxus ist es, seine Ideen realisieren zu können. Ich bin ein Dreamer, ein Believer. Ich baue mir meine Traumwelt. Ich habe all meine Träume Schritt für Schritt erfüllt.«

Die Sätze sind fester Bestandteil seines Repertoires. Plein scheint sich für jedes Thema ein paar griffige Formulierungen zurechtgelegt zu haben, die er bei Bedarf aus der mentalen Schublade ziehen kann. Egal, ob es um einen neuen Schuh, ein neues Parfüm oder eben um ihn selbst geht.

Plein beschreibt sich als »Performer« oder »Verkäufer«. Wer mit ihm Zeit verbringt, gewinnt den Eindruck, dass Plein nicht diskutiert, sondern vorwiegend doziert. Fragt man ihn etwas Persönliches, neigt er dazu, sich auf eine abstraktere Ebene zu begeben. Er redet viel lieber über den Luxusmarkt, die Psychologie des Konsumenten, die Macht von Social Media, das Versprechen der Kryptowährungen und die Architektur seiner Häuser als über sich selbst. Die Person Plein verschwindet hinter dem Berg an Gedankenkonzepten, die Plein vor sich auftürmt. Umgekehrt will er auch nicht unbedingt wissen, was im Leben seines Gesprächspartners gerade passiert. Ich kann mich beim besten Willen nicht daran erinnern, dass Plein mich irgendetwas Persönliches gefragt hätte.

Doch in dieser Nacht sagt er auch Sachen, die ich so von ihm noch nicht gehört habe und die mich verblüffen. »Ich habe sehr wenig Zeit, das, was ich aufgebaut habe, zu genießen«, räumt er ein. In der Traumfabrik Plein stehen die Räder niemals still. Der »King of Bling«, das »Enfant Terrible«, der »Anti-Held«, der »Underdog«, wie ihn die Presse nennt, ist ein Arbeitstier. Er schuftet rund um die Uhr. Er schläft wenig. Sechs Stunden Schlaf sind viel für ihn. Ist er wach, ist die Zeit durchgetaktet bis spät in die Nacht. Es ist ein irres Pensum, das sich Plein seit bald einem Vierteljahrhundert zumutet.

Es bleiben ihm nur wenige Momente in der Woche, um Atem zu schöpfen und zu sich zu kommen. Wenn er kurz vor Mitternacht nach Hause kommt, steigt er in die Badewanne. »Für eine halbe Stunde«, sagt er. Ganz schaltet er aber selbst im Blubberbad nicht ab. »Dann schaue ich meistens CNN und lese *Women's Wear Daily*. CNN ist ein amerikanischer Nachrichtenkanal, *Women's Wear Daily* ein Fachmagazin für Mode. Es ist eine Gutenachtbeschäftigung für Hochleistungsmenschen.

Relativ entspannt ist der Freitagabend, wenn er in seinen gelben Lamborghini steigt und von seinem Büro in Lugano in der Schweiz in rund vier Stunden in seine Dschungel-Villa an der Côte d'Azur braust. »Da kann ich nachdenken. Da wird mir bewusst, was um mich herum passiert ist.«

Und es ist eine ganze Menge passiert. Plein ist eine Ich-AG, die zu einer Welt-AG geworden ist. Er ist einer der ganz wenigen noch verbliebenen unabhängigen Designern auf dem 350 Milliarden Euro schweren Luxusmarkt, der von Giganten wie LVMH, Kering und Richemont beherrscht wird, zu denen Marken wie Louis Vuitton, Christian Dior, Gucci, Yves Saint Laurent, Cartier und Montblanc gehören.

»I'm not a businessman … I'm a business, man!«, dichtete Plein in seinen Anfangsjahren. War damals noch ein Schuss Wichtigtuerei dabei, so trifft der Satz heute voll zu. Die Philipp Plein Holding AG mit Sitz in Lugano erwirtschaftet einen Umsatz von über 200 Millionen Euro.

Seit über einer Dekade zeigt er seine Kollektionen auf der Mailänder Fashion Week neben Giorgio Armani, Gucci und Prada, wo deutsche Marken wie Hugo Boss oder Aigner nur gelegentlich auftreten. Er verkauft nicht nur Bekleidung, Schuhe und Taschen, sondern inzwischen auch Brillen, Uhren, Düfte und Möbel. In Mailand entstehen Apartments und ein Hotel samt Club unter seinem Namen, abgestempelt und besiegelt mit seinem Logo: zwei Ps, achsengespiegelt, in einem Sechseck.

Plein kann nicht loslassen und ist in jedes Detail eingebunden. Er entscheidet, wie die Kollektion aussieht, wer die Lampen in den Läden an die Decke schraubt und wie viel für das Wi-Fi-Netzwerk und die Drucker ausgegeben wird. Keine Rechnung wird ohne sein Okay bezahlt. Plein ist Vorstandschef und Kreativdirektor in Personalunion, was in der Mode sonst eigentlich nur auf Giorgio Armani zutrifft. Die anderen Marken haben die beiden Aufgabenfelder getrennt. Vielleicht, weil ihnen bewusst ist, dass der Tag nur 24 Stunden hat.

Wer eine Audienz mit dem König will, muss hartnäckig

bleiben, sich in Geduld üben und darf nicht pingelig auf die Uhr gucken. Häufig wartet man eine Weile, ohne dass sich irgendetwas ereignet. Und dann ist Plein auf einmal da, und alles spielt sich wie im Zeitraffer ab. Viele Interviews finden in Bewegung statt. Typisch ist, dass Plein nach vorn rennt und die Journalisten ihm im Schlepptau hinterherhecheln. Mit Karacho eilt er durch den neuen Laden, den neuen Showroom oder eines seiner Anwesen und rattert in atemberaubendem Stakkato Informationen herunter. Umsätze, Quadratmeter und Preise.

Er redet ohne Punkt und Komma, erzählt, was er alles angepackt habe und in Bälde anpacken werde. Die Reporter fragen kreuz und quer. Am Ende bleibt vor lauter Zahlen, Fakten und Superlativen eine gewisse Ratlosigkeit zurück, wie man das gerade Erlebte einordnen soll.

Arbeit und Privates gehen bei Plein fließend ineinander über. Ja, vielleicht ist alles eins für ihn. Wer nicht von seiner Seite weicht, dem kann es passieren, dass er ihn zum Abendessen begleiten darf und sich auf einmal am Tisch mit seinen Eltern und seiner Schwester wiederfindet. Wie es mir einmal in München widerfahren ist, als er nach einer Ladeneröffnung in das Edelrestaurant Käfer bat.

Ich saß zwischen Plein und seinem Stiefvater. Plein hielt sich meinen Audiorekorder wie ein Diktiergerät vor den Mund und sprach die Geschichte seines Aufstiegs ein, gelegentlich unterbrochen von Einwürfen seiner Mutter und Schwester. Zwischendurch wandte ich mich seinem Stiefvater zu. Ich vertraute ihm an, dass ich gern ein Buch schreiben würde. Nur sei ich mir nicht sicher, von was oder wem das Buch handeln würde, beichtete ich ihm. Er sprach mir Mut zu. »Ich glaube, dass Sie es schreiben werden.«

Heute weiß ich, dass es Pleins Biografie ist. Ich habe lange gebraucht, bis ich mir das eingestanden habe. Eigentlich hatte ich mir vorgenommen, über Jil Sander zu schreiben. Mich hatte der Ehrgeiz gepackt, der schweigsamen Designerin ihr Geheimnis zu entreißen. Doch je tiefer ich ins Archiv abstieg, je mehr Daten und Fakten ich in meinen Ordnern ablegte, desto lustloser wurde ich. Jil Sanders Geschichte mag spannend sein, sie löst aber nichts in mir aus.

Das ist bei Plein anders. Mir ist er näher, mit seinem Werdegang kann ich mich identifizieren. Wir sind beide 1978 geboren. Mir imponiert, dass er an sich glaubte, als die meisten an ihm zweifelten und ihn verspotteten. Er ist kein Modedesigner und ist doch in der Mode gelandet, während ich Journalist geworden bin, ohne eine Journalistenschule besucht zu haben, weswegen ich mich am Anfang meiner Laufbahn manchmal wie ein Hochstapler fühlte. Vielleicht kam sich Plein auch so vor.

Mir ist es wichtig, die Menschen nicht zu belehren, sondern zu unterhalten. Das gilt auch für Plein. In der Mode, in der sich viele furchtbar ernst nehmen und unheimlich gebildet daherschwafeln, ist er der Entertainer, der etwas Verrücktes tut, damit alle ihren Spaß haben. In seinen Laden auf dem Mailänder Corso Venezia hat er eine Bar hineingebaut, die mit ihren gewölbten Wänden der Kabine eines Privatjets nachempfunden ist, und hat sie Air Force Plein getauft. Als ich das einem Studienfreund zeigte, sagte er mir: »Tobias, Plein ist doch viel geiler als Jil Sander.«

*

Ich horche mich ausgiebig bei seinen ehemaligen Weggefährten um. Da Plein fast jede Sekunde etwas zu tun hat, hat er mir keine Liste mit Personen gegeben, wie man es als Biograf hätte erwarten können. Stattdessen habe ich quasi alle Namen und Nummern selbst recherchiert. Bis auf wenige Ausnahmen. Eine ist wirklich amüsant. An einem Abend legte mir Plein nahe, mit X zu reden. »Dann gab es noch den X. Hast du mit dem schon gesprochen? Der war auch ein guter Typ.« Da Plein die Nummer nicht mehr hat, setze ich alle Hebel in Bewegung und mache X ausfindig, Nach zwei Wochen Stalking meldet sich X. Er ist bereit, mit mir zu sprechen, sofern Plein ihm persönlich die Erlaubnis erteilt. Ich gebe ihm Pleins Nummer. Doch jedes Mal, wenn X anruft, geht Plein nicht ran.

Weitere zwei Wochen vergehen, bis ich Plein wiedersehe. Ich bitte ihn, X das Okay zu geben. Plein reicht mir sein Handy und sagt: »Schreib du ihm.« Ich tippe und komme mir augenblicklich fadenscheinig vor: »Hallo X, du kannst mit Tobias sprechen.« X ist wohl misstrauisch, als er die Nachricht bekommt, und hakt nach. Er teilt mir mit, »ohne Erfolg« durch geklingelt und eine SMS geschrieben zu haben, die nicht beantwortet worden sei. »Schade, ich versuche es weiterhin.« Weitere zwei Wochen ziehen ins Land, bis wir beide aufgeben. Und ich schäme mich, dem X ein X für ein U vorgemacht zu haben.

Gott sei Dank sind die meisten Personen bereit, mit mir zu sprechen. Man merkt, dass sie gern an ihre Zeit mit Plein zurückdenken. Egal, wie sie mit ihnen und Plein geendet hat. Ab und an schicke ich Plein Bilder von meinen Begegnungen. Nachdem ich ihm ein Selfie mit Karl-Heinz Müller, dem Ex-Chef der Messe Bread & Butter, geschickt hatte, antwortete Plein mit einem Herz. Auf der Bread & Butter hatte Plein seinen Durchbruch in der Mode. Und Müller hatte es möglich gemacht.

Nur ein einziges Mal hat mich Plein bisher angerufen. Er saß im Auto und war auf dem Weg von Lugano nach Mailand. »Tobias, matcht das, was ich dir sage, mit dem, was dir die Leute erzählen?« Ich bejahte das. Plein dramatisiert hin und wieder, er ist aber kein Märchenonkel. Allerdings hat er nie Zeit, sich mit mir länger zu unterhalten. Umgekehrt fällt ihm sofort auf, wenn ich keine Zeit habe und ausnahmsweise nicht zu einem seiner Events erscheine. Ich fehlte, als er in Genf eine Uhr vorstellte. Ein paar Tage später hielt er mir das vor: »Du warst ja nicht da. Wo warst du denn? Bei Brunello Cucinelli?«

Das ist eine versteckte Spitze. Brunello Cucinelli ist der italienische Kaschmirkönig. Er redet mit leiser Stimme gern über Aristoteles, Thomas von Aquin und die Würde des Handwerks. Cucinelli versteht es, die ganze Presse an sich zu binden. Wenn er während der Herrenmodenmesse Pitti Uomo in Florenz zum Dinner einlädt, versammelt er Journalisten aus aller Welt um sich. Darüber regen sich hinter vorgehaltener Hand einige Labels auf, die am gleichen Abend gern feiern würden, aber sich nicht trauen, weil sie Angst haben, trotz bestem Prosecco und Prosciutto alleine zu bleiben.

In der Hoffnung, endlich mit Plein in Ruhe sprechen zu können, bin ich extra aus Mailand zu ihm nach Cannes gereist. Laut Google Maps sind das 350 Kilometer. Es ist ein Wagnis gewesen, da ich im Voraus nicht abschätzen konnte, ob er sich für mich überhaupt Zeit nehmen würde. Es waren 350 Kilometer Fahrt einfach mal ins Blaue hinein.

Lange überlegen, ob sich die Tour lohnt, konnte ich nicht. Seine Einladung flatterte wie immer auf den letzten Drücker herein. Plein ist nicht nur Deutschlands erfolgreichster Luxusdesigner, sondern auch Deutschlands notorischster Auf-den-letzten-Drücker-Einlader. Wenige Tage zuvor landete eine E-Mail in meinem Postfach. Eingangszeit: 14:07 Uhr. Absender: Beniamino, der bei einer PR-Agentur angestellt ist, die sich für Plein um Presse und Events kümmert. Ich schenkte der Nachricht zuerst keine Beachtung, weil ich mit anderem beschäftigt war.

Plein aber ist nicht nur ein Getriebener, er treibt auch seine

Leute an, sich so wie er ins Zeug zu legen. Nur etwas mehr als eine Stunde später, exakt um 15:22 Uhr, fasste Beniamino schon auf WhatsApp nach. »Hast du meine E-Mail gesehen?« – »Okay, es eilt«, murmelte ich vor mich hin.

Ich klickte die E-Mail auf, und mir leuchtete eine digitale Karte entgegen: »Entdecken Sie die exquisite Landschaft des Luxus. Mr. Philipp Patrick Plein würde sich freuen, Sie in seiner Villa in Cannes La Jungle du Roi zu begrüßen.« Das alles war in goldenen Lettern verfasst.

Was der Anlass der Einladung war, erschloss sich mir nicht so recht. Beniamino schrieb nur kurz etwas von einem neuen Parfüm, von Brillen und einem NFT, das »out of this world« sei. Ein NFT ist ein Non-Fungible-Token, also ein digitales Kunstwerk, das einem Eigentümer klar zugewiesen werden kann.

Für ein neues Parfüm nach Cannes? »Absurd«, schoss es mir durch den Kopf. Dabei starrte ich aber weiter gebannt auf die goldene Karte. »Oder ist das mein Glückstag, dass ich endlich mit ihm quatschen kann?« Minutenlang wälzte ich das Für und Wider in meinem Kopf und gab mir schließlich einen Ruck. »Ich probier's«, entschied ich und tippte an Beniamino: »Okay.«

Nachdem ich dann morgens um 10 Uhr in Mailand aufgebrochen und am Nachmittag durch Cannes flaniert bin, stehe ich kurz vor 20 Uhr vor Pleins Anwesen auf einem der Hügel, die über der Stadt thronen. Vor dem Tor ist ein breitschultriger Bodyguard in schwarzem Anzug postiert. Er mustert mich etwas abschätzig. In der Eile habe ich übersehen, was über der Einladung stand. »Dresscode: Black Tie«. Als ich im Hotel meinen Fauxpas bemerkte, war es zu spät. Statt im Smoking mit schwarzer Fliege stehe ich in zerlöcherter Jeans und Jeanshemd vor dem Dschungel des Königs. Trotz meines unwürdigen Aufzugs darf ich passieren und finde mich nach wenigen Schritten im Garten der Villa wieder. Da Plein hier dauernd für

Instagram filmt, kommt es mir so vor, als würde ich durch die Kulisse eines Hollywood-Movies schreiten, das ich schon hundertmal gesehen habe. Ich laufe ich an einer verglasten Garage vorbei, in der ein grüner Ferrari parkt, und gelange an einen plätschernden Springbrunnen. Grüner Ferrari, Springbrunnen? Ich habe ein Déjà-vu und stutze kurz, dann verstehe ich warum: »Natürlich, die Posse mit Ferrari!«

2019 stellte Plein seine Sneaker auf der Haube seines grünen Flitzers ab, den er vor dem Springbrunnen geparkt hatte. Er spritzte mit dem Gartenschlauch, zwei Bikini-Schönheiten in Gestalt seiner Partnerin Lucia und Alexa Dellanos, der Freundin des Graffitikünstlers Alec Monopoly, seiften seinen Boliden in aufreizender Pose ein. Die Bilder veröffentlichte er auf seinem Instagram-Account. Ferrari sah das mit Entsetzen und forderte ihn in einem gepfefferten Anwaltsschreiben auf, solch eine »geschmacklose Werbung« zu unterlassen. Plein keilte zurück und stellte sich auf den Standpunkt, dass es sich um keine Werbung für die Marke Philipp Plein gehandelt habe, sondern eine rein private Spielerei gewesen sei. Erstens gehöre der Ferrari ihm. Mit seinem Eigentum könne er machen, was ihm beliebe. Zweitens handele es sich um kein professionelles Fotoshooting mit Models, sondern um ein paar Schnappschüsse unter Freunden. Den Brief des Ferrari-Advokaten postete er natürlich auf Instagram.

Es war der Höhepunkt eines kuriosen Streits, der schon Jahre schwelte. In seiner Fashion Show im Juni 2017 hatte Plein mehrere Sportwagen losröhren lassen, darunter auch Ferraris. Anscheinend hatte er die Sportwagenschmiede aus Maranello nicht um Erlaubnis gebeten. Ein paar Monate später monierte Ferrari, dass Plein bei der Eröffnung seines Stores auf der New Yorker Mercer Street einen weißen Testarossa innendrin abstellte.

Am Ende musste Plein 300.000 Euro Schadenersatz zahlen. Es war nur etwas mehr als ein Zehntel dessen, was Ferrari ursprünglich verlangt hatte. Die Sportwagenschmiede hatte 2 Millionen Euro plus Anwaltskosten geltend gemacht. Plein nahm es gelassen und verbuchte es als Marketing. Denn der Zoff mit Ferrari bescherte ihm gewaltige Aufmerksamkeit. Medien in aller Welt berichteten über jede Volte der Auseinandersetzung. Wer heute »Plein« und »Ferrari« auf Google eingibt, erhält 11,7 Millionen Suchergebnisse. »Jeder Kanalarbeiter in Mexiko weiß davon.«

Der grüne Ferrari ist da, der Brunnen ist da. Es fehlt nur der Hauptdarsteller.

»Wo ist denn Plein?«, frage ich mich.

»(

Den Namen Philipp Plein hatte ich das erste Mal im Frühjahr 2016 vernommen. Damals hatte ich gerade als Italienkorrespondent bei der *TextilWirtschaft* angefangen. Die *TW* ist Deutschlands wichtigstes Fachmagazin für Mode und wird sowohl von der Industrie als auch dem Einzelhandel gelesen. Besser als die Publikumspresse kann sie einschätzen, welche Designer und Marken kommerziell erfolgreich sind. Deshalb ist ihr Plein, der zu den wenigen deutschen Modeschaffenden zählt, die Kunden in aller Welt haben, immer eine Story wert. Dass Plein für mich bis dahin kein Begriff war, lag daran, dass ich vor meinem Job bei der *TextilWirtschaft* so gut wie nichts mit Mode am Hut hatte. Ich habe vor allem über Wirtschaft und Politik berichtet. Meine erste Leidenschaft war der Ölmarkt, weswegen mir meine frühere Redaktion den Spitznamen »Ölprinz« verpasste.

»Du, der Plein hat da etwas auf Instagram verkündet. Irgendetwas mit Briatore zusammen. Schaust du dir das bitte einmal an?«, schrieb mir damals ein *TextilWirtschafts*-Kollege aus der Zentrale in Frankfurt und schickte mir einen Internetverweis. »Wer bitte ist denn Plein?«

Ich klickte auf den Link. Es poppte ein Bild auf, das zwei Männer bei der Vertragsunterschrift zeigte. Rechts saß Flavio Briatore. Den kannte ich, weil er in den 1990er-Jahren mit Michael Schumacher als Benetton-Piloten zweimal die Formel-1-Weltmeisterschaft gewonnen hatte. Der Italiener besitzt eine Vorliebe für junge Frauen, getönte Brillen und Steuersparmodelle. Links saß ein mir unbekannter Blonder, der sich seinen Pony wie die Comicfigur Tim spitz nach oben gegelt hatte. Das musste also Plein sein. »Wir bauen ein Imperium«, stand unter dem Bild.

Die Nachricht war, dass Plein die Mehrheit an Briatores Label Billionaire übernehme. Plein präsentierte das als ein gewaltiges Manöver, das die Mode in ihren Grundfesten erschüttern werde. Pech für mich, dass ich von einem Label namens Billionaire zu der Zeit noch nie etwas gehört hatte. Briatore hatte einen Club auf Sardinien, der so hieß. Aber Mode namens Billionaire?

Im Herbst 2016 machte Plein ein zweites Mal von sich reden. Er trommelte die Presse zusammen. An der Via dei Giardini, keine schlechte Adresse. Ich ging zum Termin und stand verdattert vor einem siebenstöckigen Turm. Unten im Foyer funkelte bedrohlich ein gigantischer Totenkopf, oben auf dem Dach war in dicken Lettern »Philipp Plein« angeschrieben. Eine Mischung aus Trump Tower und Castle Grayskull aus *Masters of the Universe*, mit dem ich als Kind gespielt hatte.

»Wie ist das möglich?« Ich war platt. Von einem Korrespondenten wird erwartet, dass er immer informiert ist, wenn sich in der Stadt etwas tut. Der Plein-Wolkenkratzer musste über Nacht aus dem Mailänder Asphalt geschossen sein. Auf eine andere Weise konnte ich es mir nicht erklären.

Meine Neugier war geweckt. Ich begann, mich mit Plein zu

beschäftigen, und stellte fest, dass wir derselbe Jahrgang sind und die gleichen Fernsehserien geguckt haben. *Ein Colt für alle Fälle*, *Der Prinz von Bel-Air* und *Herzblatt* mit Rudi Carrell. Warum ich das weiß? Weil ich es ihn gefragt habe.

Im Januar 2022 auf der Mailänder Fashion Week überraschte Plein alle mit einem Roboter. Der Androide, der mich an C-3PO aus *Krieg der Sterne* erinnerte, wurde mitten in den Raum geschoben. Er hieß wie sein erstgeborener Sohn »Romeo« und fachsimpelte mit einer Frauenstimme über das Metaverse. Am Ende beantwortete er die Fragen des Publikums. Als ich meinen Blick durch die Reihen schweifen ließ, sah ich, dass einige mit offenem Mund die Maschine anstarrten, die plapperte und plapperte und dazu ihre Lippen bewegte.

Auf seiner nächsten Show einen Monat später traf ich Plein im Foyer. Er unterhielt sich mit einer jungen Frau, die sich mir als Cheryl vorstellte. Kaum hatte sie die ersten Worte ausgesprochen, platzte es aus mir heraus: »Moment mal, bist du etwa Romeo?« Sie lachte los: »Ja, ich bin Romeo.«

Der Roboter war in Wahrheit genauso eloquent wie eine Bauchrednerpuppe. Cheryl hatte ihm ihre Stimme geliehen und hinter der Bühne improvisiert. Plein hatte also ein Kabarettkunststückchen aufgeführt.

»Erinnerst du dich an *Herzblatt?* Sie klingt wie Susi«, sagte ich zu Plein, der sofort verstand, wovon ich redete. »Klar, *Herzblatt* mit Rudi Carrell.« In der Flirtshow rangelten drei Kandidaten mit möglichst charmanten, witzigen Antworten um die Gunst des Studiogastes. Am Ende fasste Moderatorin Susi Müller, die »erotischste Stimme Deutschlands«, aus dem Off das Gesagte zusammen. Als Plein und ich versuchten, Cheryl diese Sternstunde des deutschen Fernsehens näherzubringen, und die Amerikanerin uns mit blankem Gesichtsausdruck fixierte, hatte ich kurz den Eindruck, wieder Romeo vor mir zu haben.

Mögen Plein und ich etwa zur selben Zeit gestartet sein, so ist klar, dass er sich mit einer viel höheren Geschwindigkeit durchs Leben bewegt als ein Durchschnittsmensch wie ich. 1998 machten wir Abitur, danach hängte er mich gnadenlos ab: Er baute ein luxuriöses Hundebett, das nach einer gewissen Zeit auch Jennifer Lopez und Antonio Banderas toll fanden, während ich mit dem Studium in St. Gallen begann. Ihn verschlug es ins nahe gelegene Amriswil, wo er auf ein Gut zog, zu dem Pferdestall und Swimmingpool gehörten. Als ich mein erstes Redakteursgehalt bekam, hatte er bereits mit Möbeln und seiner Totenkopf-Lederjacke Millionen verdient. 2011 bezog ich als Korrespondent ein WG-Zimmer in Mailand. Zwölf Quadratmeter mit Dusche. Er präsentierte da längst seine Klamotten auf der Fashion Week und hatte einen Showroom mitten im Mailänder Modedreieck. Samt Masseurin, die den Kunden den Rücken knetete.

Er vertraute mir einmal an, dass er gern mit Elon Musk plaudern würde. Mir war sofort klar, warum. Musk gleicht Tony Stark aus der Comicserie *Iron Man*. Er hat zwar keinen Reaktor in der Brust wie der Marvel-Held Stark, aber seine Taten sind dennoch fast genauso aberwitzig. Nachdem er PayPal mitgründete und an Ebay verkaufte, attackierte der Amerikaner mit Tesla die etablierten Autohersteller, flog mit SpaceX ins All und übernahm Twitter. Einer der Lieblingsfilme von Musk ist die *Krieg-der-Sterne*-Persiflage *Spaceballs* von Mel Brooks. Der amerikanische Komiker schickt das Raumschiff der Bösen schneller als mit Lichtgeschwindigkeit, nämlich mit »lächerlicher Geschwindigkeit« durch die Galaxis. Musk hat deshalb in seinem Tesla einen »Lächerlich-Modus« eingebaut. Plein operiert auch gern im Lächerlich-Modus.

Das brachte mich auf die Idee, ihn für eine Reportage 24 Stunden unentwegt zu begleiten. »Ein Tag im Leben von Philipp

Plein« nannte ich das Projekt, das ich mit Pleins damaliger Pressesprecherin Amandine besprach: »Ein normaler Tag. Der kann auch ohne Highlights sein. Aber von morgens bis abends. Wir fangen an, wenn er anfängt. Und hören auf, wenn er aufhört. Wir wollen sehen, wie er arbeitet. Den Rhythmus erleben. Die Prioritäten«, schrieb ich ihr.

Sie war sofort Feuer und Flamme. »Die Idee ist klasse!«

Das war im September 2016. Dann war erst mal Sendepause. Als ich im November nachhakte, versicherte sie mir: »Philipp war begeistert. Das mit dem Termin finden ist nur nicht ganz so einfach, aber wir bekommen das hin! Schicke auch schon zehn WhatsApp Nachrichten und E-Mails täglich!« Auf dem Verteiler stand auch Pleins Assistentin, die gern im Konjunktiv formulierte. Sie schrieb Sätze wie: »Das könnte funktionieren.« Oder: »Vielleicht wird er nach Mailand fahren.«

Im April 2017 hatte Plein die Assistentin gewechselt, aber ein Datum hatten wir immer noch nicht festgezurrt. Amandine schlug Mai vor. »Denn im Juni ist viel los.« Ob und was ich darauf antwortete, weiß ich nicht mehr. Jedenfalls erblickte das Meisterwerk »Ein Tag im Leben von Philipp Plein«, mit dem ich sicher den Egon-Erwin-Kisch-Preis eingeheimst hätte, nie das Licht der Welt.

In Cannes ist es derweil 20:30 Uhr. Ich bahne mir den Weg durch Grüppchen von Damen in Abendkleidern und Herren in Smokings. Ein Ober balanciert ein Silbertablett voller Champagnergläser an mir vorbei. Ich nehme mir eines und stehe auf einmal neben Noemi Alboreto. Sie ist die Tochter des Rennfahrers Michele Alboreto, der im Ferrari Vizeweltmeister der Formel 1 wurde und die 24 Stunden von Le Mans gewann. 2001 verunglückte er tödlich auf dem Lausitzring. Seit rund zehn Jahren organisiert Alboreto für Plein als Creative Manager Kampagnen und Fotoshootings. Es ist ein Job, der gute Nerven erfordert, schließlich hat Plein extrem hohe Ansprüche, aber auch extrem wenig Zeit, alles durchzusprechen. Es kann schon passieren, dass er im allerletzten Moment umentscheidet. Binnen weniger Tage müssen Fotos und Videos im Kasten sein. Wie viel Stress Alboreto hat, verrät ihr Firmenhandy. Es ist ein altes Modell, was für den Technologie-Nerd Plein ungewöhnlich ist. »Wenn ich wütend bin, schleudere ich das Handy immer an die Wand«, sagt Alboreto. »Weil ich so viele kaputt gemacht habe, kauft mir Philipp keines mehr.« Seitdem muss sie sich zusammenreißen. Nach dem Baujahr des Handys zu urteilen, gelingt ihr das ganz gut.

Alboreto ist top ausgebildet und kennt in der Mode jede und jeden, der etwas zu sagen hat. Sie könnte problemlos für andere Luxusmarken arbeiten. Alboreto bleibt aber bei Plein. Die Firma zu wechseln komme ihr überhaupt nicht in den Sinn: »Nie im Leben werde ich das tun.« Sie habe von Plein viel gelernt. Als sie bei ihm als Praktikantin angefangen habe, sei sie noch »verhätschelt« gewesen. »Dank ihm habe ich kapiert, was in mir steckt.«

Entweder bist du für Plein. Oder du bist gegen Plein. Dazwischen gibt es nichts. Plein polarisiert. »Wir sind nicht Coca-Cola, denn die schmeckt jedem. Wir sind Whiskey-Cola«, sagt er.

Seine Mode verströmt Sex & Rock ’n’ Roll. Während viele Designer wie Billie Eilish hauchen und flüstern, sind Pleins Kollektionen laut und hart wie Billy Idol, der »More, more, more!« in seinem Hit »Rebell Yell« ins Mikro schreit. Er entwirft Jacken aus Krokodilleder für die Herren und Glitzerkleider mit Strasssteinen für die Damen. Auf den Taschen steht »Cash«, der Duftflakon eines Parfüms ist wie eine Dollarnote geformt. Es gibt auch schwarze Anzüge und elegante Kleider, doch das meiste ist »in your face«. Einmal flanierte ich mit dem Kreativdirektor einer anderen Modemarke durch das Mailänder Modeviertel, vor Pleins Schaufenster machten wir Halt. Ich kann mich noch genau an seine Worte erinnern. Er sprach von »Los-Angeles-Vibe« und bezeichnete Philipp Plein nicht als Designermarke, die mit außergewöhnlichen Teilen einen eigenen Standpunkt ausdrücke, sondern als »Serviceanbieter« mit Komplettgarderobe im Los-Angeles-Stil, vom T-Shirt über die Jeans bis hin zum Turnschuh. »Das ist ein Service für Menschen, die auffallen und zeigen wollen, was sie haben«, sagte er mir.

Ich bin mir nach all den Jahren immer noch nicht sicher, ob Plein mit dem, was er da in die Läden hängt, sich selbst ausdrückt oder ob er eben das designt, was sich möglichst gut verkauft. Plein stellt er sich gern als der gewinnmaximierende Opportunist dar, der alles, was er tut, genau kalkuliert, und die Kunden meisterhaft verführt. Er gefällt sich in der Rolle des Homo Oeconomicus, der zufällig in die Mode geraten ist, aber genauso gut im Maschinenbau oder im Gesundheitswesen hätte landen können. Als ich ihn in New York besuchte, kränkelte sein zweiter Sohn, Rocket Halo Ocean. Plein war außer sich vor Sorge und brachte den Kleinen mehrfach zum Arzt. Er regte sich unglaublich über die aus seiner Sicht mangelnde medizinische Versorgung in der Nacht auf. Eines Morgens lief er in sein New Yorker Penthouse ein, das als Laden dient, und trommelte seine Mitarbeiter zusammen. Er rief ihnen zu: »A star is born!« Er werde eine Kette von Kinderapotheken in Großstädten gründen, die 24 Stunden geöffnet seien, also auch in der Nacht, verkündete er. Er habe schon mit seinem Stiefvater, der Arzt ist, und seinem Berater telefoniert. Plein, der Universalnischenspezialist.

An dieser Selbstbeschreibung mag etwas dran sein. Trotzdem halte ich sie für eine Karikatur. Ich habe mir die Bilder und Videos von früher angeschaut. Als Teenager hatte Plein längere

Haare und zierte das Cover der *Bravo Girl!*. Am Anfang seiner Karriere trug er die Haare kurz, da sah er aus wie der typische Chefarztsohn: Die Haare nach oben gegelt, einen Hermès-Gürtel um die Taille geschlungen, donnerte er mit einem Ferrari California herum. In Anzug und Krawatte baute er sich auf der Frankfurter Messe Ambiente auf und warb für sein Hundebett.

Der Plein, der heute in Cannes neben mir auf der Couch sitzt, ist nicht mehr der von früher. Es sind nur Nuancen, aber sie fallen mir auf. Vor allem der Blick. Er flackert weniger. Er ist fester, ja auch ernster geworden. Auf der Brust und auf den Armen lugen unter dem weißen Hemd, das er am Kragen und an den Handgelenken aufgeknöpft hat, Tätowierungen hervor. »Veni, vidi, vici« steht da, »Ich kam, sah, siegte«, ein Ausspruch, der dem römischen Staatsmann Julius Caesar zugeschrieben wird. Seinen Namen hat er sich auch eingravieren lassen. Es war sein erstes Tattoo, das er sich in einem Studio auf dem Sunset Boulevard in Los Angeles hat stechen lassen. »Das hat rund um die Uhr geöffnet. Da gehen die Besoffenen nach der Party hin«, sagt Plein.

Wegen seiner durchaus selbstreferentiellen »Philipp Plein«-Tätowierung wird er von Journalisten gern mal verspottet. »Man könnte auch sagen, dass sich Philipp Plein damit gewissermaßen selbst auf den Arm nimmt«, höhnte ein Redakteur einmal. Der Kalauer funktioniert, keine Frage.

Darauf angesprochen, krempelt er sich den Hemdärmel nach oben und legt das Tattoo auf dem rechten Unterarm frei. Er habe sich das machen lassen, als er das Jurastudium abgebrochen und sich entschlossen habe, die Marke Philipp Plein aufzubauen. »Das war so eine Art Commitment zu meiner Entscheidung, zu der ich mich ja auch habe durchringen müssen. Ich musste das gegenüber meinen Eltern durchboxen.«

Dass das einige skurril finden, lässt ihn kalt. »Meine Marke hieß ja Philipp Plein, meine Firma hieß Philipp Plein, meine Klamotten hießen Philipp Plein. Viele lassen sich ein Arschgeweih auf den Hintern tätowieren oder irgendwas Chinesisches, was sie gar nicht lesen können. Ich habe mir damals meinen Namen tätowieren lassen, weil es einfach für mich das Projekt meines Lebens war.«

Vielleicht hat Plein, Salem-Schüler und später Jurastudent aus gutem Hause, dessen Eltern es gern gesehen hätten, wenn er wie sein Stiefvater Arzt geworden wäre, die Figur Philipp Plein erschaffen, die sich von niemandem etwas sagen lässt, die sich an keine Regeln hält, die ausbricht, die bedingungslos ihren Weg geht, und ist ihr mit der Zeit immer ähnlicher geworden.

Freunde und Weggefährten Pleins erzählen mir, dass Plein früher zuhörte. Dass man mit ihm über Gott und die Welt palavern konnte. Heute hat er dafür fast keine Muße mehr. Je mehr sich sein Unternehmen ausgedehnt hat, desto kleiner ist der Raum geworden, der ihm für menschliche Interaktionen bleibt, die nicht den Charakter einer Transaktion haben. Wenn es nicht um Anliegen seiner Familie geht, sortiert Plein alles aus, was ihn nicht seinen Zielen näherbringt. Wie Glückwünsche. Ich gratulierte ihm via WhatsApp zum Neuen Jahr. Er las die Nachricht, antwortete aber nicht. Das wiederholte sich bei seinem Geburtstag. Man kann das als unhöflich empfinden. Oder als radikales Zeitmanagement deuten. Welcher Welteroberer schreibt schon Weihnachtskarten?

Um 21:30 Uhr halte ich vor einer Statue an, die wie eine umgedrehte Champagnerflasche aussieht. Dann schwant es mir auf einmal: Das ist das überdimensionierte Abbild des neuen Parfüms, weswegen Plein uns ja alle zu sich eingeladen hat. »Plein Fatale« heißt es. Derjenige, der das Parfüm erschaffen hat, ist dann auch nicht mehr weit: Alberto Morillas, der Meisterparfümeur aus Genf. 2019 wurde er das erste Mal von Plein gerufen. Die Pressemitteilung, mit der Plein seinen ersten Duft ankündigte, war mit der Zeile überschrieben: »Wenn der King of Now auf die Welt der Parfüms trifft.«

Das neue Parfüm ist für Plein die Nummer drei. Für Morillas ist es Nummer 2000 und ein paar Zerquetschte. Von ihm stammen unter anderem CK One von Calvin Klein, Acqua di Giò von Giorgio Armani und Opium von Saint Laurent. Für den Anlass hat er sich ganz in Plein geworfen. Sakko und Hose glitzern im Partylicht so stark, dass man die Augen zukneifen muss. Als ich von Morillas wissen will, welche Gefühle er mit einem Plein-Duft assoziiert, schaut er in die Höhe und gestikuliert mit den Händen: »Philipp is fun«, sagt er. Dann kramt er eine Schachtel mit Zigaretten hervor, was mich erstaunt. »Stört einen Parfümeur Zigarettenrauch nicht?«, will ich wissen. Morillas schüttelt den Kopf und tippt sich an die Schläfe: »Düfte entstehen im Kopf.« Er mixt sie also im Geiste. Der Duft der Zigarette sei für ihn die Basis, die »Zero«. Das ist wahrscheinlich ähnlich wie mit der Null auf dem Thermometer, von der aus sich bestimmt, wie heiß oder kalt es ist, reime ich mir später zusammen.

Im Augenwinkel sehe ich zum ersten Mal Plein, an der Seite Lucia, die Mutter seines zweiten Kindes Rocket. Er bemerkt mich nicht. Keine Ahnung, warum, aber ich frage mich in dem Augenblick: »Wie hätten Plein und ich uns verstanden, wenn wir gemeinsam zur Schule gegangen wären?«

Mir fällt unser Gespräch auf der Mailänder Fashion Week im Januar 2020 ein. Plein hatte für sein Label Billionaire – genau, das von Flavio Briatore – die Präsidentensuite im Luxushotel Principe di Savoia gemietet, wo er spätabends Models in allen Zimmern positionierte. Tolle Sache, aber total unpraktisch. Denn wer das erleben wollte, musste in der Lobby des Hotels in einen speziellen Aufzug steigen, der ganz nach oben fuhr. Vor meinem geistigen Auge sehe ich mich heute noch, wie ich nach einem langen Tag, an dem ich durch die ganze Stadt von Show zu Show gehetzt war, durch die Drehtür flitze und abrupt abbremse, weil sich vor dem Aufzug eine lange Schlange gebildet hatte.

Am Kopf der Schlange stand eine junge Dame, die einen dicken Packen Papier in der Hand hielt und hektisch die Seiten umblätterte, auf der winzig eine nicht enden wollende Gästeliste abgedruckt war. Als ich einlief, redete ein Besucher aus Asien auf sie ein, der offenbar versuchte, seinen Namen auf Englisch zu buchstabieren. Sie blätterte, blätterte und blätterte. Und es ging nicht weiter. Ich sah, wie sich die Aufzugtür öffnete, rannte los, an allen vorbei, und sprang rein. Oben angekommen durchkämmte ich die ganze Suite. Vergeblich, von Plein keine Spur. Ich ließ mich auf den Sessel im Schlafzimmer fallen und unterhielt mich mit den Models. Irgendwann stand dann auf einmal Plein im Zimmer, an seiner Seite seine damalige Freundin.

Er grüßte, ich grüßte zurück. Um uns herum herrschte Tumult. Links und rechts quetschten sich die Leute an uns vorbei, Musik dröhnte laut. Richtig Party also. Und wir fingen mitten in dem Chaos an, über seine Vertriebsstrategie zu reden. Nicht lange, aber zu lang nach dem Geschmack seiner Freundin, die neben uns stand und etwas genervt mit den Augen rollte. So, als wollte sie uns sagen: »Jungs, hier wird gefeiert, was seid ihr eigentlich für Nerds?«

War ich ein Nerd auf der Schule? Na ja, ich war in der Schach-AG, daddelte viel am Computer, mochte Latein und las *P.M.* – Peter Moosleitners interessantes Magazin. Plein war auch keiner der Coolen. Er hatte zwar eine Lederjacke an, saß aber dennoch nicht hinten im Bus oder hing im Raucherecke ab. »Ich mochte keinen Alkohol, mochte keine Zigaretten«, sagte mir Plein. Irgendwie habe ihm auch die Mentalität der Coolen nie gepasst. »Letztendlich verstand ich mich mit den Losern und Strebern besser. Die waren eigentlich viel sympathischer.«

Ein Partylöwe ist Plein nicht. Er ist der Partyveranstalter, der ausschenkt, aber keinen Tropfen anrührt. Er vergnügt sich nicht selbst, sondern achtet darauf, dass es seine Gäste tun und am Ende die Kasse stimmt. Die Kasse, das sind für ihn die Bilder und Videos schöner, junger Menschen, die später im Internet kursieren und Likes und Kommentare anziehen.

»Ich bin kein geselliger Mensch«, sagt Plein über sich.

Gegen 23 Uhr ist es endlich so weit. Plein spricht mich an: »Hey Tobias. Komm zum Dessert.« Ich sprinte zu ihm auf die Terrasse, wo eine Tafel mit Törtchen aufgebaut ist. Zeit, mir eines zu schnappen, habe ich keine, denn Plein sagt: »Ich stelle dich jetzt allen vor.« Er hält bei einer jungen Frau an. »Das ist Tobias. Er ist Journalist. Das ist die Tochter von Herrn Popov, unserem Partner in Bulgarien.« Kurzer Small Talk, Plein hechtet weiter zu der Band, die er eingeladen hat: die Gipsy Queens. Sie spielen Evergreens wie »La Bamba« mit einem Eifer, über den eigentlich nur Plein verfügt. Der Frontmann, der sich eine Gitarre vor den Bauch geschnallt hat, hatte einmal mit einer Plein-Mitarbeiterin ein Verhältnis. Seitdem stehen die Gipsy Queens auf Platz eins der Plein-Charts.

Direkt vor der Band wedelt eine Frau mit ihrem ganzen Körper. Plein nähert sich ihr im Tanzschritt. Sie stellt sich als Journalistin des *Forbes*-Magazins vor und erwähnt, dass sie mal in Philadelphia gelebt habe. Die Umstehenden sind beeindruckt. Auch Plein, der sich schon auf dem Cover von *Forbes* sieht und sagt: »Philadelphia? Wir hatten dort mal einen Laden. Im Einkaufszentrum King of Prussia.« Die Journalistin kennt das Einkaufszentrum nicht. »Den Laden habe ich gehasst«, sagt Plein. Notabene: Plein zierte in der Tat ein paar Monate später die Titelseite der deutschen *Forbes*.

Kaum hat er mit der *Forbes*-Redakteurin ein paar Worte gewechselt, ist Plein schon in der nächsten Ecke und umringt von Personen. Dieses Mal bekomme ich keinen Namen richtig mit. Jedenfalls erzählt Plein, wie er seine Kinder in das Musical *König der Löwen* geschleppt habe. Schon nach kurzer Zeit sei er genervt gewesen. »König der Löwen ist überhaupt nicht mehr aktuell. Die Kostüme gehen gar nicht. Ich bin eingeschlafen.«

Plein möchte mir sein Anwesen zeigen. Lucia zwingt ihn, am Büffet innezuhalten, und drückt ihm einen Teller in die Hand. Plein habe den ganzen Abend noch keinen einzigen Bissen zu sich genommen. »Er isst zu wenig«, sagt sie und schaut ihn besorgt an, während er hastig etwas in sich hineinschlingt.

Lucia ist in Großbritannien aufgewachsen. Sie schrieb Plein auf Instagram an, und es folgte ein Hin und Her an Kurznachrichten. Der private Chat ist so privat nicht, denn Plein liest ihn gern laut in ihrem Beisein vor und kommentiert ihn mit Verve. Am 23. Februar 2019 textete Lucia: »Hey, du wirst diese Nachricht wahrscheinlich nicht sehen, aber ich fände es toll, wenn du einen veganen Sneaker entwerfen würdest.« Den Satz beendete sie mit einem »X«, was Plein als klare Anmache deutet: »Das X ist offensichtlich ein Kuss gewesen.«

Geschmeichelt war er damals aber nicht. Im Gegenteil. Er antwortete ihr brüsk nur mit einem Fragezeichen und einem Ausrufezeichen. »What the fuck?«, habe er sich gedacht, als er das gelesen habe, sagt er heute. »Philipp Plein, das ist Leder, das ist Python. Genauso gut hätte sie einen Metzger fragen können, ob er ihr ein veganes Schnitzel klopft.« Nach ein paar Wochen schickte er einen zwinkernden Smiley. »Da hatte er noch eine Freundin«, sagt Lucia leicht vorwurfsvoll.

Irgendwann gingen die beiden in London aus. Inzwischen haben sie einen Sohn miteinander, Rocket, der während der

Party in Cannes im Haus schlummert. Das Babyglück teilte Plein mit der Welt: Im Februar 2022 kleidete er die Halle mit Bildschirmen aus, auf denen Flammen aufloderten. Die Models liefen zu harten Techno-Beats, die durch die Wörter »Feuer, Feuer« durchschnitten wurden. Eine Frau, ganz in Plein gekleidet, stand von ihrem Platz auf, schwang ihre Arme zur Musik und rief: »Yeah, Philipp!« Am Ende der Show kam Plein auf die Bühne, ergriff die Hand Lucias, die im Publikum saß, zog sie auf den Catwalk, kniete sich hin und küsste sie auf den Babybauch. Eine Modejournalistin neben mir verfolgte das Schauspiel mit verkniffenem Mund. Was hätte ich dafür gegeben, ihr in den Kopf schauen zu dürfen.

Die Uhr zeigt 23:45 Uhr an. Wir sind im Innern des Hauses angelangt. Plein erklärt, was er wann wie verändert habe. Unübersehbar ist der ausgestopfte Löwe, der sich in einem Glaskasten aufrichtet. »Das wird doch nicht der König der Löwen sein, den Plein zur Strafe für zwei langweilige Musical-Stunden erlegt hat?«, frage ich mich und lächle über meinen Witz. Plein sieht, dass ich dem Löwen in den Schlund schaue. »Der war schon hier drinnen. Vor 15 Jahren gefiel so etwas den Leuten«, sagt er fast schon entschuldigend.

»Warst du schon im Heimkino?«, fragt Plein und biegt rechts in einen Kinosaal ab. Wir setzen uns, an jeder Armlehne hängt eine Schachtel mit Popcorn. Gezeigt werden zwei Kurzfilme: der Werbespot für das Parfüm und eine Rallye in New York, mit der Plein und seine Fans den Times Square blockiert haben. Ferraris, Lamborghinis und Porsches, alle versehen mit dicken Plein-Aufklebern. Konzentrieren kann ich mich auf das, was auf die Leinwand geworfen wird und mit bummernder Musik untermalt ist, nicht. Plein hält nämlich einen Flakon seines neuen Parfüms in der Hand, schaut zu seiner Eventmanagerin Alboreto, die in derselben Reihe wie wir sitzt, führt sich das Fläschchen an den Mund und tut so, als würde er es austrinken, weswegen sich Alboreto vor Lachen kringelt.

Die Leinwand wird schwarz, wir verlassen das Kino und staksen eine enge Wendeltreppe hinunter. Auf einmal finden wir uns in der Küche wieder, wo der Koch mit seinem Team mit dem Aufräumen begonnen hat. Es ist noch viel zu tun, überall verstreut liegen Reste von Fisch, Fleisch und geschnittenem Gemüse. »Ihr habt echt großartige Arbeit geleistet«, ruft Plein und fegt wieder hinaus.

Er öffnet die Tür nebenan, die den Weg ins Billardzimmer freigibt. Auf dem Billardtisch steht ein Rucksack, aus dem eine Kameraausrüstung hervorlugt. Ich meine, eine Drohne zu erkennen, und frage, ob es wirklich eine sei. »Damit haben wir alles gefilmt«, sagt Plein. »Mein Nachbar droht uns immer damit, sie mit seinem Gewehr abzuschießen.«

Ich lasse das kurz sacken und frage mich, wie ich mich wohl als Nachbar Pleins aufführen würde. Das wäre ja so, als ob ich direkt neben den MGM-Filmstudios oder dem Freizeitpark Rust wohnen würde, denke ich mir. Das lässt mich ein wenig erschaudern.

»Wir sollten Wayne anrufen«, sagt Plein. Wayne hat eine Tuning-Werkstatt in New York. Er hat die Plein-Rallye in New York organisiert und soll das Ganze nun in Los Angeles wiederholen. »Schauen wir mal, ob er abnimmt.« Er tut's. Auf seinem Telefon erscheint ein Mann mit Bart und Baseballmütze.

Wayne spricht mit einem heiseren Brummton, eines seiner Lieblingswörter scheint »crazy« zu sein. Plein sagt zu ihm: »In New York hatten wir unsere eigenen Polizisten. Erklär Tobias mal, wie man das hinbekommt.« Wayne antwortet: »Du musst bei der Polizei jemanden kennen, der dann die Polizei kontrolliert. Die Rallye in New York war crazy.«

Wayne gibt sich supercool, ist aber auch supernervös. Denn die New Yorker Rallye hatte Plein binnen fünf Tagen auf die Beine gestellt, was Wayne die Schweißperlen auf die Stirn trieb. Die Rallye in Los Angeles soll um einiges größer werden. Sie werde noch abgedrehter als die in New York: »Ich habe so langsam Angst. Die Polizei von Beverly Hills hat bei uns schon angerufen.«

Das scheint Plein zu amüsieren und sogar ein bisschen stolz zu machen. Mit gespielter Entrüstung fragt er: »Die Polizei von Beverly Hills hat angerufen? Was wollen die von uns, zum Teufel nochmal?« Wayne antwortet: »Du musst diese Formulare ausfüllen. Das ist schon crazy.«

Die Formulare scheinen Plein wenig zu kümmern. Er wechselt das Thema. »Wayne, ich wollte dich daran erinnern, dass du das Nummernschild am Rolls-Royce in Ordnung bringst. Es sieht so aus, als hätte da jemand rumgespielt.« Und dann ist Plein auf einmal bei dem Rapper und Schauspieler Ice-T. »Lass uns ein Dinner mit Ice-T machen. Er ist wirklich cool, er weiß alles über Philipp Plein. Er ist ein großer Fan.«

Wayne nickt, schaut aber ernst drein. Er denkt wahrscheinlich wieder an die Rallye in Los Angeles. Er faltet die Hände wie zum Gebet und bewegt sie auf und ab. »Lass uns das bitte schleunigst angehen.« Plein antwortet: »Wayne, peace out«, und beendet per Tastendruck den Videoanruf.

Gegen 1 Uhr hat Plein alle Gäste verabschiedet. Alle bis auf mich. »Die Tour ist noch nicht zu Ende«, sagt er. Er will mir noch das zweite Haus zeigen, wo er mit Lucia und seinem Sohn schläft. Vor einer Glastür bleiben wir stehen. »Schuhe aus«, sagt Plein. »Wir müssen leise sein. Rocket liegt oben.« Wie die Einbrecher schleichen Plein, Lucia und ich durch das Haus. Kein Raum sieht aus wie der andere, zu jedem einzelnen hat Plein eine Geschichte zu erzählen. »Mir gefällt es, wenn jedes Zimmer anders ist. Jedes Mal, wenn du ein Zimmer betrittst, findest du dich in einer anderen Welt wieder.«

Wir lugen in ein Zimmer mit Konferenztisch hinein. »Das ist der Panikraum«, sagt Plein. »Warum Panikraum?«, frage ich. »Das ist das Büro«, sagt Plein, worauf Lucia ergänzt: »Wenn du einmal mit Philipp arbeitest, weißt du, warum er so heißt.« In dem Raum, in dem Plein regelmäßig seine Topmanager empfängt und mit seinem Kreativteam über neue Entwürfe brütet, ist es sehr kalt. »Hilft dir das beim Arbeiten?«, will ich wissen. »Nein, aber den Designern«, sagt Plein. »Andernfalls werden sie müde.«

Wir laufen eine Treppe hinab. Wie ein Immobilienmakler erklärt Plein genau, welches Material er warum verwendet hat. Es ist bewundernswert, wie lange Lucia durchhält. Doch als Plein anfängt, den Muranoleuchter über unseren Köpfen zu beschreiben, merke ich, dass sie erschöpft ist. »Ich gehe hoch«, sagt sie. Kurz darauf ist sie weg.

Um 1:15 Uhr finde ich mich mit Plein allein auf der Couch wieder. Er hebt an und erzählt von seiner Villa in Bel Air. Natürlich trägt auch die einen ausgefallenen Namen: Chateau Falconview. »Wer die Villa in Cannes sieht, denkt sich: Wow, super! Doch das Chateau ist zehnmal größer. Das ist unglaublich.«

Seit 2014 wendet Plein gewaltige Summen auf, um das Schloss herzurichten. »75 Millionen Euro hat es mich gekostet. Denk mal darüber nach.« Und das werde nicht reichen. »Das Interieur verschlingt nochmal 10 bis 15 Millionen Euro.« Wann alles abgeschlossen sei, wisse er nicht. Der Termin verschiebe sich immer weiter nach hinten, schimpft Plein, der seinen Architekten und seinem Generalunternehmer die Schuld dafür gibt. Ändern könne er daran nichts.

»Ich bin gefangen.«

Doch das Ungemach habe auch sein Gutes, schiebt er nach: »Wenn das Ding fertig ist, werde ich vielleicht *depressed* sein. Das Schloss war mein Riesentraum. Dann habe ich mir alles erfüllt. Ich habe Angst davor, nicht zu wissen, was danach kommt.«

Plein gähnt. »Ich glaube, das war's für heute«, sagt er. Wir gehen hoch, ich ziehe mir die Schuhe an. Er begleitet mich barfuß bis zum Tor. »Wir wiederholen das.«

Es ist 2:55 Uhr, stelle ich draußen auf der Straße fest. Fast zwei Stunden hat er mit mir gesprochen. Mit der Hand fahre ich in meine Sakkotasche und umklammere das Diktiergerät. Es ist ganz warm. Ich bin hellwach, und die Nacht ist noch jung.

KAPITEL ZWEI: WHO THE FUCK IS PHILIPP PLEIN?

Es ist Samstag, kurz nach 22 Uhr. Ich liege auf dem Bett meines Hotelzimmers direkt unter dem Dach. Man könnte es Mansarde nennen. Oder Kabuff mit Luke. Überstürzt bin ich von Mailand nach München geflogen, weil Plein am Sonntag irgendein Preis verliehen wird. Ich weiß nicht, was das für ein Preis ist. Schlimmer noch, ich weiß nicht einmal, ob, wann und wo wir uns eigentlich treffen. Während ich durch das Fenster in der Schräge in den Nachthimmel schaue, frage ich mich, ob ich das Geld, das ich für Flug und Übernachtung ausgegeben habe, genauso gut durch diese winzige Öffnung dort oben hätte rauswerfen können. »Du bist ein Idiot«, beschimpfe ich mich.

Am Donnerstag hatte ich mit Pleins PR-Manager Alain Midzic telefoniert. »Bist du in München dabei?«, fragte er mich. »München?«, antwortete ich verdutzt. »Ja, Philipp erhält am Sonntag einen Preis. In der Münchner Olympiahalle. Von Jürgen Höller. Vor 10.000 Menschen. Das wird riesig.« Ohne nachzudenken, sagte ich: »Okay, ich bin dabei. Ich buche den Flieger.«

Seitdem hat sich niemand mehr bei mir gemeldet. Ich werde immer unsicherer, ob ich Plein überhaupt sehen, geschweige denn sprechen werde. Auf WhatsApp habe ich Plein geschrieben, dass ich in München sei. Jetzt schaue ich alle 30 Sekunden nach, ob die zwei Häkchen hinter meinen Zeilen blau sind. Die Farbe verrät, ob er meine Kurznachricht gelesen hat.

Um 22:10 Uhr werde ich von meinem nagenden Zweifel erlöst. »Super«, schreibt mir Plein und schickt eine Audionachricht hinterher: »Guten Abend, Tobias, meine Stimme ist ein bisschen beeinträchtigt, ich habe irgendwie Grippe bekommen, aber keine Sorge, ich bin morgen da, ich freue mich sehr, dich zu sehen.« Dann gibt er mir die Koordinaten durch: 15 Uhr, Mandarin Oriental. »Dort haben wir ein paar Interviews. Dann fahren wir rüber zur Olympiahalle.« Uff, ich bin erleichtert.

Pünktlich auf die Minute schlage ich am Sonntagnachmittag im Luxushotel auf. In der Lobby harren bereits zwei Fernsehteams aus. Es sind die Crews von RTL und dem ORF, dem österreichischen Staatsfernsehen, wie ich später erfahren werde. Auf einer Couch erspähe ich Alain Midzic. Nur einer fehlt. »Wo ist Plein?«, frage ich Midzic und schüttle ihm die Hand. »Der ist im Anflug aus Cannes.« Mit anderen Worten: Plein ist um 15 Uhr nicht im Hotel, sondern noch in der Luft.

Um mir die Zeit zu vertreiben, schlage ich nach, wer dieser Jürgen Höller ist, der Plein den Preis übergibt. Dunkel erinnere ich mich an den Namen. Da war etwas. Nur was genau, das will mir partout nicht einfallen. Ich zücke mein Handy, gehe auf Wikipedia und tippe den Namen ein. Es poppt ein Bild eines Mannes in schwarzem Polohemd auf, der sich ein Mikrofon mit Bügel vor den Mund geschnallt, die muskulösen Arme ausgebreitet und die Hände geöffnet hat. Er hat etwas von einem dieser amerikanischen Fernsehprediger, finde ich.

»Jürgen Höller ist ein deutscher Motivationstrainer, Autor und Unternehmer«, lese ich auf der Seite der Internet-Enzyklopädie. Mit dem Finger wische ich im Takt über den Bildschirm und überfliege Höllers Vita. Es ist ein bewegtes Leben. Höller war ganz oben, rutschte ab und zog sich aus eigener Kraft zurück in die Höhe. Das letzte Wikipedia-Kapitel trägt die Überschrift »Rückkehr als Coach, Redner und Unternehmer«. Ich lese etwas von einem »neuen Seminarprogramm« namens »Lifing – Die Kunst zu leben« und erfahre, dass Höller 2018 mit Arnold Schwarzenegger aufgetreten sei. Und zwar in der Münchner Olympiahalle »vor 10.000 Besuchern«.

Ich lege das Handy weg und denke darüber nach, was ich von Pleins Auftritt bei Höller halten soll. Eines ist mir sofort klar: Alle anderen Luxusmarken würden tunlichst die Finger von einem Stehaufmännchen wie Höller lassen Eine Armada an elitären Kommunikationsberatern, Marketingprofis und Anwälten hätten Höller mitsamt seinem Preis gnadenlos abgeschmettert. Wahrscheinlich hätten sie ihn gar nicht erst beachtet.

Die Modeindustrie wird gelobt, divers, inklusiv und tolerant zu sein. Nur, so tolerant ist sie dann doch wieder nicht. Sie mag alle und alles, nur halt keine Risiken und Kontroversen.

Plein ist da anders gepolt. Er liebt Risiken und Kontroversen. Und er kennt keine Scheu, sich mit Menschen zu zeigen, die eine Patina haben, die nicht von allen gemocht werden, die umstritten sind, die kräftig ausgeteilt und mächtig eingesteckt haben. Die auf dem Gipfel standen, tief gefallen sind und sich dann wieder aufrappeln. Wie Lindsay Lohan, die er 2011 zu seiner Show einlud. Erst hatte Lohan gigantischen Erfolg als Kinderstar, dann hagelte es mit dem Älterwerden böse Kritiken. Sie suchte Halt in Drogen und zog sich für den *Playboy* aus. Als sie zu Plein nach Mailand flog, schleppte sie einen Koffer voller schmutziger Wäsche mit, die sie auf seine Kosten erst mal in die Reinigung bringen ließ. Zur Show erschien sie mit 40-minütiger Verspätung, merklich angetrunken.

Wie Mickey Rourke, der mit Kim Basinger für den Film *9 ½ Wochen* vor der Kamera stand und als Ausnahmetalent gefeiert wurde. Dann fing er mit dem Boxen an und zerstörte erst sein Gesicht und dann seinen Ruf. Mit *The Wrestler* kehrte Rourke, von dem die Studios nichts mehr wissen wollten, triumphal zurück. Plein verpasste ihm ein schwarzes Seidenhemd, einen Krokomantel und einen Panamahut und schickte ihn 2019 in New York über den Laufsteg.

Wie Tommy Lee, der wie Rourke ein bisschen von gestern ist. Er ist der Drummer der Rockband *Mötley Crüe* und vielen vor allem deshalb im Gedächtnis geblieben, weil er mit *Baywatch*-Star Pamela Anderson verheiratet war. Die Ehe war ruppig und sorgte für zahlreiche Schlagzeilen, mitunter weil ein Sexvideo des Paares in Umlauf geriet. Nachdem Plein die Miniserie *Pam & Tommy* sah, lud er Tommy Lee im September 2022 zu seiner Modenschau ein, wo der Musiker von einem silbernen Podest herab wie ein Derwisch auf Trommeln und Becken haute, während zu seinen Füßen die Models defilierten.

Jetzt also Jürgen Höller. »Typisch Plein«, denke ich und kann mir ein Grinsen nicht verkneifen. Eingefädelt hat das Oliver, der mir in der Hotellobby gegenübersitzt. Er hat früher gerahmte Bilder verkauft, die in Möbelhäusern erhältlich sind. Es sind Poster mit der Skyline von New York, mit Palmenstränden, Dünenwegen, Bergseen und Birken im Morgenrot. Heile Welt, kitschig, aber nicht geschmacklos, banal, aber nicht ordinär. Perfekt geeignet für all diejenigen, die weder Zeit noch Lust haben, stundenlang über der Frage zu brüten, wie sie die Leere in ihren vier Wänden bedecken. Heute verdient Oliver sein Geld mit seinem Netzwerk. Er bringt Menschen zusammen, und eben auch Plein und Höller. Doch mit jeder Minute, die vergeht, ohne dass Plein auftaucht, wird er unruhiger. Er rutscht auf dem Sofa hin und her. Er steht auf, tigert durch die Lobby und setzt sich wieder hin. Schließlich ist es kurz vor 16 Uhr. Und Plein soll um 18 Uhr auf der Bühne stehen.

Als Midzic eine Nachricht von Plein erhält, atmet er laut auf. Es ist kein Text, sondern nur ein Emoji: ein ovaler Ball aus dem

American Football. »Touchdown«, übersetzt Midzic. Soll heißen: Plein ist mit seinem Privatjet gelandet. Dann braucht er noch gut eine halbe Stunde, bis er in der Stadt ist. Oliver schaut auf die Uhr und nickt. Es wird knapp, aber es dürfte reichen.

Den Moment, als Plein ins Hotel einmarschiert, verpasse ich. Als ich den Kopf zur Rezeption drehe, erspähe ich ihn auf einmal. Er trägt eine Lederjacke mit dem Schriftzug »Plein« und hantiert mit der Kreditkarte herum. Kurz danach ist er verschwunden. Genauso wie die Fernsehteams, die ihn offenbar oben im Hotelzimmer interviewen. Es ist jetzt bald 17 Uhr, mein Rückflug nach Mailand geht in ein paar Stunden, und ich habe Plein noch nicht einmal Hallo gesagt. Ein paar Minuten später werde ich nach draußen in einen Sprinter gescheucht. Kurz darauf klettert Plein hinein und plumpst neben mich. Er hat sich umgezogen und trägt Anzug. »Ach, da ist ja der Tobias.« Der Fahrer stellt den Motor an und zischt los.

In der Garage der Olympiahalle wird Plein von einem Empfangskomitee begrüßt und durch einen Gang zur Umkleide geführt. Auf der Tür prangt ein blauer Aufkleber. »Garderobe von: Philipp Plein«, garniert mit Pleins Porträt, das der Fotograf Steven Klein von ihm geschossen hat und auf dem Plein die tätowierten Arme vor der Brust verschränkt. Versehen ist der Sticker mit einem kreisförmigen Stempel, in dessen Mitte ein geschwungenes »H« prangt. Umgeben ist es von einem weißen Rand, in den mehrere Wörter hineingepresst sind. Ich nähere mich und entziffere »Jürgen Höller Academy«. Der Leiter der Akademie erscheint dann auch gleich. Jürgen Höller trägt einen schwarzen Anzug, ein weißes Hemd und weiße Sneaker. Alles von Plein. Damit sieht er Plein verdammt ähnlich, der die gleiche Kombi anhat. »Das war nicht abgesprochen«, sagt Plein. Die zwei posieren für ein Foto, das locker als Fehlersuchbild für Kinder durchgehen könnte.

»Servus«, sagt Plein zu Höller, der ihm beichtet: »Ich habe ein bisschen geschwitzt, als ich gehört habe, dass du zwei Stunden Verspätung hast.« Mit 10.000 Besuchern sei es die erste Veranstaltung »dieser Größenordnung« seit Covid-19. Da es der zweite Tag sei, seien jedoch nicht mehr alle da. »Ich schätze mal, dass noch 7.000, 8.000 in der Halle sind. Die sind gut drauf, die werden dich auffressen.«

Plein lacht: »I'm hungry.«

Höller schiebt einen jungen Mann nach vorn, der wie ein Rapper gekleidet ist. Weiter Pullover, gerippte Jeans, weiße Turnschuhe und eine Kette um den Hals. »Das ist Maximilian, einer meiner zwei Söhne. Der ist Sänger. Bevor du auf die Bühne gehst, singt er noch sein neues Lied. Das ist am Freitag rausgekommen. Nur, damit du Bescheid weißt.« Plein hat nichts dagegen. »Ich freue mich.«

Das gibt Höller die Chance, auch gleich für seinen zweiten Sohn Alexander Werbung zu machen, der nicht im Raum ist. »Das ist der verrückte Maler, der in Amerika erfolgreich ist. Der war jetzt auf der Art Miami. Ich weiß nicht, ob du die Galerie Casterline Goodman kennst? Die verkaufen die Großen wie Andy Warhol und Gerhard Richter. Die haben ihn aufgenommen.«

Höller lässt sich sein Handy geben, um Plein Werke seines Sohnemanns zu zeigen, und gibt einen schnellen Überblick über das Oeuvre. »Das ist die Waldserie. Das sind bis zu 24 Schichten übereinander.« – »Hast du noch mehr Kinder?«, fragt Plein im Scherz. Höller ist auf einmal kurz angebunden, weil er den nächsten Gast ansagen muss, Medienmanager Georg Kofler, der früher an der Spitze von Pro Sieben und Premiere stand. Midzic erkundigt sich, ob Plein bei der Frage-Antwort-Runde irgendetwas beachten müsse, worauf Höller antwortet: »Nein, wir machen das ganz locker. Ihr kennt mich ja.« Höller sprintet aus dem Raum, und Plein ruft ihm nach: »Gut schaust du aus. Endlich hast du mal etwas Gescheites an!« Plein, der in München geboren ist und astreines Hochdeutsch spricht, sagt das mit bayrischer Färbung. Es ist ein Heimspiel für ihn. Als er auf die Bühne tritt, schießen Flammen aus dem Boden. Die Zuschauer springen auf, klatschen und pfeifen. An den Metallgittern, die unten die Ränge an den Seiten abriegeln, hat jemand ein Plein-T-Shirt mit Totenkopf aufgehängt. Das ist keine Konferenz, sondern gleicht eher einem Fußballspiel, einem Rockkonzert oder einem Gottesdienst in einer evangelikalen Kirche in den USA, bei dem alle in Ekstase geraten. »Hallo Deutschland, I'm super happy to be here tonight«, sagt Plein, der aber schnell ins Deutsche abbiegt: »Ich lebe jetzt seit 18 Jahren im Ausland und komme nur selten zurück nach Deutschland. Das ist natürlich eine tolle Gelegenheit.«

»So, jetzt wollen wir mal ein bisschen was von dir wissen«, sagt Höller. »Also, der Philipp ist ja noch ganz jung. Ein ganz junger noch und schon so ein Großer. Was uns interessiert: Wie ging's denn mit dir los? Wer ist Philipp Plein? Vielleicht erzählst du ein bisschen, was du gelernt hast und wie es eigentlich am Anfang losging, bevor wir dann mal schauen, was wir noch von dir lernen können.«

Ich sitze fast in der ersten Reihe. Ich drehe mich nach hinten und lasse meinen Blick langsam durch die Reihen wandern. Einige der Zuschauer haben sich mit ihrem Oberkörper nach vorn gelehnt. Ihre Augen sind fest auf die Bühne gerichtet. Sie saugen jedes Wort in sich auf. In meiner Kurzrecherche zu Höller bin ich auf den Begriff »Ersatzreligion« gestoßen. »Früher beteten die Menschen zu Gott, nun versuchen sie, sich so zu positionieren, dass das Universum vor allem ihnen zuspricht – in Form von Ideen, Schwingungen oder am besten gleich direkt Geld«, schrieb ein Journalist, der sich einen Dokumentarfilm über Höller angeschaut hatte.

Als ich mich wieder Plein und Höller auf der Bühne zuwende, denke ich mir, dass auch die Marke Philipp Plein im Grunde ein Credo ist. Wer sich etwas von Plein kauft, der drückt damit nicht nur aus, dass er sich das leisten kann, sondern auch, dass er an das glaubt, was ihm die Marke suggeriert: »Du kannst es schaffen. Lass dich nicht von all den Nörglern und Besserwissern kleinkriegen. Was zählt, ist nicht die Schulnote, die Ausbildung, das Studium, sondern dein Traum. Mach dein Ding!«

Es ist die frohe Botschaft. Und Plein predigt sie hier in der Olympiahalle eine Stunde lang.

»In der Schule lernst du vieles, aber du lernst nichts übers Leben«, sagt Plein und erntet stürmischen Applaus. »Learning by doing. Das hat mich zu dem gemacht, der ich heute bin. Ich habe mir immer alles selber beibringen müssen, von Anfang an. Es gab ja niemanden, der mich an der Hand genommen hat und der mir gezeigt hat, wie es geht. Ich habe natürlich viele Fehler gemacht, aber versucht, immer ein bisschen mehr richtig zu machen als falsch. Und das hat mich immer weitergebracht. Ich bin ein Träumer und ein Believer. I believe in my dreams until they come true. In dem Moment, in dem er Wahrheit wird, ist der Traum nicht mehr ein Traum, sondern Realität. Und dann merkt man, dass der Traum eigentlich viel schöner war als die Realität. Dann suchst du dir einen nächsten Traum. Ich glaube, das gehört auch zu einem Unternehmer dazu, dass man sich immer neue Träume erträumt. Wir brauchen diese Träume, die Träume sind unsere tägliche Motivation aufzustehen und durchs Leben zu gehen. Ohne Träume wären wir alle heute Abend nicht hier.«

Er erzählt von seinem Hundebett, dessen Herstellung 500 DM gekostet und das er für 1500 DM verkauft habe. Obwohl er zuerst kein einziges loswurde, habe er an dem hohen

Preis festgehalten. »I love expensive«, sagt er. »›I love expensive.‹ Das werde ich mir merken«, stimmt Höller ein.

Er erzählt von seinen Anfängen in der Mode und den alten Bundeswehrjacken, die er für 10 Euro pro Kilo einsammelte, mit Swarovski-Steinen beklebte und für 500 Euro an Frau und Mann brachte. In einem Jahr habe er für über 1 Million Euro Jacken verkauft. »Das war schon so ein Schlüsselerlebnis in meinem Leben.« Höller kommentiert: »Da geht was.«

Damals tingelte Plein von Messe zu Messe, bis nach Las Vegas. »Ich bin da mit meinem Köfferchen angereist. Zusammen mit meiner Schwester. Die war 14 oder so etwas und hatte damals Schulferien. Also meine Schwester und ich standen an einem kleinen Messestand in Amerika und haben Klamotten verkauft. Da kannte natürlich niemand Philipp Plein. ›Who the fuck is Philipp Plein?‹« Höller wirft ein: »Es war noch keine Brand.«

Deshalb sei das Produkt so wichtig gewesen, fährt Plein fort. »Das Produkt war immer das Ausschlaggebende in meinem Leben. Deswegen war es auch immer so überladen mit Swarovski, mit Stickereien. Wenn ich auf der Messe mit einem schwarzen T-Shirt oder Kaschmirpullover gestanden hätte, hätte ich nichts verkauft. Das Produkt musste einfach stark und laut sein. ›We Are Born To Be Different‹. Wenn du zu uns in die Firma kommst, steht das immer noch im Eingangsbereich.«

Höller hakt nach: »Steve Jobs hat gesagt: ›Stay foolish‹, also ›Sei verrückt‹, aber im positiven Sinne. Muss man einfach anders sein als alle, die vor einem unterwegs sind?« Plein schüttelt mit dem Kopf. Man müsse entweder besser oder anders sein. »Ich war nicht besser, ich war anders. Ich habe ja nicht Mode oder Design studiert. Da habe ich von Natur aus alles anders gemacht, und das hat dann den Erfolg gebracht.« Er habe seine Schwächen in Stärken verwandelt. »Darin bin ich Weltmeister.«

Höller wendet sich dem Marketing zu. »Jetzt ist Philipp Plein auch dafür bekannt geworden, dass er ein absoluter Vermarktungskünstler ist.« Er will von Plein wissen, wie wichtig Stars sind. »Hast du die ab einem bestimmten Zeitpunkt gezielt gesucht und eingesetzt?«

»Ich muss ganz ehrlich sagen, ich habe es nie favorisiert, nur Celebritys anzuziehen. Das war nie der Kern der ganzen Geschichte, sondern ich wollte einfach tragbare Mode machen für Menschen, die Lust haben, anders zu sein. Die meisten Menschen, die auf der Bühne stehen, wollen anders erscheinen und aus der Menge herausstechen. Deswegen haben viele Celebritys Plein angezogen.«

Plein ist nicht zu den Stars gekommen, sondern die Stars zu Plein. Die Promis drängeln sich auf Pleins Fashion Shows. Plein war einer der Ersten, die Catwalk Shows in Spektakel verwandelten. Er rollte mit Monstertrucks über Autos, pflügte mit Jetskis durchs Wasser und ließ ein Kettenkarussell rotieren. Einmal stellte er ein Ufo hin, aus dem Irina Shayk trat. Das Topmodel hielt kurz an, fasste den Greifarm eines riesigen Roboters und ging mit dem Maschinenwesen, das den *Transformers*-Filmen entsprungen schien, nach vorn.

Mit der Wendung hin zum gigantischen Entertainment war Plein früher dran als die meisten Modemarken. Moncler-CEO Remo Ruffini bot im September 2022 insgesamt 1952 Tänzer, die alle in weiße Daunenjacken gekleidet waren, auf dem Mailänder Domplatz auf. Hugo Boss-CEO Daniel Grieder lud zum Baseballspiel ein und schickte wie auf dem Rummel Motorräder durch Eisenkugeln.

Es klingt alles unglaublich einfach. Doch das ist es natürlich nicht. Das Plein-Erfolgsmärchen gehört in der Mode zu den absoluten Ausnahmen. Unzählige Designer ringen jedes Jahr um die Aufmerksamkeit der Einkäufer der wichtigsten Department-

Stores und Fashion-Läden. Wenigen gelingt es, sich aus der schieren Masse abzuheben. Noch weniger halten sich über mehrere Saisons im Gespräch. Verschwindend gering ist die Zahl der Labels, die so groß werden, dass sie es sich leisten können, wie Plein Läden unter ihrem Namen zu eröffnen. Mit mehr als 200 Millionen Euro Umsatz gehört Plein zu der Handvoll Marken, die sich in den vergangenen zwei Jahrzehnten im Luxus- und Premiumgenre durchgesetzt haben. Zu diesem illustren Kreis zählen unter anderem noch Ami Paris, Isabel Marant und Jacquemus aus Frankreich, der im November 2021 verstorbene Virgil Abloh mit seinem Streetwear-Label Off-White und Mike Amiri aus Los Angeles, der mit seinem gleichnamigen Label wie eine Rakete nach oben geschossen ist. Bemerkenswert daran ist, dass Plein aus eigener Kraft so groß geworden ist. An Ami Paris und Isabel Marant sind Private-Equity-Fondsgesellschaften beteiligt. Der Lizenznehmer von Off-White, die New Guards Group, die Ablohs Mode produziert und vertreibt, gehört dem Luxusmarktplatz Farfetch. Einen Anteil an Amiri hält inzwischen Diesel-Gründer Renzo Rosso mit seiner OTB-Gruppe.

»Es gibt sehr wenige Unternehmen in meiner Branche, die noch unabhängig und so selbstfinanziert sind wie wir. Da bin ich relativ stolz darauf«, sagt Plein. »Wir haben keine Banken, wir haben keine Schulden, wir haben nicht mal einen Überziehungskredit bei der Bank.«

Keine Ahnung, wie oft ich schon den Satz mit dem Überziehungskredit gehört habe. Plein lässt ihn quasi in jedem Interview fallen. Mir hatte Plein erzählt, dass ihm sein Finanzchef vorgeschlagen habe, eine Kreditlinie einzurichten. Daraufhin sei er laut geworden: »Den habe ich angeschrien. Den habe ich so etwas von fertiggemacht.« Dass er es hasst, Schulden zu machen, sei seinem Stiefvater geschuldet. Der habe ihm geraten: »Kaufe nichts, was du nicht bar bezahlen kannst.«

Viele meiner Kollegen trauen Plein nicht. Sie sehen die Riesenshows und die Riesenvilla in Bel Air und zweifeln daran, dass alles mit rechten Dingen zugeht. »Philipp Plein richtet gern mit der großen Kelle an. Woher die Mittel dazu kommen, bleibt im Dunkeln«, schrieb der Schweizer Modejournalist Jeroen van Rooijen im Jahr 2009. »Alles ohne Fremdinvestoren und Kredite? Wer's glaubt, wird selig«, unkte das *Manager Magazin* 2017 und ergänzte: »Mancher Konkurrent raunt von Geldwäsche.«

Ich habe viel telefoniert, mit zahlreichen Personen gesprochen und mir die ein oder andere Bilanz zeigen lassen. Mein Fazit: Ich habe keinerlei Anhaltspunkte dafür, dass Plein ein krummes Ding dreht. Meiner Einschätzung nach ist Plein einer, der zwar Regeln, aber keine Gesetze bricht. Pleins Schweizer Imperium ist kein »verschachteltes Firmengeflecht«, wie gern behauptet wird. Während es einen Plotter und mehrere Meter Papier braucht, um die Struktur der einen oder anderen Gruppe auszudrucken, passt Pleins Schaubild auf eine DIN-A4-Seite. An der Spitze steht die Philipp Plein Holding AG, deren einziger Aktionär Philipp Plein ist. Wichtigste Tochtergesellschaft ist die Philipp Plein International AG, in der der Vertrieb der Marke Philipp Plein gebündelt ist. Unter ihr sind die CdC Cream Della Cream AG, die die Retailgesellschaften in den einzelnen Ländern, darunter auch Deutschland, kontrolliert, und die Cream Della Cream Switzerland GmbH, die den Webshop steuert, aufgehängt. Die Villa in Bel Air und andere Immobilien hat Plein in die Irresistible AG eingebracht, die sich direkt unter der Philipp Plein Holding AG befindet. Diese Konstruktion hat Steuervorteile. Denn: Die profitablen Tochtergesellschaften schütten eine Dividende an die Holding aus, die steuerbefreit ist. Die Gewinnbeteiligung wird dann an die Immobilientochter Irresistible AG transferiert.

Eine konsolidierte Bilanz hat Plein zuletzt nicht mehr erstellt. Aus der von der Wirtschaftsprüfung KPMG zertifizierten

Bilanz der Philipp Plein International AG geht hervor, dass die Vertriebsfirma hochprofitabel ist. Der Grund? Plein hat Marge. Er gibt zwar viel für die Produktion aus, verkauft aber zu hohen Preisen, so dass es sich für ihn rechnet. Er ist stark im E-Commerce. Er hat nicht nur einen Webshop, sondern im Gegensatz zu den meisten anderen Marken, die auf Offprice-Spezialisten wie BestSecret angewiesen sind, auch ein eigenes digitales Outlet, über das er unverkaufte Ware aus früheren Saisons versilbert. Er beschäftigt wenige Leute, lässt außer für riesige Fashion Shows recht wenig für Marketing springen, weil er dank seines Instagram-Kanals selbst sein wichtigster Influencer ist. Das gestattet es ihm, Verluste im Retail, beispielsweise in Deutschland, auszugleichen.

Pi mal Daumen fällt von den 200 Millionen Euro Umsatz ein operativer Gewinn von über 30 Millionen Euro ab. Netto bleiben davon vielleicht 20 Millionen Euro übrig. 10 Millionen Euro fließen zurück ins Unternehmen, die anderen 10 Millionen Euro kann Plein in die Villa in Bel Air stecken. Pro Jahr. Da er das Anwesen 2014 gekauft hat, hätte er bis 2024 nach Adam Riese insgesamt bis zu 100 Millionen Euro zur Verfügung. Es sind erstaunliche Summen. Doch: Die Rechnung geht auf.

In seiner Heimat Deutschland zweifelt man trotzdem daran. Höller tippt das Thema »Deutschland« an: »Du bist in Deutschland gestartet, aber du hast ja eine Weltkarriere hingelegt. Warst du erst schon richtig groß in Deutschland und bist dann ins Ausland?«

Pleins Gesichtsausdruck verhärtet sich. Dann sagt er: »Der Prophet gilt im eigenen Land ja nie was. Gerade nicht in Deutschland.«

Man kann nicht gerade behaupten, dass die deutsche Presse Plein wohlgesonnen ist. Ab und an wird ihm Anerkennung ausgesprochen, beispielsweise dann, wenn er als »deutscher

Versace« bezeichnet wird. 2008 verlieh ihm die *Bunte* den New Faces Award. Plein setzte sich gegen Marcel Ostertag und Stefan Eckert durch. Häufig schwingt in den Porträts, die über ihn erscheinen, jedoch ein leiser Spott mit. Nehmen wir die *Süddeutsche Zeitung*, die dem Münchner Plein Überschriften wie »Smart an der Schmerzgrenze«, der »Kleine Gatsby« oder »Prahlemann und Söhne« gewidmet hat. Da kommt mir eine alte Talkshow-Folge in den Sinn, die ich mir auf YouTube mehrmals angeschaut habe. Plein war zu Gast bei *3nach9* und wurde von Judith Rakers und Giovanni di Lorenzo interviewt, die auch Helge Schneider und Sigmar Gabriel in die Runde eingeladen hatten. Plein erzählte das, was er nun Höller erzählt. Doch die Wirkung, die er erzielte, war eine komplett andere. Rakers eröffnete das Interview mit Plein im Gegensatz zu Höller nicht mit einer Frage, sondern mit einer Feststellung: »Ich wusste gar nicht, dass Sie Deutscher sind.« Das Erste, für das sie sich interessierte, waren seine Tätowierungen. »Ich möchte zuerst etwas wissen über Ihr Tattoo. Sie sollen eines haben, wo ›Veni, vidi, vici‹ draufsteht.« – »Das stimmt«, antwortete Plein. »Das hat etwas mit Motivation zu tun. Man muss an sich selber glauben.«

Das war der Moment, als sich di Lorenzo einklinkte und sein eigenes Urteil über das Tattoo freundlich, aber auch listig in einem Vergleich mit sich versteckte, bei dem er selbst ziemlich gut wegkam. Mit samtener Stimme fragte der *Zeit*-Chefredakteur: »Fühlen Sie sich auch so? Ich würde mich nie trauen, das zu sagen, weil ich mich an 99 von 100 Tagen nicht so fühle. Dass ich komme, sehe und siege.« Danach schleckte sich di Lorenzo genüsslich die Lippen. Es waren gerade einmal drei Minuten vergangen, und Plein war schon in ein schiefes Licht gerückt.

»Mit Hundebetten soll es angefangen haben«, setzte Rakers fort und betonte »Hundebetten« stockend, offenbar deshalb, weil sie es kurios fand. Kaum hatte sie den Satz beendet, fing

Helge Schneider zu kichern an. »Warum lachst du, Helge?«, fragte Rakers, worauf Giovanni di Lorenzo dazwischenfuhr: »Helge hat es eher mit Katzen.« Schneiders bekanntestes Lied heißt »Katzenklo«.

Am Ende war es eine ziemlich mühsame Viertelstunde TV. Für die Moderatoren und für Plein.

»Neidgesellschaft« mag ein abgenutzter Begriff sein, aber er ist treffend. In Deutschland wird jemand, der erfolgreich ist, der Erfolg oft missgönnt. Insbesondere dann, wenn er diesen Erfolg offen zur Schau stellt. Die Aldi-Brüder Karl und Theo Albrecht wurden geschätzt, weil sie ihren Wohlstand verheimlichten. Ein Unternehmer wie Plein, der seine Villen filmt, wird als Gernegroß missachtet. Hinzu kommt, dass Deutschland der Mode keinen großen Wert beimisst. Im Gegensatz zu Italien und Frankreich, wo die Mode ein wichtiger Industriezweig ist, sich mächtige Interessensverbände geformt haben und Designertalente durch allerhand Stipendienprogramme gefördert werden, ist die Mode im Auto- und Maschinenland Deutschland Randthema. Sie ist ein netter Zeitvertreib. Mehr nicht. Im Luxusgenre hat Deutschland entsprechend wenig zu melden. Auf der Rangliste der größten europäischen Modeunternehmen, die die *TextilWirtschaft* jährlich veröffentlicht, wird das deutsche Kontingent angeführt von Adidas, Puma, Hugo Boss, Kik, New Yorker, Takko, S.Oliver und Ernsting's Family. Es handelt sich um Sportfirmen, Discounter und Filialisten, die Bekleidung für die Massen verkaufen. Das Modemagazin *Achtung*, das jedes Jahr die 50 einflussreichsten Deutschen in der Mode kürt, führt allerhand Models, Fotografen und Künstler auf. Die Designer bilden eine kleine Minderheit. Sie heißen Daniel Del Core, Lutz Huelle, Marie-Christine Statz sowie Maria und Jörg Koch von 032c. Schon mal gehört oder gesehen? Zumindest nicht im Zentrum einer deutschen Stadt.

Das Fehlen großer Namen spiegelt sich in der Schauen- und Messelandschaft wider. Eine Fashion Week wie in Paris und Mailand, die die Blicke der ganzen Welt auf sich zieht, gibt es nicht. Die Berliner Modewoche nimmt sich zwar wichtig, doch in Wirklichkeit ist sie eine reine lokale Nabelschau, die von den internationalen Einkäufern und Journalisten ignoriert wird. Die Messen in Berlin und Düsseldorf sind eher für das mittlere kommerzielle Genre interessant. Die Bread & Butter, die ab der Jahrtausendwende zum Spektakel für die Sportswear wurde, wurde eingestampft. Die einzigen Messen, die über die Grenzen Deutschlands hinaus von hoher Relevanz sind, sind die ISPO und die Munich Fabric Start. Sport und Stoffe.

Die meisten deutschen Modejournalisten können mit Plein wenig anfangen. Er ist ihnen zu laut, zu prollig, zu direkt. Sie lieben es eher intellektuell. Es gehört fast schon zur Stellenbeschreibung eines Lifestyle-Redakteurs, Prada toll zu finden. Das italienische Label ist all das, was Plein nicht ist: versnobt, verkopft und verdreht. Die Kreativdirektoren Miuccia Prada und Raf Simons deuten die Gesellschaft. Das ist bestimmt fantastisch gemacht, aber eher für das Nachtprogramm von 3 Sat als für eine Samstagabendshow auf Pro Sieben geeignet.

Ich finde Prada unglaublich anstrengend.

Beispiel gefällig? Für die Frühjahrskollektion 2023 setzten sich Miuccia Prada und Raf Simons mit dem dänischen Regisseur Nicolas Winding Refn zusammen und diskutierten miteinander. Die Konversation hielten sie auf Video fest. Die Kamera kreiste durch ein schummrig rötlich ausgeleuchtetes Zimmer, das an ein Boudoir erinnerte, in dem es ziemlich schwül ist. Nicolas Winding Refn sagte: »Niemand kann dir die Authentizität nehmen. Du kannst nicht dafür kritisiert werden, echt zu sein.« Prada sagte: »Unsere Vision ist es, Ideen, Visionen in Produkte zu verwandeln. Wir sind kreativ in verschiedenen Kontexten.«

Simons sagte: »Das Produkt kann nicht existieren, wenn es nicht gekauft wird.« Nicolas Winding Refn beendete die Runde: »Ich danke, dass ich daran teilhaben durfte.« Ich dankte dafür, dass das Ganze nur 13 Minuten gedauert hatte.

Wer jemanden auf der Straße stoppt und fragt, welche deutschen Modeschaffenden ihm spontan einfallen, wird er höchstwahrscheinlich die Namen Karl Lagerfeld, Wolfgang Joop und Jil Sander hören. Die Erklärung ist einfach: Karl Lagerfeld und Wolfgang Joop ließen in ihrer Karriere keine Fernsehkamera aus. Sie saßen bei Thomas Gottschalk auf der *Wetten, dass..?*-Couch und hatten zu allem eine provokante, gern exaltiert vorgetragene Meinung.

Während die meisten wissen, wie Lagerfeld und Joop aussehen, können nur die wenigsten sagen, welche Mode sie geschaffen haben. Lagerfeld ragt zweifellos heraus. Er war ein renommierter Modeschöpfer, der es verstand, den Zeitgeist zu treffen. Als Kreativdirektor hielt er Chanel und Fendi immerhin Jahrzehnte modern. Ein Unternehmer wie Plein, der Kreativdirektor, CEO und Markenbotschafter in Personalunion ist, war »König Karl« nicht. Verglichen mit den eitlen Herren Lagerfeld und Joop ist Jil Sander publikumsscheu. Sie ließ immer ihre Mode für sich sprechen. Als »Queen of Less« gelangte sie zu Weltruhm. Sie war keine Angestellte, sondern Inhaberin eines Modelabels. Sie gründete ihre Firma und brachte sie an die Börse. Der Wermutstropfen: Der Name Jil Sander war stets größer als das Business Jil Sander. Sie hatte durchaus die Chance, so groß wie Armani und Prada zu werden, nutzte sie aber nicht. 1999 gab sie ihre Firma an Prada ab. Heute gehört die Marke Jil Sander, mit der Prada nicht glücklich wurde und die seitdem durch mehrere Hände gegangen ist, der OTB-Gruppe von Renzo Rosso.

Plein ist kein Lagerfeld, kein Joop, keine Jil Sander. Plein definiert sich weniger über die Mode als vielmehr über einen »No

Limits«-, »Mir sind keine Grenzen gesetzt«-Lebensstil, den er selbst vorlebt. Mit seinen Villen, seinen Ferraris, seinen Frauen.

»Er ist ein Image Builder«, sagt Franziska Fischer, die Design studiert, bei Plein als Praktikantin gearbeitet hat und später mit einem eigenen Schmucklabel startete. »Er ist zwar kein gelernter Designer, aber er ist ein Designer. Er denkt sich die Sachen aus. Er hat die Vision.«

Politisch ist Plein nach eigener Aussage nicht. Er will verkaufen und nicht die Welt besser machen. Ab und an provoziert er halt ein bisschen. Seine Show in New York im Februar 2017 stellte Plein unter das Motto »Let's make New York Fashion Week great again«. Man konnte das als Anspielung auf den Slogan »Let's make America great again« des damaligen US-Präsidenten Donald Trump verstehen, der gerade sein Amt angetreten hatte. Unter die Show-Gäste mischte sich Präsidententochter Tiffany Trump, die sich angeblich selbst eingeladen hatte. Zwei Modejournalisten, die neben ihr sitzen sollten, verließen aus Protest ihre Plätze. Ein Reporter der Gossip-Seite *TMZ* fing Plein vor seinem Townhouse ab und stellte ihn zur Rede. Es sei nicht richtig, einem jungen Menschen den Respekt zu verweigern, nur weil er Tochter oder Sohn einer Person sei, die bestimmte Menschen nicht leiden könnten, sagte Plein: »Das halte ich für falsch.« Er sei kein Politiker. »Ich bin nicht hier, um Leute zu verurteilen.«

Die Belegschaft ist für Plein wichtig. Er ist aber letztlich der Einzige, der nicht ersetzbar ist. Das erfährt auch Höller, als er Plein genau danach fragt. »Jetzt kennt man Philipp Plein als den genialen Modedesigner und erfolgreichen Geschäftsmann. Wie wichtig ist dein Team, das man ja nicht so in der Öffentlichkeit kennt?«

Ohne mit der Wimper zu zucken, antwortet Plein: »Ich habe

die meisten Menschen, die mit mir durch das Leben gegangen sind, verändert. Ich habe gelernt, dass das Team zwar wichtig ist, aber doch nicht ganz so wichtig, wie ich mir vorgestellt habe. Wenn du auf den höchsten Berg im Himalaya hochsteigen willst, dann brauchst du jemanden, der dich die ersten 500 Meter hochbringt. Dann gibt es einen, der bringt dich die nächsten 1000 Meter hoch. Und es gibt jemand anderen, der dich dann an die Spitze führt. Das heißt, dass du auf dem Weg nach oben wahrscheinlich zwei- oder dreimal dein Team wechseln musst.«

Da Pleins Leben seine Arbeit ist, ist die Familie mit seinem unternehmerischen Schaffen untrennbar verwoben. Sie gab ihm das Startkapital. Plein sagt, es seien 50.000 DM gewesen. Frage ich die Eltern, habe ich den Eindruck, dass es über die Jahre eine höhere Summe war. Letztendlich erscheint es jedoch unerheblich. Plein stammt aus einem gutsituierten Elternhaus, er ist kein Oliver Twist. Sein familiärer Hintergrund war sicherlich ein Vorteil. Doch das schmälert nicht seine Leistung. Er ist, finanziell betrachtet, in völlig neue Dimensionen vorgestoßen. Mutter Hanne, Stiefvater Klaus und Schwester Gloria haben am Anfang kräftig mitgeholfen. Sie unterstützten ihn beim Design, auf den Messen, beim Verpacken und Versenden. Gloria war zeitweise in seiner Firma und wirkte im E-Commerce mit.

Plein und Höller reden und reden, ich schaue auf die Uhr. Es wird langsam knapp, ich muss zum Flughafen. Ich stehe auf und gehe in die Garderobe.

Auf einmal steht Plein im Raum. In der Hand hält er einen Pokal. Das muss der Preis sein, den ihm Höller verliehen hat. Er sieht aus wie ein »U«, das an den zwei Seiten Flügel hat. »Mach ein Bild«, fordert mich Plein auf und drückt mir sein Handy in die Hand. Ich schieße das Foto und renne raus. Der Flieger wartet.

KAPITEL DREI: DIE PLEIN-FAMILY

Hinterland nennen es die Mailänder. Es ist der Speckgürtel rund um die Millionenmetropole mit seinen Abertausenden von kleinen und mittelständischen Betrieben. Angesiedelt haben sich hier Pumpenspezialisten, Lieferanten von Industriekühlanlagen, Fertigsoßenanbieter, Reifenhändler und Armaturenbauer. Sie sind nicht berühmt wie Ferrari oder Ferrero, aber sie bilden das heimliche Kraftzentrum der italienischen Volkswirtschaft. Das Mailänder Hinterland ist Plein-Land.

Verabredet bin ich in Pessano con Bornago. Der 9000-Seelen-Ort befindet sich rund 20 Kilometer vom Mailänder Zentrum entfernt im Nordosten. Er wird eingeschnürt von der Autobahn A4, die nach Venedig führt, und der Umgehungsstraße A58. Man ist schnell da. Und man ist schnell wieder weg. Hier wohnt Raffaella mit ihrem Mann, ihrer Tochter, ihrem Sohn und ihrem schwarzen Kleinspitz King. Bis auf die Tochter und King tragen alle in der Familie Plein. Von Kopf bis Fuß.

»Ich mag alles, was glitzert«, sagt Raffaella.

In ihren Kleiderschränken hängen Sachen von Balmain, Givenchy, Roberto Cavalli und Versace. Aber das sei in der Menge nichts im Vergleich zu Plein. »90 Prozent meiner Garderobe ist von Plein.« Sie habe eigentlich alles, was Plein für jedes Frühjahr, für jeden Herbst und zwischen den zwei Hauptsaisons an neuen Pieces entwerfe. »Ich habe alles, was blinkt.«

Sie kaufe im Plein-Webshop. Und einmal in der Woche schaue sie in Pleins Mailänder Flaggschiff auf dem Corso Venezia vorbei. Das, was sie sich gönnt, verstaut sie in ihrem Ankleidezimmer. »Das ist mein Raum. Der gehört mir ganz allein.«

Raffaella empfängt mich im Büro ihrer Firma, die sie von ihrem Vater übernommen hat. Eine zierliche Frau, ihre Haare trägt sie zackig kurz. Ihre Stimme ist kräftig und verrät, dass sie hier in der Gegend aufgewachsen ist. Ab und an verfällt sie in den Dialekt, der rund um Mailand gesprochen wird. Mit 20 Mitarbeitern stellt sie Straßenschilder her und versieht Fahrbahnen mit Linien, Symbolen und Schriftzügen, die den Verkehr regeln. Wer vor einem Stoppschild hält oder über einen Zebrastreifen läuft, der weiß jetzt, dass er es womöglich mit einem Werk Raffaellas zu tun hat. Raffaellas Kunden sind meistens Gemeinden, die Aufträge über öffentliche Ausschreibungen vergeben. Wer sich den Zuschlag sichern will, muss sicher durch die verschlungenen Pfade der italienischen Bürokratie navigieren. Ich stelle mir das genauso anstrengend und anspruchsvoll vor, wie unfallfrei und zügig durch den Mailänder Feierabendverkehr zu schlängeln. Viel Freizeit haben Raffaella und ihr Mann jedenfalls nicht. Ihr Schreibtisch ist mit Papier übersät. Draußen auf dem Korridor läuft ihr Mann mit dem Handy am Ohr auf und ab und diskutiert mit lauter Stimme. Unten im Hof öffnet sich das Metalltor, ein Lkw manövriert hinaus. Entspannen kann Raffaella nur an Weihnachten, im August und am Wochenende. Auf das nächste freut sie sich besonders. Am Samstagabend steigt Pleins Show in einer der Hallen der Mailänder Messe. Es ist die erste richtig große seit der Covid-19-Zeit. Und sie sitzt in der ersten Reihe.

»Philipp hat ja ganz viele Leute um sich. Trotzdem kennt er mich und meine Familie. Philipp ist echt einer, auf denen du zählen kannst«, sagt Raffaella. »Ich gebe auch Geld für andere

Marken aus. Ich nenne jetzt keine Namen, aber: Glaubst du, dass mich jemand von denen jemals zu einer Modenschau eingeladen hätte? Nicht ein einziges Mal.«

Plein und seine Kunden – es ist ein für die Modeindustrie außergewöhnlich enges Verhältnis. Die Zahl der Menschen, die Plein tragen, ist im Vergleich zu Megabrands wie Louis Vuitton oder Gucci überschaubar. Doch die, die Plein toll finden, stehen wie eine Eins hinter ihm. Plein-Kunden sind loyal, insbesondere im Vergleich zu den Kunden anderer deutscher Marken. »Die haben es total verschlafen, einen Grund zu finden, warum man sich mit ihnen identifizieren soll«, kritisierte Annette Weber, frühere Chefredakteurin der deutschen *InStyle*, in einem Kommentar einmal. Weber, die inzwischen eine zweite Karriere als Influencerin hinlegt, formulierte den folgenden Satz, der sich mir tief eingeprägt hat: »Philipp Plein hat Fans, Hugo Boss bestenfalls Kunden.«

Sie wähnen sich, Mitglieder einer verschworenen Gemeinschaft, ja eines Clans, zu sein, der sich gegen die Außenwelt abschottet und sich gegen den Mainstream stemmt. Plein nährt dieses »Wir gegen den Rest der Welt«-Gefühl und verwendet auf Instagram oft den Hashtag *#PleinFamily*. Wer Mitglied der Plein-Familie ist, erfährt selbst intime Details. Als er sein Telefonat beendet hat, betritt Raffaellas Mann das Büro. An der Leine führt er King, der mich neugierig beschnuppert.

»Wir sehen Plein zwei-, dreimal im Jahr. Bevor er es auf Social Media verkündete, vertraute er uns an, dass seine Freundin Lucia schwanger ist«, sagt er. »Plein ist die Nummer eins.«

Auf Plein aufmerksam geworden ist Raffaella durch das Internet. In den Weiten des Webs entdeckte sie Pleins Kapsel mit Alec Monopoly. Der Graffitikünstler, der seine Mundpartie verbirgt und dessen Markenzeichen Mr. Monopoly, das bärtige Monopoly-Maskottchen mit Zylinder, ist, hat Pleins Pullover und Jacken mit dem Dollarzeichen besprüht. Einen Hoodie kaufte sie für ihren Sohn. Ab da packte sie die Leidenschaft. Seitdem lässt sie ordentliche Summen springen.

»Wenn du meinen Sohn nach Plein fragst, dann wird er dir antworten: ›Das ist ein Modedesigner, den du ernst nehmen musst.‹« Ihr Filius hat seinen Schreibtisch im Raum nebenan. Raffaella ruft ihn zu sich. »Meiner Meinung nach gefällt dir Plein. Oder er gefällt dir nicht«, sagt ihr Sohn. »Sein Style und seine Art zu leben sind schon krass.«

Mit seinem kompromisslosen Maximalismus spricht Plein Menschen aus allen Schichten und Altersklassen der Gesellschaft an. Bekannt ist, dass exzentrische Geschäftsmänner, Fußballstars, Halbweltgrößen, Rap-Musiker und russische TV-Sternchen seine Mode toll finden. Gut beobachten lässt sich das in den USA, wo sich viele schillernde Persönlichkeiten in Plein verguckt haben. Eine persische Prinzessin im fortgeschrittenen Alter, die mit ihrem »Toy Boy« in Bel Air lebt, kann gar nicht genug von Pleins Lederstiefeln bekommen. Ein Milliardär in Florida kann einer Jacke aus Pythonleder in knalligem Orange nicht widerstehen. Ein gebürtiger Mexikaner, der in New York eine Kette von Imbissständen aufgebaut hat, kleidet sich von Kopf bis Fuß in Plein. Einer der bekanntesten Plein-Fans ist James Goldstein. Goldstein ist steinreich. In Los Angeles wohnte er in einem Haus, das sich wie eine Höhle in den Sandstein eines Hügels einfügt und häufig Drehort für Hollywood-Filme ist. Wie er sein Vermögen gemacht hat, darüber schweigt sich Goldstein aus. Jedenfalls ist der mittlerweile 83-Jährige ein großer Plein-Fan. Im September 2022 lehnte Goldstein nach der Plein-Show in Mailand, auf der Skandalrocker Tommy Lee wie vom Teufel besessen trommelte, an der Bar im VIP-Bereich. Auf dem Kopf trug er einen breitkrempigen Hut, über die Schulter hatte er sich eine mit Glitzersteinen besetzte Lederjacke geschwungen. Alles von Plein, versteht sich. »Ich habe schon Roberto Cavalli und John Galliano getragen. Philipp gefällt mir, er stemmt sich gegen den Trend«, sagte mir Goldstein.

Auffällig ist, dass Plein einen Schlag bei Kleinunternehmen und Selbstständigen zu haben scheint. Er stößt auf Resonanz bei denen, die sich täglich den Rücken krumm machen und Widerstände beiseiteräumen. Es sind die Helden des Alltags, die oft übersehen werden. Sie tragen Plein, damit sie endlich mal aus der grauen, gesichtslosen Masse herausstechen. Erstmals wurde ich mir dessen im Dezember 2018 in München bewusst. Plein eröffnete in der Theatinerstraße den ersten Laden in seiner Geburtsstadt. Fünf Minuten vor Beginn stand ich vor dem Store. Draußen hatte Plein eine Glühweinhütte aufgebaut. Später stellte sich heraus, dass er dafür gar keine Genehmigung eingeholt hatte und deshalb eine Ordnungsstrafe bezahlen musste.

Ich ging durch die Tür und fand mich in einer Großbaustelle wieder. Eine Frau hantierte mit dem Staubsauger, eine andere föhnte auf den Türrahmen, um eine Schutzfolie aus Plastik abzuziehen. Der erste Gast war ich aber nicht. Mitten im Raum stand ein Paar. Er im Glitzerhemd, sie im Glitzerkleid. Beide waren von oben bis unten in Plein aufgebrezelt.

»Seid ihr Mitarbeiter von Plein?«, fragte ich. »Nein, er hat uns eingeladen«, antwortete der Mann und grinste wie ein Honigkuchenpferd. Ich erfuhr, dass er Malermeister sei und mal für Plein einen Outlet-Store gestrichen habe. Plein hatte das nicht vergessen und sich mit der Einladung revanchiert. Die Begegnung mit dem Malermeister und seiner Frau ließ mich nicht los. Denn die meisten Marken laden zu ihren Events Stars und Sternchen ein, mit denen sie sich schmücken und die über Social Media mächtig die Werbetrommel rühren. Malermeister habe ich dort bislang selten getroffen. Später erzählte ich Plein von meinem Plausch mit dem Pärchen. »Meinen Erfolg habe ich meinen Kunden zu verdanken«, sagte er mir. »Alles, was ich bin, schulde ich ihnen.«

Es ist ein Satz, den ich in der Luxuswelt bislang nirgendwo sonst gehört habe. Alle Megabrands geloben heute inzwischen, ihre Kunden zu umarmen. Doch durch die freundliche Fassade schimmert oft immer noch die alte Arroganz hindurch. Auf mich wirkt es so, als würden sich die Brands für ihre Kunden, die vor ihren Läden in langen Schlangen anstehen, teilweise schämen.

»Kennst du die Geschichte mit Jay-Z und dem Cristal-Champagner?«, fragte mich Plein. 2006 löste der Chef der Champagner-Kellerei Roederer einen Sturm der Entrüstung aus. Als ihn das Londoner Wirtschaftsmagazin *The Economist* fragte, was er davon halte, dass sein Champagner Cristal in Hip-Hop-Liedern besungen werde, in denen Rapper wie Jay-Z Verse wie »Let's sip the Cris and get pissy-pissy« dichten, antwortete Roederer-CEO Frédéric Rouzaud: »Was können wir tun? Wir können es ja den Leuten nicht verbieten, unseren Champagner zu kaufen.«

Der Ausspruch kam Monsieur Rouzaud und Roederer teuer zu stehen. Jay-Z rief zum Boykott auf und lancierte seine eigene Champagner-Marke Ace of Spades, die er »oberhalb« von Roederer positionierte. »Die ganze Rapper-Szene verbündete sich gegen Roederer«, sagte Plein. »Wir sind stolz auf unsere Kunden. Wir wissen, wer sie sind. Wir heißen sie bei uns immer willkommen.«

Natürlich steckt hinter solch einer Aussage Kalkül. Plein erspürt Bedürfnisse, er erspürt Komplexe. Er weiß, dass Menschen darunter leiden, wenn man sie nicht ernst nimmt und ihnen die Anerkennung verwehrt. Er weiß, dass sich Menschen in unserer säkularisierten, atomisierten Neuzeit nach Gemeinschaft sehnen. »Menschen wollen Teil von etwas sein. Sie wollen mit anderen Menschen sein. Sie sind Anhänger eines Fußballclubs, sie sind Fans einer Boyband«, sagte mir Plein. »Wir bei Plein sind ein Stamm.«

Fast alle Brands haben einen erheblichen Teil ihres Umsatzes einem kleinen Kreis an Kunden zu verdanken. Genannt werden sie VICs, was für »Very Important Customers« steht. Nehmen wir Farfetch, den weltgrößten Online-Marktplatz für Luxusmode. Die Digitalplattform bündelt das Angebot von 600 Luxusmarken und 800 Luxushändlern und hat dadurch eine fünfmal so große Auswahl wie der nächstgrößere Wettbewerber. Vier Millionen Kunden kaufen regelmäßig auf Farfetch ein. Doch nur mit einem Bruchteil von ihnen verdient der Marktplatz richtig Geld. Bestellt der Durchschnittskunde auf Farfetch zweimal im Jahr und gibt bei einem Bon von 548 Dollar insgesamt 1145 Dollar aus, so kauft der Topkunde 35-mal im Jahr ein. Pro Bestellung legt er 1.168 Dollar hin. Über das ganze Jahr lässt er also 41.000 Dollar springen. Das geht aus einer Investorenpräsentation hervor, die Farfetch auf der Internetseite veröffentlicht hat. Angesichts solcher Zahlen ist es kein Wunder, dass alle Brands und Retailer ihre Topkunden umschmeicheln. Plein tut das selbstredend auch. Wie eine Schweizer Privatbank, deren Berater zu jeder Tages- und Nachtzeit für ihre vermögende Klientel erreichbar sind, hat Plein ein Team an Powersellern aufgebaut, das die Kunden zum Shopping animieren soll und dafür das Telefon oder Nachrichtendienste wie WhatsApp nutzt.

Der Job des Powersellers erfordert Fingerspitzengefühl und Einfühlungsvermögen. Mit der Zeit wird der Powerseller zum Vertrauten, dem die Kunden ihr Herz ausschütten und der zu Geburtstagsfeiern, Hochzeiten und manchmal auch in den Urlaub eingeladen wird. Er schenkt Aufmerksamkeit, wenn kein anderer zuhört. Er spendet Trost, wenn etwas schiefgegangen ist. Er ist Kummerkasten, Paartherapeut und Unterhalter zugleich. Er tut das halt nur nicht uneigennützig wie ein Freund, sondern stellt seine Dienste am Ende in Rechnung. Wer es meisterhaft versteht, diese Balance aus Empathie und Kommerz zu wahren, ist Jack. Der Amerikaner, der bei Dolce & Gabbana, Christian Dior und Alexander McQueen in Los Angeles gearbeitet hat, bevor er bei Plein anheuerte, ist die Verkaufsmaschine Nummer eins. Dank einer App auf seinem Mobiltelefon weiß Plein genau, wie hoch der Umsatz an einem Tag ist. Er dreht den Handybildschirm zu mir und scrollt vor mir eine Liste durch. Es ist die Umsatzrangliste seiner Läden. Relativ oben in der Tabelle steht der Name »Jack«. Das bedeutet, dass der Einzelkämpfer Jack mehr Umsatz generiert als so mancher Plein-Laden in der Innenstadt.

Jack ist mehr als nur ein Kundenbetreuer. Auf seinem Social-Media-Profil definiert er sich als »Worldwide Brand Ambassador«, als »globaler Markenbotschafter«. Er lebt den flamboyanten Plein-Stil und inszeniert ihn auf den Bildern, die er von sich ins Netz stellt. Dort trägt er Lederjacken, die mit Nieten und Stacheln überzogen sind, Smokings, deren Revers mit einer Bordüre aus Kristallen umfasst ist, und posiert manchmal mit einem Tigerbaby auf dem Arm.

Plein und Jack schreiben sich mehrmals täglich. Einmal zeigt mir Plein mehrere Bilder, die ihm Jack über WhatsApp geschickt hat. Zu sehen ist ein Torso auf einem Operationstisch. Auf der Bauchpartie ist ein Waschbrettmuster aufgezeichnet. »Jack hat sich einen Sixpack operieren lassen«, sagt Plein und lacht. Mir schwant, dass sich Jack offenbar das Fett auf dem Abdomen hat absaugen lassen, damit die Muskelanatomie zum Vorschein kommt.

Wer es in Pleins Firma aushalten will, muss bereit sein, an seine Grenzen zu gehen und sie gelegentlich sogar zu überschreiten. Das trifft in besonderem Maße auf die Powerseller zu, die einen Teil ihres Privatlebens aufgeben. Umgekehrt stehen den VIC-Betreuern Karrieren offen, die ihnen andernorts höchstwahrscheinlich verwehrt gewesen wären. Quereinsteigern gewährt Plein eine Chance. Wie Michele, der zuvor im Kundendienst einer Bank und in einem Callcenter gearbeitet hatte und sich jetzt für Plein um Topkunden in Deutschland und Italien kümmert. Wenn ich den Italiener sehe, sei es auf einer Fashion Show oder im Büro, dann hat er stets das Mobiltelefon vor der Nase und tippt wie ein Weltmeister. Mit ihm unterhalten habe ich mich das erste Mal in New York. Plein flog ihn in den Big Apple ein, damit er seinen Verkäufern dort, die teils noch recht unerfahren waren, ein paar Tipps gab. »Wie hältst du das aus, dauernd erreichbar sein zu müssen?«, fragte ich ihn. Michele zuckte mit den Schultern und antwortete mir, dass er es gewohnt sei. Selbst im Urlaub. Nur an ein paar Urlaubstagen im Jahr überlasse er das Handy seinem Kollegen. Der nehme für diese kurze Zeit seine Identität an und führe die Chats mit den Kunden fort. »Sofern die Kunden nicht anrufen, fällt das niemandem auf.«

Um seine Verkäufer anzuspornen, hat Plein vor die Schreibtische mit den Computermonitoren, an denen junge Frauen und Männer mit Headsets kleben, einen Gong montiert. Immer dann, wenn 1 Million Euro Umsatz erwirtschaftet worden ist, steht ein Mitarbeiter auf, greift sich den Holzschläger an der Wand und schmettert ihn auf den Gong, so dass es in den Ohren dröhnt.

»Wie bei *The Wolf of Wall Street*«, sagt Plein und meint damit den gleichnamigen Hollywood-Film, in dem Leonardo DiCaprio einen Börsenmakler spielt, der seine Broker aufpeitscht, ihren Kunden Billigaktien für ihr Portfolio anzudrehen. »Das ist immer ganz motivierend.«

»Motivation« ist ein wichtiger Begriff für den, der die Faszination Pleins verstehen will. Wer sich ein Teil Pleins kauft, kauft Pleins Geschichte mit. Pleins Vita ist für viele seiner Kunden eine Inspiration.

»Ich habe eigentlich keine Ausbildung, weil ich mein Studium abgebrochen habe«, sagte Plein einmal einer Journalistin, die mit einem Fotografen im Schlepptau anrückte. »Ich kann nicht so gut fotografieren wie Ihr Kollege und nicht so schön schreiben wie Sie. Aber ich glaube, es motiviert die Leute, wenn ein ganz normaler Mensch ohne viel Geld oder Startkapital seinen Weg geht.«

Es ist zwar kein »Vom Tellerwäscher zum Millionär«-Märchen. Aber ist es eines, in der einer sich eine Idee in den Kopf gesetzt hat und sich von nichts und niemandem von ihr abbringen lässt.

Zufällig habe ich Steven Kern auf einer Plein-Show kennengelernt. Vor dem Eingang stand ich links in der Schlange für Journalisten an, er rechts bei den Kunden. Er fiel mir auf, weil er trotz Temperaturen um den Gefrierpunkt keine Jacke trug, sondern einfach nur einen Plein-Strickpullover anhatte, der ihm über die Hüfte reichte. Ich sprach ihn an, er drückte mir seine Karte in die Hand. Ein kunterbuntes Viereck mit einem großen eckigen »S« und einem kleinen »K« in der Mitte. »Steven Kern Art«. Wir vereinbarten, miteinander zu telefonieren. »Ich ruf dich an«, sagte ich zu ihm.

Zuerst schaute ich mir seine Webseite an. Steven ist Künstler. Er malt mit kräftigen Farben und packt plastische Objekte auf die Leinwand, so dass die Bilder eine Dreidimensionalität bekommen und aus der Wand springen. Da macht es Klick bei mir. Genau so ein Bild hatte ich in Pleins Hauptquartier in Lugano entdeckt. Dort weiß ich nie, wo ich zuerst hingucken soll. Auf jedem Quadratmillimeter wird mächtig Action geboten. Im

Foyer hängt ein opulenter Lüster, dessen Leuchten in kleine Totenköpfe hineingeschraubt sind. Sobald ich die Treppe nehme, laufe ich an einem Konferenzraum namens »Cash-Flow« vorbei. Im obersten Stockwerk steht in verspiegelten Lettern »Defeat your enemies with success« an der Wand. Auf einem nicht enden wollenden Tisch zieht sich der Satz »Fuck them before they fuck you« entlang. In seinem Büro hat Plein einen kleinen King Kong, der mit dem Hot-Lips-Logo der Rolling Stones bemalt ist, und eine Miniatur eines Falcon 8X-Jets, der gerade abhebt, vor sich aufgebaut. Hinter seinem Drehstuhl lauert bedrohlich ein schwarzer Kampfroboter aus einer Anime-Serie.

Auf dem Boden unter einem Spiegel entdecke ich ein Bild, aus dem das Relief eines Maschinengewehrs herausragt. Es misst 100 auf 100 Zentimeter und ist in einer grauschwarzen marmorartigen Struktur gehalten. Ich beuge mich hinab und stelle fest, dass die Waffe echt ist. Ihr Griff ist schwarz, das Magazin ist durchsichtig. In ihm befinden sich rote Leuchtelektroden, die man manuell einschalten kann. Schöpfer des Kunstwerks ist Steven. Es stammt aus seiner Kollektion »Make Art Not War« und ist ein Statement gegen Gewalt und hat einen pazifistischen Hintergrund. Jetzt sitzt mir Steven virtuell gegenüber. Er selbst liebt die Designs von Philipp Plein und trägt diese gerne. Auch seine Frau und seine Tochter hat die Leidenschaft gepackt. Als sich die Tochter zum vierten Geburtstag ein Kleid von ihrer Patentante wünschte und diese sich erkundigte, was für eines sie gern hätte, antwortete die Kleine: »Eines von Philipp Plein.« Dies rührt wohl daher, dass auch sie Philipp schon kennenlernen durfte. Er sei »äußert sympathisch« und »kinderlieb« gewesen, sagt Steven. Das erste Kleidungsstück, das sich Steven von Plein gekauft hat, hat er noch heute in seinem Kleiderschrank hängen. Steven verschwindet kurz vom Bildschirm und hält ein paar Sekunden später ein T-Shirt in die Kamera. Es hat einen Totenkopf auf der Brust, den Plein-Schriftzug und die amerikanische Flagge. Das Shirt ist in einem Used-Army-Look gehalten.

»270 Euro hat mich das gekostet«, sagt Steven, der im Aargau in der Schweiz wohnt. Er habe es sich vor rund zehn Jahren anlässlich seines Geburtstags gegönnt und sei dafür extra nach Wien geflogen, wo Plein anno 2010 am Bauernmarkt einen seiner ersten Läden aufgemacht hatte. Damals habe er sich gefragt: »Bist du eigentlich noch ganz frisch im Kopf, so viel Geld für ein T-Shirt auszugeben?« Heute sieht er das nicht mehr ganz so eng und kauft gerne Luxuskleidung. Vor allem zu besonderen Anlässen, wie Pleins Fashion Shows und Dinnerpartys, zu denen er als wichtiger Kunde seit ein paar Jahren regelmäßig eingeladen wird.

Sein erstes Event war im September 2019, als Plein seinen Laden auf dem Corso Venezia unter dem Motto »Pink Paradise« in Rosa tauchte, mit Tausenden echten Blumen innen und außen verzierte, mit einem rosaroten Sportflitzer vorfuhr, dessen Karosserie mit Geldscheinen bedruckt war, was für einen Auflauf in der Mailänder Innenstadt sorgte. »Plein legte den ganzen Verkehr lahm. Tausende Menschen vor seinem Store«, erinnert sich Steven. »Das war einmalig.«

Die Mode Pleins kann sich Steven dank seiner Kunst leisten. Er verkauft über seinen Webshop und über Kunstgalerien. Im Sommer 2023 hat er gemeinsam mit einem Partner in Frankfurt seine erste eigene Galerie eröffnet. Sie befindet sich in der Alten Rothofstraße, die von den Läden der Luxusmarken umrahmt wird. Sein Ziel? Erfolgreich zu sein. Und zwar im Diesseits und nicht wie Vincent van Gogh erst dann, wenn er das Zeitliche gesegnet hat. »Ich will als lebender Künstler so viel verdienen wie ein Toter.« Wie Plein schuftet auch er Tag und Nacht in seinem Atelier. Wenige Stunden Schlaf würden ihm reichen, um morgens wieder fit zu sein. Wach halte er sich mit Red Bull. »Mein Kühlschrank ist voll damit.« Genau wie Plein, der in seinem Leben Hektoliter des süßen Energydrinks in sich hineingeschüttet hat. Sein Händchen für die Kunst hat Steven in die Wiege gelegt bekommen. Sein Vater war Kunstschlosser. Aus Metall formte er Preziosen wie eine Schmuckschatulle, an denen sich aber nur die Familie erfreute. Den Schritt, sich selbstständig zu machen, scheute er zeit seines Lebens.

Im Gegensatz zum Vater, der über Talent verfügte, aber zauderte, verschenkt Steven keine Sekunde. Sein Kunststudium finanzierte er sich zuerst als Fitnesstrainer, dann als Leiter und schließlich als Regionalverantwortlicher für mehrere Fitnessstudios. Zeitweise arbeitete er auch im Basler Schönheitssalon seines Bruders und bot Behandlungen gegen Cellulite an. Nebenher legte er mit einer eigenen Eisdiele los. Das Eis spachtelte er zu imposanten Bergen auf und verzierte es mit Früchten und Süßigkeiten wie Kinderriegeln. »Das war Wow.«

Steven ist selbst eher zurückhaltend. Social Media hält er für ein notwendiges Übel. Er ist keiner, der nach Fashion Shows um ein Foto mit Plein bettelt. »Ich bin kein Groupie.« Obwohl Steven um Plein nicht herumscharwenzelt, ist er dem Designer nicht unbekannt. Eine Zusammenarbeit ist nicht ausgeschlossen. »Mein Traum wäre es, meine Kunst mit der Mode Pleins zu verbinden.«

Pleins Sohn Romeo hat er jedenfalls schon für sich gewonnen. Eine weitere Skulptur von Steven fand ihren Weg zu Plein, als dessen Ex-Freundin Fernanda nach einem passenden Weihnachtsgeschenk für ihren gemeinsamen Sohn Romeo suchte, mit dem er seinem Vater eine Freude bereiten könnte. »Sie schrieb mich auf Instagram an«, sagt Steven. Er malte einen Bearbrick, eine Bärenfigur zum Hinstellen aus Japan, mit Blattgold, Rosa und Gelb an. Auf die Ohren schrieb er »Romeo« und

»Philipp«, auf die Brust packte er das PP-Logo. Da es das Weihnachtsfest in der Covid-19-Zeit war, verpasste Steven dem Bären einen goldenen Mundschutz mit der Aufschrift »Merry X-MAS«. Er wickelte ihn in goldenes Papier ein und steckte ihn in eine Plein-Schuhschachtel, auf die er »From Romeo with love« schrieb.

Das größte Plus, das die Marke Plein ihren Topkunden bieten kann, ist Plein selbst. Ein Herr namens Louis Vuitton lebt nicht mehr, die Familie Gucci hat mit Gucci nichts mehr zu tun, Jil Sander nichts mehr mit Jil Sander und Valentino nichts mehr mit Valentino. Hinter Philipp Plein steht aber immer noch Philipp Plein. Das ist ein riesiger Unterschied. Zum Beispiel auch für Maximilian. Max lernte ich auf derselben Plein-Show wie Steven Kern kennen. Wie Steven ist er ein Big Spender. In Mailand sagte er mir: »Wenn ich bei Louis Vuitton viel Geld ausgebe, dann kennt mich da keiner. Bei Plein kennen mich alle. Frag Philipp. Er weiß, wer ich bin.« Wir tauschten Nummern aus und verabredeten uns zum Telefonat. Max kommt wie ich aus dem Stuttgarter Raum. Sein Vater ist ein erfolgreicher IT-Unternehmer, er selbst ist im Vertrieb beschäftigt. Max ist kräftig gebaut. Für Bietigheim spielte er als Jugendlicher Eishockey und hoffte, in der Deutschen Eishockey Liga aufzulaufen. Mit der Handykamera führt er mich durch seinen Ankleideraum. Er sieht aus wie ein Plein-Laden in Miniatur. Viel Glas und Metall. Beherrscht wird er von einem verspiegelten Schrank, der innen beleuchtet ist. Darin hängen Dutzende Lederjacken, darunter eine in Gelb aus Pythonleder. Die Mützen, Schals und T-Shirts hat Max präzise in Schubladen darunter verstaut, die durchsichtig sind. Oben auf der Kommode stehen eine Plein-Uhr und daneben die Schachtel, in der sie verpackt gewesen ist. Max klappt sie auf. In ihrem Innendeckel ist ein kleiner Bildschirm verborgen. »Mal schauen, ob das Video noch funktioniert.« Der Monitor flackert auf, es beginnt ein Animationsfilm. Max dreht sich um die eigene Achse. Das Bücherbord an der Wand rückt ins Blickfeld. Darauf hat Max Plein-Fotobände abgestellt. Als Buchstützen dienen Stormtrooper-Figuren, die aus der Science-Fiction-Serie *Krieg der Sterne* bekannt sind. »Wer mag *Star Wars* nicht?«

Mit Mode konnte Max lange Zeit nichts anfangen. »Ich dachte, Joop oder Lacoste wären Mode«, sagt er. Den Namen Plein hörte er zum ersten Mal während der Ausbildung. »Da ist so ein Typ, der krasse Boots macht«, sagte ihm damals ein Kollege und zeigte ihm das Bild im Internet. Darauf zu sehen war ein Stiefel in Military-Optik mit dicker Sohle. Cooler Style, dachte sich Max. Kurz darauf kaufte er sich das erste Plein-Piece im Online-Outlet: ein T-Shirt für 120 Euro.

Mehr als zehn Jahre ist das inzwischen her. Es war die Zeit, als die Marke Philipp Plein in Deutschland richtig Hype war. Auch in Stuttgart, wo angesagte Modeläden wie Abseits Plein führten und im stroboskopischen Licht der Diskothek Perkins Park nachts der Totenkopf auf der Tanzfläche aufleuchtete. »Da hatte jeder etwas an von Plein«, erinnert sich Max, der damals regelmäßig in dem Club auf dem Stuttgarter Killesberg mit seinen Freunden Party machte. Zuerst kaufte sich Max fünf Stücke von Plein im Jahr, irgendwann waren es zehn. Heute gibt er einen »hohen Betrag« im Jahr aus, um »Pleins Stil zu feiern«. Er wird von einem VIC-Berater persönlich betreut und zu den Fashion Shows nach Mailand eingeladen. Die Eintrittskarte für seine erste Show, auf der sein Name samt Sitzplatz verzeichnet ist, thront neben der Uhr auf dem Kasten im Kleiderschrank, in dem Max die Plein-Devotionalien so präsentiert, dass sie seine persönliche Reise mit der Marke und der Person Plein erzählen.

»Früher war ich Kunde. Heute kennen Plein und ich uns persönlich«, sagt Max. Beinahe hätte die Reise geendet, bevor sie überhaupt richtig angefangen hatte. Max hatte ein T-Shirt, das er bestellt hatte, zurückgesendet. Der Plein-Kundendienst behauptete, das Paket sei leer gewesen, was Max extrem ärgerte. »Ich kaufe für Zehntausende Euro im Jahr ein. Und die unterstellen mir, dass ich wegen 300 Euro so ein Ding drehe«, echauffiert er sich heute noch. »Ich war richtig angepisst.« Er habe dem Plein-Team gesagt: »Wenn er mir so etwas vorwirft, ist für mich die Beziehung beendet.«

Es vergingen ein paar Wochen. Max blieb standhaft und gab keinen Cent mehr für Plein aus. Eines Tages lag ein Brief in seinem Postkasten. Darin war eine Karte, die jemand mit verschnörkelter Schrift von Hand beschrieben hatte. Sinngemäß stand dort: »Wir entschuldigen uns für die Unannehmlichkeiten.« Beigelegt war ein Armband, das aus kleinen Totenköpfen bestand. Es war eine kleine Wiedergutmachung, Max war wieder versöhnt.

Ein paar Jahre später klingelte das Telefon. »Hey Max, was machst du am Montag und Dienstag?«, fragte eine Kundenbetreuerin. Verdutzt antwortete er »arbeiten«, worauf sie ihm entgegnete: »Arbeiten kannst du noch genug in deinem Leben. Kannst du dir Urlaub nehmen?« Als er das bejahte, teilte sie ihm mit, dass er einen Flug nach Nizza buchen solle. »Um den Rest kümmern wir uns.«

Am Flughafen in Nizza hielt ein Mann im Anzug ein Schild mit seinem Namen in die Höhe. Er begleitete ihn zu einer schwarzen Limousine, öffnete ihm die Tür zur Rückbank, setzte sich ans Steuer und fuhr los. »Wohin fahren wir?«, fragte Max. »Nach Cannes«, antwortete er ihm. Nach einer halben Stunde bog der Chauffeur auf den Boulevard de la Croisette ein und hielt vor dem Luxushotel Martinez, wo für Max eine Suite reserviert worden war. Er betrat das Zimmer, blickte auf eine Etagere mit Macarons und sah durch das Fenster das Mittelmeer.

Im Foyer nahm ihn die VIC-Beraterin in Empfang. »Wir fahren jetzt in den Plein-Store in Cannes. Den schließen wir für dich ab, damit du in Ruhe einkaufen kannst.« Während Max in dem Laden stöberte, summte das Handy der Plein-Mitarbeiterin. Sie ging ran, wechselte ein paar Worte und trat mit einem breiten Grinsen auf Max zu: »Wir fahren jetzt zu ihm.«

Völlig unterwartet stand Max ein paar Minuten später vor Pleins Villa La Jungle du Roi, oben auf den Hügeln in Cannes. Staunend, mit offenem Mund. »Die kannte ich nur von Instagram. Und auf einmal war ich selbst dort. Das war einfach nur krass.«

Kein anderer Designer mache so etwas. »Oder glaubst du, dass Olivier Rousteing oder Virgil Abloh mich zu sich nach Hause einladen würden? Denen bin ich doch total egal.« Olivier Rousteing ist Kreativdirektor von Balmain. Der im November 2021 verstorbene Virgil Abloh ist der Erfinder von Off-White und war Menswear-Designer von Louis Vuitton. Max schritt durch das Tor und fand sich in Pleins Garten wieder. Links die Garage mit dem Lamborghini, rechts das Haus mit dem ausgestopften Löwen, geradeaus der Pool. »Das war wie das Paradies. Das war La La Land. Alles im Plein-Style«, sagt Max. »Das ballert dich weg.«

Er wurde ins Haupthaus geführt, wo bereits Plein-Mitarbeiter um einen festlich gedeckten Tisch saßen. Dort wurde er von Elena, Pleins persönlicher Assistentin, begrüßt: »Iss, so viel du willst!« Kurz darauf sah er jemanden in Sporthose in den Raum flitzen, der ihm von hinten auf die Schulter klopfte. »Du musst Maximilian sein. Ich bin der Philipp.« Plein höchstpersönlich.

Max war so baff, dass er Plein zuerst siezte: »Herr Plein, vielen Dank, dass ich hier sein darf.« Plein schoss zurück: »Sag Philipp zu mir.« Max nahm seinen Mut zusammen und fragte Plein, ob er ihm seine Lederjacke signiere. »Ich habe leider den falschen Stift mitgenommen.« »Kein Problem«, antwortete Plein und durchsuchte Räume und Schubladen nach einem Stift. Vergeblich. »Ich finde keinen. Vielleicht haben die einen im Stadion.« Und Max dachte sich: Stadion? Er hatte richtig gehört. Plein lud seine Entourage und eben auch Max in seine Lounge ins Stadion in Monte Carlo ein. An diesem Abend im Dezember 2018 trafen der AS Monaco und Borussia Dortmund in der Champions League aufeinander. Plein donnerte in seinem Rolls-Royce voraus, Max saß in einer Limousine dahinter. Draußen stockte der Verkehr, weil die Gelbwesten auf den Straßen protestierten. Max hörte, wie Pleins Assistentin Elena, die im selben Auto saß wie er, mit dem Handy auf Italienisch telefonierte und das Wort »Polizia« fiel. Kaum hatte die Limousine eine Mautstation passiert, sah Max Blaulicht aufleuchten. »Wir wurden von der Polizei nach Monte Carlo eskortiert«, sagt Max. »Das war richtig krass.«

Vom Spiel bekam Max so gut wie nichts mit. »Fußball interessiert mich eigentlich gar nicht.« Statt auf den grünen Rasen zu gucken, saugte Max die Atmosphäre in sich auf und sah, wie Plein von Gast zu Gast rotierte. »Der sitzt nie einfach so da. Der hat ein Feuer in sich. Der tut immer das, was ihn voranbringt.«

Ein paar Worte mit Plein wechselte Max an diesem Abend auch noch. Er habe sich nochmals bedankt, worauf Plein erwidert habe: »Nicht du musst mir danken, vielmehr muss ich dir danken, dass du dir Zeit genommen hast.« Ein Kunde wie er, der jedes Teil, das er sich kaufe, zu schätzen wisse, sei ihm »tausendmal lieber« als ein Milliardär, der deutlich mehr ausgebe, aber den einzelnen Pieces weniger Beachtung schenke.

Nur einen Stift, um das Autogramm auf die Lederjacke zu setzen, war im Stadion nirgends aufzutreiben. »Lass die Jacke hier. Ich verspreche dir, dass ich sie unterschreiben werde«, sagte Plein. Max reiste beseelt zurück nach Stuttgart. Und hörte nichts mehr. Nach ein paar Wochen meldete er sich besorgt bei seiner VIC-Betreuerin: »Ich würde schon gern meine Jacke zurückhaben.«

Schließlich leuchtete auf seinem Handy der Name »Elena« auf. Pleins Assistentin erschien auf dem Bildschirm. Sie wirbelte das Telefon herum und hielt bei Plein an, der am Schreibtisch in Lugano saß. Vor sich ausgebreitet hatte er Max' Lederjacke. Erst mit einem weißen, dann mit einem roten Stift schrieb er auf sie »Philipp Plein«, dazu die Jahreszahl »2019«. »Live vor meinen Augen.« Seitdem geht das Abenteuer weiter. Im Juni 2022 spendierte Plein Max eine Privatführung in Mailand. Max war der Erste, der die Show-Location von Plein Sport zu sehen bekam. Fortsetzung folgt.

*

Es ist Samstagabend. Kurz vor 21 Uhr hat sich vor der Mailänder Messe eine Menschentraube gebildet, die auf die Hauptstraße hineinragt. Laut hupend umkurven die Autos den Pulk. Hinter Eisengittern stehen die Einlasser in schwarzen Anzügen und mit Knopf im Ohr. Die Plein-Show beginnt gleich. Es ist die Halle vier der Mailänder Messe. Hier fand im Februar 2020 Pleins letzte Schau vor Ausbruch der Coronavirus-Pandemie statt. Drei Jahre sind seitdem vergangen. Und Plein geht wieder in die Vollen. Der Laufsteg ist 250 Meter lang und durchzieht die ganze Halle. Eingefasst ist der Catwalk von riesigen Plein-Sechsecken aus Stahl, in deren Kanten Lampen aufleuchten. Plötzlich ertönt ohrenbetäubendes Motorengeheul. Eine Lichterkette aus Scheinwerfern erstrahlt. Eine Armada an Motorrädern brettert an den Zuschauern vorbei, die links und rechts vom Runway sitzen. Nachdem die Models defiliert sind, jault zum Schluss ein einzelner Motor auf. Der Feuerstuhl kommt näher. Ich ahne schon, wer der Fahrer sein könnte. Ein paar Sekunden später habe ich Gewissheit. Es ist Plein, der im kurzärmeligen T-Shirt weit nach vorn gelehnt und tief gebeugt an allen vorbeidonnert. Am Ende des Laufstegs dreht er um, fährt zurück bis zur Mitte, steigt ab und lehnt sich gegen die Maschine. Er wartet, bis die Models, angeführt von der US-Rapperin Bia, ihn erreicht haben, und marschiert dann mit ihnen mit. Im VIP-Bereich erspähe ich später Raffaella und ihre Familie. Sie trägt ein glitzerndes rotes Kleid. Ich winke ihr zu, nähere mich und reiche ihr die Hand. Im Hallendunkel meine ich ein breites Grinsen auszumachen. Plein hat sie mal wieder prächtig unterhalten.

KAPITEL VIER: *BRAVO GIRL!*

Mich beschleicht das Gefühl, mich rechtfertigen zu müssen. Ich stehe vor dem Schalter der Deutschen Nationalbibliothek in Frankfurt und höre mich sagen: »Ich brauche das für eine Recherche.« Vielleicht bilde ich es mir nur ein, aber ich meine, dass die Dame hinter der Plexiglasscheibe ein Grinsen unterdrücken muss. Sie geht nach links, öffnet eine Tür und schiebt ein Wägelchen heraus, auf dem sich dicke Wälzer türmen. »Viel Erfolg.«

Es ist früher Nachmittag, der Lesesaal ist nur mäßig besucht. Mit meinem Wägelchen, auf dem »Maus« steht, manövriere ich an Studierenden vorbei, die ihre Hausarbeiten schreiben. Ich setze mich neben jemanden, der sich, der Literatur auf seinem Tisch nach zu urteilen, offenbar mit dem Widerstand zu Zeiten des Nationalsozialismus befasst.

Etwas verschämt blicke ich nach links und rechts, bevor ich mir den ersten Band von meiner Maus greife und aufschlage. Ich will unbeobachtet bleiben, wenn ich die Seiten durchblättere. Denn: Vor mir liegen habe ich keine akademischen Wälzer, sondern die *Bravo Girl!* Alle Ausgaben von 1990 bis 2000. Mit dem Jahr 1994 fange ich an. »Das könnte passen.«

Nach einer halben Stunde bekomme ich den Band »1995, 18–26« zu fassen. Ich schlage ihn auf und habe die Nummer 18 vor mir. Erschienen ist die Ausgabe am 23. August 1995. Fast

30 Jahre ist das her. Damals gab es noch die Deutsche Mark, Helmut Kohl war Bundeskanzler, und Scatman John war mit »Ski-Ba-Bop-Ba-Dop-Bop« in den Charts. Von der Titelseite blickt mir der 17-jährige Plein entgegen. Die Haare schulterlang, die Brust nackt, von hinten hat ihn ein Mädchen umschlungen. Ich balle die Faust und rufe leise »Yeah!«

Mit dem Handy fotografiere ich die Seite ab und schicke sie Plein. »Was aus diesem Philipp wohl geworden ist?«, schreibe ich unter das Foto und setze einen lachenden Smiley dahinter. Nach zwei Minuten schreibt er zurück. Auf Englisch, vollkommen ernst: »I was the first boy on *Bravo Girl!*«

*

Das *Bravo-Girl!*-Cover ist für die Geschichte des Modeunternehmers Plein enorm wichtig. Mit seiner Attraktivität und seinem Charme lädt er dauernd seine Marke auf. Obwohl er sich anfangs im Hintergrund hielt, durfte in den Katalogen für seine Möbel ein Foto von ihm nicht fehlen. Eine überlebensgroße Aufnahme, die ihn im Profil zeigt, hing in seinem ersten Mailänder Showroom am Eingang.

Plein ist bei weitem nicht der erste Designer, der sich sein Aussehen zunutze macht. Denken wir an Jil Sander. Ein Schlüsselmoment ihrer Karriere war die Werbekampagne für ihr erstes Parfüm Woman Pure. Statt ein Model zu verpflichten, warb Jil Sander mit ihrem eigenen Gesicht. Fotograf Francesco Scavullo porträtierte sie als ätherisches Wesen, das vom Himmel auf die Erde hinabgefallen schien. Als neue Greta Garbo, die alle Blicke auf sich zieht, aber von keinem einzigen durchdrungen wird.

Der Produktdesigner Peter Schmidt, der das Logo und den Flakon für Jil Sander gestaltet hatte, sagte in einem Interview mit dem *SZ Magazin:* »Jils Geschichte ist auch die Geschichte einer Idealisierung und Stilisierung.« Dieser Satz trifft in gewissem Maß auch auf Plein zu.

Stilisierung bedeutet, dass etwas Detailliertes, Kompliziertes auf ein einfaches Muster reduziert wird. Ist es im Fall der Person und Marke Jil Sander die Idee des Puristischen, so ist es im Fall von Plein die Idee des Maximalismus: Wer sich anstrengt, kann alles haben. Geld, Sex und Rock 'n' Roll.

Was Plein auf Instagram darstellt, ist eine Klischeewelt. Er inszeniert sich als der Alphamann, der viril und finanziell potent ist. Er steuert seinen Sportwagen, er sitzt im Fond seines Privatfliegers, er speist im Cipriani in Monte Carlo, er schwitzt auf dem Laufband im Luxushotel. An seiner Seite hat er eine Partnerin, die keine Scheu davor hat, sich in laszive Posen zu werfen.

Plein hat ein klares Beuteschema: Früher waren seine Partnerinnen blond, gertenschlank, hatten große Brüste und waren älter als er. Jetzt sind sie dunkelhaarig, gertenschlank, haben große Brüste und sind jünger als er. Der Natur haben sie in den meisten Fällen nachgeholfen. Sie haben sich unter das Messer gelegt, sich den Busen mit Silikon vergrößern und die Lippen aufspritzen lassen.

Das Klischeehafte wird über Markenpartner wie Barbie, *Playboy* und Snoop Dogg weiter verstärkt. Zum 50-jährigen Jubiläum der Barbie zog Plein der Puppe von Mattel, die berühmt für ihre ellenlangen Beine, ihre Wespentaille und imposante Oberweite ist, ein bodenlanges Abendkleid an und verpasste ihr eine Hochsteckfrisur. Es gab nur 500 Exemplare, jedes kostete 1000 Dollar.

Er brachte eine Kapsel mit dem *Playboy* auf den Markt. Auf einem T-Shirt war eine kurvige Blondine zu sehen, die sich den Finger vor den rot geschminkten Mund hält. Mit Hip-Hop-Star

Snoop Dogg, der um die Jahrtausendwende eine Mischung aus Musikvideo und Porno namens *Snoop Dogg's Doggystyle* produzierte, lancierte Plein einen Sneaker.

Für eine Werbekampagne verpflichtete er Megan Fox, die sich einerseits als Feministin bezeichnet, andererseits mit ihrem Image als Sexsymbol kokettiert. Die Hollywood-Schauspielerin erzählte freimütig, dass sie auf Sadomasochismus stehe und ihren Freund »Daddy« nenne. Es mag eine geschickte Selbstvermarktung einer klugen Geschäftsfrau gewesen sein, jedenfalls schlug die Aussage gewaltige Wellen im Internet. Feministinnen regten sich über die selbsterklärte Feministin Fox auf.

Fragt man Plein nach dem Frauenbild, das er mit seiner Marke zeichnet, betont er zuerst, dass er Frauen liebe, und stellt klar, dass er im Gegensatz zu vielen anderen Modedesignern hetero sei. Man kann durchaus argumentieren, dass Pleins Mode eine ist, die aus dem männlichen Blickwinkel heraus entsteht. Er entwirft Kleider, in denen die Frauen ihm selbst gefallen. Daraus den Schluss zu ziehen, dass er Frauen auf ein Objekt der männlichen Begierde reduziere, sei falsch, entgegnet Plein. »Nur weil ich Kleider verkaufe, die sexy sind, und es Frauen gibt, die gern mal sexy aussehen wollen, bin ich deswegen nicht automatisch gegen die Frauenbewegung oder gegen Feministen, wie es manche Medien behaupten. Das ist absoluter Schwachsinn und Humbug.« Als Beleg führt er ins Feld, wie er seine Firma führt: »Ich bin nur von Frauen umgeben. Auch in meiner Firma sind viele wichtige Positionen von Frauen besetzt, weil ich festgestellt habe, dass Frauen die viel härteren Arbeiter sind als Männer.«

In der Tat können Dax-Konzerne von der Frauenquote in Pleins Unternehmen nur träumen. Viele Frauen saßen und sitzen bei Plein an den Schaltstellen. In der Mode startete er durch, als Corinna Barton, Janine Fichna und ihre Schwester

Coreen Krosch bei ihm anfingen. Das Design leitete Christina Dienst, die Produktion Rebekka Thöle, die Buchhaltung Franziska Burkhardt. Der Frauenanteil ist bis heute sehr hoch geblieben. Giorgia Pivetti, die vorher beim Uhrenhersteller Timex war, verantwortet die Lizenzen. Um den E-Commerce kümmert sich Olga Burfan. Die Ukrainerin war bei Tom Tailor und Amazon. Seine persönliche Assistentin Elena Guzzardi leitet die Personalabteilung und unterschreibt die Bilanzen der Auslandsgesellschaften. Einigen Frauen hat Plein steile Karrieren geebnet. Seine frühere Kommunikationschefin Ludivine Pont wechselte zuerst zu Moncler und ist heute Marketingchefin bei Balenciaga. Coreen Krosch, die zu Abiturzeiten bei ihm einstieg, ist heute Topmanagerin bei MCM. Ihre Station bei Plein sei »prägend« für ihre Laufbahn gewesen, sagte sie mir: »Philipp hat mir gezeigt, dass mir keine Grenzen gesetzt sind.«

Als Chef ist Plein unglaublich fordernd. Die Arbeitstage sind lang, der Rhythmus infernalisch. Er wird schon laut, wenn ihm etwas nicht passt. Doch er vergisst selten seine gute Kinderstube. Mit deutschsprachigen Angestellten bleibt er meistens beim Sie. Das ist außergewöhnlich für die Mode, in der man sofort beim Du ist, obwohl man sich erst seit wenigen Minuten kennt. Wenn Geschäftspartner Frauen abfällig behandeln, schreitet Plein ein. Lara Stahl, die bis 2012 für ihn die Kommunikation leitete, war geschäftlich in Moskau. Sie saß mit der Inhaberin der russischen PR-Agentur für einen Geschäftstermin mit Plein an einem Tisch auf der Dachterrasse des Ritz-Carlton, an dem auch die männliche russische Delegation Platz genommen hatte, mit der Plein verhandelte. Diese Gruppe störte die Präsenz der zwei Frauen und forderte die beiden auf, die Runde zu verlassen. Plein protestierte, doch sein Gesuch wurde von russischer Seite abgeschmettert. »Das war ihm hochgradig unangenehm«, sagt Stahl. Plein habe sich entschuldigt und sie gebeten, einige Tische entfernt Platz zu nehmen, um im Nachgang alles gemeinsam zu besprechen. »Er hat uns mit Respekt behandelt.«

*

Wer ist Plein? Wer ist der Mann hinter dem Klischee? Ich habe mich auf Spurensuche begeben.

Schon früh war Plein ein Herzensbrecher. Geboren ist er am 16. Februar 1978 in München. Im Alter von neun Jahren wurde er in Schwabing auf der Straße als Model entdeckt. Er warb für den Quelle-Katalog, später auch für Adidas und Otto. Für den ersten Auftrag wurde er in einen Anzug gesteckt und sah wie der kleine Lord aus. Die *Bravo Girl!* wurde auf ihn aufmerksam, als er in Nürnberg wohnte. Sein Stiefvater, ein Herzspezialist, hatte eine Stelle als Oberarzt im Nordklinikum angetreten. Zu dieser Zeit hatte Plein angefangen, im Fitnessstudio Gewichte zu stemmen und sich eine kräftige Brust und einen dicken Bizeps antrainiert.

In puncto Mädels war der junge Plein weiter als die meisten seiner Altersgenossen. Während ich mich in der Pubertät beim Flaschendrehen genierte und im Tanzkurs den Mund nicht aufbekam, hatte Plein schon längst Freundinnen gehabt. Teilweise mehrere gleichzeitig. Ein guter Bekannter Pleins beschrieb sein Liebesmodell als »konstante Beziehung«. Soll heißen: Single war Plein eigentlich nie.

Gelegenheiten, Mädels kennenzulernen, hatte er zuhauf. Er stand hinter der Bar einer Diskothek. Es war nicht irgendeine Diskothek, es war das Machi in Nürnberg. Mitte der 1990er-Jahre war das Machi eine große Nummer in der Musikszene. Dank Wolfgang Boss, der heute Topmanager bei Sony Music ist. Er war zuerst DJ, dann Geschäftsführer des Clubs. Er reiste nach Amsterdam, Ibiza, London und New York und witterte eine Trendwende. »Als in Deutschland in den meisten Läden noch Techno lief, habe ich eben gesehen, dass in den hippen Clubs jetzt diese House Music aufkam. Und das habe ich dann massiv nach Nürnberg geholt.«

Er lockte internationale Künstler nach Franken. Im Machı traten DJ-Weltstars wie David Guetta, David Morales, Bob Sinclair und Tony Humphries auf. »Die legten damals noch für relativ wenig Geld auf.« Auch Boy George gab sich die Ehre. »In Drag und weiß geschminkt.« Nach Nürnberg gelotst hatte ihn Michael Michalsky, der damals Chefdesigner bei Adidas und mit dem britischen Sänger befreundet war. »Das war natürlich für die Leute eine Sensation«, sagt Boss.

Der eine oder andere, der damals im Machı angestellt war, hat es weit gebracht. Einer von ihnen ist Joe Chialo, der im Frühjahr 2023 zum Berliner Kultursenator geworden ist. Der Spross einer tansanischen Diplomatenfamilie studierte in den 1990er-Jahren an der Universität Erlangen. Abends stand er vor dem Machı. Als »Face Control«, sagt Boss: »Der suchte aus, wer reinkommt.«

Plein wischte im Machı die Aschenbecher aus, säuberte die Tische und räumte die Getränkeflaschen weg. Er war zwar noch nicht volljährig, erfüllte aber sonst alle Kriterien des Clubs. »Wir suchten gutaussehende junge Menschen«, sagt Boss. »Er war immer guter Laune, die Mädels mochten ihn.«

Dass sich Plein zur Weltmarke aufgebaut hat, erstaunt seinen früheren Arbeitgeber nur zum Teil. »Es war eindeutig zu sehen, dass der irgendwie klar im Kopf und ambitioniert ist«, sagt er. Plein habe sich im Gegensatz zu manch anderem im Nachtleben nicht verloren. Er trank nicht, er rauchte nicht, er nahm keine Drogen.

Stattdessen bandelte Plein mit der Dame hinter der Bar an.

Tina hieß sie. Sie war ein paar Jahre älter als er und eine Schönheit. Sie modelte zeitweise. Ihr Bild hatte Plein später unter seinem Bett.

Einer seiner besten Freunde in dieser Zeit war Darko Poropatic. Er war Azubi in einem Nürnberger Autohaus, das auf Pkws aus Großbritannien spezialisiert war. Zu seinen Kunden zählte auch Pleins Stiefvater, der einen Jaguar und einen Bentley fuhr. Philipp kaufte sich später bei Darko einen Land Rover Defender. Darko wurde zum Vertrauten der Familie. »Ich hatte ihren Hausschlüssel, wenn sie im Urlaub waren«, sagt er.

Plein und Darko mochten sich auf Anhieb. »Wir waren dickste Freunde.« Zusammen spielten sie Fußball. Am Wochenende machten sie Ausflüge. Einmal lieh sich Darko von einem befreundeten Autohändler ein Porsche Cabriolet aus. Mit Plein als Beifahrer ließ er im Nürnberger Stadtzentrum den Motor aufheulen. »Ein bisschen angeberisch.« Als sie hungrig wurden, fuhren sie zu einem indischen Imbiss, der ihnen das Essen in einer Papiertüte aushändigte, die recht schnell unten durchgefeuchtet war, so dass Stückchen von Fleisch und Gemüse auf die perforierten Ledersitze des Porsches hindurchrieselten. Darko und Plein schrubbten wie die Wahnsinnigen, doch den Geruch der würzigen Speisen bekamen sie nicht raus. Zudem übersahen sie den ein oder anderen Hähnchenknochen, der unter dem Sitz gelandet war. Am Montag darauf stauchte der Autohändler Darko zusammen. »Ich bekam bei ihm Hausverbot«, sagt er.

Abends gingen sie auf die Walz, besonders gern ins Machı, wo Plein am Wochenende arbeitete. »Philipp kam bei den Frauen immer sehr, sehr gut an.« Wenn ihm ein Mädchen gefiel, hat er sich einen romantischen Spruch zurechtgelegt, um ihr Herz zu erobern: »Ich will mich vor dir bücken, wie man es vor Königinnen tut, und dich mit roten Rosen schmücken, so rot wie mein Blut.«

Ich google und stoße auf das Gedicht »Ich will mich tief verneigen« von Hermann Hesse, das der Schriftsteller unter seinem Pseudonym Hermann Lauscher veröffentlicht hat. Man kann nicht behaupten, dass es Hesses berühmtestes Werk ist. Plein hat die letzte Strophe abgewandelt. »Rot wie Blut« veränderte er in »rot wie mein Blut«. »Kompliment«, denke ich mir. Plein hatte nicht nur ein obskures Werk aufgestöbert, sondern das Ende auch noch dramatischer gemacht.

In Notlagen konnte Plein auf Darko zählen. Um mit einem Mädel ungestört zu sein, bog er eines Nachts mit seinem silbernen Mazda MX-5, den ihm seine Eltern zum 18. Geburtstag geschenkt hatten, in das kleine Waldstück ein, das sich in der Nähe der Hebelstraße befindet. Da alles voller Wurzeln war, blieb er mit seinem tiefen Sportflitzer im Unterholz stecken. Er rief Darko an, der mit einem Land Rover Defender anrückte. »Es war stockdunkel, ich kam mit dem Riesending nicht rein«, sagt Darko. Am Ende glückte die Rettungsaktion. Darko befestigte ein Seil und zog Plein samt Begleitung raus.

Mitte 1996 wechselte er auf das Internat Schloss Salem – und fiel sofort auf. »Er war schon irgendwie eine Erscheinung«, sagt ein Mitschüler, der in der 12. Klasse auf demselben Flügel wie Plein wohnte. Die Salem-Schüler waren konform konservativ, Typ Bubi aus betuchtem Elternhaus in München Bogenhausen, der uniformiert in Chino, Polohemd und Gel im Haar auftrat. »Irgendwie super überzeugt von sich und doch unsicher. Plein kam da an und war anders.«

Es war in etwa so, als würde einer der Backstreet Boys in der Harry-Potter-Zauberschule Hogwarts aufschlagen. Plein trug die Haare länger. Sie waren auch nicht gegelt, sondern eher geölt. Die beiden oberen Knöpfe seines Hemdes trug er offen, so dass die trainierte Brust zu sehen war. Darüber trug er eine Fliegerjacke. Der eine oder andere meint sich zu erinnern, dass sich Plein am ersten Schultag einen Louis-Vuitton-Rucksack über die Schulter geworfen habe.

»Er sah wie einer aus der *Bravo* aus«, sagt ein Mitschüler. Mit dieser Einschätzung lag er wie bekannt goldrichtig. Es dauerte nicht lange, bis das *Bravo-Girl!*-Cover im Internat zirkulierte. Plein hatte es mitgebracht und mehr als bereitwillig herumgezeigt. Da Plein ein Jahr älter als die meisten seiner Mitschüler war, war er einer der wenigen, die einen Führerschein besaßen. Weil es den Internatsbewohnern in Salem untersagt ist, ihr Privatauto mitzubringen, versteckte Plein seinen Mazda MX-5 in der Garage des Schultaxifahrers. Am Wochenende rief er den Taxifahrer an, fuhr mit ihm zu dessen Wohnung, stieg in seinen eigenen Wagen um und brauste nach Nürnberg. Nach seinen Spritztouren in die Heimat hatte Plein immer mächtig viel zu erzählen. Seine Geschichten drehten sich meistens um Frauen, die er erobert hatte. »Die waren total spannend«, sagt ein Salem-Schüler, der damals 17 war. Ihm imponierte das Selbstbewusstsein, das Plein gegenüber dem anderen Geschlecht an den Tag legte. »Wir waren ja noch grün hinter den Ohren.«

Es war nicht immer galant, was Plein von sich gab. Mitschüler erinnern sich daran, dass er am Telefon mit einem Mädchen Schluss machte und sicherstellte, dass es alle um ihn herum mitbekamen. Nicht die feine Art, aber auch nicht frauenverachtend. Plein redete so, wie pubertierende Jungs unter sich halt gern reden.

Er konnte aber ritterlich sein. Auf der Wiese vor dem Schloss Spetzgart bei Überlingen, in dem damals die Oberstufe unterrichtet wurde, steht ein kleiner Pavillon, der von Säulen getragen wird und zu allen Seiten hin offen ist. Er sieht aus wie ein Teehaus und dient als Rauchereck. Eine Gruppe hatte sich dort versammelt. Plein stieß dazu und wurde Zeuge, wie ein Junge, der schon lange auf dem Internat war, damit begann, eine seiner Mitschülerinnen aufzuziehen. Es war eine Frotzelei, aber für alle Außenstehenden, die mit den beiden und der Dynamik innerhalb der Clique nicht vertraut waren, hatte sie einen fiesen Unterton. Plein hörte sich das an und ging dazwischen. »Hey, was erlaubst du dir dem Mädel gegenüber? So redet man doch nicht mit Frauen, oder?«, soll Plein gesagt haben.

Statt Plein zu danken, sie in Schutz genommen zu haben, verdrehte das Mädchen die Augen und gab ihm zu verstehen, seine Hilfe nicht nötig zu haben: »Ich bin hier seit der fünften Klasse. Den Jungen kenne ich, der wirft mir jeden Tag solche Sprüche an den Kopf.«

Obwohl Ritter Plein zurückgewiesen wurde, zeigten sich in dem Moment zwei Eigenschaften: Plein hatte keine Angst. Und er hielt nicht still, wenn sich andere ihren Mitmenschen gegenüber schoflig verhielten. »Philipp hat ein Gerechtigkeitsding gehabt«, sagt ein Mitschüler.

*

Nach seiner Salem-Zeit begann die unternehmerische Karriere Pleins – und seine Freundinnen packten mit an. Ganz wichtig war am Anfang Sabine, die in Nürnberg wohnte. Als ihm die Idee kam, ein Hundebett zu bauen, lieh sie ihm ihren nagelneuen Audi A3, den ihr der Vater geschenkt hatte. Sie fuhren zur Edelstahlschweißerei in der Nähe Magdeburgs und später zur Messe in Frankfurt. Der Audi A3 bescherte dem Pärchen Glück, aber auch Pech. Zweimal wollten Plein und Sabine nach Lugano, zweimal bauten sie einen Unfall.

Beim ersten Mal bog Plein auf die A9 in Richtung München ein, fuhr auf die linke Spur rüber und gab Gas. »Plötzlich macht es einen Riesenknall. Alles schwarz«, sagt Plein. Der Motorraumdeckel war aufgeschnappt und bei 180 Stundenkilometern nach oben geknallt. Er hatte sich um das Dach herumgewickelt, die Windschutzscheibe zerdeppert und die Fahrgastzelle abgedunkelt.

»Ich konnte nur durch einen ganz kleinen Schlitz an der Seite gucken. Ich schaltete den Warnblinker an und fuhr auf die rechte Seite«, sagt Plein. »Gott sei Dank ist nichts passiert.« Plein war schockiert und fragte sich: »Was habe ich falsch gemacht?« Sabine war in Tränen aufgelöst und schluchzte: »Oh mein Gott, mein Vater bringt mich um, was sag ich jetzt?« Es stellte sich heraus, dass sie in den Tagen zuvor einen kleinen Auffahrunfall gehabt hatte, den sie verschwieg. Offenbar hatte sich die Motorhaube da schon aus der Verankerung gelöst, ohne dass sie es aber bemerkt hatte.

Sie wagten einen zweiten Anlauf nach Lugano – und wieder endete die Fahrt mit einem Blechschaden. Sie erreichten die Stadt im Tessin ohne Probleme. Doch als sie abends durchs Zentrum kurvten, verlor Plein die Orientierung. »Die Straßenführung war für Deutschland komplett untypisch«, sagt Plein. »Ich bog irgendwie links ab, dann kam so ein kleiner Fiat, der fuhr nach links, ich geradeaus, der schnitt mich, und ich prallte auf ihn hintendrauf.«

Die Polizei erschien am Unfallort. Keiner der Polizisten sprach Englisch, Plein konnte kein Italienisch. Zu allem Überfluss hatte er seinen Führerschein nicht dabei. Die Streife nahm Plein mit und steckte ihn ins Gefängnis, bis sie seine Identität herausgefunden hatte. »Drei Stunden saß ich in der Zelle«, sagt Plein. Dann kam er raus, doch Sabine war erneut mit den Nerven am Ende. Schließlich musste sie ihrem Vater verklickern, dass der Audi A3 schon wieder in die Reparatur musste.

Nach Sabine spielte Angelika eine wichtige Rolle. Sie kam aus Rosenheim und war zehn Jahre älter als Plein. Kennengelernt hatten sie sich während eines Skiurlaubs in Kitzbühel. Angelika liebte die Mode, sie leistete einen wichtigen Beitrag zu Pleins ersten Kollektionen. Während er auf den Möbelmessen herumturnte, hielt sie zusammen mit seiner Mutter auf Modemessen wie der Premium und der Bread & Butter in Berlin die Stellung und verkaufte an den Handel.

»Die Angie war richtig superstrong, die war wirklich taff«, sagt Plein und empfiehlt mir, mit ihr zu sprechen. Ich nehme Kontakt auf, doch sie lehnt ab und begründet es damit, beruflich stark eingespannt zu sein und deshalb zu wenig Zeit zu haben. Ein paar Wochen später fragt mich Plein, ob ich schon mit Angie gesprochen hätte. Als ich verneine, greift er mein Telefon und hinterlässt ihr auf WhatsApp eine Sprachnachricht: »Angie, it's me, Philipp. Wie geht's? Alles gut? Du, ich bin mit dem Tobias hier, der versucht, das Buch fertig zu schreiben. Der hat eine harte Zeit, weil er irgendwie nicht an dich herankommt. Wenn du es irgendwie schaffst, dich ihm zu widmen, und sei es nur eine halbe Stunde, würde er sich unglaublich freuen. Bis die Tage. Melde dich mal. Ciao.«

Sie hört die Sprachnachricht ab, antwortet aber nicht. Ein paar Tage später stehe ich nach Pleins Fashion Show auf der Mailänder Modewoche neben ihm im VIP-Bereich, den er auf einer Bühne in einer riesigen Halle aufgebaut hat. Zu unseren Füßen drängeln sich Tausende von Fans. Plein sagt mir, Angie habe ihm geschrieben. Er zeigt mir die Nachricht auf WhatsApp. Sie ist lang. Und sie ist ziemlich deftig. Offenbar ist Angelika bis heute sehr verstimmt darüber, wie er mit ihr umgesprungen ist, und sieht überhaupt nicht ein, warum sie mit seinem Biografen reden sollte. Plein hebt entschuldigend die Schultern: »Ich war Mitte zwanzig.«

Sesshaft zu werden kam Plein lange nicht in den Sinn. Im Jahr 2006 lernte er auf einer Messe in Paris die Amerikanerin Julie kennen. Sie entsprach seinem Ideal: blond, schlank, großbusig. Sie stammte aus Kalifornien, hatte einen Modeladen in Scottsdale in Arizona und war Mutter einer Tochter. Julie fand seine Möbel und Mode cool, doch wollte zuerst nichts kaufen. »Es war alles viel zu teuer. Die Jeans kostete 600 Euro«, sagt sie. Doch Plein blieb so lange hartnäckig, bis sie schließlich doch etwas orderte. Abends lud er sie ins Ritz zum Essen ein. Sie kamen zusammen. Sie besuchte ihn in Nürnberg und München, traf ihn auf Messen in New York und Las Vegas, flog mit ihm nach Istanbul und Dubai. »Wir hatten Spaß, es war ein Abenteuer.«

Schließlich entschloss sie sich, zu Plein zu ziehen, der damals gerade von München ins Schweizer Amriswil gegangen war. Sie packte ihre Sachen in drei Kisten, die 300 Pfund wogen, und verschiffte sie von den USA nach Europa. Ihre Tochter schrieb sie in ein Mädcheninternat in Scottsdale ein. In der Villa in Amriswil richtete sie es sich in der oberen Etage über den Büros ein. 23 Tage hielt sie es in Amriswil aus. Sie fühlte sich einsam. Plein arbeitete von morgens bis spätnachts. »12 bis 15 Stunden war er da unten im Büro«, erinnert sie sich. Um sich die Zeit zu vertreiben, fuhr sie durch die Gegend. Ab und an kaufte sie auf dem Markt ein. »Mach doch Tacos«, schlug Plein vor. Doch sie fand die passenden Zutaten nicht. Ihre Mutter und Schwester schickten ihr Pakete voll mit amerikanischen Spezialitäten. »Doritos, Candy.« Sie packte die 300 Pfund zurück in die drei Kisten und verabschiedete sich von Plein. In den Monaten danach gingen sie miteinander aus und trafen sich auf Messen wieder. Sie konnten nicht voneinander lassen, doch mit einer gemeinsamen Zukunft war es vorbei.

Es sieht danach aus, dass sich Plein ausgetobt hat. Plein ist inzwischen Mitte 40 und zweifacher Vater. Seinen ersten Sohn Romeo hat er mit Fernanda Rigon, geboren ist er im Juni 2013. Er lebt mit seiner Mutter in Brasilien. Nachdem er Romeo anfangs nicht sehen durfte, haben Plein und Fernanda zwischenzeitlich Frieden geschlossen. Seitdem besucht Romeo ihn regelmäßig. Mit seiner Partnerin, Lucia Bartoli, hat Plein seinen zweiten Sohn, Rocket Halo Ocean, der im Mai 2022 geboren ist. Plein herzt Rocket pausenlos und nennt ihn »Zwergimann«. Selbst mitten im Interview kann es passieren, dass Plein verdeckt Lucia per Videocall anruft und wie aus dem Nichts »Zwergimann« ruft, wenn der auf dem Bildschirm erscheint. Bald bekommt Rocket ein Geschwisterchen. Die Schwangerschaft, die für Plein eine Überraschung war, machte er in der *Bild* öffentlich. »Ich nehme das nächste Geschenk Gottes gern an«, sagte Plein der Boulevardzeitung, die von einem »Blitz-Baby« sprach.

In der Deutschen Nationalbibliothek starre ich mehrere Minuten auf das Titelbild der *Bravo Girl!*. Schließlich blättere ich die Seite um und entdecke neben dem Inhaltsverzeichnis die Bildunterschrift: »Philipp (17) wohnt in Nürnberg. Der Gymnasiast ist übrigens solo und sucht eine Freundin …«

Ich lese den Satz und lache in mich hinein. Mir erscheint es als sehr wahrscheinlich, dass Plein hier schamlos geflunkert hat, um Fanpost zu ergattern. Ich klappe den Band zu, lege ihn auf den Wagen und schiebe ihn zurück zum Schalter. »Haben Sie gefunden, wonach Sie gesucht haben?« Ich nicke und antworte: »Ja, aber die Suche ist ja nie zu Ende.« Ich verabschiede mich und gehe hinaus.

KAPITEL FÜNF: MAMA

Wer mit Plein zu tun hat, kommt über kurz oder lang nicht an seiner Mutter vorbei. Es ist nicht übertrieben zu behaupten, dass Hanne Plein der wichtigste Mensch in Pleins Leben ist. Plein telefoniert mehrmals am Tag mit seiner Mutter. Außer wenn sich die beiden streiten, dann kann es passieren, dass wochenlang Funkstille herrscht. Doch weil keiner von beiden das Schmollen auf Dauer durchhält, versöhnen sie sich auch wieder. Wenn Plein auf der Bühne steht und seine Mutter im Publikum sitzt, vergisst er nicht, sie zu grüßen. »Hallo Mama!«, ruft er dann. Gern baut er sie in seine Erzählungen ein. Selbst dann, wenn es um Kryptowährungen wie Bitcoin geht, die Plein als einer der Ersten in der Modeindustrie als Zahlungsmittel in seinen Läden akzeptiert, ist die Mutter allgegenwärtig.

»Es gibt zwei verschiedene Arten von Menschen, die Krypto haben. Es gibt die User und die Abuser«, dozierte Plein. Wir waren in London, wo er gerade einen Krypto-Store eröffnet hatte. Die User würden mit Krypto das kaufen, was sie täglich benötigten. Im Gegensatz dazu sei seine Mutter ein »Abuser«: »Sie hat Bitcoins, nutzt sie aber nicht. Sie kauft sie, um sie mit Gewinn zu verkaufen.«

Hanne Plein, die Krypto-Spekulantin? Selbstredend konnte ich mir nicht verkneifen, sie nach ihren Bitcoins zu fragen: »Ich hätte sie ja schon längst verkauft. Aber mein Sohn und mein Mann haben mir davon abgeraten. Jetzt ist der Kurs unten«, sagte sie. »Ich bin so etwas von sauer auf die beiden.«

Hanne Plein und ihr Sohn gehen durch dick und dünn miteinander. Das heißt aber nicht, dass sie immer einer Meinung sind. Glaubt man Plein, hat seine Mutter mehreren seiner Freundinnen das Leben schwer gemacht. Als Plein noch bei seinen Eltern in Nürnberg wohnte, stellte seine damalige Freundin ihr Auto regelmäßig vor dem Haus ab. Da seine Mutter die junge Dame nicht gemocht habe, habe sie ihm eines Tages damit gedroht, zur Tat zu schreiten, behauptet Plein. Seine Mutter habe ihm gesagt: »Wenn sie das Auto vor der Tür parkt, steche ich die Reifen kaputt.«

Plein erzählte mir das, als wir nachts zu zweit bei ihm in Cannes auf der Couch saßen. Hat es sich genau so zugetragen, wie er es mir geschildert hat? Wer weiß! Wenn seine Mutter dabei ist, hört sich alles jedenfalls deutlich weniger drastisch an. Plein macht sich einen Spaß daraus, sie mit dem Vorwurf, seine Freundinnen verscheucht zu haben, vor anderen aufzuziehen. Sie verneint das vehement und tut so, als wisse sie nicht, wovon er rede. Es wirkt wie eine einstudierte Frotzelei zwischen Mutter und Sohn, die stets für einen Lacher gut ist. Zeuge dieses Theaterstücks wurde ich in München. Wir befanden uns in einem schwarzen Transporter. Plein und ich saßen auf der Rückbank, vor uns nahmen Pleins Mutter, sein PR-Berater Alain Midzic und eine RTL-Journalistin Platz. Plein war stark erkältet. Er krächzte und lutschte ein Hustenbonbon. Seine Heiserkeit hielt ihn aber nicht davon ab, seine Mutter zu foppen. »Sag mal, Mama, jetzt, wo der Alain dabei ist: Hast du meine Ex-Freundinnen eigentlich alle gemocht oder nicht?« Sie blieb cool: »Alle nicht, aber einige schon.« Plein lachte schallend los. Sie habe mit einer seiner Ex-Freundinnen vor kurzem zu Mittag gegessen, rechtfertigte sie sich. »Ja, weil sie meine Ex-Freundin ist«, sagte Plein und betonte das »Ex«.

Die Retourkutsche der Mutter ließ nicht lange auf sich warten. »Es ist ein Wunder, dass ich wieder eine Stimme habe«, sagte Plein, worauf seine Mutter wissen wollte: »Hast du inhaliert?« Plein druckste ein wenig herum: »Na ja, gestern Abend. Ich bin um fünf Uhr morgens aufgewacht, dann habe ich inhaliert.« Seine Mutter war nur teils zufrieden: »Das ist das Einzige, was hilft.« Leicht vorwurfsvoll schob sie hinterher: »Ich hatte dir das schon vor Tagen gesagt.«

Im Plein-Imperium war Hanne Plein lange das heimliche Machtzentrum. Sie war am Anfang seiner Karriere überall dabei. Sie designte, sie verkaufte, sie packte und war über alles in der Firma informiert. Sie klopfte BewerberInnen und Bewerber auf ihre Eignung ab. Einmal teilte eine Mitarbeiterin Plein mit, dass sie kündige und zu einer anderen Firma wechsle. »Ich habe noch drei Monate Kündigungsfrist, und dann bin ich weg.« Plein bat sie, den Raum zu verlassen. »Ich muss erst einmal mit meiner Mama und meiner Anwältin telefonieren.« Zehn Minuten später rief er sie ins Zimmer zurück. Hatte er sie zuvor geduzt, siezte er sie nun. »Ich habe mit meiner Mama und meiner Anwältin telefoniert. Wir haben entschieden, dass Sie ab sofort freigestellt sind. Sie können Ihre Sachen packen. Sie lassen alles hier, genau so wie es ist, auch das Handy.« Die Mitarbeiterin trat aus der Tür und verließ die Firma.

Die Mutter war so allgegenwärtig, dass einige Mitarbeiter sich in die tollsten Fantasien hineinsteigerten. Liest die Mutter alle E-Mails mit? Kontrolliert sie mithilfe von Überwachungskameras, ob alle in Pleins Firma auch fleißig sind? Im Kopfkino eines Mitarbeiters wurde Hanne Plein zu einer Art Blofeld, der Nummer eins der Geheimorganisation Spectre aus den James-Bond-Filmen, die mit einer weißen Katze auf der Couch sitzt und alle, die es wagen, ihrem Sohn zu widersprechen, per Knopfdruck durch eine Falltür im Boden in ein Haifischbecken rutschen lässt. Derjenige, der mir das schilderte, erzählte es halb im Spaß. Trotzdem: Jeder, der mit Plein zu tun hat und nicht in Ungnade fallen will, weiß, dass er es sich mit Hanne Plein besser nicht verscherzen sollte.

*

Hanne Plein und ihr Mann, Klaus Dieth, Pleins Stiefvater, wohnen auf einem Bauernhof außerhalb Münchens. Es ist ein milder Frühlingstag. In der Sonne lässt es sich gut aushalten, weswegen wir es uns auf einer Holzbank vor dem Haus bequem machen. Pleins Stiefvater spannt den Sonnenschirm auf, der neben mir steht, und warnt mich rechtzeitig, den Kopf einzuziehen. »Wir wollen ja den Biografen nicht erschlagen.«

Wer Hanne Plein zum ersten Mal sieht, kann sofort nachvollziehen, warum ihr Sohn in die Mode geraten ist. Sie ist eine elegante, attraktive Frau, die die Blicke auf sich zieht. Die schwarze Sonnenbrille setzt sie nie ab. Sie hat drei Lieblingsmarken: Chanel, Hermès und Philipp Plein. Wenn ihr etwas nicht passt, dann sagt sie das auch freiheraus. Mit Humor, aber durchaus resolut. Ihre forsche Art ergänzt sich mit der leisen Ironie ihres Mannes. Klaus Dieth ist von schlanker Statur. Er ist ein Präzisionsmensch. In seinen Bewegungen, in seinen Gedanken, in seiner Wortwahl. Er liebt die Kunst, er liebt die Musik, er liebt die Literatur. Dieth ist außerdem Herzspezialist und hatte eine eigene Klinik in Nürnberg, die ihm und seiner Familie einen erheblichen Wohlstand beschert hat – den er aber im Gegensatz zu seinem Sohn nicht zur Schau stellt. Über Geld spricht das Ehepaar Plein nicht. Man hat es, und damit ist genug gesagt.

Einen Eindruck davon, wie vermögend die Pleins sind, bekomme ich, als ich vor ihrem ehemaligen Haus in der Nürnberger Hebelstraße stehe. Das Wort »Haus« trifft es nicht so recht. Es ist eine imposante Jugendstilvilla, in dem einst das französische Konsulat war. Im angrenzenden Garten wurde später ein Schwimmbecken ausgehoben, an dessen Boden das Wort »Eiskalt« stand. Plein hatte die obere Etage für sich, samt freistehender Badewanne. Das Viertel heißt Erlenstegen, es ist das Nobelviertel Nürnbergs. Wer hier wohnt, gehört der Hautevolee an. Die Adresse habe ich im Handelsregister gefunden. Die Hebelstraße war der Sitz von Pleins erster Firma. Die Philipp Plein GmbH, gegründet von Philipp Patrick Hannes Plein, wurde am 31. März 2000 eingetragen. Der Gegenstand des Unternehmens war recht breit gefasst: »Die Veranstaltung und Organisation von Messen im Internet sowie von Industrieauktionen, einem Online-Messe-Shop und von Webhosting, ferner die Tätigkeit als Dekorationsnäher, das Design von Möbeln, der Handel mit Mobiliar und Haus- und Gartenartikeln sowie der Betrieb einer Werbeagentur.«

Ich fotografiere die Villa und das Straßenschild. Die Bilder schicke ich an Plein und schreibe dazu: »Die Nürnberger Tourismusinformation hat mir das hier empfohlen. Kennst du?«

Nach einer Stunde antwortet er mir, auf Englisch: »Wow. Du solltest aber auch in der Hastverstraße und am Kontumazgarten vorbeischauen. Ich habe auch in Nymphenburg, in der Schleißheimer Straße, der Franz-Joseph-Straße in München und der Herzogstraße in Nürnberg gewohnt. Wir sind oft umgezogen.«

Die Antwort fügt sich in das Bild, das Plein von seiner Kindheit zeichnet. Wer seine Interviews liest, dem fällt auf, dass er selten erwähnt, aus welch privilegiertem Elternhaus er stammt, und stattdessen selten vergisst, darauf hinzuweisen, häufig umgezogen zu sein. Er sei in der Schule stets das »New Kid on the Block« gewesen, behauptete er in einem Porträt, das 2016 über ihn in der *Süddeutschen Zeitung* erschien: »Sommerferien vorbei, du kommst wieder in eine neue Klasse, die Kinder dort kennen sich seit Jahren und starren dich an. Scheißegal, wie intelligent und nett du bist: Du bist der Outsider. Und genau so ist das in der Mode auch.«

Das liest sich zweifelsohne fesselnd. Es ist auch nicht falsch, nur halt sehr zugespitzt. Es stimmt, dass Plein mehrmals die Wohnung wechselte. Doch er tingelte nicht durch die Weltgeschichte, sondern bewegte sich nur in zwei Städten, in München, wo er geboren ist, und in Nürnberg, wo er auf das Gymnasium ging. Nach meinem Kenntnisstand hat er drei Schulen besucht: die Grundschule in München, das Hans-Sachs-Gymnasium in Nürnberg und Schloss Salem. Ein Nomadendasein kann man das schwerlich nennen. Das bedeutet aber nicht, dass seine Kindheit frei von Schattenseiten war.

*

Damit Plein mir von seiner Kindheit erzählte, musste ich einen Termin mit ihm vereinbaren. Er gewährte mir rund 45 Minuten. Wir saßen in seinem Büro in Lugano. Allein waren wir nicht. Neben mir saß sein Berater, mit dem er zuvor die Distribution der Sportlinie diskutiert hatte. Im Vorzimmer warteten seine Designer. Zwischendurch trat der damalige Finanzchef in den Raum, der einem Modemagazin ein Interview zu Kryptowährungen geben sollte, aber keinen blassen Schimmer hatte, was er da im Namen der Marke Philipp Plein von sich geben sollte. Es ging drunter und drüber. In diesem Tohuwabohu fragte ich Plein nach seiner Kindheit. Ich fühlte mich völlig deplatziert, die Situation war alles andere als angenehm. Seine Vita spulte Plein im Eiltempo herunter. Wie sonst die Quadratmeterumsätze seiner Läden. Ich war erstaunt, was er mir anvertraute. Intime Details, die er nüchtern aneinanderreihte. Bis er plötzlich einen Tim erwähnte. »Du erinnerst mich an ihn.«

Er stand ruckartig auf, verschwand in einem Nebenzimmer und kehrte mit einem Fotoalbum zurück. Er blätterte durch die Seiten mit lauter vergilbten Bildern. Plein in Klein, Mittelgroß und Groß. Mal mit kurzen, mal mit langen Haaren. Schließlich hielt er auf einer Seite an und drehte das Album um 180 Grad zu mir. Er tippte nacheinander auf zwei Jungen auf einem Klassenbild. »Das bin ich, das ist Tim«, sagte Plein. »Hans-Sachs-Gymnasium Nürnberg.«

In der Tat, Tim sah mir ähnlich. Brillenträger, etwas verschmitzt. Typ Harry Potter. »Er war mein bester Freund.« Nach der Schule hätten sie im Keller oft zusammen an ihren Mountainbikes geschraubt, mit denen sie dann die Gegend unsicher gemacht hätten. Heute gibt es Tim nicht mehr. Er geriet in falsche Gesellschaft, probierte Drogen aus und rutschte in der Schule ab. Es dauerte nicht lange, da schaffte er auf dem Nürnberger Straßenstrich an. Irgendwann konnte er nicht mehr und erhängte sich in der Jugendstrafanstalt.

Als Tims Bruder ihm die Tragödie dargelegt habe, sei er »komplett aus den Wolken« gefallen. »Tim war ein junger Kerl, nett, superintelligent. Der hat Einser rausgehauen, ohne zu lernen. Wenn er keinen Bock hatte, schrieb er Sechser.« Es sei das erste Mal gewesen, dass er mit dem Tod konfrontiert wurde. »Es war erschreckend für mich, wie Drogen Menschen verändern. Am Bahnhof Sex anbieten? Hart! Deswegen habe ich nie Drogen angefasst.«

Die Erinnerung an Tim scheint in Plein zu wühlen. »Ich fühlte mich ein bisschen schuldig.« Er und Tim hätten sich mit den Jahren aus den Augen verloren. »Wir hatten andere Interessen, ich war nicht mehr so präsent.« Es hört sich so an, als nage da das schlechte Gewissen. Seitdem ich Plein kenne, bleibt er stets der Geschäftsmann, der sich im Griff hat. Ab und an schimmert etwas durch diese steinerne Fassade durch. Eine Unsicherheit, eine Verletzlichkeit, eine Verspieltheit. Es ist der Mundwinkel, der zuckt. Es sind die Augen, die dem Blick ausweichen, die leicht glasig werden oder zu strahlen anfangen. Es sind seltene Momente. »Kleine Funken« nennt sie eine ehemalige Mitarbeiterin, in denen ein anderer Plein aufblitzt.

Wenn er Angst um seinen Sohn hat, der nachts keucht, weil er die Grippe hat. Wenn er um drei Uhr morgens in den New Yorker M&M-Store rennt und die Tüten mit bunten Schokolinsen füllt. Oder wenn er eben von seinem besten Freund Tim erzählt, der nicht mehr unter uns weilt. Das Fotoalbum gibt Plein nicht aus der Hand. Als wir es uns zum zweiten Mal anschauten, verbot er mir, es mit zu mir nach Hause zu nehmen. »Was machen wir, wenn du es verlierst? Wenn es regnet und es nass wird?«, sagte Plein. »Das ist ein Schatz.« Er legte es weg, außerhalb meiner Reichweite.

Geschenkt hat ihm das Album seine Mutter, die jedes Bild ausgesucht und eingeklebt hat. Sie kommt natürlich auch vor. Auf einem Schnappschuss aus dem Griechenland-Urlaub hält sie Plein auf dem Schoß, der eine weiße Matrosenmütze auf dem Kopf hat, und schnürt ihm die Sandale. Während die Mutter auf mehreren Bildern zu sehen ist, taucht eine Figur nur ein einziges Mal auf: Pleins leiblicher Vater. Auf dem Foto schiebt ein Mann mit Schnurrbart und dunkler Brille einen Kinderwagen vor sich, in dem Plein liegt. Weil die Aufnahme unscharf ist, wirkt der Mann wie ein Phantom. »Das ist mein Vater«, sagte Plein und klopfte auf das Foto.

Er war Internist und hatte eine Praxis auf der Münchner Leopoldstraße. Doch die respektable Fassade trog. Der Vater war Alkoholiker. Er wurde grob, wenn er zu viel getrunken hatte. Er schlug die Mutter. Plein sieht heute noch vor sich, wie er im Suff die Flaschen vom Tisch wischte. Wie er vom Rennrad fiel oder auf Rollschuhen stürzte, auf dem Kiesweg aufschlug, sich das Gesicht blutig aufschürfte und Plein zu schreien anfing, bis die Nachbarn vorbeischauten.

»Als wäre es gestern gewesen«, sagt Plein. »Ich habe nur diese blöden Erinnerungen an meine Kindheit. Du erinnerst dich nicht an die schönen Sachen. Du erinnerst dich an die Schockmomente.«

Seine Mutter ließ sich scheiden, als Plein drei Jahre alt war. Der Streit ging vor Gericht. Er musste zum Kinderpsychologen und erklären, dass er seinen leiblichen Vater nicht mehr sehen wolle. Er war fixiert auf seine Mutter. »Wenn sie mich in den Kindergarten brachte, hatte ich Angst, dass sie mich nicht mehr abholt«, sagt Plein. »Das war so ein bisschen eine Psychose.«

Sie dauerte mehrere Jahre. Selbst als Plein die Grundschule hinter sich hatte, litt er immer noch darunter, wenn er länger von seiner Mutter getrennt war. In der ersten Nacht in Nürnberg schlief Plein am Boden auf dem Pelzmantel seiner Mutter, weil die Wohnung noch nicht fertig eingerichtet war. Am nächsten Morgen war sein erster Schultag am Hans-Sachs-Gymnasium. Nach dem Ende des Unterrichts wartete Plein auf seine Mutter. »Sie kam zu spät. Ich stand da in einer neuen Stadt, in der ich noch nie gewesen war. Ich hatte kein Telefon und wusste nicht, wo meine Mutter war«, sagt Plein. »Katastrophe.«

Es klingt so, als habe Plein eine Ewigkeit ausharren müssen, bis die Mutter vorfuhr und ihren aufgelösten Jungen in den Arm nahm. Fragt man Hanne Plein, sei »vielleicht eine Viertelstunde« vergangen. »Die Polizei hatte mich gestoppt und meine Papiere sehen wollen. Ich hatte meinen Führerschein nicht dabei, glaube ich. Das war halt blöd gelaufen«, sagt sie. »Das war wahrscheinlich auch schlimm für ihn und kommt ihm deshalb wie eine Stunde vor. Es tut mir heute noch leid.«

Sein leiblicher Vater verschwand aus Pleins Leben. Er tauchte erst wieder auf, als er nicht mehr völlig Herr seiner Sinne war und Plein, damals 18 Jahre alt, sich um ihn kümmerte. Vater und Sohn näherten sich an. Doch das Verhältnis trübte sich rasch wieder ein, weil der Vater nicht von der Flasche lassen konnte. »Das ist eine Sisyphosarbeit«, sagt Plein.

Mit über 80 starb der Vater in einem Seniorenheim. Beigesetzt wurde er in Bitburg, wo seine Schwester und sein Buder gelebt hatten. Plein fuhr zur Beerdigung und fand sich inmitten von Menschen wieder, zu denen er »sehr wenig Kontakt« gehabt habe. »Es war ein komisches Gefühl, einen Teil der Familie zu treffen, mit dem man nie zu tun hatte.«

Wenn Plein heute von seinem Vater spricht, dann meint er seinen Stiefvater, Klaus Dieth. Er hat ihm und seiner Mutter die Liebe und die Zuwendung geschenkt, die ihnen sein leiblicher Vater, gefangen in der Sucht, nicht zeigen konnte. Er hat ihnen Halt gegeben. Und er hat Plein Haltung gelehrt, ohne dabei übertrieben autoritär zu sein. Im Gegenteil, er hat etwas von einem Freigeist an sich. »Mein Vater war ein Hippie«, sagte Plein während eines Abendessens mal. Während ich mit Hanne Plein und Klaus Dieth auf ihrem Bauernhof Mittag esse, muss ich an den Satz denken und male mir aus, wie die beiden wohl früher ausgesehen haben mögen. Vor meinem geistigen Auge sehe ich sie in einem bunten VW-Bus. Mit Dreadlocks, Sandalen und Klampfe.

»Wir waren schon so ein bisschen hippiemäßig drauf, als mein Mann noch studierte«, sagt mir Hanne Plein, die Klaus Dieth schon vor ihrer ersten Ehe kannte. »Wir waren geprägt von den 1970er-Jahren.« Hanne Plein fuhr keinen VW-Bus, sondern einen VW-Käfer, ein Cabrio. »Ich habe das Auto geliebt.«

Plein liebte den Käfer weniger innig. »Der war so alt, dass

der Blinker nicht mehr ging. Ich musste immer die Hand ausstrecken, wenn wir abgebogen sind. Einmal blieb er auf dem Brenner stehen. Es regnete rein. Der war nicht mehr verkehrstauglich. Ich weiß nicht, wie der durch den TÜV kam.«

Als ich dem Ehepaar Plein das erzähle, müssen die beiden laut lachen. An den kaputten Blinker erinnern sie sich nicht. Dafür an den Italien-Urlaub, in dem der Käfer einen Motorschaden hatte. »Das war nicht am Brenner, sondern wir waren schon unten an der Adria.«

Es habe in das Cabrio reingeregnet, weil es halt bei jeder Witterung offen gestanden habe. »Dann war ich mal verreist. Ich kam heim, und das Auto war weg«, sagt Hanne Plein. »Mein Mann hatte es einfach verschrottet.« Sie scheint sich heute noch über diese Freveltat zu ärgern.

Abenteuerlustig waren Pleins Eltern durchaus. Für eine Weile lebte die Familie im Münchner Stadtteil Schwabing. »Mein Mann sagte mir damals: ›Du musst irgendetwas machen‹«, erinnert sich Hanne Plein. Sie erspähte einen Laden auf der Franz-Joseph-Straße. »Der sah süß aus und war ganz schön hergerichtet.« Sie schlug zu und eröffnete ein Antiquitätengeschäft, in dem sie Sammlerstücke aus Silber verkaufte. »Silberkannen, ein bisschen Schmuck.«

Ein paar Monate lang wohnte die Familie dort auch. »Hinten gab es noch Räume.« Einmal stiegen Einbrecher ein. Weil sie gemerkt hätten, dass jemand da gewesen sei, seien sie schnell wieder rausgeflüchtet, sagt Hanne Plein: »Ausgeräumt haben sie nichts.« Als sie mit Pleins Halbschwester Gloria ihr zweites Kind erwartete, verkaufte sie den Laden an Thomas Gottschalks Ehefrau Thea. Der Fernsehmoderator habe mit ihr den Vertrag ausgehandelt.

Ihrem Sohn erfüllten die Eltern fast jeden Wunsch. Von seiner ersten Gage als Model kaufte sich Plein ein Zelt. Er verdonnerte seine hochschwangere Mutter dazu, mit ihm darin am Starnberger See zu schlafen. »Ich war im neunten Monat.« Weil sie zuvor noch nie zelten gewesen seien, hätten sie »überhaupt keine Ausrüstung« gehabt. Eine Nacht hielt es die werdende Mutter auf der Luftmatratze in der klammen Kühle aus. »Dann bin ich ins Hotel mit ihm.«

Wer Plein begegnet, dem fällt auf, dass er ein Kreuz um seinen Hals trägt. »Ich habe immer an Gott geglaubt«, sagt Plein. Klaus Dieth entstammt einer Apothekerfamilie aus dem Allgäu, die eine Apotheke am Marktplatz hatte, direkt gegenüber der Kirche im Dorf. Pleins Cousins waren dort Ministranten. »Und dann bin ich halt immer mit zum Pfarrer gegangen.« In München stand er jeden Morgen um sechs Uhr auf und ging vor der Schule in die Franz-Joseph-Kirche zum Ministrieren.

Er kam in die Pubertät, fing im Club Machı an und sackte in der Schule ab. Sehr zum Ärger seiner Mutter, die von einer »Null-Bock-Phase« spricht: »Er hatte keinen Bock mehr auf die Schule, er hatte keinen Bock auf nix mehr.« Wenn er nach dem Unterricht nach Hause kam, pfefferte er seinen Rucksack unters Bett und war ungenießbar. Er trug sich mit dem Gedanken, das Gymnasium abzubrechen. »Da ist er bei mir auf Widerstand gestoßen«, sagt Hanne Plein. »Das wäre überhaupt nicht in Frage gekommen. Das kann ein Kind in dem Alter gar nicht selber beurteilen, was da wichtig ist und was nicht. Da muss man als Eltern einfach Druck machen.« Das Abitur sei Pflicht gewesen. »Da bin ich sehr rigoros.«

Zwei Jahre fehlten noch bis zur Hochschulreife. Da habe Plein vorgeschlagen, aufs Internat zu wechseln. »Das war seine Idee«, sagt Hanne Plein. Er habe sich dann Salem herausgepickt. Wörtlich habe er gesagt: »Wenn schon auf das Internat, dann will ich auf das beste.« Daraufhin habe sie geantwortet: »Gut, wir fahren mal hin und schauen uns das an. Dann sehen wir weiter.«

Wer auf die Salem-Schule gehen will, braucht betuchte Eltern oder ein Stipendium. Fast 50.000 Euro kostet das Internat heute im Jahr. Solch einen Preis kann es verlangen, weil es internationales Renommee genießt. Es gilt als die Eliteschmiede für Politik, Wirtschaft, Finanz und Kultur. Prinz Philip von England war hier, die Königin von Spanien auch. Es wird nicht nur Wissen vermittelt, sondern auch die Persönlichkeit geformt. »Entdecke, was in Dir steckt, und werde, der Du bist!« Auf der Internetseite heißt es: »Seit über 100 Jahren steht Schloss Salem für den hohen Anspruch, Absolventen in die Welt zu entlassen, die als ganzheitlich gebildete Persönlichkeiten bereit und in der Lage sind, für sich und andere Menschen Verantwortung zu übernehmen.« Am Ende steht ein Zitat: »Salem ist keine Schule. Salem ist eine Bewegung.«

Allerdings geht es eher streng zu. Drogen stehen auf dem Index. Alkohol ist erst ab 16 Jahren erlaubt. Unter der Woche ist es den Schülern untersagt, ein privates Auto oder Motorrad zu nutzen. Damit sich keiner einen Joint ansteckt, können die Zimmer von innen nicht abgeschlossen werden.

Bevor die Aufnahme bewilligt wird, werden der Schüler in spe und seine Eltern zu einem persönlichen Gespräch ins Schloss einbestellt. Ins Auge stach der Schulleitung sofort der Ring, den Plein damals im Ohr trug. Sie zogen ihn beiseite und befragten ihn getrennt, was es mit dem Schmuckstück auf sich habe. Offenbar war der Ring für das Internat ein Warnzeichen. Pleins Stiefvater amüsiert sich heute noch darüber. Je nachdem, ob der Ring im linken oder rechten Ohr steckte, habe Salem auf Drogenkonsum oder Homosexualität geschlossen, behauptet Klaus Dieth: »Oder war es umgekehrt? Ich weiß es nicht mehr genau.«

Weil sich Plein erst spät entschieden hatte, sei ihm das kleinste Zimmer im Schloss zugeteilt worden. »Das maß vielleicht acht Quadratmeter«, sagt Hanne Plein. »Das ist wahrscheinlich übertrieben«, sagt ihr Mann. Wie dem auch sei, es war eine Schuhschachtel, ohne Vorhänge.

»Es war eine Katastrophe. Ich habe geheult«, sagt Pleins Mutter. Sie habe ihren Sohn gefragt: »Willst du wirklich hierbleiben?« Der habe genickt: »Ja, ich will.« »Okay, Ich lasse Vorhänge schneidern und schicke dir das alles.« Immerhin war es ein Einzelzimmer, was selten vorkam.

Gehörte Plein auf dem Hans-Sachs-Gymnasium zu den wohlhabendsten Schülern, so war er in Salem umgeben von einem Reichtum, den er so noch nie gekannt hatte. Im Internat gingen die Kinder der deutschen Unternehmerdynastien ein und aus: die Erben von Dr. Oetker, der Rüstungsfirma Diehl, des Konsumgüterkonzerns Tchibo, des früheren Kaffee- und Schokoladenanbieters Jacobs und der Immobiliengruppe von Anno August Jagdfeld, dem das Hotel Adlon in Berlin gehört. Er spürte auf einmal einen Statusdruck. »Die waren alle mit mir auf der Schule. Für viele war der Weg bereits geebnet. Da spielt keine Rolle, ob du gut oder schlecht bist. Du wirst irgendwann der Nachfolger im Milliardenkonzern. Du sitzt dann da im Vorstand«, sagt Plein. »Die müssen nicht kämpfen.«

Er dagegen schon. »Mein Vater ist Arzt. Das ist ein Handwerk, das man nicht erbt. Wenn mein Vater aufhört, kann ich es nicht übernehmen.« Es sei ihm klar geworden, dass er selbst etwas schaffen müsse, um ein »schönes Leben« zu leben und »sich in diesem illustren Kreis« wohlfühlen zu können. »Die haben es ja von zu Hause, ich muss es mir selber verdienen.«

Plein, Sohn aus begüterter Familie, fühlte sich in Salem so arm wie eine Kirchenmaus. Es ist schwer zu sagen, inwiefern Plein sich das in der Rückschau alles zu einem kohärenten Narrativ zusammenreimt. Fraglos ging es auf dem Internat sehr klüngelig zu. Wer wie Plein erst in der 12. Klasse dazustieß, sah sich mit verschworenen Cliquen konfrontiert, die auf eine Art und Weise miteinander interagierten, die für jemanden, der von außen kam, schwer zu deuten war. Von »Kodizes« und »Social cues« spricht ein Mitschüler, der mit Plein im ersten Salem-Jahr auf demselben Flügel wohnte. Der soziale Rang sei im Internat nicht über Statussymbole, sondern über subtile Zeichen ausgedrückt worden. Gestiken, Redewendungen, Uniformen aus leiser Markenkleidung. »Man darf nicht prahlen. Es ist unangenehm, wenn Insignien wie die dicke Uhr gezeigt werden«, sagt der Mitschüler. »Man ist im Internat schon ein Herdentier. Philipp passte in die Herde nicht rein.«

Bravo-Girl!-Coverboy Plein tanzte in Salem optisch aus der Reihe. Deswegen galt er jedoch nicht als cool. Im Gegenteil. Die Mitschüler haben ihn als netten, großzügigen Jungen in Erinnerung, der im Alltag nicht weiter auffiel und kein großes Gewese um sich machte. An den meisten Wochenenden fuhr Plein zurück nach Nürnberg. Wenn er seinen silbernen Mazda MX-5 nicht beim Schultaxifahrer versteckte, stellte er ihn beim Onkel seines Stiefvaters ab, der wenige Kilometer entfernt in Markdorf wohnte. Er hieß Gustl, war über den Mineralölhandel zu Geld gekommen und liebte die Formel 1, die er im Keller auf fünf Monitoren und mit Kopfhörern schaute. Onkel Gustl redete ungern mit seiner Familie. »Der war ein bisschen freaky«, sagt Klaus Dieth. Nur Plein öffnete er bereitwillig die Tür. »Der hat mich geliebt«, sagt Plein, der den kauzigen Verwandten »cool« fand. Der Onkel ging schon auf die 90 zu, sah schlecht, weswegen er eine dicke Brille aufhatte, fuhr aber trotzdem noch einen heißen Reifen. Er bretterte mit seinem Mercedes SL nach Gehör und mit Gottvertrauen durch die Gegend. »Augen zu und durch«, lautete seine Devise.

Frauenheld Plein hatte bei den Mädels in Salem keinen Schlag. Ein Techtelmechtel mit einer Mitschülerin ist nicht überliefert. It-Girl und Kolumnistin Ariane Sommer, die in einem früheren Jahrgang auf Salem war, soll Plein einen Korb gegeben haben. Nur eine Legende? Schwer zu sagen. Auch im Unterricht brillierte Plein nicht. Er war gut in Mathematik und Physik. Als Leistungskurs wählte er Bildende Kunst und punktete im Mündlichen. Wenn er basteln oder zeichnen musste, machte er es sich gelegentlich einfach. Einmal sollte die Klasse Superhelden aus Styropor bauen. Die Mitschülerinnen gaben sich unendlich Mühe. Eine erweckte Catwoman in ihrem glänzenden Latexanzug zum Leben. Plein beließ es bei einer schwarz-gelben Tigerente, die er aus den Kinderbüchern von Janosch kannte. Natürlich überdimensioniert.

Die Salem-Schüler werden dazu ermutigt, sich für die Gemeinschaft zu engagieren. Das Internat versteht sich als »kleine Polis«, also als Stadtstaat, in dem jedem Schüler eine Aufgabe zugeteilt wird. Plein wurde die Mülltrennung anvertraut. Er wurde der »Trash Operator« genannt.

Mit der Zeit stellte Hanne Plein fest, wie sich ihr Sohn veränderte. Er schnitt sich seine Haare ab. Der James-Dean-Look aus Jeans und Lederjacke wich dem Preppy-Style aus Ralph-Lauren-Polo und Chino. »Ich musste ihn einkleiden.«

Er kam in die 13. Klasse und fand Anschluss an die Gruppe um Alex, der als Einziger aus seiner Stufe auf demselben Flügel wohnte. »Wir haben dann viel miteinander gequatscht und viel miteinander gemacht«, sagt Alex. Die beiden wurden Freunde. In seinem Zimmer hatte Plein eine Hantelbank. Plein und Alex stemmten Gewichte und fachsimpelten, welche Nahrungsergänzungsmittel für den Muskelaufbau in Frage kämen. Sie schrieben sich in einem Fitnessstudio in der Nähe ein. Auch Mode war wichtig. Zusammen fuhren sie nach Metzingen ins Outlet von Hugo Boss. Plein überredete Alex, sich ein paar Pullis zu kaufen, die für Alex' Geschmack viel zu schmal geschnitten waren. »Nö, ist doch gut. Wenn wir noch ein bisschen mehr trainieren, dann sieht es super aus bei dir«, habe ihm Plein gesagt.

Zusammen malten sich Plein und Alex aus, was sie nach dem Abitur anpacken würden. Neben dem Männermagazin *GQ* las Plein den *Harvard Business Manager*, dessen Fallstudien er durcharbeitete, und die *Frankfurter Allgemeine Zeitung*. Sein Mitschüler Veit erinnert sich daran, dass die *FAZ* einmal aufgeschlagen auf Pleins Bett gelegen habe. Aufgeblättert hatte er die Seite mit einem Porträt über Tommy Hilfiger. »Das ist ein geiler Artikel. Krass, was Tommy Hilfiger alles schon gemacht hat«, habe Plein gesagt und ihm empfohlen, den Bericht zu lesen, erinnert sich Veit. »Wir sprachen intensiv darüber. Philipp war angefixt und supermotiviert. Ich bin mir sicher, dass er die Tommy-Hilfiger-Geschichte in sich aufgesogen hatte und sich damals vorstellte, wie es wäre, wenn ihm etwas Ähnliches wie Tommy Hilfiger glücken und dann so ein Artikel über ihn erscheinen würde.«

Plein suchte eine Geschäftsidee. Um sie zu finden, brach er in Richtung Amerika auf.

KAPITEL SECHS: ROADTRIP

»Welcome to Paradise!« Das ist Pleins erster Satz, als wir in Los Angeles gelandet waren und am Band auf unser Gepäck warteten. Der Satz wühlt in mir. Denn für mich ist Los Angeles alles andere als ein Paradies. Eher ein Moloch, der keinen Anfang, kein Ende und keine Mitte hat. Alles wirkt hier unecht und aufgespritzt. Die Häuser sind aus Pappmaché, die Menschen sind aus Silikon, die Sterne auf dem Hollywood Boulevard schauen genauso edel aus wie der Sheriff-Stern, den ich mir zum Kinderfasching an die Brust heftete.

Für Plein ist Los Angeles Endstation Sehnsucht. Hier hat alles für ihn begonnen, hier hört alles für ihn auf.

Ich stehe auf dem North Crescent Drive in Beverly Hills, überquere auf dem Zebrastreifen die Straße und laufe zum Whole-Foods-Supermarkt. Es passiert … nichts. Die Eindrücke, die ich sammele, sind so fade, dass ich sie gleich wieder vergessen habe. Deshalb kehre ich um und schreite dieselbe Strecke ein zweites Mal ab. Ich haste über den Zebrastreifen und hin zum Whole-Foods-Supermarkt. Wieder geschieht nichts, wieder prägt sich mir nichts ein. Absolut nichts. Das Problem ist, dass ich nicht Plein bin. Der hat genau hier eine Menge erlebt.

*

Er war 16 Jahre alt und begleitete seinen Stiefvater, der einen Ärztekongress besuchte. Er hatte es ihm versprochen, ihn in die USA mitzunehmen, als die Familie von München nach Nürnberg umziehen musste, weil er dort als Oberarzt anfing. Plein war zutiefst unglücklich darüber gewesen, München zu verlassen. Die Reise nach Kalifornien war die Wiedergutmachung des Stiefvaters, ein Trostgeschenk. Während sich der Stiefvater fortbildete, klemmte sich Plein ein Skateboard unter den Arm, schaltete den Walkman ein, setzte sich die Kopfhörer auf und machte Beverly Hills unsicher. Den berühmten Stadtteil kannte er bis dato nur aus dem Kino und dem Fernsehen. Plein hatte die *Beverly-Hills-Cop*-Filme mit Eddie Murphy und die Serie *Beverly Hills 90210* mit Shannon Doherty und *Melrose Place* mit Heather Locklear geguckt. Ich hatte das auch alles angeschaut. Doch während ich die Hauptdarsteller klasse fand, hatte sich Plein offenbar in den Ort verliebt.

»Es war super, in dieser Filmkulisse herumzulaufen. Ich war einfach nur happy«, sagt Plein. Da in Beverly Hills alle mit dem Auto fahren, sei er als Spaziergänger aufgefallen. Ein Mann, der auf einer Veranda gesessen habe, habe in die Hände geklatscht und ihm zugerufen: »Du läufst ja zu Fuß!«

Er wurde hungrig und entdeckte den Whole-Foods-Supermarkt. Er überquerte den Zebrastreifen und sah einen silbernen Mercedes SL, am Steuer eine junge, blonde Frau.

»Ich kann mich noch daran erinnern, als wäre es gestern gewesen«, sagt Plein.

Zuerst habe er sich »Wow, cooles Auto!« gedacht. Als er die Frau erblickte, sei vor seinem Auge ein Film abgelaufen. »Ich habe mir wirklich in meinem Kopf vorgestellt, irgendwann in Beverly Hills zu leben, so ein Auto zu fahren und so eine Freundin zu haben.«

Fünf Minuten, nachdem er den Supermarkt betreten hatte,

stand die Blonde vor ihm und sprach ihn an: »Bist du neu in der Stadt? Ich habe dich hier noch nie gesehen.«

Plein war verdutzt und wusste nicht, wie ihm geschah. »Wow, das ist ja der Wahnsinn!«, habe er sich gedacht. »Mich baggerte dieses Mädchen an. In Deutschland hatte mich noch nie ein Mädchen angebaggert. Schon gar nicht, wenn es älter war als ich. Wie diese Blonde, die vielleicht 18 oder 19 Jahre alt war. Und dazu noch sehr hübsch.«

»Ich bin hier mit meinem Vater. Ich laufe durch die Gegend«, habe er geantwortet. Und sich im selben Atemzug dafür geschämt. »Ich hörte mich wie ein Loser an.« Doch die Blonde sah das anders. Sie schlug ihm vor: »Wenn du willst, zeige ich dir heute Nacht die Stadt.«

Plein sagte seinem Vater, mit dem er eigentlich zum Abendessen verabredet war, ab und wurde von seiner neuen charmanten Bekanntschaft in ein Burgerlokal in West Hollywood ausgeführt. Was er aß, ist ihm entfallen. Kein Wunder, das Menü war nämlich Nebensache. »Sie fing an, mich zu küssen«, erzählt er. Plein schwebte auf Wolke sieben, doch es sollte noch besser kommen. Die Blonde stellte sich ihm vor und sagte: »Ich bin Miss California.«

Es war kein Witz, sie meinte es ernst. Später fuhren sie an einer Plakatwand vorbei, von der die Blonde herablächelte. Sie hatte die Wahrheit gesagt. Er sei »total geflasht« gewesen, sagt Plein. Zurück in Nürnberg plusterte er sich auf. »Ich war mit Miss California essen, die hat mich angemacht, und dann war ich mit der noch knutschen«, habe er herumerzählt. »Mir glaubte natürlich keiner.«

Zugegeben: Ich war auch eher skeptisch, weswegen ich mich auf die Suche nach Miss California begab. Bei Shannon Marketic, Preisträgerin 1992, traf ich ins Schwarze. Ich schrieb ihr eine E-Mail: »Erinnern Sie sich an einen blonden deutschen Jungen, den Sie vor 30 Jahren zufällig trafen?« Meine Nachricht klang wie eine dieser Phishing-Mails, in der eine angebliche Millionenerbschaft verkündet wird, die aber nur dann ausgezahlt wird, wenn der Glückliche vorher auf einen Link klickt oder per Money Transfer Geld überweist. Zu meiner Überraschung schrieb mir Shannon zurück und bestätigte, mit dem jungen Plein angebandelt zu haben. Wer jetzt wie den ersten Schritt gemacht hatte, verriet sie mir nicht. Plein sei »very charming« gewesen. Sie hätten gemeinsame Interessen gehabt. Sie habe ein Stipendium für ein Jurastudium in der Tasche gehabt. »Er erzählte mir, dass er sich für Jura interessiere.« Sie habe Design gemocht und alte Möbelstücke restauriert. »Das interessierte ihn ebenfalls.« Sie sei damals Schauspielerin gewesen. »Auch das interessierte ihn.«

Hätte sie sich für die Kunst des Spätbarock oder Schalmeimusik begeistert, hätte Plein wahrscheinlich auch dafür sein Interesse bekundet, denke ich mir, als ich ihre Zeilen lese. Auf ein Detail legte Shannon Wert: »Ich kann dir versichern, dass Plein mir sagte, er sei 21 Jahre alt! Und nicht 16!« Das Wort »versichern« setzte sie in Großbuchstaben.

Die flüchtige Begegnung war ein Wendepunkt in seinem Leben. Er habe sich damals geschworen, »irgendwann in Amerika, irgendwann in Los Angeles« zu leben. »Das mag dumm klingen, aber es war einfach so ein riesiges Erlebnis für mich.«

*

Es gibt einen englischen Ausdruck für solche Zufallsmomente: »Serendipity«. Ich weiß das nur, weil ich einen Film kenne, der so heißt. In der gleichnamigen Liebeskomödie aus dem Jahr 2001 treffen sich John Cusack und Kate Beckinsale in einem Warenhaus und verlieben sich ineinander. Weil sie beide in festen Beziehungen sind, beschließen sie, das Schicksal darüber entscheiden zu lassen, ob sie füreinander bestimmt sind oder nicht. Er schreibt seine Telefonnummer auf einen Fünfdollarschein, mit dem sie eine Rolle Pfefferminz bezahlt. Sie notiert ihre Telefonnummer in ein Buch, das sie in ein Antiquariat bringt. Nur wenn sie diese beiden Gegenstände wiederfinden, können sie sicher sein, zueinander zu gehören. Da es ein Hollywood-Film ist, ahnen Sie bereits, wie er ausgeht. Natürlich gibt es ein Happy End. Ich schaute ihn mir damals im Kino an und musste schwer schlucken, als sich John und Kate zum Schluss in den Armen lagen. Es war schon ein ziemlicher Schmalz, aber halt ungeheuer verführerisch.

Viele Menschen kennen solche Augenblicke, die sie selbst nach Jahren nicht loslassen. Sie haben sie in einer der Kammern ihres Herzens eingeschlossen. Sie öffnen sie im Verborgenen, betrachten sie wie ein vergilbtes Foto mit einem Seufzer und legen sie behutsam zurück. Plein ist da anders. Er denkt nicht nur an solche Augenblicke zurück, sondern tut alles dafür, dass sie wieder eintreten. Er gibt sich dem Schicksal nicht einfach nur hin, sondern hämmert und biegt es. Er ist im wahrsten Sinne des Wortes seines Glückes Schmied.

*

Bevor er seine Villa in Bel Air kaufte, fuhr er nach Beverly Hills immer und immer wieder zurück. Das erste Mal nach dem Abitur 1998. Plein brach im August für einen Roadtrip durch die USA auf. Fast zwei Monate lang. Er landete in New York, dann setzte er nach Los Angeles über. Unterwegs war er mit seinem Salem-Freund Alex. Zwei Jungs aus gutem Hause, bewaffnet mit der Kreditkarte ihrer Eltern, auf der Suche nach dem großen Abenteuer, bevor der Ernst des Lebens beginnt. Die beiden bildeten ein kurioses Duo. Draufgänger Plein mit seiner kessen Lippe, war der Schwarm der Mädels. Alex, zwei Meter groß, aber schüchtern und ein bisschen ängstlich, war der sanfte Riese.

Zuerst kamen Plein und Alex in New York bei einer Freundin Pleins unter, die in einer Künstler-WG wohnte und hoffte, Schauspielerin zu werden. Er hatte mal eine Liebelei in Nürnberg mit ihr. Für ihn war die Sache erledigt, sie machte sich Hoffnungen. »Die wartete auf mich. Ich weiß nicht mehr, woher ich sie kannte. Sie war halt komplett in mich verliebt und hatte mir mal einen Kaktus gekauft.« Plein schlief neben ihr auf der Matratze, Alex legte sich in die Küche. Es war ein geräumiges Loft, das Rückzugsraum bot, doch die Freundin suchte Nähe, die Plein nicht wollte. »Sie rückte ihm etwas zu sehr auf die Pelle«, sagt Alex. Zudem gab es keine Klimaanlage. Im Sommer ist New York unerträglich heiß und stickig. Wer keine Klimaanlage hat, leidet. Am nächsten Morgen setzten sich Plein und Alex ins Internetcafé und fanden eine Wohnung an der Queensboro Bridge, direkt an der Auffahrt zur Stahlbrücke. »Mit Air Conditioning. Egal was, Hauptsache Manhattan und Air Conditioning«, sagt Plein, der seiner Bekannten in der Künstler-WG nicht lange nachtrauerte. Im Gegenteil:

New York war für Plein Jagdrevier. Er war dauernd damit beschäftigt, Frauen aufzureißen. Ein typischer Abend sah so aus, dass sich Plein und Alex in einer Bar an die Theke stellten. Alex bestellte ein Bier, Plein einen Orangensaft. Während Alex am Glas nippte und entspannen wollte, schüttete Plein seinen Saft in einem Zug runter und fragte: »Und jetzt?« Nebenbei sondierte er den Raum. »Er war immer am Screenen der Frauen«, sagt Alex. »Wir verstehen uns schon gut, doch Philipp guckt halt, was ihn interessiert.« Gemütlich Bierchen trinken ist mit Plein nicht.

Eines Tages flanierten sie durch den Central Park und die

Upper East Side, vorbei an Häusern mit Markisen und Concierges am Empfang, als ihnen zwei Frauen entgegenkamen. Eine kurvige Blonde und ihre dunkelhäutige Freundin, die eine »ähnliche Figur« hatte, wie es Alex ausdrückt: »Die hatten riesige Pornobrillen auf.« Plein und Alex schauten sich an und fragten sich: »Alter, wie geil waren die denn?« Die zwei anzusprechen trauten sie sich aber nicht.

Abends liefen Plein und Alex den beiden Damen ein zweites Mal über den Weg. »In einer ganz anderen Ecke der Stadt.« Plein, der darin wohl einen Wink des Schicksals sah, habe gerufen: »Mist, ich kann jetzt nicht schon wieder an denen vorbeigehen«. Er sei in einen Kiosk hineingerannt, habe zwei Rosen aus einem Plastikeimer gekauft und sie den zwei Schönheiten mit den Worten überreicht: »Mädels, wir sind uns doch vorhin schon einmal begegnet.«

Während Plein mit den beiden gequatscht habe, sei ein Feuerwehr-Löschzug vorbeigebraust. Die Feuerwehrleute hätten der Blonden zugerufen: »Hey, Lauren, wir lieben dich.« Offenbar erfreute sich die Dame in New York einer gewissen Bekanntheit. »Meiner Meinung waren das Stripperinnen, zumindest eine der beiden.« Schauspielerinnen seien es jedenfalls nicht gewesen, meint Alex: »Das Dekolleté war wirklich gigantisch. Mit so einem machst du keine Hollywood-Karriere.«

Plein und Alex luden die zwei Hübschen in ein »schickes Lokal« ein, das sie zuvor entdeckt hatten. Die Blonde und ihre Freundin zierten sich zuerst, sie hatten schon ein Sandwich in der Hand. Doch Plein quengelte so lange, bis die beiden nachgaben. »Die kloppten ihre Sandwiches in die nächste Mülltonne und gingen mit uns in dieses geile Restaurant«, sagt Alex.

In der Nähe ihrer Wohnung bei der Queensboro Bridge war der Vertical Club. Es war das Studio 54 unter den Fitnessstudios, die Reichen, Coolen und Schönen der New Yorker Upper

East Side stählten sich hier. Sie machten Aerobic, trimmten sich an den Nautilus-Maschinen, spielten Tennis oder Squash und rannten auf einer Hallenbahn entlang, die sich oben auf der Galerie ringsum entlangzog.

Glaubt man der *New York Times*, dann zog der Vertical Club in den 1980er-Jahren Stars wie Cher, Diana Ross und David Bowie an. Der Geschäftsführer Tom DiNatale sei im Designeranzug und einer Parfümwolke am Eingang gestanden und habe die Stars empfangen. »Die Menschen kommen hierher, um zu sehen und gesehen zu werden«, sagte DiNatale der Zeitung anno 1984. Als Plein und Alex dort Gewichte stemmten, waren die glamourösen Zeiten längst vorbei. Die Stars waren weg, die Preise für ein Abonnement im Keller. 1999 schloss der Vertical Club seine Türen. Dennoch war er für Plein und Alex eine wichtige Anlaufstation, da sie hier mit Leuten ins Gespräch kamen. Sie hätten da einen »Typen« kennengelernt, der sie gefragt habe, warum sie am Wochenende nicht in die Hamptons fahren würden. »Wir wussten gar nicht, was die Hamptons sind und was da passiert. Wir dachten, die Hamptons seien wie Mallorca«, sagt Plein.

Da Plein und Alex noch nicht 21 Jahre alt waren, konnten sie in New York kein Auto mieten, keinen Alkohol kaufen, und sie kamen auch in keinen Nachtclub rein. Deshalb ließen sie sich auf der Canal Street einen gefälschten Studentenausweis machen. Samt Passbild, das in einem Hinterzimmer-Studio geschossen wurde. »Es war richtig gangster«, sagt Alex. Pech nur, dass die Ausweise niemanden hinters Licht führten. »Aus jedem Club sind wir rausgeflogen.« Nur zu einem bescherte er ihnen Zutritt, wenn auch mithilfe eines Tricks: zu dem von Puff Daddy. Die Musik des Rappers, der 1998 mit seinem Hit »Come with me« zusammen mit Led-Zeppelin-Gründer Jimmy Page den *Godzilla*-Film untermalte, hatten Plein und Alex in ihrem

Zimmer im Salem-Internat rauf und runter gehört. »Wir waren große Puff-Daddy-Fans. Beim Trainieren legten wir immer Puff Daddy auf. Die ganze Zeit.«

1997 hatte der Rap-Star das Restaurant Justin's neben dem Flatiron Building eröffnet, in dem ein Martini 12 Dollar kostete. Plein und Alex sprachen eine Gruppe Mädels an, die vor dem Eingang in der Schlange standen. »Geht ihr mit uns rein?« Sesam, öffne dich! Der Türsteher ließ sie passieren. Drinnen bummerten Hip-Hop-Beats. »Wir fielen sofort auf. Der große Alex, ich daneben. Wir waren die einzigen Weißen. Das war echt super.«

Mit dem Mietwagen half eine Freundin Pleins, die bei dem Autoverleih Avis in Nürnberg arbeitete. »Die rief ich an. Und die organisierte uns dann über ihre Beziehungen ein Auto. Es war das kleinste, das sie auf dem Hof stehen hatten.« Plein behauptet, es sei ein Toyota gewesen. Alex tippt auf einen Suzuki. Zweifellos war das Auto weiß. Und so geräumig wie eine Sardinenbüchse. Sie tuckerten in die Hamptons, stiegen in einem Motel ab, mit einem »roten Zaun um den Swimmingpool« herum, und fuhren abends zum Jet East in Southampton, einem der angesagtesten Clubs dort in der Gegend damals. »Es gibt keinen VIP-Raum. Der ganze Club ist VIP-Zone«, behauptete Eigentümer Andrew Sasson gegenüber der *New York Post*. Ihren Miniflitzer versteckten sie weit entfernt, da vor dem Club nur »Bentleys und Ferraris« geparkt hätten, sagt Plein, der sich mächtig aufgebrezelt hatte. Er trug ein pinkes Ralph-Lauren-Hemd.

Im Jet East bestellte sich Plein zum ersten Mal in seinem Leben eine Flasche Champagner. »Eine Flasche Moët & Chandon. Dann brachten sie uns Erdbeeren. Das war so super.« Plein, der ja keinen Alkohol trinkt, ging es weniger um den Genuss als darum, einen Tisch zu haben und cool zu sein. Doch das Hochgefühl währte nur kurz. Denn am Tisch neben Plein und Alex habe ein junger Banker aus New York »ganz viele Champagner-Flaschen« auf seinem Tisch stehen gehabt und »vier oder fünf Frauen« um sich versammelt. »Wir hatten nur eine Flasche und keine Frau«, sagt Plein.

Nun, es dauerte nicht lange, bis er eine hatte. Er sprach ein Mädchen an, die sich ihm als Lori vorstellte. Sie war Fotoeditor bei den Miramax-Filmstudios der Weinstein-Brüder. Er schenkte ihr ein Henna-Tattoo, das ihr ein Künstler draußen vor dem Club auftrug. Dann tanzten sie. Und zwar so eng, dass die kunstvolle Bemalung auf ihrem Oberarm, die noch nicht trocken war, auf Pleins nagelneues Ralph-Lauren-Hemd abfärbte. »Da war das Scheiß-Tattoo auf meinem Hemd drauf. Das habe ich nie wieder rausgekriegt. Ich war superangepisst.«

Lori half ihm über seinen Verdruss hinweg. Sie hatte eine Einzimmerwohnung in der Upper East Side. »Ohne Fenster. Die Upper East war so teuer, dass du nicht mal ein Fenster haben konntest. Aber es war ein Gebäude mit Portier. Das war wichtig«, sagt Plein. »Deswegen fand ich New York auch so toll und sagte mir, dass ich irgendwann in der Upper East Side leben will.«

Mit Lori führte Plein drei Jahre lang eine Fernbeziehung. »Zu Weihnachten backte sie mir Plätzchen und schickte sie mit UPS.« Sie besuchte ihn auch in Nürnberg und brachte Pleins Eltern eine Tiffany-Vase mit. »Lori war superverliebt in mich.«

Nach ein paar Wochen hatte Plein genug von New York. Es kribbelte ihn, wieder Los Angeles zu sehen. Alex und er gingen in ein Reisebüro und buchten den billigsten Flug, den sie finden konnten. Die Fluggesellschaft hieß Tower Air und hatte nicht den besten Ruf. Im Zagat Survey, einer Rangliste für Restaurants, Hotels, Nachtclubs und eben auch Fluggesellschaften, die auf Umfragen unter Kunden basierte, landete Tower Air in puncto technische Instandhaltung auf Platz 59 von 61. Nur Valujet and Aeroflot schnitten noch schlechter ab. Die US-Bundesluftfahrtbehörde verdonnerte den Billigflieger zu sechsstelligen Strafen, weil er Maschinen durch den Himmel schickte, die eigentlich hätten gewartet werden müssen. Im Jahr 2000 meldete er Insolvenz an. »Das war so eine Crash-Airline«, sagt Alex. Plein und er saßen in einer Boeing 747 im Obergeschoss auf Sitzen, deren Polster aufgeplatzt waren und aus denen der Schaumstoff herausquoll, und hatten ein mulmiges Gefühl. »Wir machten echt drei Kreuze und beteten, heil in Los Angeles zu landen.« Aussteigen kam aber nicht in Frage. »Let's do it.« Einen Plan für Los Angeles hatten sie sich nicht zurechtgelegt. Das Flugzeug habe sie halt in der Metropole »ausgespuckt«, sagt Alex: »Wir waren einfach da.« Erneut taten sie sich damit schwer, einen Mietwagen zu ergattern, und übernachteten in einem Hotel am Flughafen. Bis ihnen jemand den Tipp gab, es bei einem Verleih zu versuchen, der es mit den Gesetzen nicht so genau nahm und »kleine Autos« an Jugendliche vermietete, die jünger als 21 Jahre alt waren. Sie bekamen einen Buick, den Plein schnell in der Stadt bei einem anderen etwas zwielichtigen Verleih in einen Jeep Wrangler umtauschte. »So einer mit Überrollbügel, bei dem alles offen ist«, sagt Alex. »Mit der Karre hatten wir richtig Spaß.«

Im Straßenverkehr hätten Mädels gehupt, wenn sie vorbeigefahren seien. Plein und Alex kreuzten durch alle Winkel der Stadt. Und zu allen Orten hatte Plein eine Geschichte parat. »Das ist das Chateau Marmont. Hier hat Madonna übernachtet.« Oder zum Viper Room auf dem Sunset Strip, einem Nachtclub, der damals Johnny Depp gehörte. »Hier starb River Phoenix.« Sie donnerten bis nach Orange County und setzten sich an den Hafen. Da, wo die Leute direkt am Wasser wohnen und ihr Boot vor der Haustür liegen haben. »Hey, wie geil wäre es, hier irgendwann mal hinzuziehen.«

Sie kurvten auf die Hügel um Hollywood. Alex packte seine Digitalkamera aus und filmte, wie Plein die Reifen des Wranglers durchdrehen ließ, auf ihn zuraste und kurz vor ihm abstoppte, so dass der rote Sand hochwirbelte. Plein im Stile Steve McQueens, der in *Bullitt* so lange Gummi gibt, bis seine Verfolger in eine Tankstelle hineinrasen und in die Luft fliegen. Die Fahrt endete recht schnell. »Philipp wurde wegen explodierender Kosten nach Hause zurückgerufen«, sagt Alex. Plein hatte für den Geschmack seiner Eltern einfach zu viel ausgegeben. Billigflieger und Motels hin oder her, Plein hatte es sich gut gehen lassen und seiner Shopping-Leidenschaft gefrönt. In einem Outlet hatte er sich eine Dolce-&-Gabbana-Jacke mit Fellkragen gekauft. Sie sei kein Schnäppchen gewesen, sagt Alex: »Selbst dann, wenn sie herabgesetzt ist, legst du für solch eine Jacke immer noch ziemlich viel Geld auf den Tisch.«

Die knapp zweimonatige USA-Reise wirkte auf Plein und Alex höchst unterschiedlich. Für Alex war sie nicht mehr als ein nettes Abenteuer, bevor er mit dem Studium anfing. Sein Feuer für New York und Los Angeles erlosch genauso schnell, wie es entbrannt war. Für Plein hingegen war die Tour eine existenzielle Erfahrung. Durch die Wochen in New York und Los Angeles schimmerte sein zukünftiges Leben hindurch. Es war ein Traumbild, eine heile, kitschige Pop-Art-Welt, die Plein in fast schon manischer Besessenheit über die Jahre hat wahr werden lassen.

»Philipp hat sich die Fähigkeit bewahrt, wie ein Kind staunend durch die Welt zu gehen. Das ist sein Geheimnis«, findet Dominique Rose Charbit. Im Gegensatz zu den meisten Erwachsenen, die ihre Kindheitsträume mit dem Älterwerden als Luftschlösser oder Wolkenkuckucksheime abtun, lasse Plein sie sich von niemandem ausreden. Er stelle unter Beweis, dass alles möglich sei. »Der Himmel ist die Grenze«, sagt Dominique Rose. Die Französin begegnete Plein zum ersten Mal im Jahr 2006 in Paris, wo er auf der Messe Who's Next ausstellte. Plein hatte gerade eben mit Mode begonnen, er war außerhalb Deutschlands ein völlig unbeschriebenes Blatt. Dominique Rose kann sich an einen »opulenten« Stand erinnern, der einen »rockigen Vibe« verströmt habe. Sie hat heute noch die Fashion-Teile mit Swarovski-Totenköpfen, »exquisite« Edelstahlmöbel und luxuriöse Hundebetten vor Augen. »Ich war sofort fasziniert.« Mittendrin habe Plein gestanden und seine Marke beworben. »Er hatte ein gewinnendes Auftreten und fesselte die Besucher. Er versprühte diese Energie. Wir verstanden uns auf Anhieb.« Sie tauschten Adressen aus, besprachen das Für und Wider von Ideen. Auf der Messe Project in Las Vegas sahen sie sich ein paar Monate später wieder.

Der Traum von Amerika und der unbedingte Wille, sich in den USA durchzusetzen, verband Plein und Dominique Rose. In jungen Jahren hatte sie ihren Koffer gepackt und war nach Scottsdale im US-Bundesstaat Arizona gezogen. »Geld hatte ich keins.« Sie hatte einen Kredit über 3000 Dollar aufgenommen, ihren Vermieter und ihre Lieferanten um ein wenig Zahlungsaufschub gebeten und Anfang der 1990er-Jahre einen Laden eröffnet, in dem sie Mode und Schmuck aus Paris verkaufte. »Dominique R« nannte sie ihre Boutique, in der sie Labels wie Sandro und Maje führte, die damals von Paris aus mit eigenen Stores zu expandieren begonnen hatten, aber von denen in Arizona nur die wenigsten gehört hatten. Binnen eines Jahres war Dominique R selbst zur Marke geworden. Sie eröffnete weitere Läden und ergänzte ihr Sortiment um aufstrebende Designer aus Los Angeles und New York.

Als sie Plein in Paris traf, hatte Dominique ihre Concept Stores verkauft und lebte in Los Angeles, wo sie mit einer Agentur für PR, Marketing und Branding an den Start ging. Im März

2007 erteilte ihr Plein den Auftrag, seine Marke in den USA einzuführen. Sie stellte Philipp Plein auf der Los Angeles Market Week vor, auf der die amerikanischen Department Stores nach neuen Labels suchen. In ihrem Büro auf dem Sunset Boulevard vereinbarte sie Termine mit Hollywood-Stars, um sie für Pleins Mode zu begeistern.

Für europäische Designer, gerade dann, wenn sie noch am Anfang ihrer Karriere stehen, sind die USA oft eine unüberwindbare Hürde. Es ist unglaublich schwierig und teuer, sich Gehör zu verschaffen. Die Liste der Labels, die mit Stolz hinausposaunen, einen Laden auf der New Yorker 5th Avenue oder dem Rodeo Drive in Beverly Hills eröffnet zu haben, um ihn dann nach ein paar verlustreichen Jahren heimlich wieder zu schließen, ist lang. Der Auftrag, den er Dominique gab, war glasklar formuliert. Statt einen Showroom dort in Los Angeles zu eröffnen, wo alle Labels waren, sollte sie »out of the box« denken. Plein habe sich eine »Untergrund-Atmosphäre« gewünscht, eine Art »privater Nachtclub« in Hollywood, sagt sie: »Mit einem Türsteher davor, der nur die hineinlässt, die eine Mitgliedskarte zücken.«

Sie machte sich auf die Suche und fand ein Etablissement, das nirgends verzeichnet war. Einen »geheimen Gentlemen Space« nennt es Dominique Rose. Man musste zur Geisterstunde einen Laden durchqueren, der als Fassade diente und an der Rückwand einen versteckten Durchgang hatte. Obwohl Plein der Gedanke gefallen habe, hätten sie ihn nicht weiterverfolgt. »Ich glaube, er bewegte sich schon in Richtung ambitionierterer Projekte.«

In der Tat schwebte Plein vor, seine Möbel und Mode in den Räumen der Luxushotels in Beverly Hills zu präsentieren. Obwohl er noch ein Niemand war, gelang es ihm, einen Termin mit der Marketingabteilung des Beverly Hills Hotel zu vereinbaren, die ihn und Dominique Rose in die Polo Lounge einlud. Später wurde er im Beverly Wilshire Hotel empfangen, wo ihm die Penthouse-Suite gezeigt wurde, in der die Stars abstiegen. Hollywood-Beau Warren Beatty soll hier zwei Jahre gelebt haben. Aus der Idee wurde nichts. Trotzdem ist Dominique Rose noch heute, also fast 20 Jahre später, beeindruckt, mit welcher Selbstsicherheit Plein, damals Ende 20, in den Luxushotels auftrat und mit welchem Respekt er dort behandelt wurde. »Harte Arbeit, Hingabe und Guerilla-Marketing haben ihn dorthin geführt, wo er heute steht. Er kennt keine Furcht. Er weiß, dass sein Erfolg darauf beruht, sich vom Rest der Modeindustrie abzuheben.«

*

Plein hat seinem Sohn Romeo versprochen, mit ihm zu den Universal Studios zu fahren. Ich darf die zwei begleiten. Wir treffen uns in Bel Air. Er fährt mit dem Rolls-Royce vor und mustert meinen Mietwagen, einen Ford, abschätzig. Er kurbelt das Fenster runter: »Das ist aber mal eine Scheißkarre.«

Plein fährt voran, ich hinterher. »Philipp, nicht zu schnell!«, bitte ich ihn noch. Er nickt und lässt es langsam angehen. Doch als er auf die Interstate einbiegt, drückt er aufs Gas. Es bleibt mir nichts anderes übrig, als aufs Pedal zu treten. Der Motor des Ford heult auf. Die Scheißkarre bleibt dran.

»Romeo, wir sind in den Filmstudios. Ist das nicht toll?«, fragt Plein, als wir vor der silbernen Weltkugel stehen, die von dem Schriftzug »Universal Studios« umkreist wird. Plein hat eine Privatführung gebucht. Doch da wir viel zu spät sind, hat sie längst begonnen.

Wir hetzen zum Tourbus, der am Set des *Weißen Hai* vorbeifährt und in eine Höhle einbiegt. Auf einmal springen Dinosaurier von links und rechts aus dem Gebüsch. Sie schnappen schon nach mir, bis sich ihnen King Kong in den Weg stellt. Der Bus wird durchgerüttelt und rutscht in die Tiefe. Obwohl es ein 3D-Kino ist, wird mir flau im Magen. Ich johle auf, als eine Echse auf das Dach springt, und blicke zu Plein rüber, der sich aber keine Blöße gibt. Wahrscheinlich kennt er das schon alles. Als Nächstes werden wir in Minions verwandelt. Minions sind die gelben kleinen Untergebenen des Superschurken Gru aus dem Film *Ich – Einfach unverbesserlich*. Ein Antagonist, der ganz böse tut und den Mond stehlen will, aber in Wahrheit gar nicht so böse ist. Im Dunkeln stehe ich hinter Plein in der Schlange. Es besteht keine Gefahr, ihn aus den Augen zu verlieren, da er eine Lederjacke anhat, auf der in silbernen Lettern »Plein« geschrieben steht. Der Name leuchtet auf, als über unseren Köpfen der Superschurke Gru auf dem Bildschirm erscheint und uns auf unsere Mission als Minion einschwört. Die Türen gehen auf, ich setze mich neben Plein und Romeo in eine Kapsel, wir ziehen die Bügel runter, und es beginnt eine wilde Fahrt durch Grus Labor. Ich verliere die Orientierung, weiß bald nicht mehr, wo oben und unten ist, und muss laut lachen. Zum Schluss torkle ich hinaus, zurück ins Tageslicht. Plein dreht sich zu mir und sagt: »Na, Tobias, endlich wieder Kind sein!«

KAPITEL SIEBEN: HUNDEBETT

Karl Lagerfeld hat hier übernachtet. Genauso wie Designer und Restaurantbesitzer Sir Terence Conran und der amerikanische Stararchitekt Philip Johnson. Das Boutique-Hotel Montalembert auf dem linken Seine-Ufer in Paris lockt seit mehr als 30 Jahren kreative Köpfe an. Der Grund? Das Montalembert hat Persönlichkeit. Jedes Möbelstück, jede Lampe, jeder Teppich sind Einzelstücke, die mit Bedacht ausgewählt worden sind. Der Gast hat das Gefühl, bei einem Freund zu übernachten, der sein ganzes Wesen in die Gestaltung der Räume gelegt hat. Es ist ein Gesamtkunstwerk. Erschaffen hat es Grace Leo. Die Tochter eines Hoteliers aus Hongkong, die in Stanford und an der Cornell University studiert hat, ist eine Legende in der Hotellerie. Nach einer Konzernkarriere machte sie sich in den 1980er-Jahren selbstständig und führte unter anderem The Guanahani auf St. Barths, das Royal Riviera in Saint-Jean-Cap-Ferrat, das Château de Noirieux im Tal der Loire sowie The Clarence Hotel in Dublin zum Erfolg. 1989 übernahm sie das Montalembert und verwandelte es mit der Hilfe des Innenarchitekten Christian Liaigre, der damals noch unbekannt war und mit dem Montalembert sein erstes Meisterstück ablieferte, in eine Destination, zu der diejenigen pilgern, die in der Mode und im Design etwas zu sagen haben. Sie kommen, um zu sehen – und um gesehen zu werden

Jetzt blickt sie mir von meinem Bildschirm entgegen, aus

London zugeschaltet. Leo ist eine anmutige, grazile Frau, die eine stählerne Entschlossenheit ausstrahlt. Sie hat sich kerzengerade vor mir auf dem Stuhl aufgerichtet. »Am Anfang meiner Karriere war ich bekannt dafür, überall dort, wo ich hinkam, das Topmanagement zu entlassen«, sagt Leo und verwendet dabei den Ausdruck »einen Kopf kürzer machen«. »Ich wurde die ›Drachenlady‹ genannt.«

Grace Leo legt an sich und ihre Mitmenschen hohe Maßstäbe an. Sie hat Geschmack und ein sicheres Auge. Sie versteht sich als eine Kuratorin, die sich aus der gewaltigen Masse an Objekten, seien es Besteckservice, Vasen oder Kerzenständer, die von Jahr zu Jahr entworfen werden, diejenigen herauspickt, die nicht banal, sondern besonders sind.

»Erinnern Sie sich noch an Philipp Plein?«, frage ich. »Natürlich erinnere ich mich«, antwortet sie. Sie weiß auch noch, wo sie ihm das erste Mal begegnete. Es war auf der Maison & Objet, der Pariser Design- und Möbelmesse. Sie lief durch die Gänge und blieb abrupt stehen, als sie ein Sofa in Miniatur erblickte. Sie beugte sich hinab und stellte fest, dass der Korpus aus Edelstahl gefertigt war. »Es war kein glänzender Stahl. Er war matt gebürstet.« Ausgekleidet war er mit einer Sitzfläche und Kissen. Es war ein Bett für eine Katze oder einen Hund. »Ich war begeistert. Es war ein ikonisches Teil«, sagt Leo. »Es war äußerst Avantgarde.«

Eingraviert in das Inox-Metall war der Name Philipp Plein. Es dauerte nicht lange, bis Plein auf Leo zutrat und sie auf seinem Messestand begrüßte. »Ein hübscher Mann« sei Plein gewesen, sagt Leo: »Er war charmant. Wir kamen miteinander ins Gespräch.« Schließlich bestellte sie mehrere Hundebetten für ihre Internetseite A Touch of Grace. Es handelte sich um einen Lifestyle-Webshop, der sich an chinesische Kunden richtete, die Leo mit den Feinheiten der europäischen Lebensart vertraut machte. »Ich suchte alle Produkte selbst aus.« Es seien Artikel von Herstellern »aus der zweiten Reihe« gewesen, aber nicht unbedingt billiger, sagt sie: »Ich hatte kein Christofle, kein Baccarat. Das wäre zu naheliegend gewesen.« Das Plein-Bett habe wunderbar zu ihrem eklektischen, raffinierten Sortiment gepasst. »Es stand für sich allein«, sagt Leo. Den Kunden sei es ins Auge gestochen. »Wir verkauften ein paar Betten. Ich freute mich darüber.«

Ein Exemplar sicherte sie sich für das Pariser Luxushotel Lancaster, das sie damals betrieb. »Glauben Sie mir, ich ermutigte meine Gäste überhaupt nicht, ihre Haustiere mitzubringen«, sagt Leo. »Aber das ein oder andere Mal machte ich eine Ausnahme.«

Die Kissen des Hundebetts waren aus cognacfarbenem Straußenlederimitat. Um es zu schonen, ließ sie extra einen Überwurf schneidern. »Das war hygienischer für den Hund. Und damit auch für sein Frauchen oder Herrchen.« Wer in Begleitung seines Vierbeiners im Lancaster aufschlug, dem stellte sie Pleins Bettchen auf das Zimmer. »Alle meine Gäste waren fasziniert. Sie liebten das Hundebett.«

Wenn Plein vor Publikum von seinen Anfängen erzählt und das Wort Hundebett ausspricht, erntet er meistens Lacher. Hundebett? Das klingt nicht nach einem genialen Geistesblitz à la Archimedes, der in der Badewanne planscht, Heureka ruft und versteht, was es mit dem Auftrieb auf sich hat. Und auch nicht à la Isaac Newton, dem ein Apfel auf den Kopf fällt und der so die Schwerkraft entdeckt. Nein, Hundebett klingt nach der Sorte Einfall, die viele von uns haben oder haben könnten. Wenn wir gute Laune haben. Wenn wir mit unseren Freunden scherzen. Es sind Einfälle, die etwas albern, ja vielleicht auch skurril sind. Die meisten von uns vergessen sie schnell wieder. Oder wir lassen uns bei der ersten Kritik entmutigen. »Das klappt doch eh nicht«, sagt einer. Und wir geben auf.

Genau das tut Plein eben nicht. Er glaubt an das, was er sich vornimmt, und hält trotz der Kritik unbeirrbar daran fest. »Ein Unternehmer, der erfolgreich sein will, muss wagemutig sein. Und Plein ist wagemutig«, sagt Leo, die Pleins Werdegang aus der Ferne weiterverfolgt hat. »Ich habe genau im Gedächtnis behalten, wie ihm vorgehalten wurde, den Weg des Bling eingeschlagen zu haben. Und wie er sich dafür in keiner Weise rechtfertigte«, sagt Leo. »Davor habe ich großen Respekt.«

Das Hundebett war keinesfalls seine erste Idee. Nach dem Abitur in Salem zog Plein zu seinen Eltern in die Nürnberger Hebelstraße zurück. Er schrieb sich an der Universität Erlangen für Jura ein, ließ das Studium aber schnell schleifen. Statt Scheine zu machen, schmiedete er Zukunftspläne mit seinem Freund Alex, der an der Universität Passau mit BWL begonnen hatte. Sie hätten täglich miteinander telefoniert, sagt Alex. »Business hier, Business da, immer auf der Suche, was man machen könnte.« Am Wochenende sei er oft zu Plein nach Nürnberg gefahren. Dort hätten sie zusammen über Geschäftsmodellen gebrütet. Er selbst habe sich ein bisschen mit HTML-Programmierung auseinandergesetzt. »Internet und so Geschichten.«

Es war die Zeit des Neuen Marktes. Die Deutschen, die eigentlich ihr Geld zu niedrigen Zinsen auf dem Sparbuch horten oder in Lebensversicherungen stecken, packte auf einmal das Aktienfieber. Sie fingen an, Magazine wie *Börse Online* zu lesen, und warfen mit Firmennamen um sich, von denen ich noch nie zuvor gehört hatte. Auch mein bester Freund schwärmte mir von Lycos vor. Was die Gesellschaft genau machte, konnte er mir nicht en détail erklären. Investiert hatte er aber trotzdem. Lycos ist das Urgestein der Internet-Suchmaschinen. Wie Google und Yahoo. So eine wollten Plein und Alex bauen – und zwar für Luxusgüter. Sie sollte es den Nutzern ersparen, sich durch alle möglichen Webseiten »durchbeißen« zu müssen. Wer einen Designerpullover suchte, musste nur den Begriff eingeben und wurde flugs auf die Seite weitergeleitet, auf der der Pulli erhältlich war. Das war zumindest das Grundkonzept. Live ging der Dienst jedoch nicht, obwohl sie lange »gebrainstormt« hätten, sagt Alex. Er könne sich nicht erinnern, ob Plein und er überhaupt irgendwelche Webdesigns in Auftrag gegeben hätten, fügt er an. In der Rückschau kann man sagen, dass Plein und Alex ihrer Zeit voraus waren. 2010, also rund zehn Jahre nach ihnen, gründete Chris Morton die Fashion-Suchmaschine Lyst, an der der weltgrößte Luxuskonzern LVMH beteiligt ist. 160 Millionen User nutzten jedes Jahr die App, um online Kleider, Taschen und Schuhe von Megabrands wie Balenciaga, Bottega Veneta, Gucci, Moncler, Saint Laurent und Valentino im Wert von über 2 Milliarden Dollar aufzustöbern, schreibt Lyst auf seiner Internetseite über sich.

Mit der Suchmaschine klappte es nicht. Doch Plein hatte schon das nächste Projekt im Kopf: einen digitalen Marktplatz. Er hatte eine CD-ROM zu Hause, *Wer liefert was?* hieß sie. Es war ein Katalog für gewerbliche Einkäufer, der seit den 1930er-Jahren existiert. Wer einen Handwerker oder Zulieferer suchte, fand in dem Nachschlagewerk die Anschriften. Es war eine Art Gelbe Seiten für Profis. Das *Wer-liefert-was?*-Prinzip wollte Plein auf eine neue Stufe heben. Statt nur Adressen anzuzeigen, hatte er vor, Einkäufer und Verkäufer miteinander zu vernetzen und an der Transaktion zwischen ihnen mitzuverdienen. Ihm schwebte deshalb vor, eine virtuelle Messe samt Kreditkartenabrechnungssystem zu entwickeln. Global Trade Fair nannte er sein Start-up. Da Plein selbst von der Technik wenig verstand, tat er sich mit seinem Cousin zusammen, der ein Computer-Nerd war. Pleins Eltern gaben den beiden das Startkapital, mit dem sie sich Serverschränke kauften, die sie im Untergeschoss der Villa in der Hebelstraße aufstellten. Es war ein Souterrain mit Fenstern, das die Eltern zur Hälfte ausgebaut hatten, damit Plein dort drei Büroräume einrichten konnte. Dazu hatten sie den Lehmboden fliesen lassen und Glastüren eingehängt. Beheizt wurden die Zimmer über einen Kanonenofen. »Das war wirklich megacool«, sagt Alex. »Da konnten drei, vier Leute sitzen.«

Es war alles bereit. Nur surrten die Server nie so wirklich los. Zuerst gab es juristischen Ärger. Ein Tankstellenbetreiber verklagte Global Trade Fair, weil ihm das Logo zu ähnlich war. Dann zerstritten sich Plein und der Cousin, weil sie sich uneins darüber waren, wo sie mit dem Marktplatz eigentlich genau hinwollten. Pleins Eltern waren wiederum verstimmt, weil der Cousin das Geld, das sie ihm und Plein geliehen hatten, nicht zurückgeben wollte. »Er dachte, wir hätten es ihm geschenkt«, sagt Hanne Plein. Keine Suchmaschine, kein Marktplatz. Der Durchbruch kam mit dem Hundebett. Pleins Eltern hatten zwei Jagdhunde, Jacko und Sofie. Regelmäßig zerbissen sie ihre Ikea-Strohkörbe. »Dieses Rattan lag ständig am Boden«, sagt Hanne Plein. Sie habe sich an ihren Sohn gewandt und ihn aufgefordert: »Gott, kannst du dir mal etwas einfallen lassen?«

Hier kam Pleins alter Freund Darko Poropatic ins Spiel, mit dem er immer noch viel Zeit verbrachte. Häufig habe Plein ihm davon erzählt, ein erfolgreicher Geschäftsmann werden zu wollen. Das Jura-Studium sei nicht »sein Ding« gewesen, sagt Darko: »Phillip war immer ein Macher, er war keiner, der die Schulbank drückt. Er war einer, der sofort Erfolg haben wollte.«

Eines Tages saßen sie in Darkos Büro im Autohaus, in dem ein Sofa stand. Es war das Modell LC2, das Le Corbusier, Pierre Jeanneret und Charlotte Perriand für Cassina entworfen hatten. Sie dachten an die zwei Hunde im Hause Plein, die ihre Körbe zerlegten. Und da dämmerte es ihnen auf einmal. »Wir sagten uns: ›Mensch, schau mal, so Sofas für Haustiere. Das könnte klappen‹«, erinnert sich Darko. Zurück in der Hebelstraße grub Plein die CD-ROM *Wer liefert was?* wieder hervor. Er suchte nach einem Betrieb, der imstande war, ihm ein Le-Corbusier-Sofa in klein zu schweißen. Fündig wurde er in den neuen Bundesländern. Genauer gesagt in Kleinmühlingen bei Magdeburg in Sachsen-Anhalt. Dort hatte sich Mario Babock mit seinem Bruder selbstständig gemacht. Einst hatte er im VEB Traktorenwerk Schönebeck Instandhaltungsmechaniker gelernt. Weil er sich nicht »ausreichend künstlerisch entfalten« konnte, wie er später einer Journalistin sagte, machte er sich selbstständig und begann damit, Rohteile aus Stahl für industrielle Zwecke zu schweißen. Plein schnappte sich den brandneuen Audi A3 seiner Freundin Sabine und fuhr mit ihr nach Kleinmühlingen. 350 Kilometer Strecke. »Zum Hundebett-Prototypen-Machen«, sagt Plein. Es stellte sich heraus, dass es eine müheselige Angelegenheit war. Die Babock-Brüder hatten ihre Schweißerei in einer Scheune. Mit den ersten Prototypen war Plein überhaupt nicht zufrieden. »Die hatten keine Feinschweißerei, die konnten keine Schweißnähte verarbeiten«, sagt Plein. »Die wussten überhaupt nicht, wie das geht.«

Immerhin waren die Babocks ambitioniert. Sie gaben sich nicht geschlagen und erließen Plein die Kosten für die Prototypen. Nach ein paar Anläufen war das Hundebett präsentabel – und aus Plein und Babock wurden Partner. Anfang 2006 gründeten sie zusammen die BP Edelstahlverarbeitung GmbH. Doch weil sich der Mineralölkonzern British Petroleum, abgekürzt BP, daran störte, wurde im Jahr darauf ein A in den Namen eingefügt und alles ins Englische übertragen. Seitdem heißt Pleins und Babocks Firma, die bis heute Bestand hat, BaP Stainless Steel Solutions GmbH.

Babock kaufte sich in ganz Deutschland einen Maschinenpark zusammen und zog ins knapp zehn Kilometer entfernte Schönebeck auf ein Werksgelände, das zu Zeiten der DDR Teil einer Sprengstofffabrik war. Er formte die Hänger für Pleins erste Messestände und Pleins erste Läden, aber auch Grillkamine und Autoteile, mitunter sogar eine Kirchenglocke.

Das erste verkaufsfähige Hundebett, das Babock rund um den Jahreswechsel 1998/1999 fertig hatte, kostete in der Herstellung 500 DM. Pleins Rechnung war einfach: »Wenn ich es für 1500 DM anbiete und 1000 Stück verkaufe, dann habe ich meine erste Million verdient.« Nur: Wer war bereit, 1500 DM für ein Produkt einer Marke namens Philipp Plein hinzulegen, die keiner kannte? Es waren jedenfalls nicht die Kunden, die sich in einem typischen Laden für Tierzubehör eindecken. Wer im Webshop von Fressnapf nachschaut, stellt fest, dass die Betten, Körbe, Kuschelhöhlen und Liegeplätze für den Wauwau meist deutlich weniger als 150 Euro kosten. Das Spitzenmodell ist aus Holz geschreinert, hat ein Fischgrätmuster und kostet knapp 300 Euro. Mit anderen Worten: Pleins Hundebett war, wenn wir DM in Euro umrechnen, fast dreimal so teuer wie das, welches Fressnapf heute als »Luxus-Hundesofa« anpreist.

Deswegen wurde Plein bei Möbelhändlern vorstellig. Darko, von dem sich Plein das kaufmännische Einmaleins abschauen konnte, angefangen von der Buchhaltung über das Verhandeln mit Kunden bis hin zur Messeplanung, klopfte bei einem »tollen Möbelgeschäft« in Nürnberg an, das italienische Designmarken führte. Als er »Made in Germany« gehört habe, habe der Inhaber abgewunken. »Bloß weg damit, ich will kein deutsches Design«, habe er gerufen, erinnert sich Darko. Er habe das Hundebett auch nicht schön gefunden und gesagt: »Das werden die Kunden nicht annehmen. Das wird nicht klappen.«

Die Plein-Geschichte hätte hier an diesem Punkt enden können. Das tat sie aber nicht.

*

Mir kommt ein Abend mit Plein in den Sinn. Wir saßen in seinem Büro in Lugano zusammen. Mehrere Stunden hatte ich gewartet, bis er Zeit hatte. Er legte sein Handy auf den Tisch, öffnete sein Instagram-Profil und zeigte mir, wer ihm auf dem Sozialen Netzwerk folgt und wie sich die Follower auf die einzelnen Länder verteilen. Nation für Nation, genau in Prozent.

»Alles, was ich mache, mache ich mit Kalkül«, sagte mir Plein. Was er auf Instagram veröffentlicht, ist wohlüberlegt. In seinen Kurzvideos und auf den Bildern trägt er das, was gerade im Laden erhältlich ist. Den Cardigan, die Jeans, die Lederjacke, den Sneaker. Hat er gerade eine neue Uhr vorgestellt, hält er die Kamera auf sein Handgelenk gerichtet. Es ist ein geschicktes Product Placement. Dann sagte er einen Satz, der sich mir in meinem Gehirn eingebrannt hat: »Tobias, du kannst das schönste Produkt haben. Doch wenn keiner davon weiß, ist es wertlos.«

Plein ist ein Meister des Marketings. Mit dem Hundebett legte er sein Gesellenstück ab. Er haute seinen Freund Velibor an, der Geschäftsführer im Machi war. Im Auftrag von Pächter Wolfgang Boss war der Serbe für die Bar zuständig. Er war es, der den jungen Plein bei der Nürnberger Diskothek eingestellt hatte. Velibor, der später seinen Namen in Felix Jung umänderte, hatte mit dem Fotografieren angefangen und sich eine Kameraausrüstung angeschafft. In Pleins Elternhaus lichtete er das Hundebett ab. Damit die Edelstahlkonstruktion auf den Fotos nicht zu steril und leblos daherkam, platzierte Plein eine schwarz-weiße französische Bulldogge auf dem Sofa. Der Vierbeiner war Pleins erstes Model. Er hatte ihn gecastet. Die Bulldogge zierte die erste Werbeanzeige Pleins. Plein schaltete sie in der *Elle Decoration.* Neben Granden der Möbelwelt wie Flexform und Gunther Lambert. Knapp zwei Stunden lang habe ich in der Deutschen Nationalbibliothek in Frankfurt die Magazine durchfilzt, bis ich das Inserat vor mir hatte:

Auf Seite 73 in der Ausgabe Nummer drei für Mai und Juni aus dem Jahr 1999 guckte mich die Bulldogge an. Obwohl sie sanft gebettet liegt, schaut sie griesgrämig drein. »Philipp Plein – Dog & Cat Collection« steht in Weiß auf schwarzem Grund. »Korpus aus Edelstahl, abziehbarer Bezug in Schwarz oder Braun (Fohlenimitat oder Baumwolle), 14-tägiges Rückgaberecht, Lieferung frei Haus. Maße: 105 cm * 75 cm, DM 1700. Maße: 84 * 60 cm, DM 1600.« Unter dem Bild hatte Plein eine Bestellhotline angegeben: »(+49) 0180 / 5 46 83 74«. Und seine Webseite *www.philipp-plein.com.* Als Vorlage für seinen Internetauftritt hatte er den Quellcode von Dolce & Gabbana genommen. Die italienische Luxusmarke war Ende der 1990er-Jahre super angesagt.

Mit dem Auftritt in der *Elle Decoration* setzte Plein ein erstes Ausrufezeichen. Weltweit Aufmerksamkeit erregte er dank Jennifer Lopez. Eine Salem-Mitschülerin kannte die Managerin der US-Sängerin. Über sie fragte Plein an, ob er ihr ein Hundebett schenken dürfe. Einzige Voraussetzung sei gewesen, dass der Star ein Foto von sich und dem Hundebett mache, erzählt mir Darko. »Und, hat es geklappt?«, will ich wissen. »Ja, das hat geklappt«, antwortet Darko.

Plein beließ es nicht bei Werbung. Um für sein Hundebett zu trommeln, reiste er zur Ambiente in Frankfurt. Das ist eine der international führenden Konsumgütermessen. Plein erschien in Anzug und Krawatte, begleitet von Sabine, die ihm half, den Stand aufzubauen. Der ein oder andere Besucher, der an Pleins Hundebett vorbeilief, dachte sich, es handle sich um ein Modell in kleinem Maßstab, das nur zu Präsentationszwecken diente. Wie die winzigen Häuser und Eisenbahnen des Miniatur-Wunderlandes in der Hamburger Speicherstadt. Oder der 1,49 Meter hohe Eiffelturm aus Bauklötzen im Legoland im dänischen Billund. Doch am Ende war der Messebesuch ein Erfolg. »Wir verkauften sechs oder sieben Hundebetten«, sagt Plein. »Damit hatten wir die Kosten für den Stand wieder reingeholt.«

Schritt für Schritt erweiterten Plein und Darko ihr Sortiment. Aus dem gleichen Vierkantrohr, aus dem das Hundebett bestand, fertigten sie Sitzbänke, Kleiderständer, Anrichten, Esstische, Coffee Tables, kleine Beistelltische und Lampen. Als Helfer rekrutierte Plein kräftige Typen aus seinem Bekanntenkreis oder aus dem Fitnessstudio. Einer von ihnen wurde Tupac genannt, weil er dem Rapper Tupac Shakur ähnlich sah. Er stammte aus Afrika und hatte schon für Pleins Eltern angepackt. »Der war Mädchen für alles«, sagt einer von Pleins damaligen Freunden. Tupac fuhr mit dem Schwertransporter zu den Messen und baute die Stände auf. Es war eine schweißtreibende Arbeit, für die Tupac nicht gerade fürstlich entlohnt wurde. Nichtsdestotrotz war die Philipp Plein GmbH ein Zweimann-Betrieb. Nach außen stellten ihn Plein und Darko größer dar, als er war. Die Auftragsbestätigungen unterschrieb ein gewisser Patrick Dieth. Es war kein Angestellter, sondern ein Alias von Plein. Patrick ist sein zweiter Vorname, Dieth der Nachname seines Stiefvaters. Patrick Dieth legte in der Firma eine steile Karriere hin. Wenn ein Kunde darauf bestand, den Chef sprechen zu wollen, Plein aber nicht in Erscheinung treten wollte, wurde der stellvertretende Geschäftsführer Patrick Dieth nach vorn geschickt. Plein in Gestalt von Patrick Dieth verhandelte dann im Namen des publikumsscheuen Inhabers Plein.

Außendarstellung war wichtig. Zum Verdruss seines Stiefvaters, der als Mediziner die Sprache der alten Römer liebt, hasste Plein Latein. Doch um bei den Kunden Eindruck zu schinden, druckte Plein auf den Rechnungen und auf der ersten Seite des Katalogs einen lateinischen Hexameter ab: »Tempora mutantur et nos mutamur in illis.« Das bedeutet so viel wie: »Die Zeiten ändern sich, und wir ändern uns in ihnen.« Der Satz fand sich auch in seiner Villa in Amriswil. Weiter hinten in den Katalogen zitierte Plein aus dem Philebos, einem in Dialogform verfassten Werk Platos.

Überhaupt gab sich Plein mit den Texten sehr viel Mühe. Manchmal waren sie poetisch. »Am Firmament der Metalle steht Edelstahl wie ein diskretes und doppeldeutiges Gestirn: weiß und glänzend, wenn es die Werkbank verlässt, grau und matt, wenn es von Ruß und Flammen patiniert ist.« Manchmal hätten sie aus einem Aufsatz für ein Universitätsseminar stammen können. »Das Streben nach kalkulierter Perfektion ist keine Motivation. Dieses Konzept ist zu eng, zu kalt und unpersönlich. Die Triebfeder in unserem Unternehmen ist menschliche Inspiration und Kreativität.«

Auf der wichtigsten Möbelmesse der Welt, dem Salone del Mobile in Mailand, sicherten sie sich einen Standplatz. »Es war die schlechteste Location«, sagt Plein. Zugewiesen wurde ihnen eine winzige Fläche auf dem oberen Stockwerk, »neben der Toilette«. Einmal sei die Rolltreppe außer Betrieb gewesen. »Drei Tage kam kein Menschen nach oben«, sagt Plein.

Sparfuchs Plein stieg im Stundenhotel in der Mailänder Peripherie ab. Es war kein ruhiges Etablissement, denn in den Nebenzimmern bedienten Prostituierte ihre Freier. Im Autogrill am Mailänder Domplatz versteckte er angeblich die Mozzarella-Bällchen unter den Salatblättern, um nicht den vollen Preis bezahlen zu müssen. Spaß hatte Plein trotzdem in Mailand. Als Messehost, der des Italienischen mächtig war, hatte er Ennio Fontana eingespannt. Ennio, der aus Genua stammt und die Deutsche Schule besucht hat, studierte wie Alex in Passau. Plein und Ennio lernten sich auf der Budissa-Riverboat-Party kennen. Die Studierenden schippern dabei auf einem Schiff die Donau hinunter. Die Männer erscheinen im Anzug, die Frauen in Kleidern. Dazu setzen sie sich extravagante Hüte und übertriebene Brillen auf. Was sich brav anhört, ist in Wahrheit ein Besäufnis, auf dem getanzt und gegrölt wird. »Passau geriet da völlig aus den Fugen«, sagt Alex. Er habe Plein davon erzählt und ihm gesagt: »Hey, Philipp, das ist irgendwie so deine Welt hier, alle machen sich megaschick.«

Es war ein Irrtum, denn Abstinenzler Plein, der keinen Tropfen anrührt, fühlte sich auf dem Boot fehl am Platz. Immerhin begegnete er Ennio. Als er sich auf dem Salone del Mobile abmühte, fiel Plein Ennio wieder ein, weswegen er Alex anrief: »Alex, ich bin in Mailand auf dieser Messe. Da ist so viel auf Italienisch. Du hast doch damals diesen Kumpel da gehabt, der Italienisch spricht. Kannst du mir seine Nummer geben?«

Auf dem Messestand erwiesen sich Plein und Ennio als kongeniales Entertainer-Duo, das mit den Frauen flirtete und die Männer unterhielt. Fast jeder, mit dem ich gesprochen habe, hat eine Ennio-Fontana-Parodie auf Lager. Auch Alex, der auf Deutsch mit italienischem Akzent Ennio so nachmacht: »Ciao Bella, willst du nicht kommen und so? Willst du nicht ein Getränk nehmen und so?«

Ennio blieb knapp 20 Jahre bei Plein. Er war die Nummer zwei. Er war nicht nur Chefverkäufer, sondern auch Vater der Plein-Schuhlinie. Ennio, der für die Luxusschuhmarke Tod's arbeitete, kannte die italienischen Lieferanten und wusste, welche Modelle zur Marke Plein passten. 2020 verließ er Plein im Streit. Er wurde zuerst Chef von Roberto Cavalli, dann von Dsquared2.

Nach einer Weile empfand Plein seine Edelstahlästhetik als zu kühl. Er suchte nach Wegen, seine Möbelstücke mit etwas Warmem wie Leder zu kontrastieren. Er fuhr auf die Mailänder Ledermesse Lineapelle, um Leder zum Polstern seiner Möbel zu kaufen, ohne sich bewusst zu sein, dass auf der Lineapelle vorrangig Leder gezeigt wird, aus dem Taschen, Schuhe und Gürtel hergestellt werden. Er deckte sich für ein paar tausend Euro mit geprägtem Krokoleder ein und machte im Osten Deutschlands einen Polsterer ausfindig, der noch bei seiner Mutter lebte. Als er das Leder in die Hände nahm, winkte der Polsterer sofort ab. Plein hatte sich unwissentlich Leder für Schuhe besorgt, das so knüppelhart war, dass mit ihm nichts gepolstert werden konnte. Dann hatte er den rettenden Einfall – und bezog einen Tisch mit dem Krokoleder. Er stellte ihn auf der Möbelmesse in Köln aus, wo er das Glück hatte, neben dem Polstermöbelhersteller Rolf Benz zu sein, der damals seine große Zeit hatte und mit seinem dreistöckigen Stand die Hälfte der Messehalle einnahm. Der Kroko sei prompt ein Bestseller gewesen. Plein stellte den Tisch in allen Farben und Formen her, als Konsole, Nachttisch und Schreibtisch. Schließlich gab es einen Stuhl dazu.

Aus den Lederresten, die übrig blieben, formte Plein Taschen, die er mit dem PP-Logo versah. Ursprünglich waren sie nur dazu gedacht, die Farbvarianten des Leders für die Möbel zu demonstrieren. Bis im Jahr 2004 der Champagnerhersteller Moët & Chandon auf Plein zutrat und ihn fragte, ob er den Stand auf der Düsseldorfer Modemesse CPD gestalten wolle. »Ja, mache ich, aber nur unter der Bedingung, dass ich auf dem Stand meine Taschen zeigen kann«, sagte Plein. Dass die berühmte Kellerei darauf einging, lag an Thomas Baum. Er leitete damals den Verkauf von Moët & Chandon an Industrie- und Privatkunden in Deutschland und fand Plein »unheimlich spannend«: »Von seinem Auftreten her. Der war irgendwie nicht von dieser Welt«, sagt Baum. »Er war so unglaublich kreativ. Ich habe selten jemanden getroffen, der so verrückte Ideen hatte und die dann einfach in die Tat umgesetzt hat.«

Wie Plein war auch Baum ein Quereinsteiger. Er hatte für Siemens Nixdorf in der IT-Branche gearbeitet. »Man musste mit dem Preis immer weiter runtergehen, obwohl man eigentlich ein Topprodukt hatte«, sagt Baum. Das sei »frustrierend« gewesen. Irgendwann habe er sich gesagt: »Ich muss in die Luxusbranche gehen, wo die Teuersten die Erfolgreichsten sind.«

Er landete in der Welt des Champagners. Hatte Moët & Chandon vorher nur die Gastronomie und den Lebensmittelhandel beliefert, erweiterte Baum den Kreis der Abnehmer und fädelte Partnerschaften mit Firmenkunden ein. Er habe sich gedacht: »Es kann ja nicht sein, dass wir Banken, Automobilbauern, Schmuck- und Modefirmen die Ware frei zur Verfügung stellen, weil wir gute PR haben wollen, oder sie dazu zwingen, unseren Champagner im Handel zu kaufen und er dann womöglich in falschen Gläsern ausgeschenkt wird.«

Auf der CPD ließ er Plein freie Hand. »Ich war mir relativ sicher, dass ihm irgendwas einfällt, wie wir diesen Stand aufpeppen.« Er wurde nicht enttäuscht. Plein nahm dicke grüne Verbundglasscheiben und zertrümmerte sie mit einem Vorschlaghammer in Abertausende Splitter, die er flächendeckend auf die zwölf Meter lange Wand des Messestands klebte. Aus Metall formte er das Moët-&-Chandon-Logo und befestigte es auf der Schicht aus Scherben, die er mit Scheinwerfern anstrahlte. »Es sah aus wie ein einziger Kristall«, sagt Baum. »Das war der Wahnsinn. Absolut irre.«

Mittendrin drapierte Plein seine Damentaschen. Gleich die erste Kundin wurde auf das »PP«-Logo aufmerksam, denn ihr Mann hieß Paul Prange. Ihm gehören mehrere Schuhläden in Deutschland, er ist eine Instanz in der Luxusindustrie. Einen Tag, nachdem sie Pleins Tasche gekauft hatte, kehrte sie zum Stand zurück, dieses Mal in Begleitung ihres Mannes, der Plein fragte, ob er mit seinen Möbeln ein paar seiner Stores einrichten könne.

KAPITEL ACHT: TOTENKOPF

»Was glitzert denn so?« Coreen Krosch feierte im Friday Fashion Club in Essen. »Mitten im Ruhrpott.« Es war der Herbst 2005, das Jahr vor ihrem Abitur. Coreen war zu dieser Zeit mit einem Fußballer liiert und wohnte in der Nähe von Heidelberg. Sie war zu Besuch bei ihren Eltern und ging abends mit ihren Freundinnen weg. Im stroboskopischen Licht der Diskothek drehte sie sich um und sah auf einmal etwas schillern. Coreen kniff die Augen zusammen, fixierte die Stelle, dann erkannte sie, was es war, das da im Dunkeln aufblinkte: ein Totenkopf aus Kristallen, der auf der Rückenpartie einer Militärjacke prangte. Sie entzifferte den Schriftzug darunter: »Rich Pirates by Philipp Plein«. Der Name sagte ihr etwas. »Plein? Das ist doch der, den meine Schwester kennengelernt hat. Macht der jetzt Mode?«

Am nächsten Tag erzählte sie es ihren Eltern: »Ich habe so eine geile Glitzerjacke gesehen. Bling-Bling.« Sie rief ihre Schwester Janine Fichna an und bat sie: »Kannst du ihn fragen?« Janine klingelte bei Plein durch, der sie eine Weile zuvor im Münchner Club P1 angequatscht hatte. Plein hatte mit ihr kurz geflirtet und dann aus dem Nichts heraus von seiner Möbellinie und den Taschen erzählt. Am Tag darauf hatte er sie auf der Schmuckmesse Inhorgenta herumgeführt, wo er einen Stand hatte, und sie seinem Messeteam vorgestellt. »Philipp hatte eine Vision. Für die gab er alles. Mich beeindruckte das«, sagt Janine, die danach lose mit Plein Kontakt gehalten hatte.

Plein hob ab und sagte ihr: »Ja, total cool. Ich mache das jetzt. Komm vorbei, hol dir eine Jacke für deine Schwester ab!«

Janine fuhr zu Plein, der von Nürnberg nach München gezogen war. Seine Mutter hatte ihm ein Haus in der Dietlindenstraße gekauft, ganz in der Nähe des Englischen Gartens und der Münchner Freiheit. Es diente ihm als Privatwohnung, Büro und Showroom für seine Möbel.

*

Das Haus in München war Pleins erstes Immobilienprojekt. Er hatte es komplett umgebaut. Jeden einzelnen Winkel hatte er selbst gestaltet. Alle Details hatte er bereits vorher im Kopf gehabt. Mit seinem Nürnberger Freund Andreas Gölzen, den alle nur »Icebär« nennen, weil er mal bei der Renovierung des Machı-Clubs einen Jogginganzug von Hugo Boss angehabt hatte, auf den ein Eisbär gedruckt war, war er in einem Hamburgerimbiss essen gewesen. Plein hatte eine Serviette genommen und angefangen, wie ein Architekt auf dem Stück zu zeichnen. Er hatte skizziert, wie sein Haus in der Dietlindenstraße aussehen würde. »Wo Wände rauskommen, wo welche Verzierungen an die Decke angebracht werden«, sagt der Icebär. »Genau so ist es dann auch später gewesen.«

Auf der obersten Etage war Pleins Schlafzimmer samt begehbarem Schrank. Im Erdgeschoss befand sich das Wohnzimmer. Im Keller war seine »Kommandozentrale«. Zwei Räume mit Halbfenstern, die durch eine Sauna in der Mitte getrennt waren. Die Toilette war aus Edelstahl und hatte keine Brille. Wer sich hinsetzte, musste hartgesotten sein. »Männern ist das im Zweifel wurscht, für Frauen ist es unangenehm«, sagt

Corinna Barton, eine von Pleins Mitarbeiterinnen der ersten Stunde. Wegen des qualvollen WCs verpasste sie dem Souterrain einen despektierlichen Spitznamen. »Wir nannten es Kellerverlies mit angeschlossenem Knastklo.«

Corinna erledigte für Plein mehr als zehn Jahre lang das Administrative. Von der Buchhaltung über die IT und Recht bis hin zum Personalwesen. »Alles, was außerhalb von ›Ich stehe auf der Messe und verkaufe‹ und Marketing war. Alles andere, durch die Bank, war ich.« Plein war vorn, Corinna stand dahinter. Er war das Frontend, sie war das Backend. »Wenn du mit drei Leuten anfängst, dann hast du im Zweifel noch keinen Titel. Heute würde man das Head of Operations nennen.«

Die Welt-AG Philipp Plein wurde lange Zeit von drei Personen geführt. Von Plein. »Er ist und bleibt der Kreative des Ganzen. Er ist die kreative Crazyness.« Von Ennio Fontana. »Er ist der Vollblutverkäufer.« Und von Corinna. »Ich bin die Vollblutorganisationstante.«

»Wir drei unterhielten uns größtenteils schreiend«, sagt Corinna. »Wir waren nie einer Meinung, grundsätzlich nicht. Es gab immer zwei, die etwas toll fanden, und einen, der dagegen war. Egal, um was es ging.« Typisch war, dass Plein eine verrückte Idee hatte. Corinna bremste. »Ich war die Konservative.« Und Ennio schlug sich je nachdem auf die eine oder andere Seite. »So fanden wir für alles verdammt geile Kompromisse, die uns auch immer um einiges weiterbrachten.«

Plein hatte Corinna über ihren Bruder kennengelernt, der sich um Pleins IT gekümmert hatte. »Was auch immer IT damals war. Er hatte vielleicht drei Computer und einen Drucker.« Corinna war gerade aus den USA zurückgekommen. »Ich wusste noch nicht genau, wohin«, sagt sie. An einem Freitag traf sie Plein. Am Montag darauf fing sie schon bei ihm an. »Wir waren uns sehr schnell einig.«

Von ihrem ersten Arbeitstag ist ihr nur ein Eindruck geblieben: »Chaos pur.« Die Lieferaufträge trug Plein in Excel-Listen ein. »Da wurdest du wahnsinnig.« Die Rechnungen schrieb er auf Word, ohne fortlaufende Rechnungsnummer. »Buchhalterisch eine absolute Katastrophe.« Als Erstes habe sie ein IT-System gesucht, sagt Corinna: »Das hat auch sehr viel Energie und Diskussionen erfordert, denn wenn du noch so klein bist, sitzt das Geld nicht so locker.«

*

Als Janine durch das Eisentor der Dietlindenstraße schritt, war Corinna noch nicht da. Plein stemmte alles allein mit einer Zeitarbeitskraft. Er begrüßte Janine, führte sie herum und drückte ihr die Totenkopf-Glitzerjacke für ihre Schwester in die Hand.

Anschließend lud Plein Janine zum Pizzaessen ein. Sie erinnert sich, wie Plein ihr in der Pizzeria seine Zukunft ausmalte. Dieses Mal nicht auf einer Serviette, sondern in Worten. »Wir machen jetzt Mode, Janine. Ich gehe auf die Fashion Week in Berlin. Ich gehe nach Paris und Barcelona.«

Janine dachte sich: Wie, was, wo?

Sie traten aus dem Restaurant raus ins Freie und machten bei einem Tattoo-Künstler Halt, der ihnen seine Motive für Tätowierungen zeigte. »Genau das will ich auf T-Shirts. Aber mit Swarovski«, sagte Plein. »Wir machen da ganz groß Bling-Bling.«

Plein fragte Janine: »Was machst du denn eigentlich? Willst du nicht bei mir arbeiten? Dann machst du Marketing. Du kannst das ja jetzt.« Na ja, viel Erfahrung brachte Janine zu diesem Zeitpunkt noch nicht mit. Sie schloss gerade ihren Marketing-Fachwirt ab und war in den letzten Zügen ihrer Diplomarbeit, in der sie sich mit der Neueinführung eines Parfüms auseinandersetzte. Ihr Studium war berufsbegleitend, sie war bei einem Konzern für Luxuskosmetik angestellt.

»Ich brauche jemanden, der was draufhat, und du bist ja ein schlaues Kind.«

Mit schwirrendem Kopf fuhr Janine nach Hause. Es erschien ihr alles »mutig«, ja fast »tollkühn«, aber irgendwie hatte Plein mit seiner bedingungslosen Entschlossenheit in ihr eine Euphorie entfacht. »Philipp ging für seine Vision voll ins Risiko. Er hat sich und seinem Team alles abverlangt. Von diesen Lehren profitieren wir heute noch«, sagt Janine rückblickend. Sie dachte nicht lange nach und kündigte. »Ganz plötzlich. Meine Chefin war stinksauer.« Die Kündigungsfrist wartete sie nicht ab. Jeden Abend fuhr sie nach der Arbeit zu Plein. »Da fachsimpelten wir bis spät in die Nacht.«

Mit der Totenkopf-Glitzerjacke legte Plein in der Mode los. Geplant hatte er das nicht. Wie das Hundebett war es eine glückliche Fügung gewesen – und wieder hatte seine Mutter einen wichtigen Anstoß gegeben. Hanne Plein hatte sich beim Modeladen Wöhrl in Nürnberg eine Military-Jacke gekauft. »Da war so ein Sonderposten.« Sie zog die Jacke über und flanierte mit ihrer Tochter Gloria und Pleins damaliger Freundin Angelika auf der Hohenzollernstraße im Münchner Schwabing-Viertel entlang. Jeder habe sie auf die Jacke angesprochen. »Wow, was für eine Jacke! Die ist super!«

Die drei Damen kehrten in ein Café ein. Dort sagte Hanne Plein zu ihren Begleiterinnen: »Die Jacke müssen wir machen, jeder will die.« In einem Army-Laden in der Maxvorstadt holten sie sich einen Stapel Militärjacken und deckten sich in einem Kaufhaus mit Nähzubehör ein. Zu Hause schmückte Gloria die Jacken. Aus Lederresten formte sie Tiere. »Wir hatten welche mit Schweinchen.« Sie ersetzte die Knöpfe und versah die Jacke an der Hüfte mit einem Band, mit dem man sie vorn zubinden konnte. »Die Schleifchen waren in Pink und in Gelb.«

Die Jacken nahm Plein auf die Pariser Möbelmesse Maison & Objet mit, wo er einmal mehr mit seinem Stand Aufsehen erregte. Die Fläche, die ihm zugewiesen wurde, teilte er in der Mitte durch eine Holzwand, die er mit rotem Krokoleder auskleidete. Auf der einen Hälfte zeigte er die Möbel, die andere Hälfte legte er mit Teichfolie aus und setzte sie unter Wasser, das er mit Zehnlitereimern aus der Messetoilette anschleppte. Die Leuchten, die von den Traversen hingen, spiegelten sich wie der Nachthimmel auf der Wasseroberfläche. Einige Besucher merkten nicht, dass es sich um einen künstlichen Teich handelte, und traten ins Nass.

Auf sein Ankleidesystem aus Edelstahl, das er in Paris vorstellte, hängte er die Jacken. Gedacht waren sie als Dekoration, damit seine neue Kreation nicht allzu nackt und steril wirkte. Als man ihn auf die Jacken ansprach, war Plein zuerst verdutzt. Doch schnell wurde ihm bewusst, dass sie ein echter Hingucker waren. Besonders angetan hatten sie es einer Einkäuferin aus Straßburg. Pleins Salem-Freund Veit, der in Paris lebte und gut Französisch sprach, betreute sie »ganz ausführlich«. Mit Erfolg, sie bestellte Möbel. Bevor sie den Stand verließ, blieb ihr Blick an den Jacken hängen. »Das ist ja mega«, habe sie gesagt, erinnert sich Veit. »Sie wollte die Jacke unbedingt haben.« »Wie viel wollt ihr für die?« Am Ende blätterte sie 700 Euro hin. 700 Euro für eine alte Bundeswehr-Jacke, die im heimischen Wohnzimmer mit einem Schweinchen verziert worden war.

»Das war die Initialzündung«, sagt Veit. Plein habe in diesem Augenblick kapiert: »Da geht was!«

Das Schweinchen aus Leder durch einen Totenkopf aus Swarovski-Kristallen zu ersetzen war nur ein kleiner Schritt. Denn Plein wusste schon, wen er bei Swarovski anrufen musste: Johnhie Ahn-Bosch. Dabei hatte er ihn bei ihrer ersten Begegnung noch von seinem Stand »geschmissen«. Johnhie war auf der Kölner Möbelmesse aufgetaucht und hatte Plein erklärt, was man alles Spannende mit Strasssteinen anfangen könne. »Er schaute mich relativ blöd an«, sagt Johnhie.

Von der Bling-Bling-Idee habe Plein nichts gehalten. »Bling-Bling? Nein.« Er habe nicht von seiner Ästhetik aus ungeschliffenem Edelstahl abrücken wollen, die etwas »sehr Natürliches« gehabt habe, sagt Johnhie. »Ich brauche keine Steine«, antwortete Plein und schickte Johnhie weg. »Ich wollte etwas auf der Messe verkaufen und nicht meine Zeit verschwenden«, sagt Plein rückblickend.

Johnhie ließ nicht locker. »Hier ist meine Karte. Wir können ja darüber sprechen.«

Wer vor 30 Jahren an Swarovski dachte, sah womöglich den Kristallschwan vor sich, den die Oma neben der Etagere mit den Keksen auf dem Tisch stehen hatte. Die Firma aus dem österreichischen Wattens galt um die Jahrtausendwende als ziemlich verstaubt. »Nippes aus Tirol«, ätzten Kritiker.

Das änderte sich mit Nadja Swarovski. Mitte der 1990er-Jahre fing die Ururenkelin des Gründers im familiären Unternehmen an und fegte einmal kräftig durch. Sie fädelte Partnerschaften mit Modedesignern ein. Einer der ersten war Alexander McQueen. Danach folgten Jason Wu, Hussein Chalayan, Erdem und Mary Katrantzou. Wichtige Abnehmer waren zudem Dolce & Gabbana. Festgelegt war Swarovski anfangs auf Designer, die für ihre Haute Couture bekannt waren und für Opulenz und Glamour standen. Swarovski blickte stark nach Italien und Frankreich. Was Deutschland betraf, zog das Unternehmen eigentlich nur Escada in Betracht. Das Segment Textil sei in Deutschland »verkümmert« gewesen, sagt Johnhie. Und er wurde geholt, um es aufblühen zu lassen.

»Sie führten mich an der langen Leine«, sagt Johnhie. Die Mode kannte er gut, denn zuvor hatte er in Düsseldorf für Giorgio Armani gearbeitet. Er spürte, dass es in den Nullerjahren in eine andere Richtung ging. Weg vom Braven und Eleganten, hin zum rauen, kernigen Sportiven. Raus aus der Abendrobe, rein in die Selvedge Denim, ins Holzfällerhemd und in die Red Wing Boots.

Es begann die Ära der Bread-&-Butter-Messe, die in Köln, dann in Berlin und Barcelona stattfand, auf der Denim-Labels wie G-Star, Levi's und Mavi ausstellten. Es war eigentlich keine Messe, sondern ein geselliges Beisammensein der coolen Jungs und Mädels. Zuerst im kleinen Rahmen. »Mit Lagerfeuer-Atmosphäre, um mit den anderen zu buffen und Bierchen zu trinken.« Dann wurde sie immer größer und internationaler. Aus der Bread & Butter wurde eine Megaparty.

»Denim ist ein Muss«, sagte sich Johnhie. Er sah die Chance, sich als Deutschland-Vertreter von Swarovski gegen die starken Niederlassungen in Italien, Frankreich und Japan behaupten zu können. »Intern sagte ich: ›Ja, wir können uns sehr gut positionieren.‹«

Unbedingt wollte Johnhie mit Swarovski auf die Bread & Butter. Doch einfach war das nicht. »Die Bread & Butter schwamm auf der Erfolgswelle.« Sie konnte es sich aussuchen, wer mitmachen durfte und wer nicht, und war extrem selektiv. Swarovski fanden die Bread-&-Butter-Macher trutschig.

»Ihr wisst gar nicht, was man mit Swarovski alles Cooles machen kann. Das passt zu Denim perfekt«, behauptete Johnhie, prallte mit dem Satz aber gegen eine Mauer aus Skepsis ab. Dann ließ er sich etwas einfallen, um die Mauer zu durchbrechen.

Das Logo der Bread & Butter war ein Bär. Im Gegensatz zum Berliner Bären, der wie ein harmloses Haustierchen ausschaut, kam der Bread-&-Butter-Bär muskelbepackt mit Klauen wie ein Grizzly daher. Johnhie bildete den Bären aus Swarovski-Steinen nach und ließ ihn sich »plakativ« vorn auf die Brust applizieren. Mit dem Bären auf der Brust setzte er sich ins Restaurant der Bread & Butter.

Es dauerte nicht lange, bis ihn einer der Bread-&-Butter-Veranstalter ansprach.

»Was ist denn das Geiles?«

»Das ist Swarovski.«

»Wie Swarovski? Ich dachte, das wäre dieser Nippes-Scheiß aus Österreich.«

»Nein, das ist Swarovski. Wenn ihr Bock habt, lasst uns etwas zusammen machen.«

Die Hartnäckigkeit wurde belohnt. Swarovski bekam auf der Bread & Butter einen Stand – und Johnhie konnte Ausschau halten nach Denim-Brands, die Lust auf eine Kooperation hatten.

Plein war keine Denim-Brand. Trotzdem war er Johnhie sofort aufgefallen. Um sich einen Überblick zu verschaffen, wo die Steine von Swarovski überall eingesetzt wurden, tingelte Johnhie auch über Möbel- und Designmessen. Als er zum ersten Mal Pleins Stand sah, mit den Edelstahlmöbeln, dem Hundebett und den Kissen, habe er sich gedacht: »Cooler Typ, wäre der nicht etwas für Swarovski?«

An seinem ersten Eindruck hielt Johnhie unerschütterlich fest. Selbst dann, als Plein später mit seinen Swarovski-Verzierungen zum King of Bling avancierte und in der Öffentlichkeit aneckte, habe er ihn immer unterstützt und dafür gesorgt, dass er Ware bekommen habe. Wenn ihn die Zweifler bei Swarovski gefragt hätten: »Warum Philipp?«, habe er stets geantwortet: »Weil er nicht aus der Mode kommt. Weil er etwas macht, das kein anderer macht. Weil er edgy und ein Enfant terrible ist.«

Die Visitenkarte, die Johnhie Plein mitgegeben hatte, lag irgendwo in der Schublade. Bis Plein auf der Maison & Objet ausstellte und ihm auffiel, dass auf der Pariser Messe Wohnaccessoires wie Vasen und Gläser im Vordergrund standen. »Ich stand da mit meinen größeren Möbeln. Und die Einkäufer fanden nichts«, erinnert sich Plein. In diesem Moment habe er beschlossen, es mit Kissen und Decken zu probieren. »Da fiel mir der Johnhie wieder ein.« Und Plein kramte die Visitenkarte hervor.

Das Erste, was Plein mit Swarovski-Steinen überzog, war das Hundebett. Auf den Kissen seien tropische Motive gewesen, erinnert sich Johnhie. »Papageien und Blumen.« Damit die Messebesucher auf die Strassapplikationen aufmerksam wurden, zog Pleins Schwester Gloria, die am Stand mithalf, einen Rock an, auf dem das Wort »Rock« aus Swarovski-Kristallen gesetzt war. Den Hostessen verpasste er als Uniform ein schwarzes T-Shirt, das er sich laut seinem Freund Darko von H&M besorgt hatte. Vorne auf die Brust schrieb er mit Swarovski-Kristallen Philipp Plein, auf dem Rücken applizierte er wie auf einem Trikot eines Fußballtorwarts eine glitzernde Eins.

Als Nächstes setzte Plein die Strasssteine auf die Dekokissen. Er legte Wörter wie »Diamonds«, »Glamour«, »Famous«, »Sexy«. Die Kataloge, die vorher brav bildungsbürgerlich dahergekommen waren, wurden provokanter. Auf einem Bild war eine junge Frau zu sehen, die in Lederjacke und hochtoupierten Haaren auf einer Harley-Davidson sitzt und in ihrer Linken eine Tasche aus Pythonleder hält. Eine andere Aufnahme zeigte eine Frau in roter Reizwäsche, die sich an einen Ferrari 360 Modena anlehnt und einen Mann, der nur einen Slip anhat, wie einen Hund am Halsband zieht.

Aus den Swarovski-Steinen bildete Plein nicht nur Wörter, sondern auch verschiedene Formen. Ein Motiv war ein Herz, ein anderes war der Totenkopf. »Der war der Bestseller. Deshalb machten wir ihn auf die Jacken drauf«, sagt Plein. »Und deshalb gibt es den Totenkopf bei Plein.«

Rund um die Jacke entstand ein Hype. Weil die wenigsten wussten, wer dieser Philipp Plein war und wo man die Jacke bekam, wollten sie alle auf einmal haben. Plein hielt mit der Nachfrage kaum Schritt. Seine Mutter und er sondierten im Internet, wo es alte Bundeswehrjacken gab, und bestellten sie bei Vintage-Händlern in ganz Deutschland. Nachdem er sie gewaschen hatte, wuchtete Plein die Army-Jacken in seinen Land Rover Defender und fuhr zur Textilpflege Scheibal in Kelheim, einem Örtchen auf halber Strecke zwischen Regensburg und Ingolstadt, wo ein altes Ehepaar die Swarovski-Kristalle mit einer Heißmangel auf den Stoff drückte. Das Verfahren dahinter ist einfach: Zuerst wird das gewünschte Muster in eine Lochplatte gestanzt, die Kristalle werden verkehrt herum in die Löcher gelegt und auf eine Trägerfolie übertragen. Die Folie wird anschließend mit einer Bügelpresse auf den Stoff gedrückt. Die Hitze aktiviert die Steine, die von sich aus auf den Textilien haften bleiben. Die fertigen Jacken verstaute Plein nach Größen sortiert im Souterrain in der elterlichen Villa in der Hebelstraße, das er zum Lager umfunktioniert hatte. Die Anfragen kamen per Fax rein, das in der Küche stand. Pleins Mutter und ihre Haushälterin nahmen die Aufträge entgegen, verpackten die Jacken in Kartons und verschickten sie per UPS.

»Am Anfang machte es Spaß«, sagt Hanne Plein. »Dann wurde es mir zu viel.« Zwischenzeitlich musste sie 70 bis 80 Pakete pro Tag dem Kurierdienst übergeben. Sie habe ihrem Sohn gesagt: »Ich kann das nicht mehr machen. Ihr müsst euch etwas anderes einfallen lassen.« Plein fand den Logistikdienstleister ITG am Münchner Flughafen, der bis heute für ihn den Versand erledigt.

Die Plein-Totenkopf-Jacke breitete sich aus. Die ersten Modehändler und Modehändlerinnen griffen zu. Eine von ihnen war Claudia Carpendale. Die Ex-Frau des Schlagersängers Howard Carpendale hatte einen Laden für Luxusmode auf der Mittelstraße in Köln und war jahrelang eine wichtige Kundin. Von Köln war der Weg bis Essen nicht weit, wo Coreen die Glitzerjacke im Diskolicht entdeckte. Sie war überglücklich, als Janine sie ihr überreichte.

*

Ein paar Wochen später war es Janine, die etwas brauchte und bei Coreen anrief. Plein hatte die erste kleine Kollektion entworfen, samt T-Shirts und Hosen. Doch die Hosen waren extrem eng. »Scheiße, wir brauchen Models. Die passen ja keinem«, hatte Plein geschimpft. Da hatte Janine den rettenden Einfall: »Meine Schwester hat einen ganz kleinen Po. Die müsste reinpassen.«

Janine fragte Coreen, ob sie auf der Messe aushelfen könne. Nicht irgendeiner, sondern der coolsten Messe überhaupt: der Bread & Butter. Vom 18. bis zum 20. Januar 2006 in Barcelona, dann vom 27. bis zum 29. Januar in Berlin. Coreen musste nicht lange überlegen, Abi-Jahr hin oder her. Sie war volljährig und hatte Lust auf Bling-Bling. »Dann bin ich erst einmal eingesprungen.«

KAPITEL NEUN: ELVIS

Es ist eine Ehre, vom *New Yorker* porträtiert zu werden, Plein ist sie zuteilgeworden. »The Bling King« lautet der Titel eines im Mai 2023 erschienenen Artikels, für den die Redakteurin Naomi Fry Plein über mehrere Wochen in den USA und Europa begleitet hat. Sie beschreibt Plein als den »König der unbedarften Luxusmode« und als »Helden des kleinen Mannes«, der erfolgreich sei, obwohl ihm die Eliten mit »Falschheit« begegneten und ihm die kalte Schulter zeigten. »Pleins Direktheit nötigt einem Respekt ab«, schreibt sie.

Als ich das Feature im *New Yorker* durchblättere, habe ich ein Déjà-vu. Denn es gab schon mal jemanden in der Mode, der mit fast identischen Worten beschrieben wurde. Es ist gar nicht mal so lange her. Gerade einmal 10 bis 15 Jahre sind vergangen. Ich meine Christian Audigier, der Von Dutch und Ed Hardy in globale Phänomene verwandelte. Er war der unangefochtene »Bling King« …, bis Plein ihn vom Thron stieß.

»Sonnengkönig«, »Emperor du Fromage«, »King of Jeans« – der 2015 verstorbene Franzose Audigier hatte viele Spitznamen. Sein Leben glich einer Achterbahnfahrt. Er war ganz oben, ganz unten und berappelte sich wieder. *The Vif* heißt seine Biografie. »Vif« kann man mit »lebendig« und »flink« übersetzen. Oder als Abkürzung für »Very Important French« verstehen. Audigier hätte bestimmt alles durchgehen lassen. Denn alle Attribute treffen auf ihn zu. Er war ein Lebenskünstler, der sich und seinen Wohlstand zur Schau stellte. Zuletzt lebte er in Beverly Hills. Dank einer Sonnenbank, die er zu Hause hatte, war Audigier stets gebräunt. Die Haare kurz geschnitten, die Zähne blendend weiß, der Rücken V-förmig gestählt, seine Frauen jung und schön.

Im Foyer seines Büros, das sich in einem Palazzo befand, umringten ein ausgestopfter weißer Straußenvogel und ein weißes Motorrad das Logo, das auf den Boden gezeichnet war: seine Initialen mit einer Krone obendrauf. Vorn auf der Auffahrt parkte er seinen Bentley.

»Die Leute sagen, ich sei mégalo«, sagte Audigier dem Männermagazin *GQ*, das ihn 2009 besuchte. Das Wort »Mégalo« entstammt der französischen Umgangssprache. Es bedeutet so viel wie »größenwahnsinnig«. »Ich bin nicht mégalo. Ich bin ein Künstler. Ich halte mein Gesicht für ein Poster hin. Ich gehe auf die Bühne«, sagte Audigier. »Das ist das, was Künstler tun.«

Aufgewachsen war er bettelarm in Avignon im Süden Frankreichs. Er sehnte sich heraus aus der Tristesse, kleidete sich wie ein Rockstar à la Johnny Hallyday und verkaufte an seine Landsleute Vintage-Jeans, die den Duft der amerikanischen Westküste versprühten. Audigier wurde zu einem Do-it-yourself-Designer, der Design nicht an der Hochschule gelernt hatte, sondern intuitiv anging. Er hatte ein Gespür dafür, wie ein Styling oder ein Schaufenster aussehen musste, damit die Leute stehen blieben. Es ging nicht um Schnitt, Silhouette oder Materialmischung. Nein, es war alles eine Frage des Magnetismus. »Fashion ist Energie«, sagte er einmal.

Ein Händchen hatte er für Celebritys. In den Nullerjahren trugen auf einmal Stars wie Ashton Kutcher, Britney Spears und Justin Timberlake Trucker-Caps, auf denen »Von Dutch« stand. Kaum hatten Ashton, Britney und Justin die Kappen auf, wollten sie alle haben, die Durchschnittsfrau und der Durchschnittsmann, der »Hoi Polloi«, was bei uns im Deutschen die »Masse« ist. Die Moderedakteure der *Vogue* und die Einkäufer der wichtigsten Department Stores hingegen rümpften die Nase und würdigten Audigier keines Wortes.

Den Boom mit Von Dutch wiederholte Audigier mit Ed Hardy. Er sicherte sich von dem gleichnamigen Tattoo-Künstler die Lizenz und druckte die Tattoo-Motive auf T-Shirts, die er mit Strass und Metallfolie verzierte. Zu sehen waren Rosen, Schwerter – und eine Menge Totenköpfe. Wie bei Plein.

Im Januar 2006 prallten Audigier und Plein zum ersten Mal direkt aufeinander. Auf der Bread & Butter in Barcelona hatte Plein seinen Stand direkt neben dem von Ed Hardy. Der unbekannte Prinz Plein traf auf den weltberühmten König Audigier. Instagram war noch nicht erfunden. Und Plein war noch nicht der Plein von heute, der Millionen Followern täglich Einblicke in sein Privatleben gewährt. Er hegte damals die Ambition, einmal so groß wie Louis Vuitton oder Gucci werden zu wollen und sich genauso wie Louis Vuitton und die Gründerfamilie von Gucci diskret im Hintergrund zu halten. Zu Janine Fichna und ihrer Schwester Coreen sagte Plein: »Philipp Plein kennt man nicht. Die Person Louis Vuitton kennt auch niemand. Und die Familie Gucci auch nicht.«

Plein machte ein Geheimnis um sich und seine Person. Und einer, der für ihn den Messestand auf- und abbaute, nutzte die Geheimniskrämerei zu seinem eigenen Vorteil aus. Pleins Helfer hatte sich eine Masche zurechtgelegt. Wenn der Messetag vorbei war, also wenn Plein selbst nicht mehr anwesend war, setzte er sich auf den Stand und wartete ab, wer noch vorbeikommen würde. Einmal blieb eine junge Frau stehen und fragte ihn: »Bist du Philipp Plein?«

Er antwortete ihr nicht. Stattdessen ließ Pleins Helfer, dem man ansah, dass er Gewichte stemmte, seine austrainierten

Brustmuskeln zucken. Er nickte mit dem Kopf und gab ihr über seine Körpersprache zu verstehen, dass sie es sehr wohl mit Plein zu tun hatte. Ab und an schmiss er auch Pleins Harley-Davidson an, die auf dem Stand abgestellt war, hob das Plein-Groupie auf das Motorrad und drehte mit der Dame, die im siebten Himmel war und meinte, sich an Plein anzuschmiegen, eine Runde um den Stand. Wenn er Glück hatte, fiel sie darauf rein und düste mit dem Plein-Doppelgänger anschließend ins Hotel.

Die Harley-Davidson war Teil der Plein-Show auf der Messe. Genauso wie der Elvis-Imitator, der mit Perücke, Sonnenbrille, einem dicken Swarovski-Klunker am Finger und in einer grauen Uniform der Nationalen Volksarmee, die mit Swarovski-Kristallen überzogen war und deren hoher Kragen aus Damast den Kopf umschloss, auf dem Messestand herumturnte und die Besucher unterhielt. Elvis intonierte »Love Me Tender« durch ein Megafon und weckte die Neugier der Gäste. Näherten sie sich dem Stand, dann lockte er sie zu einer Wand, in die das Bullauge einer Waschmaschine eingesetzt war. Wer wollte, konnte sich seine Jacke, seine Bluse oder seine Jeans ausziehen und in die Öffnung werfen. Nach ein paar Minuten griff Elvis hinein und zog die Kleidungsstücke hinaus, die wie von Zauberhand mit Swarovski-Steinen verziert waren. »Pimp Machine« nannte Plein das Wunderding, das natürlich keines war. Denn hinter der Wand saß Coreen und klebte die Kristalle auf. Es war der erste Akt des Illusionskünstlers Plein, der später seine Messeauftritte und Modenschauen als Kabaretts und Spektakel inszenierte.

Den Elvis-Imitator hatte Plein im Nektar aufgegabelt, einem kuriosen Ort im Münchner Szeneviertel Au-Haidhausen. Wie bei den alten Römern speiste man im Liegen. Wer es wünschte, wurde zwischen den Gängen mit einer Fußmassage verwöhnt. Geboten wurden Live-Musik und ein kurzweiliges Rahmenprogramm wie in einem Varieté. Eine der Attraktionen war der Elvis. Es war nicht der junge, dynamische Elvis, der mit seinem Hüftschwung die Mädchen in Ohnmacht fallen ließ, sondern der ältere Elvis, der im Scheinwerferlicht von Las Vegas schwitzte und tonnenweise Tabletten einwarf, um das routinierte Grauen Abend für Abend durchzustehen.

Der Elvis im Nektar warf Pillen ins Publikum. »So drogenmäßig halt.« Es waren natürlich keine Pillen, sondern harmlose Smarties-Schokoladenlinsen. Für seine Sperenzchen erntete er Lacher. Auch Plein amüsierte sich. An einem Abend trat Plein nach der Show auf den Elvis zu und sagte ihm: »Ich finde cool und lustig, was du da machst. Das kann ich unter Umständen gebrauchen. Willst du mich mal in meinem Büro besuchen?« Da sagte der Elvis nicht nein.

Der Elvis heißt in Wirklichkeit Marcus Tronsberg und ist Musiker. Er komponiert und spielt eine Handvoll Instrumente, Gitarre, Trompete, Klarinette und mehr. Von seinem Vater borgte er sich eine alte Gitarre. »Aus den 1950ern und 1960ern, die so ein bisschen Rockabilly aussieht.« Einmal rauchte er in einer alten Pfeife ein bisschen Gras, döste ein und sah im Traum, wie sich die Gitarre drehte. Er fing an, auf ihr zu spielen, und lernte einen Elvis-Song. Den gab er bei einem Soundcheck seiner Crossover-Band, »mit Geige, zwei Rappern, Schlagzeug, Bassist und Saxofon«, zum Besten. Und seine Bandmitglieder kringelten sich vor Lachen: »Du klingst wie der Elvis. Daraus musst du mehr machen.«

Über Kontakte bekam er den Auftrag, im Nektar eine Session mit Freunden zu veranstalten, bei der oft auch international bekannte Musiker teilnahmen. An einem Abend sprach Marcus einen Mann an, der sich an der Wand abstützte und auszuruhen schien.

»Bist du ein professioneller Musiker?«, fragte Marcus. Keine Antwort.

»Wenn du Lust hast, kannst du mit uns mitspielen.«

Der Mann schaute etwas pikiert drein, schwieg aber weiter.

Nach ein paar Sekunden machte er den Mund auf und stellte sich als Haddaway vor, der 1993 mit »What is love« einen Welthit gelandet hatte. Er habe »Millionen Platten« verkauft und sei »seit über 20 Jahren im Showgeschäft«, sagte Haddaway und schien genervt zu sein, das erklären zu müssen. Die Irritation, von Marcus nicht erkannt worden zu sein, legte sich bei Haddaway schnell. Sie gingen gemeinsam etwas trinken. »Wir verbrachten einen schönen Abend miteinander«, sagt Marcus. Zum Schluss sei Haddaway in einen »geilen Sportflitzer« gestiegen, während Marcus und seine Freunde auf ihre »blöden Fahrräder« geklettert und nach Hause gekurvt seien.

Seinen ersten Messeauftritt für Plein als Elvis hatte Marcus in Barcelona. Er kapierte schnell, dass Plein selbst den Spaßmachern in seinen Reihen die gleiche Disziplin wie sich selbst und seinen Angestellten abverlangt. Als Marcus einmal abends länger weg war und am nächsten Morgen zu spät auf der Fläche erschien, wurde er von Plein prompt ermahnt: »Pass auf, das hier ist Business. Wenn du nicht pünktlich am Arbeitsplatz bist, bist du raus.«

Daraufhin legte sich Marcus mächtig ins Zeug, schließlich hatte ihm Plein einen klaren Auftrag erteilt: »Ich sollte singen, singen, singen. Tausende Besucher strömten an unserem Stand vorbei. Und ich sollte Aufmerksamkeit erregen.«

Entsprechend erhöhte er die Lautstärke, wodurch er zwar mehr Leute anzog, gleichzeitig aber auch die direkten Nachbarn auf der Messe verärgerte. Gegenüber von Pleins Stand war ein Mini-Fußballfeld aufgebaut, auf dem brasilianische Kunstkicker ihre Tricks zeigten. »Ich war am Singen. Die wollten aber, dass ich ruhig bin.«

Plötzlich flog ihm ein Ball entgegen. Er duckte sich mit dem

Kopf gerade noch weg, doch seine Sonnenbrille wurde voll getroffen. »Die wurde mir von der Nase geschossen und war dann auch futsch.« In ihm sei eine »gewisse Wut« hochgestiegen. »Ich bin kein aggressiver Typ und schon gar nicht gewalttätig. Aber ich wusste, wer geschossen hatte.«

Ruckartig preschte der Elvis los, schnappte sich den brasilianischen Kunstkicker, der auf ihn gezielt und das Pech hatte, »deutlich kleiner« zu sein, und trug ihn unter dem Arm über die Torlinie. Im Tor stellte er ihn ab und sagte mit erhobenem Zeigefinger: »Mach das nicht nochmal!« Der Elvis drehte sich um, kehrte zum Plein-Stand zurück und trällerte wieder los.

Die Szene mit dem Kunstkicker war Plein nicht entgangen. Kurz darauf zog er Marcus beiseite und redete ihm ins Gewissen: »Pass auf, keine Gewalt! Ich will hier keinerlei Signal von Aggression sehen. So etwas machen wir nicht. Und so etwas brauche ich auch nicht.«

Es war nur ein Augenblick, doch Marcus ist er im Gedächtnis geblieben. Es sei ein »ganz persönlicher Moment« gewesen: »Ich denke mir, dass derjenige, der im Modebusiness ist, nicht immer seine gesamte Persönlichkeit offenbart. Doch hier zeigte Plein seine grundsätzlich pazifistische Haltung«, sagt er.

Es ist diese Ernsthaftigkeit, die Plein von vielen anderen in der Mode unterscheidet. Plein veranstaltet Partys, aber er selbst feiert eigentlich nie. Er verliert sich nicht im Nachtleben, für ihn sind berauschende Feste nur Mittel zum Zweck, um seine Marke mit Begehrlichkeit aufzuladen. Diese Selbstkontrolle ist ein wesentlicher Grund dafür, warum Plein sich gegen eine harte Konkurrenz durchgesetzt hat und seit einem Vierteljahrhundert behauptet. »Erfolg beruht nicht auf Glück und Zufall. Glück kann man einmal haben, aber nicht 25 Jahre lang. Erfolg basiert auf Strategie, Planung, Umsetzung und harter Arbeit. Alles muss zusammenpassen«, sagt er.

Als er 2006 in der Mode debütierte, war Plein einer von vielen, der mit Bling-Bling und Totenköpfen aufwartete. Nachdem die ersten Jahre des neuen Jahrtausends durch eine zarte Eleganz beherrscht waren, stürzten sich die Designer wieder auf etwas, das härter war. Rock 'n' Roll hatte Hochkonjunktur. Der Totenkopf wurde zu einer Art Smiley, mit dem die Menschen sich von ihrer wilden Seite zeigen konnten. Es ging nicht darum, gefährlich wie die Punks der späten Siebziger auszusehen, sondern das Rebellische spielerisch zu zitieren. Es waren keine echten Revoluzzer, sondern Revoluzzer-Darsteller.

2004 schied Tom Ford bei Gucci aus. Der Texaner hatte der Luxusmarke eine Sexyness gegeben und mit Anklängen an Rock 'n' Roll und Goth einen subversiven Dreh verpasst. Kaum war Ford abgetreten, öffnete sich ein Raum, den andere Designer zu füllen versuchten.

Der unangefochtene Totenkopf-König war Christian Audigier mit Ed Hardy. Quasi zeitgleich mit Plein lancierte Paula Thomas ihr Label Thomas Wylde. Das Ex-Model, das aus London stammt, zog mit ihrem damaligen Mann nach Los Angeles. »Ich liebe es, die Londoner Street-Attitüde mit dem entspannten Strand-Lifestyle von Los Angeles zu mixen«, sagte sie in einem Interview. Zu ihren Promi-Kundinnen zählten Lindsay Lohan, Sienna Miller, Cameron Diaz und Charlize Theron.

Richtig groß war das schwedische Label Cheap Monday. Auf den Jeanshosen war ein Totenkopf mit einem umgedrehten Kreuz auf der Stirn zu sehen. Unter dem Totenkopf standen die schwedischen Worte: »Över min döda kropp«, was so viel wie »Nur über meine Leiche« heißt.

Der Totenkopf war nicht nur in der Bekleidung allgegenwärtig. Tom Binns aus Venice Beach, den die amerikanische Modekammer 2006 zum Accessoires-Designer des Jahres kürte, formte mit schwarzen Steinen und silbernen Schädeln Ketten,

Ringe und Armbänder. Seine damalige Kollektion stellte er unter das Motto »Hells Angels treffen Marilyn Monroe«.

Wenn man heute die Namen Christian Audigier und Ed Hardy, Thomas Wylde und Cheap Monday auf Google eingibt, wird man auf Secondhand-Seiten wie Vestiaire Collective, Etsy oder Vinted geleitet. Die Labels sind so gut wie vom Markt verschwunden. Wenn überhaupt, dann sind sie etwas für Vintage-Liebhaber. Sie sind nicht von heute, sondern von gestern.

Das einzige der Totenkopf-Labels, das sich etabliert hat, ist Philipp Plein. Das liegt daran, dass es kein One-Hit-Wonder geblieben ist, sondern sich dauernd weiterentwickelt hat. Von Anfang an legte Plein Wert darauf, nicht auf die Totenkopf-Jacken und -T-Shirts festgelegt zu werden.

*

Statt ein Kleid auf Papier zu malen und an einer Stockman-Schneiderpuppe den Stoff zu drapieren, wühlte Plein im Schrank seiner Mutter oder ging auf der Münchner Maximilianstraße und den Pariser Champs-Élysées mit ihr shoppen. Alles, was in der Einkaufstüte der Mama landete, angefangen von der Hose von Dsquared2 über die Bluse von Gucci und den Blazer von Alexander McQueen, bis hin zum Schluppenkleid von Chloé, schaute sich Plein an und fragte sich: »Wie kann ich das noch geiler machen? Wie wird das Plein-Style?«

Auf die Pieces der anderen Marken legte Plein die Tattoo-Muster aus Swarovski, befestigte sie mit Sicherheitsnadeln und flog in die Türkei, wo er an einen Produktionspartner durchgab: »Die Jeans mit diesen Nieten möchten wir in einer Blau-, Schwarz- und Weißwaschung haben.« Der Partner startete auf Türkisch einen Rundruf und verteilte die Aufträge auf die einzelnen Fabriken.

Fertig wurden die Plein-Artikel meist erst auf den letzten Drücker. Da es zu knapp war, sie mit dem Kurierversand zu verschicken, packten sie Janine und Coreen in der Türkei in die Koffer und flogen direkt zu den Modemessen in aller Welt. Auf die White in Mailand, die Who's Next in Paris, die Pure in London, aber auch auf die Coterie in New York und sogar auf die Project in Las Vegas. Am Flughafen und in den Hotels spielten sich regelmäßig Dramen ab. Da Plein ein tiefes Limit auf der Firmenkreditkarte hatte, mussten Janine und Coreen oft das Geld vorschießen, wenn sie am Schalter wegen Übergepäck zur Kasse geboten wurden.

In London schlugen sie einmal mit neun riesigen Koffern auf. Plein hatte ihnen ein günstiges Hotel gebucht. Ein sehr günstiges, um genau zu sein. Die Rezeption befand sich im dritten Stock, das Zimmer auf der sechsten Etage. Einen Aufzug gab es nicht. Der Treppenaufgang war extrem schmal. So schmal, dass die Koffer nicht hindurchpassten. Die Schwestern öffneten einen, entluden ihn teilweise und probierten, ihn nach oben durchzuquetschen. Doch nichts zu machen. Sie standen unten an der Straße, es war mitten in der Nacht. Und ihre Kreditkarte hatten sie ausgereizt. »Wir waren am Heulen.« Sie riefen Plein an: »Philipp, wir haben ein Problem.« Schließlich buchte ihnen Corinna ein anderes Hotel.

Schritt für Schritt feilte Plein an der Kollektion. Er führte eine Linie ein, die er Couture nannte, und stellte Designer an. Franziska Fischer war eine von Pleins ersten Design-Praktikantinnen. Die Schmuckdesignerin und geprüfte Diamantgutachterin, die 2012 mit dem New Faces Award der *Bunten* ausgezeichnet wurde, hat an der französischen Modeschule Esmod in Berlin studiert, die sehr auf Schneiderkunst ausgerichtet ist. Von Juli bis Anfang Oktober 2007 sammelte sie Praxiserfahrung bei Plein. »Swarovski, Bling, Totenkopf, das gefiel mir.« Ihre Kommilitoninnen schauten sie etwas scheel an, schließlich war Plein kein Designer im klassischen Sinn. Er hatte keine Ausbildung und kein Atelier. »Meinst du das ernst?«, wurde sie gefragt. »Das ist mir total egal, ich will dahin!«, antwortete sie.

Als Plein ihr seine Büros zeigte, war sie beeindruckt. Plein hatte sich Trendmappen von Lidewij Edelkoort gekauft. Edelkoort ist die Königin der Trendforscher. »Ihr Material ist superteuer. Ein normaler Designer kann sich das in seinen Anfangsjahren nicht leisten«, sagt Franziska. »Plein war schon gut aufgestellt. Er wusste Bescheid, was los ist und was die Leute wollen.«

Er nahm sie zu Jakob Schlaepfer nach Sankt Gallen mit. »Das sind die heiligen Hallen der Textilherstellung.« Der Schweizer Textilhersteller genießt enormes Prestige. Er ist für seine Stickereien, Applikationen und Pailletten berühmt und beliefert die französischen Luxusmarken.

Plein hatte fleißig recherchiert und Jakob Schlaepfer entdeckt. Während er die Ballen einkaufte, wurde Franziska herumgeführt. Sie erinnert sich daran, dass ihr experimentelle Stoffe gezeigt worden seien, die Geräusche gemacht hätten. »Sie raschelten«, sagt sie.

Learning by doing, Versuch und Irrtum. Plein probierte vieles aus. »Er lernt wahnsinnig schnell aus Fehltritten. Er hat sich nie zurückwerfen lassen, sondern immer gefragt, wie man etwas besser machen muss«, sagt Franziska. Statt aufzugeben, habe Plein nach einem Rückschlag auf den Tisch gehauen und seinen Mitarbeiterinnen zugerufen: »Jetzt aber Attacke, Mädels!«

Plein sei ein »Getriebener«, sagt Franziska: »Solche Menschen kannst du nicht aufhalten. Wenn die Dinge mehr oder weniger richtig machen, stehen die immer wieder auf, weil sie es so unbedingt wollen.« An Plein habe keiner geglaubt. »Das hat ihn noch stärker gemacht. Er arbeitet bis heute extrem viel. Er kann gar nicht anders, das steckt in ihm so drin.«

*

An Pleins Stand in Barcelona brummte es. Modehändler aus aller Welt kauften seine Kollektion. Der allererste Kunde war Poison Angel aus London. In diesem Luxusstore kauften die englischen Profifußballer und ihre Frauen ein. Ebenfalls sehr früh war Nord Sud Paris dran. Es handelt sich um einen Laden auf dem Pariser Prachtboulevard Champs-Élysées. Irgendwann schaute Audigier an Pleins Stand vorbei und gratulierte ihm zu seinem erfolgreichen Bread-&-Butter-Auftritt. Er kaufte ihm einen Totenkopf-Clip für seine Uhr ab und trug sogar die Philipp-Plein-Mütze. Am Stand von Ed Hardy wohlgemerkt.

Monate später liefen sich Audigier und Plein in Los Angeles über den Weg. »Was gibt's Neues?«, fragte Audigier. Plein flexte sein neues »Philipp Plein«-Tattoo, das er sich gerade auf dem Sunset Boulevard hatte stechen lassen. »Nicht schlecht, Mann«, sagte Audigier. Ein halbes Jahr später begegneten sie sich auf der Messe wieder. Audigier zog sein Hemd aus und entblößte seinen Rücken, auf dem er Folgendes hatte einritzen lassen: »Christian Audigier, Est. 1958. Los Angeles«.

R.I.P., Christian!

KAPITEL ZEHN: GEISTERBAHN

Zum Wasserklops solle ich kommen, Helmut Nitzsche hat mir eine Sprachnachricht auf WhatsApp hinterlassen. Mehrmals habe ich sie abgehört, bis ich mir sicher war, das Wort richtig verstanden zu haben. Pech nur, dass ich keine Ahnung habe, was er meint. Ich irre über den Weihnachtsmarkt auf dem Berliner Breitscheidplatz und frage an jedem Stand nach diesem ominösen Wasserklops. Keiner weiß es. Doch das Glück ist mir hold. Plötzlich stehe ich vor Nitzsches Glühweinhütte. Hinter ihr mache ich einen kugeligen Brunnen aus. Das muss dann wohl der Wasserklops sein. Ich trete ein, rutsche auf eine der Holzbänke und bestelle mir einen dampfenden Apfelpunsch. Es ist ein kalter, nasser Dezembertag, und ich bin durchgefroren.

Mir geht es wahrscheinlich genauso wie Plein. Im Dezember 2005 schlug er hier in enger Jeans, weit aufgeknöpftem Hemd und spitzen Schuhen auf. Er setzte sich genau auf den Platz, auf dem auch ich jetzt sitze, und fragte Helmut Nitzsche, ob er sich seine Geisterbahn ausborgen könnte. Ja, richtig gehört. Geisterbahn. Plein hatte die Sendung *Deal or No Deal* der Glücksspirale auf Sat.1 geguckt. In einem Beitrag wurde eine Geisterbahn eingeblendet, die »Tanz der Vampire« hieß. Plein dachte sich: Die würde sich gut auf der Modemesse machen. Seine Mitarbeiterin Janine klingelte bei Nitzsche durch, dem die Geisterbahn damals gehörte, und vereinbarte ein Treffen. Wer in der Modeszene die Stichwörter »Plein«, »Geisterbahn« und »Bread & Butter« fallen lässt, löst bei seinem Gesprächspartner mit großer Sicherheit ein breites Grinsen aus. Jeder, aber wirklich jeder kann sich an Pleins legendären Auftritt auf der Bread & Butter im Januar 2006 erinnern.

Statt eines 08/15-Messestands stellte Plein in den Hallen des Berliner Siemens-Kabelwerks, wo die Bread & Butter stattfand, eine Geisterbahn hin. Die Einkäufer stiegen in die Wagen und rumpelten ins Innere, wo Plein seinen Showroom eingerichtet hatte. Ohne zu übertreiben, war der Auftritt eine Sensation. »Das war mega, mega, mega, mega, mega«, sagt Nitzsche, der durch die Tür getreten ist und sich mir gegenüber hingesetzt hat. Er ist ein viel beschäftigter Mann. Weihnachten ist Hochsaison für ihn. Am Morgen hat er auf zwei anderen Weihnachtsmärkten in der Stadt seine Runde gedreht.

»Das hat uns großen, großen Spaß gemacht. Ich glaube, für ihn war das auch ein Megaerfolg«, sagt Nitzsche und meint Plein. Der war damals noch weit davon entfernt, Deutschlands größter Luxusdesigner zu sein. Mit Mode hatte er gerade erst angefangen. Er war nicht »maxi, maxi, maxi, maxi, maxi«, sondern »mini, mini, mini, mini, mini«. Plein hatte ein winziges Budget, aber eine riesige Idee.

»Das hat mir gleich gefallen. Er war zielstrebig«, sagt Nitzsche. Plein sei ein »ganz Netter« gewesen und habe ihm mit klaren Worten seine »Vision« dargelegt. Er habe die Kosten überschlagen und sei sich schnell mit Plein einig geworden. »Dann haben wir gesagt: ›Okay, machen wir so.‹«

Mit Nitzsche und Plein fanden zwei zusammen, die ähnlich ticken. »Ich bin immer gern für alle möglichen Sachen offen«, sagt Nitzsche. Er ist der Spross einer Schaustellerdynastie. Seit fünf Generationen nimmt die Familie an Jahrmärkten teil. Der erstgeborene Sohn heißt immer Helmut. »Ich bin Helmut der Dritte.«

Seine älteste Tochter ist in seine Fußstapfen getreten. Sie betreibt unter anderem einen Babyflug. »Dumbos Fantastischer Flug« heißt das Karussell, bei dem kleine Kabinen in Form von Hubschraubern und Düsenflugzeugen um einen Elefanten in der Mitte kreisen. Tradition ist Nitzsche wichtig. Doch er geht mit der Zeit. Dauernd ist Nitzsche auf der Suche nach Neuem, um die Menschen in seine Buden zu locken. Mit seiner Frau bildet er ein ideales Gespann. Sie ist es, die sich für den Glühweinstand laufend neue Getränke einfallen lässt. »Dieses Jahr ist es die weiße Feuerzangenbowle.«

1955 kaufte Nitzsches Großvater die Geisterbahn »Tanz der Vampire«. Über die Jahre wurde sie immer größer. Zum Schluss war sie 32 Meter lang und 18 Meter tief. »Dann war sie relativ modern«, sagt Nitzsche. Seine Frau und er hätten sie penibel in Schuss gehalten. »Wir haben immer großen Wert darauf gelegt, dass alles spiegelt und glänzt«, sagt er. »Keinerlei Abnutzungserscheinungen.«

Mit dem Einverständnis Nitzsches hatte Plein seine Geisterbahn. Die Einwilligung der Bread & Butter hatte er schon. Deren Erfinder heißt Karl-Heinz Müller. Ihm gehört der Modeladen 14 oz in der Berliner Münzstraße, ganz in der Nähe der Hackeschen Höfe.

*

Müller ist ein Bär von Mann. Kräftig, groß, Vollbart. Er trägt eine Wollmütze, die er auch innen nicht absetzt. Ihm gefällt alles, was kernig ist. Dicke Denims, Jacken aus rauer Wolle, robuste Stiefel. Dabei hat er nichts Brummiges, sondern eher etwas Spitzbübisches an sich. »Es gibt auch Leute, die mich nicht so toll finden, aber bei den meisten komme ich ganz sympathisch rüber.«

Für seine Geisterbahn-Idee musste Plein nicht lange bei Müller werben. Müller, der eigentlich ein harter Verhandler und es gewohnt ist, mit »Mogulen« der Mode wie Diesel-Gründer Renzo Rosso oder G-Star-Erfinder Jos van Tilburg zu schachern, war im Nu einverstanden. »Philipp hat bei mir so eine Carte Blanche. Der konnte immer machen, was er wollte.«

Als sie sich zum ersten Mal trafen, verstanden sie sich sofort. Plein sei ein »guter Junge«, sagt Müller. Er habe sich wie sein »älterer Bruder« gefühlt. »Der ist so hinterher, so begeistert, so fleißig, so zielstrebig. Das, was er sich in den Kopf gesetzt hat, will er einfach machen.«

Plein sei damals ein Niemand gewesen. »Das war ein Junge, der geträumt hat, der Ideen hatte, der groß gedacht hat. Du hast gesehen, dass aus dem etwas wird. Schlaue Reden schwingen viele. Aber wirklich arbeiten im konventionellen Sinn, das tun wenige. Der Philipp, der arbeitet richtig.«

Vielleicht sah Müller in Plein ein Stück weit sich selbst. Wie Plein ist Müller ein Revoluzzer. Ihm gebührt das Verdienst, die deutsche Messelandschaft verändert zu haben. Einst drehte sich in der deutschen Mode alles um Düsseldorf und Köln. Düsseldorf war das Mekka der Damenmode, Köln war die Pilgerstätte für die Herrenmode. Dann erfand Müller die Bread & Butter – und machte in Nullkommanix Köln platt. Die Bread & Butter, die zuerst in Köln, dann in Berlin und zeitweise in Barcelona stattfand und die am Ende dem E-Commerce-Händler Zalando gehörte, schlug ein, weil sie keine Messe im strengen Sinn war. Sie war ein Festival. Wie heute Burning Man oder Coachella eines sind. Auf ihr traf sich alles, was in der Mode cool war. Jeanser wie Levi's, Sneakerheads wie Adidas, Nike und Onitsuka Tiger sowie Workwear-Labels wie Carhartt.

Der Saarländer Müller kommt aus dem Vertrieb. Er arbeitete für Levi's, Big Star, Pepe Jeans und Marc O'Polo, bis er seinen eigenen Laden eröffnete. Schon um die Jahrtausendwende, also vor vielen anderen, witterte er, dass Sneaker längst nicht mehr nur auf dem Bolzplatz oder der Tartanbahn getragen wurden, sondern mehr und mehr den urbanen Alltag bestimmten.

»Ich war früh dran«, sagt Müller, der in seinem Laden viel Puma verkaufte.

Hingegen war Adidas eher ein Nachzügler. Um zu zeigen, nicht auf den Sport festgelegt zu sein, lud das Unternehmen im Frühjahr 2001 Händler an seinen Sitz in Herzogenaurach ein, wo der damalige Kreativdirektor Michael Michalsky auf der Bühne stand und die neue Linie Adidas Originals vorstellte.

»Der turnte da vorn rum«, erinnert sich Müller, der unter den Eingeladenen war.

Abends trafen sich die Händler im Hotel. »Das waren so ungefähr 100 Leute.« Müller kannte aus seiner Zeit im Außendienst fast alle, weswegen sich um ihn herum eine Gruppe bildete. Er hörte Sätze wie: »Das ist ein schöner Abend, so etwas erlebt man ja gar nicht mehr.« Irgendwann kam die Rede auf die Herrenmodenmesse Köln. »Die ist nicht mehr so gut, ich fahre da nicht mehr hin.«

Etwas angeschickert fiel Müller um 4 Uhr ins Bett. »Ich habe nachts tatsächlich geträumt, dass ich Gastgeber gewesen wäre …« Morgens sei er aufgewacht und habe sich gesagt: »Ich mache eine Messe.«

Auf den Namen Bread & Butter kamen Müller und seine Mitstreiter Christian Geyr und Wolfgang Ahlers bei einem gemeinsamen Frühstück. Geyr hatte einen Laib Brot und ein Fass Butter mitgebracht. Sie kochten sich einen Cappuccino, bestrichen das Brot und überlegten.

»Was wollen wir eigentlich?«, fragten sie sich. »Uns geht

es darum, Dinge zu tun, die grundlegend sind, die existenziell sind, die eine Basis sind«, lautete ihre Antwort, worauf Müller ergänzte: »Wie das Brot und die Butter. Mehr braucht man eigentlich nicht, um satt zu sein.«

Brot und Butter, englisch Bread and Butter. Damit eine Trade Show wie die Bread & Butter Strahlkraft hat, muss sie eigentlich nur einem einfachen Rezept folgen: Sie musste die richtigen Menschen am richtigen Ort versammeln.

Statt jeden einzulassen, der reinwollte, um den Umsatz zu maximieren, war die Bread & Butter ein Club mit einer richtig harten Tür. Müller pickte sich aus der Schlange am Eingang diejenigen heraus, die ihm zusagten. Vorzugsweise die kleinen, unabhängigen Trendsetter. Den ersten 50 Ausstellern steckte Müller zum Dank für ihre Teilnahme einen klobigen Ring aus Sterling-Silber an den Finger. »Ein richtig fettes Ding.« Die Ringe waren durchnummeriert. Deshalb ist jeder ein Unikat. »Wenn du Mitglied beim Rotary Club bist, hast du eine Nadel.«

Für die ersten Ausgaben der Bread & Butter quartierten sich Müller, Geyr und Ahlers in Köln im Eckigen Rundbau, einem leerstehenden Industriegebäude auf dem Werksgelände des Motorenherstellers Deutz, ein. Die Bread & Butter war eine »Off-Show«, ein Kontrastprogramm zur großen Messe. »Wir waren die anderen«, sagt Müller. Eine Art Party im Untergrund, zu der nur Eingeweihte den Weg kannten. Wer am Flughafen ins Taxi stieg, zur Bread & Butter wollte und »zur Messe« sagte, wurde vor der Herrenmodenmesse abgesetzt. Man musste dem Fahrer also schon die genauen Koordinaten durchgeben.

Die friedliche Koexistenz währte nur kurz. Die Kölner Messe begann, der Bread & Butter das Leben schwer zu machen. Schließlich wurden die notwendigen Genehmigungen verweigert. Den Kompromiss, Teil der Kölner Messe zu werden, lehnte das Trio Müller, Geyr und Ahlers ab. »Wir waren nie auf einem Messegelände. Das ist Anti-Sex.«

Berlin bot sich als Alternative an. Seit 2001 hieß der Regierende Bürgermeister Klaus Wowereit. Mit dem SPD-Politiker zog ein frischer Wind im Roten Rathaus auf. Wowereit outete sich als homosexuell (»Ich bin schwul – und das ist auch gut so!«) und beschrieb die Hauptstadt als »arm, aber sexy«.

»Wir fanden Wowereit cool«, sagt Müller. Christian Geyr habe ihm einen »schönen Brief« geschrieben. »Der antwortete dann auch tatsächlich.« Die Pressekonferenz, auf der die erste Berliner Ausgabe der Bread & Butter verkündet wurde, fand im Café Moskau statt. Die Journalisten und potenziellen Aussteller wurden mit Bussen zur Messe-Location, dem alten Siemens-Kabelwerk in Spandau, gekarrt, wo schon ein »nettes Catering« wartete. Die Bar auf der oberen Etage legte Müller in die Hände von Tarkan Baskentli. Der betrieb damals das Pepe im Belgischen Viertel in Köln, wo die Gäste aus mehr als 540 verschiedenen Gins auswählen konnten.

Damals habe Tarkan ein Faible für die besten Weine aus Spanien, Italien und Frankreich gehabt. »Tarkan, du machst das.« Der ließ sich nicht zweimal bitten und stellte eine Weinkarte zusammen, die eines Gourmetrestaurants würdig gewesen wäre. »Wir hatten tolle Weine. Wie den Vega Sicilia.«

Mit dem Wechsel nach Berlin wurde die Bread & Butter kommerzieller. Sie buhlte um die großen Namen in der Mode, um Köln an die Wand zu drücken. »Das ging gar nicht anders.«

Die Standmiete auf der Bread & Butter war gesalzen. Wenn einer einen Nachlass wollte, stellte sich Müller stur. »Das gab es niemals.« Er habe solche Betteleien stets mit den gleichen Worten abgeschmettert: »Wir geben einen Haufen rein. Wenn du das haben willst, dann kostet es halt. Wenn du es dir nicht leisten willst, dann eben nicht.«

Nur bei einem wurde er weich. Nämlich bei Plein.

»Da kam Philipp angerauscht.« Er habe seine Möbel auf der Bread & Butter zeigen wollen.

»Der war nicht penetrant, weil penetrante Leute mag ich nicht, die würde ich mir dann auch vom Hals halten. Aber Philipp war irgendwie unvorstellbar überzeugt von dem, was er macht, obwohl es völliger Blödsinn war in meinen Augen.«

Müller sah eine Parallele zu seiner eigenen Geschichte. Viele Leute hätten ihn für meschugge gehalten, als er ihnen von seiner Messe-Idee erzählt habe. »Die Köln-Messe macht dich platt, du hast keine Chance«, hätten sie ihm zugerufen. »Und ich habe es trotzdem gemacht. Philipp war auf eine gewisse Art und Weise ähnlich.«

»Ich habe kein Geld, aber du kriegst ein Möbelstück von mir«, schlug Plein vor. Müller willigte ein. Plein schenkte ihm einen Schreibtisch, der mit einem silbernen Krokoleder-Imitat überzogen war. »Ich fand den ganz toll, obwohl ich eigentlich sonst auf Design-Klassiker stehe. Den habe ich sogar immer bei mir stehen«, sagt Müller. »Das war damals die Standmiete.«

Damit war Plein auf der Bread & Butter. Als er dann nach ein paar Saisons mit der Geisterbahn um die Ecke kam, war das auch kein Problem mehr. Er brauchte nur noch jemanden, der für den Messeauftritt kräftig die Werbetrommel rührte …

*

Unser Treffpunkt ist der China Club beim Brandenburger Tor.

»Der China Club Berlin ist ein diskreter Rückzugsort, weg von der Hektik der Stadt und gleichzeitig ein Ort der Begegnung und des Austausches. Er ist ein Arkadien für seine Mitglieder geworden, das sie in eine Welt des Genusses entführt«, lese ich auf der Internetseite. In dieses Arkadien kommt man aber nur rein, wenn man einen kennt, der schon drinnen ist.

Ich klingle unten, ein Licht geht an, und aus der Sprechanlage ertönt eine Stimme. Ich gebe die Parole durch: »Alain Midzic.« Die Tür des Aufzugs öffnet sich, ich steige ein und gleite nach oben. Midzic ist Mitglied im China Club. Lange Zeit war er der Manager von Verona Pooth, hat außerdem Ralf Dümmel und Dagmar Wöhrl beraten und treibt jetzt erfolgreich die Karriere von Sophia Thomalla an. Und eben die von Plein.

Midzic gesellt sich zu mir an ein rundes Tischchen in der Bar im oberen Stockwerk, zu dem eine geschwungene Treppe führt, an deren Fuß ein in Stein gegossener Mao-Anzug steht. Wände und Säulen sind mit Reliefs ausgekleidet, die in dem etwas abgedimmten Raum golden leuchten. Ich fühle mich als Darsteller in einem Film, der in Peking kurz nach der Belle Époque spielt. Um zumindest ein bisschen in meinem Element zu sein, habe ich mir einen Negroni Sbagliato bestellt, den ich aus Mailand kenne. Zu meinem roten Drink mampfe ich scharfe Wasabi-Nüsschen.

Midzic trägt einen pechschwarzen Vollbart und ist von athletischer Statur. Er kann ziemlich grimmig gucken, finde ich und bin immer erleichtert, wenn sich der grimmige Blick in ein Lachen auflöst. Wer sich über ihn erkundigt, hört von seinen Gesprächspartnern oft den Satz: »Ich weiß gar nicht, was der Midzic eigentlich genau macht.«

Es ist jedenfalls einfacher nachvollziehen, was er nicht macht. Midzic ist kein Spindoktor, der Pressemitteilungen verfasst, Reden schreibt oder Journalisten im Verborgenen mit Infos füttert, die seinen Mandanten besser dastehen lassen. Er ist kein Event- oder Show-Veranstalter, der Räumlichkeiten mietet und leckere Häppchen hinstellt. Er ist kein Branding-Stratege, der Konzepte ausarbeitet, wie eine Marke geführt werden sollte. Er ist auch kein bloßer Agent, der Verträge und Gagen aushandelt. »Ich bin ganz anders«, sagt er. »Ich mache Personal-Management. Es geht mir um den Menschen. Den versuche ich zu promoten und groß zu machen. Mit seinen Vorzügen, mit seinen Schwächen. Sonst interessiert mich das auch gar nicht.«

Letztlich ist Midzic ein Türenöffner und Matchmaker. Er kennt Gott und die Welt und bringt die zusammen, die ohne sein Zutun nicht zusammengefunden hätten. Passt ihm etwas nicht, dann knallt er die Tür wieder zu. Wenn ein unschöner Artikel droht, greift Midzic zum Telefon und killt ihn. Für Plein macht er die großen Dinger klar. Im August 2017 stand der Boxkampf zwischen dem Mixed-Martial-Arts-Fighter Conor McGregor und Boxweltmeister Floyd Mayweather an. Plein hatte die Idee, extra für den Kampf eine Sonderkollektion herauszubringen. Midzic flog nach London und traf sich mit McGregors Manager. »Ich spreche ganz gut Englisch«, sagt er. Doch als der Manager den Mund aufmachte und mit einem starken Akzent losquasselte, verstand er nur Bahnhof. »In den ersten zehn Minuten kapierte ich nichts.« Er habe ihn gebeten, deutlicher zu sprechen. »Please, speak proper English with me.« Es half nicht. Irgendwann hatte Midzic genug und rief Plein an.

»Wer gewinnt denn? McGregor oder Mayweather?«, fragte Plein.

»Mayweather gewinnt das Ding haushoch«, antwortete Midzic.

»Dann mach Mayweather klar. Ich arbeite nicht mit Losern.«

Plein brachte eine Kapsel mit Mayweather raus, der in der Tat den Kampf für sich entschied.

»Wie viele Kontakte hast du eigentlich in deinem Handy gespeichert?«, will ich von ihm wissen. »Einige«, sagt Midzic. »Ich bin ja schon seit drei Jahrzehnten im Geschäft. Und du weißt ja, wie dieses Business ist. Das ist wie ein Karussell.«

Kennengelernt haben sich Midzic und Plein über Verona Pooth. Sie erhielt die Anfrage, für einen Auftritt eine Plein-Jacke zu tragen. Der Name »Philipp Plein« sagte Midzic nichts, seinem Schützling Pooth aber schon. »Das sind doch diese Army-Jacken mit dem Swarovski-Totenkopf hinten drauf. So eine will ich unbedingt haben.«

In Düsseldorf trafen sich Plein und Alain zum ersten Mal. Plein habe er auf Anhieb »cool« gefunden, sagt Midzic: »Der hatte einen riesigen Drive.« Sie hätten ein paar Worte miteinander gewechselt. »Wir können uns ja mal unterhalten«, habe Plein vorgeschlagen. »Gern, jederzeit.« Verona Pooth schlüpfte in die Plein-Jacke und löste ein Blitzlichtgewitter aus. »Das Foto lief rauf und unter. Das war überall.«

Seitdem sind Plein und Midzic ein Team. Mit gelegentlichen Unterbrechungen. Sie zofften sich schon heftig. Zeitweise gingen sie sich aus dem Weg und sprachen nicht mehr miteinander. Doch sie finden immer wieder zueinander. Ihren Vertrag besiegelten sie immer »per Handschlag«, so Midzic. Das Gefühl, ein Underdog zu sein, teilen Plein und Midzic. Sie wurden in ihrer Laufbahn oft belächelt und nicht ernst genommen. Aus der Arroganz, die ihnen entgegenschlägt, saugen sie die Energie, es all denen, die auf sie herabschauen, zu zeigen.

»Unterschätzt zu werden ist immer super. Dann kannst du nichts falsch machen. Wenn du was falsch machst, sagen alle: ›War ja klar.‹ Wenn du was richtig gemacht hast, dann ist die Überraschung umso größer«, sagt Midzic. »Das verbindet Philipp und mich sehr.«

Zu Beginn seiner Laufbahn musste Midzic sich viele Vorurteile anhören. Im Buch *Nichts als die Wahrheit* nennt Musikproduzent Dieter Bohlen Midzic den »finsteren Jugoslawen«.

Wenn er eine Autobiografie schreiben würde, hätte er den Titel schon im Kopf, sagt Midzic. »Und Sie haben Abitur?« würde auf dem Cover stehen. »Diese Frage habe ich so oft gehört.«

Er erzählt von einem Treffen mit der ehemaligen Chefredakteurin einer wichtigen deutschen Illustrierten. Die habe über ihn gesagt: »Dieser Midzic, da muss man schon aufpassen, mit welchen Gangstern der rumhängt und so. Aber Manieren hat der, das muss man ihm lassen. Und intelligent ist er auch.« Als ihm das zugetragen worden sei, habe er sich gefragt: »Ist das jetzt ein Kompliment?«

Midzic, der Abitur machte und studiert hat, hat sich aus eigener Kraft nach oben geboxt. Seine Familie stammt aus dem früheren Jugoslawien. Er kickte für den Fußballverein seiner Heimatstadt, Alemannia Aachen. Mit Mitte 20 eröffnete er auf dem Kölner Habsburgerring einen Nachtclub, in dem auch die Backstreet Boys feierten. »Vollkommen crazy war das. Geld verdient habe ich null, aber Spaß gehabt habe ich ohne Ende.«

Er kam mit Verona Pooth zusammen, die damals noch Feldbusch hieß. Ihren Durchbruch feierte sie mit dem Hit »Ritmo de la Noche«. Ab da nahm er sie unter seine Fittiche und bugsierte sie ins Fernsehen, wo sie Sendungen wie *Peep* und *Veronas Welt* moderierte. Deshalb ist Midzic exzellent mit der *Bild*, mit RTL und überhaupt der gesamten deutschen Boulevard- und Unterhaltungsszene verdrahtet. Die meisten Modedesigner zieht es in die Medien des Bildungsbürgertums. Sie sprechen mit der *Vogue*, mit Nischenpublikationen wie *Numéro Berlin* und lassen sich von den Edelfedern des *SZ-Magazins* porträtieren. Plein sagt dazu natürlich nicht nein. Er taucht aber dank Midzic genauso bei *Ein Promi – Ein Joker* auf RTL auf. Denn er kann sich sicher sein, dass das viele seiner Kunden gucken.

*

Genauso wie *Germany's Next Topmodel.* Im Frühjahr 2023 wurde die 18. Staffel der Casting-Show, bei der Heidi Klum ihren Kandidatinnen Prüfungen auferlegt, bis am Ende nur eine übrig bleibt, ausgestrahlt. Plein saß in der Jury. Er fotografierte die Fersen der späteren Siegerin Vivien ab und rief ihr zu: »Zieh das Kleid nicht aus, wir gehen noch Tanzen.« Der flapsige Spruch bescherte ihm einen kleinen Shitstorm auf Social Media. Einen »Schnappatmungs-Moment für Empörungs-Junkies« nannte es die *FAZ*. Persönlich fand ich einen anderen Aspekt dieses vermeintlichen Aufregers viel interessanter: Vivien ist ein Curvy-Model. Statt sich über ihre kurvige Figur abfällig zu äußern, wie es wahrscheinlich viele Plein-Kritiker erwartet hätten, da Pleins Freundinnen alle gertenschlank waren, machte Plein ihr ein vielleicht etwas unbeholfenes, aber doch unmissverständliches Kompliment. Body Positivity im Plein-Style.

Seinen ersten Gastauftritt bei *Germany's Next Topmodel* hatte Plein, der inzwischen dreimal an der Fernsehshow mitgewirkt hat, in der dritten Staffel. In einer Folge bestand die Aufgabe für die Topmodel-Anwärterinnen darin, auf Pleins erster Fashion Show überhaupt über den Laufsteg zu schreiten. Mit eingefädelt hatte das Midzic, der beim *Germany's-Next-Topmodel*-Produzenten Jobst Benthues vorstellig wurde. Danach meldete sich Heidi Klums Vater Günther bei Midzic. »Ich bin ja Aachener, Günther ist aus Bergisch-Gladbach, das ist ja gleich um die Ecke.« Schließlich telefonierte Midzic wieder mit Benthues: »Dies, das, jenes, ein Wort kam zum anderen.«

Das Ende von der Geschichte: Plein war in der Show. Es war der Januar 2008. Plein stellte auf der Bread & Butter aus, die damals in Barcelona stattfand. Für seine Modenschau bekam er den 5000 Quadratmeter großen Festsaal des Museu Nacional d'Art de Catalunya zugewiesen, der mit seinen Emporen Platz für 20.000 Besucher bietet. Es war ein wundervoller Ort, aber er wurde Schauplatz eines puren Chaos. »Da ging alles schief, was nur schiefgehen kann«, erinnert sich Plein. Das fing im Hotel an. Plein teilte sich mit seiner Schwester eine Suite, die sich über zwei Etagen erstreckte. Um sich zu entspannen, stieg er in die Wanne. Irgendwann rief seine Schwester: »Philipp, nimmst du ein Bad? Hier tropft alles runter.« Es gab eine undichte Stelle. Das Wasser rann die Treppenstufen hinab und flutete das Untergeschoss.

Für die 30 Kandidatinnen, von denen die meisten noch nie in ihrem Leben an einer Catwalk-Show mitgewirkt hatten, charterte er einen Flieger. Ein Catering, das seinen Namen verdient, gab es in dem Kunstmuseum nicht. Unter extremem Zeitdruck fand die Anprobe statt. Die Show war ein Debakel. Die Mädels staksten und stolperten um die Wette. Teils passten die Schuhe nicht, teils saßen die Kleider nicht richtig. »Der Ersten rutschte das Kleid hoch, die Zweite verlor ihre Schuhe, die Dritte fiel um«, sagt Plein. Heidi Klum, die sonst schwer aus der Fassung zu bringen ist, saß peinlich berührt in der ersten Reihe. Später entschuldigte sie sich bei Plein. Der wahrte mit eiserner Disziplin die Fassung. Nur zurück im Hotel brach es aus ihm heraus. Seine Schwester Gloria hatte den Schmuck, den er extra für die Fashion Show designt hatte, in ihre Hermès-Birkin-Bag gepackt und im Taxi vergessen. Plein schrie, Gloria schrie zurück. Gemeinsam telefonierten sie alle Taxidienste der Stadt durch, bis nach eineinhalb Stunden der Taxifahrer durch die Lobby eilte, unter dem Arm die Luxushandtasche seiner Schwester samt Inhalt.

Es wandte sich alles zum Guten. Die *Germany's-Next-Topmodel*-Episode wurde zum Quotenhit. Auch dank des schnoddrigen Mundwerks von Teilnehmerin Gina-Lisa Lohfink. Die ehemalige Miss Frankfurt war der Publikumsliebling der Staffel. Nachdem sie in einem viel zu kurzen Rock hin- und herdefiliert war, gab sie später zu Protokoll: »Jetzt kennt ganz Barcelona meinen Arsch.«

»Es ging so viel daneben, aber am Ende verkehrte sich alles ins Gegenteil. Es war ein großer Medienerfolg«, sagt Plein in der Rückschau. »Es war eine tolle Marketingstrategie.«

Wie der Coup mit der Geisterbahn.

*

Über WhatsApp schickt mir Schausteller Helmut Nitzsche ein Video, auf dem sie in voller Pracht zu sehen ist. Die Wagen sind innen mit Leder ausgeschlagen und bewegen sich auf zwei Ebenen. Die Fassade ist kunstvoll bemalt. Oben in der Mitte fletscht Christopher Lee als Dracula die Zähne. Rechts von ihm schwingt ein Teufel einen Dreizack. Darunter spreizt eine Fledermaus ihre Flügel. Auf YouTube stoße ich auf ein zweites Video. Es zeigt eine Kammer der Geisterbahn, in der eine Steinbüste zum Leben erwacht. Sie erinnert mit ihrem Spitzbart ein wenig an Kardinal Richelieu und fängt an, die Lippen zu bewegen: »Hey, du alte Eule, komm raus! Es ist so weit. Zeit, die Leute das Fürchten zu lehren.« Neben ihr öffnet sich ein Sarg, aus dem sich ein Vampir aufrichtet und schimpft: »Wer wagt es, mich aus meinem Tiefschlaf zu holen?«

Für die Bread & Butter modelten Plein und Nitzsche die Geisterbahn um. Damit sie in die Halle passte, ließen sie eine Reihe Palettenböden weg und änderten die Schienenführung. Statt wie üblich nach oben zu fahren, rumpelten die Wagen nur auf einer Ebene entlang. Dem Dracula zog Nitzsches Frau eine Plein-Jacke über. Genauso dem Geist, der an der Fassade hoch- und runterklettert. Den Vampir-Sarg staffierten sie mit Plein-Kissen und Dosen-Prosecco von Paris Hilton aus. Rund um die Geisterbahn legten sie einen schwarzen Teppich aus.

Pleins Mitarbeiterin Janine, deren Schwester Coreen und Tupac fuhren mit einem 7,5-Tonner zum Baumarkt und luden ihn mit Sperrholz voll. Tupac zersägte das Holz und baute aus den Scheiten Rondells und Podeste, die sie zusammen mit einem Glitzerstoff überzogen, den sie in London bestellt hatten. »Rollenware, Farbe Gun Metal«, erinnert sich Janine. Zum Schluss montierten sie die Edelstahlständer von Mario Babock rein. »Da hingen dann die Klamotten dran.«

Der Boden in der Geisterbahn war eigentlich blau. Plein bestand aber darauf, ihn Schwarz einzufärben. Nitzsche sagte zu Plein: »Okay, Philipp. Wenn du Schwarz willst, dann musst du die Farbe und die Leute bezahlen. Denn mein Boden ist immer blau.«

Schwarz musste sein, da Plein Swarovski-Steine auf dem Boden ausstreuen wollte. Er klingelte bei Swarovski-Manager Johnhie Ahn-Bosch durch. »Ok, das sponsere ich«, sagte Johnhie und stellte Plein »zwei oder drei Kilogramm« Kristalle zur Verfügung. Vor Ort in Berlin war Johnhie dann erst einmal nicht so glücklich. Weil der Boden aus Edelstahl war, zersprangen die Kristalle in tausend Teile, wenn jemand mit Schuhen über sie lief. »Ein weicher Untergrund wäre besser gewesen. Dann hättest du mehr davon gehabt«, sagte Johnhie zu Plein. Verärgert war er aber nicht. »Er hat halt zwei, drei Kilo Schüttware von mir gehabt.«

Der wahre Hingucker hing aber an der Decke: ein kugelrunder Swarovski-Leuchter. Janine musste ihn bei der Allianz versichern. Wie das ging, habe sie vorher gar nicht gewusst, sondern es sich in der Eile halt selbst beigebracht. »Das habe ich alles gelernt.« Tag und Nacht patrouillierte ein Wachmann, um Einbrecher von dem Lüster fernzuhalten.

Midzic hatte die Presse und Promis wie Cora Schumacher aktiviert. Sie war damals mit dem früheren Formel-1-Piloten Ralf Schumacher, Bruder von Michael Schumacher, verheiratet. 2008 eröffnete sie zusammen mit Katja Zickler einen Modeladen in der Salzburger Innenstadt. In der kurzen Zeit, in der er offen war, verkauften Cora und Katja natürlich auch Plein. Auch Berlins Bürgermeister Klaus Wowereit ließ sich blicken.

Viel wichtiger für Plein war, dass die Einkäufer der Modeläden Schlange standen. Sie gaben ihre Visitenkarte ab, kriegten einen Chip und fuhren ins Innere, wo sie im Dunkeln ihre Bestellungen schrieben. »Die haben alle gekauft«, sagt Janine. Millionen kamen zusammen.

In die lange Schlange reihten sich auch Evelyn Hammerström und Reinhard Haase ein. Evelyn ist die Inhaberin des Düsseldorfer Modeladens Jades. Zusammen mit Reinhard gehört ihr die Vertriebsagentur Unifa, die auf Denim-Premiummarken aus Los Angeles spezialisiert ist. Die Unifa ist eine der Topagenturen Europas. Sie vertrieb Labels wie 7 For All Mankind und Citizens of Humanity. Heute hat sie unter anderem True Religion in ihrem Portfolio. Das, was sie in dem schummrigen Licht in Pleins Geisterbahn sahen, sagte ihnen sofort zu. »Glamour und Strass, es war die richtige Zeit. Das passt zu uns«, sagt Reinhard. Mehr noch als die Kollektion gefiel ihnen die Person Plein. »Der war voller Ideen und so überzeugt von sich. Der hat richtig reingehauen und gearbeitet«, so Reinhard. Ihm sei gleich klar gewesen, dass Plein es weit bringen werde. Er habe gesagt: »Aus dem wird was. Der wird sich definitiv durchsetzen.«

*

Eineinhalb Jahre lang vertrat die Unifa Philipp Plein und sorgte dafür, dass sich die Marke im deutschen Modehandel ausbreitete. Evelyn war mit ihrem Laden Jades, der weit über Düsseldorf hinaus bekannt ist, Großabnehmerin. Bis Plein sich ihrem Erzrivalen Albert Eickhoff zuwendete. Eickhoff, der bis 2014 einen Laden auf der Düsseldorfer Königsallee hatte, ist eine Legende im Luxushandel. Er war es, der Designer wie Versace,

Armani oder Roberto Cavalli nach Deutschland holte. Als er Plein aufnahm, kam das einem Ritterschlag gleich.

»Ich war ja dann mit Philipp beleidigt«, sagt Evelyn. Er lud sie zu einer Party ein, sie kam nicht. Nachts rief er sie im Hotel an und fragte: »Was ist hier los mit uns? Kriegen wir es wieder hin?« Sie habe darauf geantwortet: »Jetzt lass mich mal sauer sein, dann gucken wir weiter.« Noch heute denkt sie an den Anruf zur unchristlichen Uhrzeit zurück. »Wer ruft schon nachts an, um eine Sache wieder hinzubiegen? So war Philipp. Er hat es nicht auf sich sitzen lassen.«

*

Die Glitzer-Geisterbahn war ein Besuchermagnet. Mittendrin in dem Gedränge stand Helmut Nitzsche. Und freute sich mit Plein. »Philipp hatte eine Vision. An der Sache hat mir am meisten Spaß gemacht, dass diese Vision auch umgesetzt wurde. Philipp holte alle zusammen. Und die taten alles, um es in die Spur zu bringen. Das wird mir ein Leben lang in Erinnerung bleiben.«

Die Geisterbahn hat Nitzsche verkauft. »Das hat schon wehgetan. Da kullern einem schon die Tränen.« Aber sie lebt fort. Der neue Besitzer hat sie umfunktioniert. Sie heißt jetzt Laser Pix. Statt von Geistern erschreckt zu werden, ballern die Fahrgäste nun mit Laserpistolen auf Ziele. Dass sie anders aussehe, habe ihm das Loslassen erleichtert. »So muss ich nicht immer auf sie gucken.«

Ich kann das nachvollziehen. Doch eines beschäftigt mich in diesem Moment komischerweise. »Was ist aus dem Dracula geworden?«, will ich wissen. »Der ist bei einem Freund von mir gelandet«, sagt Nitzsche. »Der hat auch eine Geisterbahn.« Einmal Geisterbahn, immer Geisterbahn.

KAPITEL ELF: PHILIPP PLEIN CONSPIRACY

Es ist alles bereit für Pleins großen Auftritt. Die Wand hinter ihm ist mit einem schwarzen Vorhang verdeckt. Vor ihm auf dem Boden steht schräg eine Platte, die von einer Leuchte angestrahlt wird und das Licht auf Pleins Gesicht reflektiert, so dass es aus dem Dunkel erstrahlt. Frontal vor Plein hat sich der Kameramann aufgebaut. Der Regisseur, ein junger Franzose mit Baseball-Kappe und schwarzem Yohji-Yamamoto-Pullover, läuft hin und her, zupft da und dort. Dann streckt er seine Hand aus. Er zieht sie nach unten, tritt zur Seite und ruft: »Kamera läuft!«

Plein, in Lederjacke und Bikerhose, bewegt sich auf das Objektiv zu. Er schaut nach vorn, taucht nach unten ab und schaukelt seinen Kopf von links nach rechts und wieder zurück. Das macht er einmal, ein zweites Mal, ein drittes Mal. Schließlich nickt der Regisseur. Plein tritt ab und lässt sich auf den kleinen hölzernen Regiestuhl fallen. Er blickt grimmig drein. Die Pro duktionsverantwortliche bemerkt, dass Plein brummelt, und kniet sich neben ihn hin. Sie zeigt ihm die Szenen, die noch gedreht werden müssen. Sie flüstert, er zischt zurück. Kurz darauf platzt es aus Plein heraus: »Welche Geschichte wollen wir denn erzählen?«, fragt er sie.

Es ist ein Sonntag. Wir sind in Cannes, in einem Kongresszentrum in der Peripherie. Plein hat mehrere Räume gemietet, um den Werbespot für sein neues Herrenparfüm zu drehen. Es sind rund 20 Personen anwesend. Neben der französischen Filmcrew, die eigentlich nicht am Wochenende filmen darf, weil das in Frankreich verboten ist, es aber komischerweise trotzdem tut, sind das Giorgia Pivetti, die für die Duftlizenz verantwortlich ist, Noemi Alberto, die sich um Kampagnen und Events kümmert, und PR-Manager Alain Midzic, der aus Berlin eingeflogen ist und den DJ spielt. Er hat eine Lautsprecherbox mitgebracht, aus der Hip-Hop-Musik dröhnt, damit Plein in Stimmung kommt. Doch mit Pleins Stimmung ist es nicht weit her. Ein paar Tage zuvor hatten sich alle per Videokonferenz darauf verständigt, wie der Kurzfilm aussehen wird. Alles schien klar. Doch jetzt ist gar nichts mehr klar. Zumindest nicht für Plein, dem der Spot zu wischiwaschi ist. Er wünscht sich eine eindeutige Botschaft und eine packende Story. Er hat den Spot für das Parfüm »1 Million« von Paco Rabanne im Kopf. Der ist zwar schon ein paar Jahre alt, fetzt aber immer noch. Hauptdarsteller ist ein Mann im Anzug und weit aufgeknöpftem Hemd, der mit den Fingern schnippt. Mit jedem Schnippen erfüllt er sich einen Wunsch. Schnipp, und er wird von einer Frau umarmt. Schnipp, und Dollarscheine regnen herab. Schnipp, und die Roulettekugel rollt in das richtige Nummernfach. Schnipp, und der Nachthimmel wird von einem Feuerwerk und dem Blitzlichtgewitter der Fotografen in Brand gesetzt. Schnipp, und das Kleid der Frau rutscht auf den Boden.

Es ist die Fantasie eines Durchschnittsmannes, der sich danach sehnt, so unwiderstehlich und viril wie James Bond zu sein und an seiner Seite eine Frau zu haben, die nicht unbedingt Pussy Galore heißen muss, aber wenigstens so wie Honey Ryder aussehen sollte. So eine Fingerschnipp-Sequenz à la Paco Rabanne, die rasant geschnitten ist, stellt sich Plein auch für seinen eigenen Duft vor. »In der Werbung geht es um Sex, es geht um Frauen, es geht um Geld. Es geht darum, berühmt zu sein, Macht zu haben, von Paparazzi fotografiert zu werden«, sagt Plein. »Das ist alles nicht neu. Das ist eine Welt des Klischees.«

*

Mit der Welt der Werbung kennt sich Plein aus. Im Jahr 2007 hatte Plein gerade erst mit Mode angefangen. Obwohl sein Label noch klein war, war ihm ein Werbespot zu wenig. Stattdessen drehte er einen sechsminütigen Film, der ein Jahr darauf für einen Löwen auf dem Werbefilmfestival in Cannes nominiert war. *Philipp Plein – Conspiracy* heißt der Streifen. Es ist ein Film Noir in Schwarz-Weiß, in dem eine Frau vor ihrem reichen, deutlich älteren Partner flieht, der sie zwar mit teurem Schmuck und Kleidern, alles von Plein natürlich, überhäuft, sie aber zugleich in einem goldenen Käfig gefangen hält. Es ist ein kunstvolles, übertriebenes Spiel mit Stereotypen, in dem sich Frau und Mann gegenseitig ausnutzen. Sie lässt sich von ihm aushalten. »Geld ist nur dann ein Genuss, wenn man es verschwendet«, sagt sie. »Ich weiß nicht, ob es Liebe war, aber ich war glücklich.«

Ihr Lover reduziert sie auf ein Objekt, das er besitzt, und bezeichnet sie als »das wertvollste Schmuckstück in seiner Kollektion«. An einer Stelle sagt er: »Es heißt, dass wahre Schönheit von innen kommt. Blödsinn. Wahre Schönheit speist sich aus Macht. Sie hatte Macht über mich.«

Es entspinnt sich eine Eifersuchtstragikomödie, die an Filme wie *Die untreue Frau* von Claude Chabrol, *Nur die Sonne war Zeuge* von René Clément und *Match Point* von Woody Allen erinnert. Mit schönen Menschen, viel nackter Haut und einem brutalen Mord als Finale. Sie langweilt sich und betrügt ihn mit einem jungen Liebhaber, der von Plein gespielt und nur für wenige Sekunden gezeigt wird. Sie sind im Schlafzimmer, in das man dank einer Fensterfront von der Straße aus hineinschauen kann. Sie bedeckt ihre Blöße mit einem Negligé, tritt an die Fensterscheibe heran, als sie Plein, dessen Oberkörper nackt ist, von hinten an den Schultern fasst. Sie macht ihren Mann mit einem Betäubungsmittel, das sie in den Sekt gemischt hat, bewusstlos, räumt das Schließfach der Bank aus, packt alles in eine silbern glänzende Tasche, donnert mit dem Ferrari durch einen Tunnel, steigt in den Helikopter, der sie zu einem Flugzeug bringt. Die Propellermaschine beschleunigt schon auf der Startbahn, als der Mann in einem Rolls-Royce anrauscht und ihr den Weg versperrt. Er reißt die Tür des Cockpits auf, zieht sie raus und führt sie an der Hand zu seinem Auto. In der Schlussszene sind die zwei wieder ein Paar und turteln auf einem Riva-Boot. Er küsst sie leidenschaftlich. Plötzlich packt er Handschellen aus, fesselt sie an die Tasche mit den Klunkern, die sie entwendet hat, und schubst sie über Bord. Er lehnt sich über den Rand und schaut ihr nach, wie sie im Wasser versinkt und durch den Beutel mit dem Prunk hinabgezogen wird. Es erklingt die Stimme aus dem Off: »Ich werde sie aus tiefstem Herzen vermissen.«

Der Film wirkt wie eine fiese, subversive Persiflage auf das rosarote Narrativ der Emanzipation, das die Modewelt seit einigen Jahren mit Verve spinnt. Typisch Plein ist der Film eine Provokation. Er ist politisch unkorrekt und gegen den Mainstream gebürstet. Und typisch Plein hat er so gut wie nichts gekostet.

Da sich Plein einen etablierten Werbefilmer damals nicht leisten konnte, zapfte er sein Netzwerk an. Er rief seinen ehemaligen Salem-Mitschüler Alexis Wittgenstein an, der an der Filmhochschule studierte und gerade dabei war, einen Film zu produzieren. Er hieß *Herz aus Gold* und war im Sinti- und Roma-Milieu angesiedelt. Alexis hatte seinen alten Schulfreund Plein gebeten, ihn bei der Finanzierung zu unterstützen. Plein sei der Bitte nachgekommen. Er habe eine »überschaubare Summe« beigesteuert, sagt Alexis: »Er half uns damit sehr weiter.« Im Abspann wird Plein in den Danksagungen namentlich erwähnt.

Jetzt war es umgekehrt, und Plein brauchte Alexis. »Ich würde wahnsinnig gern einen Werbefilm drehen«, sagte Plein.

»Du weißt schon, was das kostet? Da sind wir schnell im sechsstelligen Bereich«, antwortete Alexis.

Schließlich handelte Plein 25.000 Euro aus. »Das war eigentlich nix. Das bedeutete, dass wir alle mehr oder weniger umsonst arbeiten würden«, sagt Alexis. Plein habe ihn einfach mit seiner Euphorie angesteckt. »Philipp ist wie ein reißender Fluss, der nach vorn prescht und alles mitnimmt.«

Plein habe ihm erzählt, was er mit seiner Marke vorhabe, so Alexis. »Wir müssen Ed Hardy aus dem Markt drängen« und »Wir werden weltweit werben«. Er habe sich das alles angehört. Erst zweifelnd. »Ich dachte mir: Hm. Wenn, dann muss es richtig krachen. Kein normaler Werbeclip, sondern ein richtiger Heist-Plot.« Plein war schnell angefixt, also schlug Alexis ein.

Mit seiner Filmidee war Plein seiner Zeit voraus. Viele Luxusmarken haben erst seit kurzem das Medium Film für sich entdeckt. Der ehemalige Gucci-Kreativdirektor Alessandro Michele drehte sieben Episoden mit Gus Van Sant unter dem Titel *Ouverture oder etwas, das nie geendet hat.* Kurzauftritte in der Serie, die Ende 2020 ausgestrahlt wurde, hatten Billie Eilish und Harry Styles. Mit Saint Laurent hat eine Fashion-Brand nun sogar ihr eigenes Filmstudio gegründet. 2023 debütierte es auf dem Filmfestival in Cannes mit dem Streifen *Strange Way of Life* von Pedro Almodóvar, in dem die Schauspielstars Pedro Pascal und Ethan Hawke auftreten.

»Ich möchte mit den Talenten des Films zusammenarbeiten, die mich über die Jahre inspiriert haben. Ich möchte ihnen einen Raum gewähren, in dem sie sich entfalten können«, sagt Saint-Laurent-Designer Anthony Vaccarello, der auch David Cronenberg und Paolo Sorrentino toll findet.

Für den Plein-Film war für Alexis nicht die Mode, sondern BMW wegweisend. Der Automobilhersteller aus München hatte 2001 und 2002 acht Kurzfilme mit Clive Owen als Darsteller gedreht. Regie hatten Granden des Kinos wie Ang Lee, Wong Kar-wai, John Woo und Guy Ritchie geführt. Die Serie mit dem Titel *The Hire* wurde in zwei Staffeln im Internet ausgestrahlt.

»Das war die Idee, etwas in die Richtung BMW zu machen«, sagt Alexis. Es bestand halt nur ein wichtiger Unterschied zwischen BMW und Plein. »Die hatten für zehn Minuten 1 Million Dollar. Wir hatten für fünf Minuten nur 25.000 Euro«, fasst Alexis zusammen. Das Mini-Budget reichte nur, weil Plein Familie und Freunde einspannte, die ihm den Ferrari, den Rolls-Royce und das Riva-Boot zur Verfügung stellten, und sich nicht groß um Genehmigungen geschert wurde. Die schwere Ausrüstung schleppten Tupac und Tim, die für Plein die Messestände aufbauten. Regisseur Tim Günther und Kameramann Frank Lamm waren damals sogar noch an der Filmhochschule. Letzterer hat ebenfalls wie Plein mittlerweile den Weg nach Hollywood geschafft und dreht heute internationale Serien wie *The Crown* oder *Star Wars*. Gefilmt auf einem Gestüt in der Nähe Zürichs, in der Basler Innenstadt, auf einem Privatflughafen, in einem Straßentunnel in Liechtenstein und auf dem Bodensee. »Es war sehr wild«, sagt Alexis, der während des Drehs in Pleins Villa in Amriswil übernachtete. »Das war ein Kamikaze-Dreh.«

Der Dreh war ein dauernder Kampf um Pleins Aufmerksamkeit. Denn der sei im Kopf schon längst einen Schritt weiter gewesen, sagt Alexis. Plein habe darüber nachgedacht, wie er den damaligen Formel-1-Chef Bernie Ecclestone für ein

Projekt gewinnen könnte. Alles in allem dauerten die Dreharbeiten fünf Tage. Es war ein Rennen gegen die Uhr, denn mit jeder Stunde, die verstrich, näherten sich Plein und Alexis der 25.000 Euro-Obergrenze.

Als besonders nervenzehrend entpuppte sich das Umziehen der Darsteller. Plein hatte darauf bestanden, die Kostümabteilung zu leiten. Das erschien logisch, schließlich trugen Frau und Mann durchweg Plein. Dabei habe er sich aber aus Mangel an Erfahrung ein wenig überschätzt, sagt Alexis: »Er wusste nicht, was es heißt, Kostüme für einen Film zu machen.«

Bei einem Dreh muss alles schnell gehen. Zudem muss darauf geachtet werden, dass die Anschlüsse passen. Zum Verständnis: Wenn die Protagonistin in einer Szene ein Kleid trägt und sich hinter das Steuer ihres Autos setzt, darf sie in der anschließenden Fahrtszene keinen Hosenanzug anhaben. Das klingt banal, ist aber in Wahrheit eine Kunst, die viel Disziplin und Organisation erfordert. »Philipp ging das aus der Perspektive des Modedesigners an. Er sagte: ›Nee, die Falte liegt noch nicht richtig!‹«, erzählt Alexis. »Da gerieten wir mal kurz aneinander.«

Ein Drama war das aber nicht. Das wahre Drama war etwas anderes.

*

Plein stand während der Dreharbeiten auf der »Most Hated«-Liste Chinas. Er hatte sich den Ärger eines ganzen Landes eingehandelt. Sein E-Mail-Postfach quoll vor Hassnachrichten über. Zeitweise gingen 1000 bis 1500 Nachrichten pro Tag ein, weswegen er seine Adresse ändern musste.

»Waren Sie schon mal in China? In meinen Augen sind Sie bloß ein ignoranter Penner«, schrieb eine Chinesin, die sich

Lily_321 nannte. Das war noch die harmlose Sorte. Andere Schreiber drohten, mit AK-47-Sturmgewehren anzurücken. Einer E-Mail-Nachricht war eine Bildmontage beigefügt, auf der zu sehen war, wie ein blutiges Einschussloch auf Pleins Stirn klaffte. Seine Mitarbeiterinnen in Amriswil waren in Angst und Schrecken. »Wir bekamen Morddrohungen«, sagt Janine. »Das war krank«, ergänzt ihre Schwester Coreen. Von einer »Katastrophe« spricht Corinna Barton. Sie erinnert sich daran, wie die Schweizer Polizei an der Villa regelmäßig nachschaute, ob alles in Ordnung war. »Ob wir noch leben und uns noch keiner abgeschossen hat«, sagt Corinna.

Dabei hatte Plein nur einen Scherz machen wollen. Und der war mächtig nach hinten losgegangen. Um gegen Produktfälschungen aus China zu protestieren, hatte Plein T-Shirts aus hochwertigem Cashmere mit den Worten »F-U-C-K YOU CHINA« und einer Zeichnung eines kleinen, verzerrt grinsenden Chinesen bedrucken lassen. Die Karikatur hatte er in einem Buch gefunden, das er als Kind las. »Es war ein Karl-May-Band. Nein, es war eines der Gebrüder Grimm.«

Unter die »F-U-C-K«-Zeile schrieb er: »Manufactured in Europe, produced and designed by Philipp Plein«. Es sollte eine ironisch gemeinte Aktion gegen Produktpiraterie sein. Lange Zeit interessierten die T-Shirts niemanden. Bis ein chinesischer Student sie im Bremer Laden des Modefilialisten Cult entdeckte, abfotografierte und das Bild mit einem empörten Kommentar ins Internet stellte. Damit trat er eine Welle der Entrüstung los. Im chinesischen Web riefen hitzköpfige Studenten nach einem Boykott deutscher Waren. »Scheiße Deutschland!«, polterte einer. Schließlich schaltete sich die hohe Politik ein. Die Regierung in Peking nahm sich der Causa Plein an, forderte Plein auf, sich zu entschuldigen, und bestellte ihn in die chinesische Botschaft in Bern ein. Aus dem Gag war eine Staatsaffäre geworden. Zuerst versuchte Plein, sich geschickt herauszuwinden, und versandte eine Pressemitteilung, in der er behauptete, das »F-U-C-K« in »F-U-C-K You China« sei in Wahrheit eine Abkürzung. Die Buchstabenfolge stehe für »Fabulous-Urban-Collection-Kiss You China«, dichtete Plein. Es machte alles noch schlimmer. Letztlich musste er im Konsulat antanzen und den Kotau machen.

Spricht man Plein darauf an, nimmt er alles auf die leichte Schulter. »Das war eine lustige Geschichte«, sagt er. An die Polizeipatrouillen kann er sich nicht erinnern. Und gebibbert habe er auch nicht. »Amriswil ist der sicherste Platz der Welt. In der Schweiz passiert doch nichts.« Er kann leicht reden, denn der Zoff mit China ist ausgestanden. Plein hat eigene Läden in der Volksrepublik eröffnet und bedient die chinesischen Kunden auch im Internet. Angeblich ziehen die Umsätze an.

Seine zwei Messestandbauer Tupac und Tim waren damals weniger entspannt. Als Alexis und Plein für den Film durch die Schweiz kurvten, wachten sie als Pleins Bodyguards darüber, dass ihm nichts angetan wurde. Einmal, es könnte in Basel gewesen sein, näherte sich ein asiatisch aussehender Mann dem Set. Tim und Tupac sprangen auf ihn zu, überwältigten ihn und rissen ihn zu Boden. Kurz darauf stellte sich heraus, dass der Mann einfach nur ein Passant war, der gar nichts Böses im Schilde geführt hatte. Falscher Alarm also. »Es war kein Attentatsversuch«, sagt Alexis, dem sich der Moment fest eingeprägt hat. Tupac und Tim entschuldigten sich. Und gut war's.

*

Mit *Philipp Plein – Conspiracy* war Alexis am Ende zufrieden, obwohl er so gut wie nichts an dem Projekt verdient hatte. Beim Werbefilmfestival in Cannes nominiert zu werden sei der

»spannendere Lohn« gewesen. Zudem habe er dank des Plein-Films verstanden, dass seine Zukunft in der Filmproduktion und nicht im Kinoverleih liege. Mit seiner Gesellschaft Violet Pictures produziert er heute Filme fürs Kino, Fernsehen und Streaming. Wie die Serie *Oktoberfest 1900*, die weltweit auf Netflix gezeigt wird und 2021 den Deutschen Fernsehpreis erhielt.

Für Plein war der Sechsminüter ein Meilenstein. Er zeigte ihn im Internet, auf Messen und in seinen Läden und bekam gute Resonanz. Viel wichtiger war aber: Plein hatte bewiesen, dass es sich als Start-up in der Mode auszahlt, im Marketing nicht zu kleckern, sondern zu klotzen.

*

Kaum war der Film im Kasten, fasste Plein das nächste Ziel ins Auge: Naomi Campbell. Selbst diejenigen, die sich für Mode nicht interessieren, wissen, wer Naomi Campbell ist. Die Britin gehört der Riege der Supermodels um Cindy Crawford, Christy Turlington, Tatjana Patitz, Linda Evangelista und Claudia Schiffer an, die in den 1990er-Jahren über die Laufstege schwebten. Sie überstrahlten Marken und Designer und konnten für Kurzauftritte astronomische Gagen verlangen. Plein dachte sich: Wenn ich mir Naomi Campbell leiste, die für Brands wie Christian Dior, Valentino oder Versace läuft, dann setze ich ein dickes, dickes Ausrufezeichen.

Wann und wie Plein zum ersten Mal mit Campbell in Kontakt getreten ist, lässt sich nicht mit absoluter Sicherheit sagen. Ich habe zwei Versionen gehört. Die erste lautet, dass die Mutter Valerie Morris-Campbell der erste Anlaufpunkt gewesen sei. Sie ist regelmäßig in Düsseldorf, 2006 war sie Model auf der Schuhmesse GDS. Die zweite lautet, dass sich Plein und Campbell auf der ISPO in München über den Weg gelaufen seien. Im

Juli 2007 stellte Plein auf der Sportmesse aus, die damals darunter litt, dass Topmarken wie Adidas, Puma und Reebok ihr den Rücken gekehrt hatten. Die ISPO gab die Leitidee »Sport & Style« aus und probierte, Mode und Trends einen größeren Raum zu geben. Sie lud Musik-, Kosmetik- und Möbelhersteller sowie aufstrebende Designer ein. Einer von ihnen war Plein. Auf seinem Stand ließ er einen goldenen Pferdesattel über einem Meer von roten Rosen schweben. Jede einzelne Rose hatte er in ein Reagenzglas gesteckt. Campbell führte in München im Rahmen der GQ Style Night Badeanzüge vor.

Ziemlich sicher bin ich mir bei der Gage, die Campbell verlangte: 120.000 Euro für einen halben Tag. Plein schlug ein. Er ging voll ins Risiko und buchte Campbell im Jahr 2008 für ein Fotoshooting auf Ibiza, für eine Anzeige in der *Vogue* und für seinen Katalog. Angesichts der stolzen Summe, die er allein für Campbell hinlegte, musste er an anderer Stelle knausern. Dementsprechend trommelte er Familie und Freunde zusammen, die ihm für lau halfen. Mit nach Ibiza kamen seine Mutter Hanne, Salem-Freund Alex, Fotograf Felix Jung und dessen früherer Mach1-Chef Wolfgang Boss. Und der Icebär, sein Bekannter aus Nürnberger Tagen, durfte auch nicht fehlen. Ihn hatte Plein kurz vor Beginn des Fotoshootings angerufen und gefragt: »Icebär, wie sieht's aus mit Ibiza? Bist du dabei?« Der Icebär hatte sofort geantwortet: »Klar bin ich dabei.« Plein trug ihm auf, Chauffeur zu spielen. Er sollte die Crew und Models, die außer Campbell noch abgelichtet wurden, vom Flughafen abholen.

In der Nähe des Luxushotels Hacienda Na Xamena, also ziemlich weit im Norden der Mittelmeerinsel, mietete Plein eine Villa an. Es ging den Berg hoch. Kurz dahinter fiel die Steilküste nach unten ab. »Da oben war sozusagen das Ende der Welt«, sagt der Icebär.

Die Villa war ein »Riesenhaus mit verschiedenen Eingängen«. Wirkte sie von außen schon minimalistisch, so war sie innen erst recht spartanisch eingerichtet, wobei das noch untertrieben war. »Die Villa war völlig leer, da waren nicht mal eine Flasche Mineralwasser und eine Rolle Klopapier drin«, sagt der Icebär. Plein machte schnell einen Catering-Dienst klar, der Icebär fuhr zu einem Dorfsupermarkt in der Gegend und stellte sicher, dass der Kühlschrank gefüllt war und es von der Zahnpasta bis zum Putzmittel alles gab, was gebraucht wurde. Irgendwann bemerkte Plein, dass er nicht mehr mit der Firmenkreditkarte bezahlen konnte. Zuerst belastete er seine private Kreditkarte, deren Tageslimit aber schnell ausgereizt war. Schließlich riefen sie die Hotline an. »Kein Problem, Sie bekommen eine neue als Ersatz. Wir schicken diese aber nicht nach Ibiza, sondern an die bei uns hinterlegte Heimatadresse.« Wie Plein an Geld kam, daran erinnert sich der Icebär nicht mehr genau. »Er hat das auf anderem Weg geregelt.«

Ungemütlich waren die Betten, besser gesagt Schlafstätten, die sich wohl ein Innenarchitekt hatte einfallen lassen, der sehr kreativ sein wollte, aber wenig praktisch veranlagt war. Im Zimmer des Icebären stand anstelle eines 08/15-Bettgestells ein »tonnenschwerer Betonblock«. »Der schaute so lange gut aus, bis man sich nachts mal dran stieß.«

Kräftezehrend war das Klima auf Ibiza. Tagsüber brannte die Sonne gnadenlos herab, nachts war es »unheimlich feucht«, da sich die Villa direkt am Meer befand. Wer seine Kleider auf der Terrasse ablegte, hatte nach dem Aufstehen ein klammes, durchgeweichtes Bündel in der Hand. Um sein Zimmer durchzulüften, ließ der Icebär beim Schlafen die Terrassentür offen stehen. Sein Handy kabelte er zum Aufladen an die Steckdose an. Am letzten Tag in der Villa wachte er auf, drehte sich zur Steckdose hin, und sah nur noch das Ladekabel: »Scheiße, wo ist mein Handy?«

Er sprang raus, durchkämmte den Raum und fand nichts. Schlüssel, Papiere, das Geld – alles war weg. »Die waren eingebrochen und hatten alles Mögliche geklaut.« Nicht nur das. Sie hatten auch eine Drohung hinterlassen. Im Türrahmen von Felix Jungs Zimmer, das sie auch ausgeräubert hatten, habe ein Messer gesteckt. »Das war ganz krank.« Später erfuhr der Icebär, dass die Villa schon mehrere Male geplündert worden war. Die Masche war meist dieselbe. Die Einbrecher warteten den Tag der Abreise ab, bevor sie einstiegen. Denn da die Touristen zum Flieger mussten, verzichteten sie oft darauf, die Polizei zu verständigen. In die Villa drangen die Räuber über die Terrasse ein. Damit die Bewohner nichts davon mitbekamen, versprühten sie ein Spray mit betäubender Wirkung. »Ich hatte so ein Kratzen im Hals«, sagt der Icebär.

Immerhin hatte Plein Glück im Unglück. »Etliche Fotoaufnahmen«, die er bereits geschossen hatte, ließen die Diebe nicht mitgehen. »Wenn die weg gewesen wären, dann wäre ein Riesenschaden entstanden«, sagt der Icebär

Der größte Stressfaktor aber war Naomi Campbell höchstpersönlich. Das Topmodel, das seinen Ruf als Diva über die Jahre sorgsam kultiviert hat, reiste mit seiner Assistentin, seinem Make-up-Artist und seinem Friseur an. Das Trio schirmte Campbell über die ganze Zeit hinweg ab. Keiner außer Plein sollte mit ihr sprechen. Für das Fotoshooting hatte Plein eine zweite Villa angemietet, dieses Mal in Cala Jondal. Der abgeschiedene Ort sollte Campbell vor den Paparazzi abschotten. Allein, es half nichts. Promi-Fotografen tarnten sich als Touristen in Badehosen und hockten lauernd hinter dem Gebüsch. »Mit so 20 Zentimeter langen Teleobjektiven«, sagt der Icebär. »Wie in einem Witzfilm.«

Kaum betrat Campbell das Anwesen, rastete sie schon aus. Sie verbat es sich, mit einer anderen Handtasche als der von

Louis Vuitton abgelichtet zu werden. Sie drohte damit, das Shooting abzubrechen, wenn der Journalist des Senders Fashion TV, der ihr missfiel, nicht vom Set verschwinde. Und sie weigerte sich, sowohl vor dem Kreuz aus Blumen, das Plein extra aus Barcelona hatte einfliegen lassen, als auch vor einem blumenbekränzten Totenkopf zu posieren.

»Die Frau ist sehr dominant. Man merkt schon, dass das Fußvolk, das sie mit sich hat, pariert, wenn sie spricht«, sagte Plein in einer Kurzdokumentation, die auf YouTube zu finden ist.

Auf dem Set verstand sich Campbell eigentlich nur mit Felix Jung. Der frühere Machı-Barchef war damals nach Moskau übergesiedelt. Das traf sich gut, denn Campbell war zu der Zeit mit dem russischen Milliardär und Immobilienunternehmer Vladislav Doronin liiert. Er hatte ihr seinen Privatjet zur Verfügung gestellt, damit sie nach Ibiza kommen konnte. Die Moskau-Connection nutzte Felix Jung dazu, um auf dem Set mit Campbell zu schäkern. »Sie hat mich nach meiner Telefonnummer gefragt«, behauptete Jung in dem YouTube-Video. »Wir werden einen Kaffee trinken gehen. Ich werde ihr Moskau ein wenig zeigen.« Auf die Frage, ob er damit gerechnet habe, Campbell so aus der Reserve zu locken, antwortete Jung: »Das hätte ich jetzt nie erwartet.« Ob Campbell und Jung jemals tatsächlich gemeinsam einen Kaffee genossen haben, entzieht sich meiner Kenntnis. Alle Kontaktversuche mit Felix Jung schlugen fehl. Der Fotograf, der 2014 noch in Berlin ausstellte, ist wie vom Erdboden verschluckt.

In all dem Tumult auf Ibiza blieb Plein, zumindest nach außen hin, völlig entspannt. »Er war jederzeit ansprechbar. Er konnte fünf Telefonate gleichzeitig führen, und du konntest ihn wegen irgendeinem Quatsch anhauen. Er schloss kein einziges Mal die Tür, um seine Ruhe zu haben«, sagt der Icebär.

Münchner Kindl: Philipp Plein wuchs in Nymphenburg und Schwabing auf. Später zog die Familie nach Nürnberg
© Philipp Plein

Hanne Plein packte in den Anfangszeiten von Pleins Karriere kräftig mit an. Auch die Großmutter leistete Anschubhilfe
© Philipp Plein

Der kleine Plein im Italienurlaub
© Philipp Plein

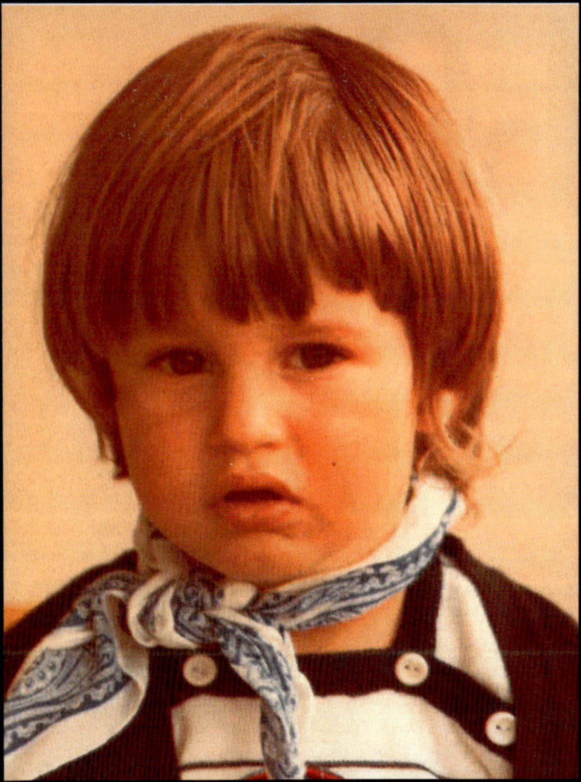

Philipp Plein ist fotogen.
Als Kind posierte er für
Modekataloge
© Philipp Plein

Fasching im Bayerischen Hof

Der Totenkopf war und ist Pleins Markenzeichen.

Mädchenschwarm Philipp Plein zierte das Cover der *Bravo Girl!* © Philipp Plein

Mailand ruft: Seine Möbel stellte Philipp Plein auf dem Salone del Mobile aus. Mit seinem Land Rover Defender ging es über den Brenner © Philipp Plein

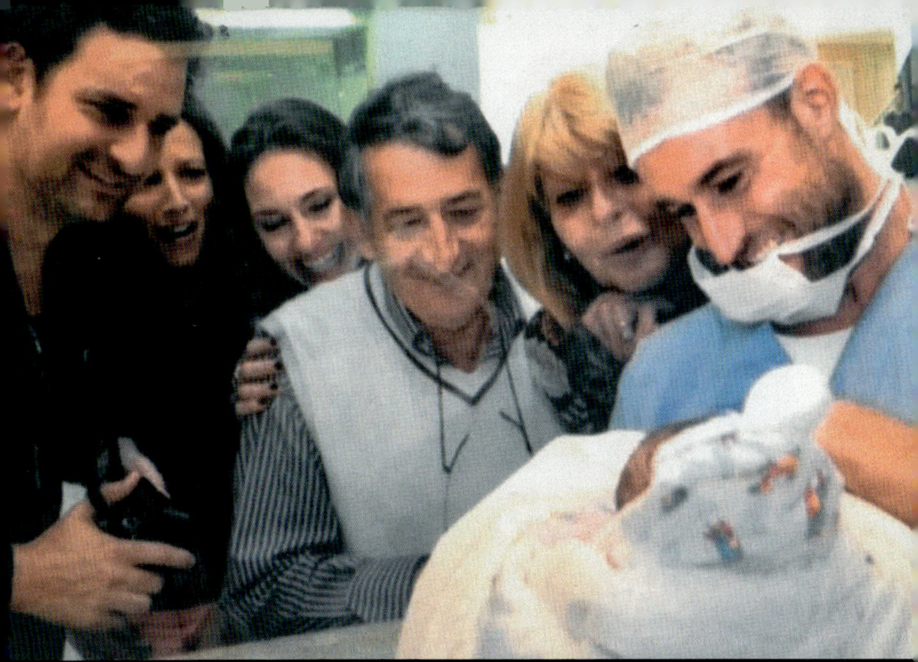

Am 16. Juni 2013 wurde Philipp Plein zum ersten Mal Vater. Die Geburt seines Sohnes Romeo feierte er mit seiner Familie

Weihnachten ist für Philipp Plein wichtig. Das Fest verbringt er im Kreis seiner Familie, also mit Mutter Hanne, Stiefvater Klaus Dieth und Schwester Gloria mit ihrem Mann. Manchmal sind auch Mitarbeiter eingeladen, wie hier Ex-Finanzchef Gilles Gaucher-Cazalis

Die Bundeswehr-Jacke mit dem Totenkopf aus Swarovski-Steinen brachte den Durchbruch. Zuerst formte Philipp Plein den Skull nicht aus Kristallen, sondern aus Lederresten
© Privat

Mit dem Hundebett fing die Karriere an.
Ein Exemplar steht auf dem Bauernhof seiner Eltern
© Tobias Bayer

Mit seinen Katalogen gab sich Philipp Plein von Anfang an sehr viel Mühe. Zuerst waren die Bilder brav, mit der Zeit traute er sich mehr
© Thomas Esch

Die Bilder der ersten Kataloge machte ein Freund, den Philipp Plein aus dem Club Mach1 kannte. Später heuerte er Profis wie Thomas Esch an
© Thomas Esch

2006 zog Philipp Plein nach Amriswil in die Schweiz und kaufte sich eine Villa, die er mit dem Architekten Stefan Mauritz komplett umbaute
© Stefan Mauritz

Für Philipp Plein ist Arbeit und Privates eins. In der Villa in Amriswil wohnte er zuerst im oberen Stockwerk, während im Erdgeschoss die Büros waren
© Stefan Mauritz

In Amriswil war jeder Raum ein Highlight. Natürlich auch die Dusche, die sich mitten im Raum befand. Ohne Kabine, dafür mit Statuen
© Stefan Mauritz

Ein Zimmer in Amriswil strich Philipp Plein komplett in Gold an. Dafür waren unzählige Plaka-Dosen notwendig.
© Stefan Mauritz

In der Küche hing ein Geweih über dem Kamin und kontrastierte mit der Edelstahlästhetik
© Stefan Mauritz

In der Garage parkte Philipp Plein seine Sportwägen und seine Harley-Davidson
© Stefan Mauritz

Mit seinen Ständen auf Mode- und Möbelmessen stach Philipp Plein aus der Masse heraus. Wie hier auf der Maison & Objet in Paris
© Stefan Mauritz

Auf der Sportmesse Ispo ließ Philipp Plein einen silbernen Sattel über einem Meer von Rosen schweben
© Stefan Mauritz

Seinen ersten Showroom in Mailand hatte Philipp Plein bei Società Italia. Der Lichtkreis durfte natürlich nicht fehlen.
© Stefan Mauritz

2008 gewann Philipp Plein Naomi Campbell für einen Fotoshoot. Die Bilder des Supermodels tapezierte er an die Wände seines Mailänder Showrooms. An der Decke formte er aus Lichtröhren seinen eigenen Namen. Die Leuchten holte er günstig aus dem Baumarkt
© Stefan Mauritz

Alain Midzic ist seit 17 Jahren als Manager an Philipp Pleins Seite. 2016 wurde Plein von der GQ zum „Mann des Jahres“ in der Kategorie Mode gekürt
© Alain Midzic

Stefan Kout, Spitzname Rambo, eröffnete Philipp Pleins ersten Webshop. Später erfüllte er sich seinen Traum und zog nach Kalifornien
© Stefan Kout

Anfang der 1990er-Jahre begleitete Philipp Plein seinen Stiefvater nach New York. Der machte ein Foto von Plein, auf dem im Hintergrund das Penthouse zu sehen ist, wo heute der Sitz seiner US-Gesellschaft und der VIP-Store ist. Wink des Schicksals? © Philipp Plein

Philipp Plein mit seinem Sohn Romeo auf der Terrasse des New Yorker Penthouses © Philipp Plein

Das Chateau Falconview ist ein kleines Versailles. Nur halt mit einem Roboter am Eingang © Philipp Plein

Das Chateau Falconview ist Philipp Pleins größtes Bauprojekt. Die Villa befindet sich auf dem Land, das einst Howard Hughes gehört haben soll © Tobias Bayer

Gern einmal plaudern würde Philipp Plein mit Elon Musk, dem Chef von Tesla und Space X. Immerhin lief Musks Mutter Maye schon als Model auf Pleins Fashion-Show
© Philipp Plein

Pleins Modeschauen sind Spektakel, zu denen Tausende von Besuchern pilgern. Im Februar 2023 kehrte er in die Hallen der Mailänder Messe zurück, wo im Februar 2020 die letzte Show vor der Covid-19-Krise stattgefunden hatte. Mit triumphaler Geste und der Rapperin Bia, die ihren Hit Whole Lotta Money zum Besten gab
© Philipp Plein

»Ich würde solch eine Belastung nicht aushalten. Das wollte ich auch nicht. Das wäre too much für mich. Aber für Philipp ist das wie ein Spiel. Das geht ihm ganz easy von der Hand. Ich kenne niemanden sonst, der so ist. Das ist absolut der Hammer.«

Für ihn ging die Odyssee nach dem Dreh weiter. Auf dem Rückflug wurde ihm am Flughafen in Mallorca, wo er umstieg, seine Tasche aufgeschlitzt. »Mein Hausschlüssel und der ganze Rest war weg.« Das merkte er aber erst vor seiner Haustür in Nürnberg. Da er vor verschlossener Tür stand, musste er bei Pleins Eltern anklopfen und von dort seine eigenen Eltern anrufen. Ein paar Monate danach öffnete er seinen Briefkasten und fand eine Abrechnung des Mobilfunkdienstleisters wieder, der Telefonate in Algerien in Rechnung stellte. »Immer was los, wenn man mit Philipp unterwegs ist«, sagt der Icebär.

Das Fotoshooting mit Naomi Campbell ließ die Modewelt aufhorchen. Und es legte den Grundstein für eine langjährige Beziehung zwischen dem Supermodel und der Marke Plein. Als Plein 2016 von der *GQ* zum »Man of the Year« gekürt wurde, hielt Campbell die Laudatio. Gemeinsam winkten sie in die Kamera und grüßten ihre Mütter. »Hi Mum!«, rief Campbell. »Hi Mommy!«, rief Plein.

*

Bei dem Dreh für seinen Herrenduft in Cannes hat Plein inzwischen den Raum gewechselt. Er steht vor einem grünen Tuch, das in der Mitte aufgespannt ist. Der Greenscreen erlaubt es, später den Hintergrund auszutauschen. Plein kann also mit ein paar Klicks am Computer überallhin versetzt werden. Mein Eindruck ist, dass er genug hat und am liebsten nach Hause möchte. Zum Schluss wird Plein noch fotografiert. Der Fotograf ist aus Mailand angereist und hat sich genau überlegt, wie er Plein darstellen möchte: als einen Mann, der weiß, was er tut, und unbeirrbar seinen Weg geht. Er lichtet ihn aus der Nähe ab. Er stellt ihn an die Wand, gegen die Plein sich lehnt, die tätowierten Arme vor der Brust verschränkt. Er setzt ihn auf die Treppe. Ohne dass der Fotograf irgendetwas sagt, fährt Plein den Mittelfinger aus und grinst spitzbübisch. Es macht klick. Und das Bild ist im Kasten.

KAPITEL ZWÖLF: TRAUMFABRIK

Kaum bin ich drin, schon bin ich wieder raus. Ich habe einmal auf das Gaspedal getippt und finde mich am Ortsende wieder, weswegen ich umdrehe und wieder in Amriswil einfahre. Im Schneckentempo krieche ich entlang. Dann sehe ich die Villa und steige aus.

Sie wirkt verlassen. Hinter den Scheiben ist es dunkel. Auf der Treppe, die zu der hölzernen Eingangstür führt, stehen links und rechts Teelichter und zwei Champagnerflaschen, in denen Fackeln aus Metall stecken. Nirgendwo züngelt eine Flamme. Der Briefkasten ist mit Aufklebern überzogen, auf die Firmennamen gedruckt sind. Xedira AG, Zengiaro GmbH, Construkt GmbH.

Um das Haus herum führt ein Kiesweg nach hinten zu einem Wirtschaftsgebäude. Ich drücke meine Nase auf die Glasscheibe, schirme meine Augen mit den Händen vor der Sonne ab und linse hinein. Da steht eine Skulptur, ein schwarzes Pferd, das auf dem Rücken einen Lampenschirm trägt. Etwas daneben leuchtet mir der Kopf einer goldenen Buddha-Statue entgegen.

Ich biege um die Ecke und halte vor einem Schwimmbecken an, dessen Rand von Vasen gesäumt ist. Ich strecke den Kopf nach vorn und gucke auf den Beckenboden. Dort stand früher in dicken Lettern »Philipp Plein«. Die Legende besagt, dass die

Passagiere vom Flugzeug aus den Namen lesen konnten, wenn sie von oder nach Zürich flogen. Jetzt ist der Name verschwunden. Und mit ihm der Namensträger.

*

Die 12.000-Seelen-Gemeinde Amriswil, gelegen in der Nähe des Bodensees im Schweizer Kanton Thurgau, ist die Keimzelle des Plein-Imperiums. Von 2006 bis 2014 wohnte und arbeitete Plein hier und plante im Nirgendwo, zwischen See und Bergen, umringt von Kühen, die Welteroberung. Die Villa war die Traumfabrik, in der Plein mit einer kleinen Schar an Getreuen vom Münchner Möbeldesigner zum Herrscher über eine globale Luxusmarke aufstieg. Wer an diesen Ort, auf diese 2000 Quadratmeter zurückkehrt, versteht den Menschen und die Methode Plein. Der versteht seinen Stil, seine Mitarbeiterführung, seine Besessenheit. In die Schweiz zog Plein nicht wegen Käse, Schokolade oder der guten Luft, sondern aus einem ganz profanen Grund: um weniger Steuern zu bezahlen. Sein Stiefvater klagte beim Abendbrot oft über die Gefräßigkeit des deutschen Fiskus. Kaum verdiente Plein mit seinen Möbeln und Taschen ordentlich Geld, dachte er an die Jammerei zurück und fasste die Entscheidung, seine Firma ins Ausland zu verlegen. Der Mann der Kosmetikerin, die Pleins Mutter in Nürnberg die Nägel manikürte, hatte sich auf Steuersparmodelle kapriziert und schwatzte Plein eine Firma im Kanton Zug auf, dem Steuerparadies schlechthin, in dem sich Rohstoffhändler und Treuhänder eingenistet haben.

Im Schweizer Handelsregister finde ich den Eintrag: Philipp Plein AG, Sumpfstraße 15 in 6300 Zug. Nomen est omen. Es war ein bisschen sumpfig. Zu sumpfig für Plein. »Mir selber war das nicht angenehm. Da sagte ich: ›Ich ziehe in die Schweiz, ich will keine Scheinfirma haben.‹« Alex, sein Freund aus Salem, stellte über seinen Vater Kontakt zu einer Kanzlei in Konstanz her. Sie regelte den Wegzug von Deutschland in die Schweiz und vermittelte Plein einen Schweizer Steuerberater. Ein »kleiner Mann mit Bart« sei das gewesen, sagt Plein und ahmt ihn mit Schweizer Akzent nach: »Grüezi Wohl! In der Schweiz sind wir stolz, unsere Steuern zu bezahlen. In Deutschland ist es ein Sport, seine Steuern nicht zu bezahlen. In der Schweiz ist es genau umgekehrt.«

Über das Immobiliensuchportal Homegate stöberte Plein ein altes Weingut in Amriswil auf, die Villa Ackermann, die Anfang des 20. Jahrhunderts gebaut worden ist. Mit Wirtschaftstrakt, der einst einen Weinkeller, die Weinpresse und Pferdestallungen beherbergte, und einem Rosengarten. Für den Kauf nahm er eine Hypothek bei der Thurgauer Kantonalbank auf. »1,6 Millionen Schweizer Franken«, sagt Plein. Es war sein erster Bankkredit. Glaubt man ihm, blieb es abgesehen von der Hypothek für seine Villa in Cannes sein einziger.

Er rief Stefan Mauritz an, mit dem er zusammen den Shop im P1 gestaltet hatte. Stefan, der heute mit seinem Architekturbüro Mauritz Design GmbH Häuser und Apartments der Luxusklasse baut und ausstattet, setzte sich in Pleins Porsche auf den Beifahrersitz. Zusammen brausten die zwei von München nach Amriswil. Dort verwandelten sie die Villa, deren Fassade unter Denkmalschutz stand, in eine »Schatztruhe«, wie es Plein einmal ausdrückte: »Ich wollte etwas schaffen, was man durchwandert. Wo man immer etwas Neues entdeckt.«

Er wandte die Prinzipien an, die heute noch Gültigkeit haben: Statt einer ästhetischen Grundidee zu folgen, schaffte Plein in jedem Raum Hingucker, die in Kontrast zueinander stehen. »Jedes Zimmer erzählt eine Geschichte.« Er verwendete besondere Materialien wie geprägtes Krokodilleder, teilte Flächen in geometrische Felder auf und spielte mit dem Stilmittel der Wiederholung.

Die Küche tauchte er komplett in Schwarz, über den offenen Kamin hängte er ein riesiges Elchgeweih. Das frühere Jagdzimmer strich er in Gold. Dafür kaufte er Plaka-Farbe von Pelikan. Die Döschen sind winzig, da mit der Farbe gewöhnlich kleine Flächen angemalt werden. Wie Ostereier. Plein bestellte sie in rauen Mengen, »palettenweise«, um den ganzen Raum anzupinseln. »Das war ein absurder Aufwand«, sagt Stefan. An der Wand formte er aus Totenköpfen und Rosen ein Kreuz.

Jedes Gästezimmer im Obergeschoss war in einer anderen Farbe gehalten, in Grün, Orange, Gelb und Hellblau. Als Farbvorlage verwendete Plein Lacoste-Hemden, die ihm seine Mutter mitgebracht hatte. Die Wände verzierte er mit Bilderrahmen, in deren Mitte er einen Stern drapierte. Er zog eine Glasdecke ein, durch die man in den Dachstuhl gucken konnte, wo Plein Diskokugeln verteilt hatte, die im Dunklen strahlten wie die Sterne am Nachthimmel.

Für sein Heimkino kaufte er sich einen 65-Zoll-Monitor von Samsung. »Da lacht man heute drüber, doch das war damals wirklich etwas Besonderes. Der kostete unfassbar viel Geld«, sagt Stefan. Weil der Bildschirm so schwer war, brachte Plein auf der anderen Seite der Wand eine Stahlplatte an. »Damit die nicht zusammenkrachte.« Die Couch, die im Kinosaal stand, überzog er mit Krokodilleder. Das war laut Stefan »unfassbar unbequem«, sah aber spektakulär aus.

Mit wenig Budget erzielte Plein gewaltige Wirkung. Aus dem Obi-Baumarkt besorgte er sich Pflanzenkübel aus Fiberglas, die er zum Waschbecken umfunktionierte. Das Wasser floss über eine Leitung zu, die er durch ein Bambusrohr legte, das senkrecht von oben ragte. Die Armaturen der Badewanne ersetzte er durch einen alten Pumpbrunnen. An die Decken hängte er in mehreren Räumen den Lichterkreis, den er auf seinen Messeständen eingesetzt hatte. In der Tiefgarage baute er in die Wände fünf Schreine hinein. In jedem Schrein hing ein Autoschlüssel. Öffnete man ein Türchen, senkte sich das Licht ab, und nur der Wagen, dessen Schlüssel man herausgenommen hatte, wurde angestrahlt.

Den Mitarbeitern, die zum ersten Mal nach Amriswil kamen, stand der Mund offen. »Was macht man hier in so einem Kaff?«, fragte sich Yaser Cultrera, als er vor der Villa stand. Der Düsseldorfer stieg nach seinem Studium im Vertrieb bei Plein ein und kümmerte sich um die Kunden in Deutschland. Er betrat Pleins Haus und fühlte sich nach Hollywood versetzt. »Das war dekoriert wie bei *Scarface*. Das hätte Tony Montana nicht besser machen können«, sagt Yaser und bezieht sich auf den gleichnamigen Film von Brian De Palma aus dem Jahr 1983, in dem Al Pacino den kubanischen Gangster Tony Montana spielt. »Das war extrem shiny, nur das Beste vom Besten.« Eingebrannt haben sich in Yasers Kopf die Hantelbank aus Krokodilleder und die goldverzierten Hanteln. »Ich war Anfang 20, also noch ein recht junger Kerl. Für mich war das so ›Wow, cool!‹«

Stefan Kout, der den E-Commerce leitete, hatte es die Tiefgarage angetan. »Das war wie eine James-Bond-Garage. Ich erinnere mich an den Geruch, an dieses Feeling.« Als Plein ihn bei seinem Antritt herumgeführt habe, habe er sich gedacht: »Boah, ist ja wie im Film!« Die Faszination ließ nicht nach. Der Moment, als Plein mit seinem Ferrari in die Garage eingebogen sei, sei immer ein Erlebnis gewesen, sagt Stefan: »Wie wenn der US-Präsident vor dem Weißen Haus landet.«

Privates und Berufliches trennt Plein nicht. In seinen Villen wird gearbeitet. In Cannes quartieren sich die Designer ein, um die Kollektionen für Frühjahr und Herbst zu entwerfen.

Sein Anwesen in Bel Air dient als Showlocation während der Oscar-Preisverleihung. In Amriswil befanden sich die Büros zuerst im Erdgeschoss der Villa, während Plein in der oberen Etage wohnte. Plein teilte sich das untere Stockwerk, auf dem gearbeitet wurde, mit Corinna Barton, Janine Fichna und deren Schwester Coreen. Später kam Hayko Papaz hinzu.

Es hatte etwas Familiäres, denn Plein stand morgens auf, lief die Treppe hinunter und schlug unten in der Unterhose auf. »Eigentlich immer. Mit einer Dose Red Bull in der Hand«, sagt Coreen. »Philipp war für uns wie ein Bruder«, sagt Janine. In Alarmstimmung waren die Schwestern, wenn Plein auf die Toilette ging. »Philipp geht aufs Klo. Das war legendär«, sagt Janine. Denn auf dem stillen Örtchen hatte er Muße, um nachzudenken. »Er hatte immer neue Schnapsideen, wenn er vom Klo kam. Meistens fünf Sachen gleichzeitig.«

»Viele Leute reden viel Bullshit zum Thema Inspiration. Etwa, dass man dafür nach Indien fliegen muss«, sagte Plein mal in einem Interview. »Aber Inspirationen sind überall um einen herum. Du kannst Inspiration sogar auf dem Klo finden.« Er meinte das tatsächlich im wörtlichen Sinn.

Nach außen hin bemühte sich Plein, sein Start-up als Welt-AG darzustellen. Er ließ eine dreisprachige Telefonschleife einsprechen, auf Deutsch, Englisch und Französisch. Seine Mitarbeiterinnen hielt er dazu an, selbst dann, wenn sie gerade nichts zu tun hatten, es erst einmal länger klingeln zu lassen, damit auf jeden Fall die Ansage ansprang und der Anrufer meinte, es mit einem Konzern der Größenordnung von Siemens zu tun zu haben.

Alles musste nach Erfolg aussehen. Natürlich auch der Parkplatz hinter der Villa, auf dem die Mitarbeiter ihre Autos abstellten. Lara Stahl, die früher Hetkamp mit Nachnamen hieß, verpflichtete Plein für das Marketing und die Pressearbeit. Die

Rheinländerin zog nach St. Gallen und pendelte jeden Tag nach Amriswil, das rund eine halbe Stunde entfernt liegt.

Da sie kurz zuvor einen Autounfall hatte, trieb sie innerhalb der Familie einen Corsa auf, mit dem sie in den ersten Monaten »über die Berge« fuhr. Plein war das Auto ein Dorn im Auge. »Frau Hetkamp, wo Sie hier festangestellt sind, müssen Sie sich doch ein schöneres Auto holen.« Sie habe den Corsa dann auch rasch gegen einen moderneren Flitzer eingetauscht.

*

Beschäftigt waren die Plein-Mitarbeiter eigentlich rund um die Uhr. Oft wurde ihr Tätigkeitsbereich im Handumdrehen ausgedehnt, ohne dass sie im Geringsten damit gerechnet hatten.

Stefano Vacca wurde als Manager für den Showroom in Mailand verpflichtet. An einem Montag fing er in Amriswil an, um sich für die neue Aufgabe in Italien vorzubereiten. Die Assistentin führte ihn im Wirtschaftstrakt, der später als die Villa umgebaut wurde, nach oben zu einem Raum, in dem Plein und Ennio Fontana standen, der gerade von Tod's zu Philipp Plein zurückgekehrt war.

Plein hatte sich mit seinem Lieblingsparfüm »Gucci 2« eingesprüht, dessen blauer Flakon stets auf seinem Tisch stand, und war von einer Duftwolke umgeben. »Es war kaum auszuhalten, so intensiv war der Geruch«, sagt Stefano. Plein trug eine zerrissene Jeans und hatte sich das Hemd bis zum Bauchnabel aufgeknöpft. Es war 9 Uhr morgens. Und Plein sah so aus, als würde er in den Club zum Feiern gehen. »Wie der Player.« Flankiert wurde er von Ennio, der im Gegensatz zu Plein in Jeans, hellblauem Hemd und braunen Loafern wie der konservative Geschäftsmann daherkam.

»Herzlich willkommen, Herr Vacca. Schön, dass Sie da

sind«, begann Plein. »Es gibt eine kleine Änderung. Zusätzlich zum Showroom-Manager leiten Sie jetzt auch die Möbelsparte. Das ist bei uns nicht mehr ein so großes Thema, das machen Sie einfach mit.«

Einfach mitmachen?, dachte sich Stefano verdutzt und ein wenig erschrocken. Der frischgebackene Head of Sales Furniture wurde zu einem Stapel an DIN-A4-Leitzordnern geführt. Am Ende der Woche halfen ihm zwei Praktikanten dabei, sämtliche Unterlagen der Möbelsparte Pleins in seinen Audi A3 zu hieven. Der Wagen war nun neben Kleidung und einigen Einrichtungsgegenständen zur Hälfte mit Ordnern gefüllt. Alles musste mit nach Mailand. Zu einem späteren Zeitpunkt gelangten die Ordner über die Schweiz bis in den Showroom nach Düsseldorf, wo sich jemand anderes mit der inzwischen im Unternehmen ungeliebten Abteilung auseinandersetzen durfte.

*

Zeit zum Überlegen ließ Plein niemandem, wenn er etwas wollte. Auch nicht Kevin Ziegler, der bei dem Modehändler Peek & Cloppenburg arbeitete und zum Bewerbungsgespräch nach Amriswil kam. Plein suchte nach einem Retail-Chef. Und Zieglers Profil passte perfekt.

Ziegler betrat Pleins Villa und nahm an einem Tisch Platz, der aus einem Baumstamm herausgeschnitten war. Er hatte eine tolle Maserung, aber auch viele Kuhlen und Ritzen, in die die Stifte kullerten. »Der war schön anzuschauen, aber unpraktisch. Man konnte eigentlich gar nichts ablegen, weil er überall Löcher hatte.« Auch der Stuhl sei eher ungemütlich gewesen.

Aus der Ruhe bringen konnte Ziegler aber nichts, denn der Headhunter, der den Termin arrangiert hatte, hatte ihn auf alles vorbereitet. Natürlich auch auf den Tornado Plein, der einmal in Fahrt, nicht zu stoppen ist. »Wenn Sie zu Wort kommen, stellen Sie sich gern vor. Ansonsten lassen Sie sich einfach mal inspirieren und auf sich wirken, wie er so ist«, hatte er ihm geraten.

Eineinhalb Stunden plauderten Plein und Ziegler miteinander. »Viele lockere Sprüche, viel Lachen.« Sie schüttelten sich die Hand und vereinbarten, sich nach ein bisschen Bedenkzeit zu melden. Ziegler stieg in sein Auto und fuhr in Richtung Konstanz. Es sind grob 20 Kilometer Strecke.

Nach weniger als einer halben Stunde, Ziegler war noch nicht an der deutschen Grenze, klingelte schon sein Handy. Am anderen Ende der Leitung war Corinna Barton, die das Personalwesen verantwortete. Sie fragte Ziegler, ob er Interesse habe, »relativ zügig« einen Vertrag zu unterschreiben. Der fühlte sich etwas überrumpelt. »Ich habe noch gar nicht mal darüber nachgedacht, ich sitze ja noch im Auto. Es ist ja noch nicht so lange her, dass ich da gewesen bin.«

Corinna hakte nach und klang etwas verstimmt: »Wollen Sie nicht?« Er habe entgegnet, dass das nichts mit wollen zu tun habe. »Ich bin da doch ein bisschen traditioneller. Ich möchte mich schon noch mit meiner Freundin und mit meiner Familie beraten.«

Corinna ließ nicht locker. Ein paar Tage später rief sie Ziegler nochmal an. »Wie wäre es denn, wenn Sie nach Mailand kommen? Wir haben am Samstag Modenschau. Herr Plein möchte Sie vor Ort sehen. Dann bekommen Sie einen besseren Eindruck.«

Ziegler musste sie enttäuschen. »Tut mir leid, ich habe meinem besten Freund Karten für das Fußballspiel FC Bayern gegen Bayer Leverkusen geschenkt, das am Samstag stattfindet. Da werde ich definitiv hingehen.« Corinna gab sich nicht geschlagen. »Gut, das kriegen wir nicht hin. Aber hätten Sie Lust, am Sonntagmorgen nach Mailand zu fliegen?« Ziegler willigte ein.

Nach der Partie schlief er ein paar Stunden, raste zum Frankfurter Flughafen, nahm den Flieger nach Mailand und fand sich in Pleins Mailänder Showroom wieder. »Da war die Hölle los.« Stars und Sternchen saßen da, viele hübsche Frauen, Showroom-Models. »Das war schon spektakulär.«

Später saß er mit Plein und Ennio auf der Terrasse und offenbarte den beiden, dass er sich »echt Gedanken« mache, ob er hier so richtig hinpasse. »Ich finde das ja alles ganz lustig, aber ich muss ehrlich sagen, dass ich so etwas noch nicht erlebt habe.« Ennio redete ihm aufmunternd zu: »Kevin, da musst du dir keine Sorgen machen, das wird schon.« Ziegler unterschrieb und heuerte bei Plein an.

*

Eingearbeitet wurde bei Plein eigentlich niemand. Alle wurden ins kalte Wasser geschubst, auch John Raber, den sein Mentor Ziegler von Peek & Cloppenburg zu Plein gelotst hatte, um im Retail zu helfen. Der Deutsch-Amerikaner betrat das Haus in Amriswil, als Ziegler gerade unterwegs war. Er bekam einen Tisch zugewiesen. »Darauf standen ein Monitor und ein Telefon.« Die Reihe vor ihm war komplett leer. Er setzte sich auf den Stuhl und wartete. »Keiner wusste, was ich mache.« Er selbst erst auch nicht so recht. »Da saß ich nun.« Es dauerte nicht lange, bis das Telefon klingelte.

Er hob ab, am anderen Ende der Leitung war der Franchise-Partner in Marbella. Irgendetwas stimmte mit der Bestückung des Ladens nicht. Jedenfalls stand John auf, fuhr zum Flughafen und nahm die Maschine nach Marbella. »Zur Inventur.« Einführung? Von wegen! »Es hieß ›Mach!‹«, sagt John. »Wer wie ich ein bisschen Erfahrung hatte, musste nach vorn gehen.«

Da Amriswil ein kleines Nest ist, gibt es nur wenige Hotels.

Plein fand für die Mitarbeiter, die von außen kamen, eine Unterkunft zum Sparpreis: das Gästehaus St. Michael in Dozwil. Geleitet wurde die Herberge von zwei Schwestern, die sehr fromm waren. Die Plein-Belegschaft verpasste ihnen deshalb den Spitznamen »Heilige Schwestern« oder »Holy Sisters«. Im Flur hing ein Bild des Erzengels Michael, der Satan besiegt. Und an der Wand über den Betten waren Holzkreuze.

Seine erste Nacht als Plein-Mitarbeiter verbrachte Fabien Girardi, der den weltweiten Wholesale-Vertrieb und das Franchising leitet, im Gästehaus St. Michael. Der Franzose, der aus Antibes stammt und in Mailand wohnt, hat die Unterkunft heute noch, obwohl mehr als zehn Jahre vergangen sind, vor Augen. Er sieht ein Gemeinschaftsbad und ein Fernsehzimmer vor sich. Und die Heiligen Schwestern, die im Frühstücksraum unter dem Foto ihrer toten Mutter sitzen. Morgens nahm er den Minibus von Dozwil nach Amriswil. Er war gekleidet, wie man sich in Mailand, aber nicht in der Ostschweiz kleidet. Im Trenchcoat und seinem Balenciaga-Weekender stand er an der Haltestelle und stieg in die Linie 944 ein, wo er von älteren Damen, die auf dem Weg zum Markt waren, neugierig gemustert wurde. »Einige waren schockiert, einige amüsiert. Die schauten mich an, als wäre ich ein Außerirdischer«, erinnert er sich.

Den Eingangsschlüssel legten die Schwestern in den Briefkasten, damit die Plein-Mitarbeiter, die erst spät eintrafen, ins Gästehaus konnten. Einmal hatten sie es vergessen – und Rebekka Thöle stand vor verschlossener Tür. Sie war für die Produktion zuständig. Und arbeitete häufig bis spät in die Nacht.

»Dann rief ich meine Mama an«, sagt Rebekka. »Mama, was soll ich denn jetzt machen? Ich bin hier im Auto. Ich stehe mitten auf der Straße.« Ihre Mutter fragte zurück: »Hast du eine Decke im Auto, mein Kind?« Als Rebekka verneinte, schlug ihr die Mutter vor: »Dann komm mal nach Hause.« »Ja, okay.«

Thöle fuhr zu ihrer Mutter. Ins 700 Kilometer entfernte Bielefeld und suchte sich anschließend in der Schweiz eine Wohnung.

Der Rhythmus in der Traumfabrik war extrem. So extrem, dass die meisten keine Zeit hatten, Mittagspause zu machen. Sie saßen zwölf Stunden am Stück auf dem Stuhl, hingen am Telefon oder starrten auf den Computer. Die Mitarbeiter kauften sich etwas im Supermarkt, beim Bäcker oder am Dönerstand und aßen an ihren Tischen.

Plein schickte für sich die Praktikanten in den Supermarkt. Auf seinem Einkaufszettel stand eigentlich immer das Gleiche: Nudeln, Pesto, Red Bull und Champagner. Wenn er spätabends Hunger bekam, hatte er ein Problem. Denn in und um Amriswil gab es nichts mehr, was offen hatte. Keine Bar, kein Restaurant. »Nicht einmal einen Pizzaservice«, erinnert sich der Architekt Stefan Mauritz. Akuter Hunger war gefährlich …. Denn Janine hatte einen Mops, Cherie, der zusammen mit Pleins schwarzem Labrador, den Plein als Hommage an Giorgio Armani Giorgio getauft hatte, die Villa unsicher machte. Das Futter für Cherie hatte sie in eine Twix-Tüte gepackt. »Philipp griff da schon mal aus Versehen rein, wenn er Hunger hatte«, sagt Stefan. »Gott sei Dank merkte er es rechtzeitig.«

*

Plein nahm seine Mitarbeiter hart ran. Er forderte viel. Weil er jeden Schweizer Rappen zurück in seine Firma steckte, lebte Plein sparsam und gönnte sich selbst wenig. Hohe Gehälter konnte und wollte er nicht bezahlen. Deshalb belohnte er seine Mitarbeiterinnen für ihren Einsatz, indem er ihnen Vertrauen schenkte und trotz ihres jungen Alters viel Verantwortung übertrug. Die Fichna-Schwestern, die am Anfang ihrer Karriere standen, kamen mit dem, was ihnen Plein überwies, in der teuren Schweiz nur mit Mühe über die Runden. Damit ihr am Monatsende genügend übrig blieb, eröffnete Coreen eine Wohngemeinschaft. »Die Praktikanten wohnten alle bei mir, damit ich die Miete bezahlen konnte«, sagt Coreen. Selbst mit den Zusatzeinnahmen war es Monat für Monat ein Kampf, um das Budget nicht zu überziehen. »Wenn ich geblitzt wurde, bekam ich einen Heulkrampf, weil ich nicht wusste, wie ich das bezahlen sollte.«

Während es bei den großen Marken durchaus üblich ist, dass sich die Mitarbeiter entweder gratis oder zum Vorzugspreis einkleiden dürfen, tat Plein alles dafür, jedes einzelne Teil seiner Kollektion zu verkaufen, um mit den Erlösen weiter zu wachsen. Wenn dann ausnahmsweise doch etwas abfiel, war es für die Belegschaft umso schöner. »Es war schade, dass wir nicht viel hatten«, sagt Janine. »Aber das, was wir hatten, da waren wir irre stolz drauf.« Lief es rund, winkte ein Bonus.

Freizeit hatten die Plein-Mitarbeiter wenig. »Das war keine große Tragik«, erinnert sich Corinna Barton. Sie sei Jahrgang 1972 und sei einen »Ticken« älter als die anderen gewesen. »Ich hatte schon in New York und Los Angeles gelebt. Ich hatte mich ausgetobt, deswegen setzte mir das Landleben nicht zu.« Im Gegensatz zu Janine und Coreen Fichna. »Die wären fast gestorben.«

In Amriswil herrschte tote Hose. Es passierte einfach tagein, tagaus nichts. Bis Ennio und Stefano im Supermarkt Formel-1-Weltmeister Sebastian Vettel erspähten, der im Schweizer Thurgau wohnt. Ennio tippte Stefano an und fragte »Ist das der Vettel?« Stefano antwortete: »Ja, das ist der Vettel.« Daraufhin stürmte Ennio auf den Rennfahrer zu und rief: »Ciao Sebastian!«

»Entschuldigung, aber wir kennen uns nicht«, sagte Vettel indigniert.

»Dai, was machst du hier? Wohnst du hier?«, fragte Ennio.

Vettel schwieg und eilte zur Kasse. Als Ennio und Stefano zurück im Büro waren, erzählte Ennio allen von ihrer Begegnung und echauffierte sich über den wortkargen Vettel: »Dai, das kann doch nicht sein, der ist ein Formel-1-Fahrer, der kann doch wenigstens ein bisschen Small Talk machen.«

Selten unternahm die Plein-Belegschaft etwas miteinander. Wenn, dann gingen sie bowlen. In der 1001 Freizeitwelt in Amriswil. »Da waren wir öfters«, sagt Corinna. Und manchmal lieferten sie sich ein Rennen auf der Gokart-Bahn, die außerhalb lag. »Da sind wir alle zusammen hin«, sagt der frühere E-Commerce-Chef Stefan Kout. »Das Team an sich war echt super.«

Im Swimmingpool zog hingegen keiner der Mitarbeiter seine Bahnen. Obwohl das Becken unaufhörlich gereinigt wurde, damit Plein es für Homestorys in Magazinen herzeigen konnte, veranstaltete Plein kein einziges Mal eine Pool-Party, was man eigentlich von einem Start-up, das sich in der Sturm-und-Drang-Phase befindet, erwarten könnte. »Nein, da ist keiner reingesprungen«, sagt mir Plein. »Da bin ich sehr deutsch. Da bin ich strukturiert und organisiert.«

Ganz stimmt das nicht. Einer oder besser *eine* landete im Pool. Es endete aber tragisch: Eine schwarze Katze hatte sich in einem Winter, als das Becken zugefroren war, auf das dünne Eis gewagt und war eingebrochen. Mitarbeiter fischten den toten Katzenkörper raus.

Plein hat das wahrscheinlich verdrängt, denke ich. Er ist ja ein wenig abergläubisch. Ich lasse den Blick über den Pool schweifen, drehe mich um und gehe zurück zu meinem Auto.

KAPITEL DREIZEHN: RAMBO

Prozentual gesehen verkauft fast keine andere Luxusmarke so viel im Internet wie Philipp Plein. Rund die Hälfte seines Umsatzes erwirtschaftet Plein im Netz, während es bei den anderen Brands im Schnitt gerade einmal ein Fünftel ist. Seine E-Commerce Stärke hat er Männern und Frauen wie Raffaele Nardo, Alex Koba und Olga Burfan zu verdanken, die die Marke Philipp Plein im Internet nach vorn gepusht haben. Angefangen hat Pleins Web-Abenteuer mit Rambo.

Den Namen »Rambo« hatte Plein fallen lassen, als er auf dem Podium saß. »Ich hatte da so einen Jungen bei mir in der Firma. Der hat sich Rambo genannt. Der wollte unbedingt mal Arnold Schwarzenegger und Sylvester Stallone kennenlernen. Der hat jeden Morgen trainiert, aber war so dünn«, sagte Plein und hielt seinen Zeigefinger senkrecht vor sich. »Der hat das Onlinegeschäft zusammen mit mir aufgebaut. Keine Ahnung, wo der jetzt ist.«

Ich weiß, wo er ist. Rambo ist in Santa Monica in Kalifornien und macht etwas ganz anderes inzwischen. Er handelt mit Aktienoptionen und erklärt in Online-Kursen, wie man an der Börse einen Schnitt macht. Ich schrieb ihm eine E-Mail, dann telefonierten wir. Jetzt sehen wir uns. Mit meinem Mietwagen düse ich auf der Interstate von Los Angeles runter an die Pazifikküste. Wir haben uns in einem Hotel am Strand verabredet. Rambo ist früher da als ich: »Sitze drinnen«, schreibt er mir. Mit einem Spaziergang ist nichts. Der Himmel ist wolkenverhangen, es nieselt leicht. Am anderen Ende des Hotelfoyers entdecke ich ihn. Und er mich. Rambo erhebt sich von seinem Stuhl und winkt mir zu. Federnden Schritts kommt er mir lachend entgegen. Er sieht nicht aus wie ein Bodybuilder, sondern eher wie ein Zehnkämpfer. Typ Frank Busemann. Breite Schultern, schlanke Taille. Kein Gramm Fett am Körper, auf den Unter- und Oberarmen treten die Venen hervor. Er ist komplett in Schwarz gekleidet. Schwarzes T-Shirt, schwarzer Windbreaker, schwarze Bermuda, darunter eine schwarze Leggins. Auf seiner Brust entziffere ich das Wort »The Trade War«. So heißt seine neue Firma. »Ich bin Stefan«, sagt er, als wir uns die Hand schütteln. Rambo heißt in Wirklichkeit Stefan Kout.

»Dahinten ist mein Büro. Von dort sehe ich das Pier«, sagt er und zeigt links durch das Fenster auf einen Apartmentblock. Geradeaus blickt man auf das Riesenrad von Santa Monica. Seit zehn Jahren lebt er hier. Er hat sich damit einen Jugendtraum erfüllt. Seit er ein Teenager war, sehnte er sich danach, nach Los Angeles zu ziehen, zu seinen Filmidolen Sylvester Stallone und Arnold Schwarzenegger, und mit Arnold im Gold's Gym in Venice Beach zu trainieren. Der Traum ist wahr geworden. Das Gold's Gym, das nicht einfach nur eine Muckibude, sondern das Mekka der Bodybuilding-Welt ist, liegt von Stefans Wohnung gerade einmal fünf Minuten zu Fuß entfernt. Regelmäßig sieht er Arnold, wie er mit seinem Fahrrad vorbeiradelt und ab und an im Studio Eisen stemmt. »Allein in der letzten Woche habe ich ihn dreimal getroffen.«

Möglich gemacht habe das Plein. »Ich habe ihm alles zu verdanken. Mein ganzes Leben hier habe ich ihm zu verdanken«, sagt Stefan. Plein habe »blind« an ihn geglaubt, er habe »Potenzial« in ihm gesehen, während andere über ihn hinweggeschaut hätten. »Das war so ein geiles Gefühl.«

Plein hat ein Gespür für Menschen. Er stellt wenig Fragen, Lebensläufe schiebt er ungelesen beiseite. Auf akademische Abschlüsse pfeift er. Stattdessen scheint er zu fühlen, wie jemand tief in seinem Innern tickt, und versteht es, die Kräfte, die im Verborgenen schlummern, zu entfesseln. »Feuer anzünden« nennt es Stefan. »Ich wusste nichts mit mir anzufangen. Ich wusste, da ist irgendwas in mir drin. Plein hat das Feuer angezündet in meinem Leben.« Das sei eine »brutale« Erfahrung gewesen. »Das war echt unglaublich.«

Plein ernannte Stefan zum E-Commerce-Chef, ohne dass er die geringste Ahnung von E-Commerce hatte. »Google einfach, was du lernen musst«, habe ihm Plein gesagt. Ihm sei es nicht um die »Skills«, sondern um die »Motivation« gegangen: »Der brauchte jemanden, der mit ihm seinen Traum verwirklichen will. Einen, der supermotiviert ist, der nie aufhört zu arbeiten, der immer Vollgas gibt.«

*

Philipp Plein ist die härteste Business School in der Mode. Eine Art West Point Academy für Fashion. Statt im Schlamm zu robben, Latrinen zu putzen und mit Kimme und Korn zu visieren, lernt man bei Plein, wie man in kürzester Zeit und mit wenig Geld etwas auf die Beine stellt. Sei es eine Kollektion, einen Messestand, eine Catwalk-Show, ein Fotoshooting oder eben einen Webshop. Und man lernt, wie man die Kritik all der anderen Marken aushält, für die Plein nur ein kleiner Gernegroß ist.

Vielen Menschen hat Plein Karrieren geebnet, die anderswo undenkbar gewesen wären. Quereinsteigern, Außenseitern und

Jungspunden übertrug er Verantwortung, ohne dass sie darauf im Geringsten vorbereitet waren. Sie mussten an ihren Aufgaben wachsen. Er nahm sie gnadenlos ran. Rund um die Uhr. Er lobte, stauchte zusammen und akzeptierte keine Ausreden. Einige litten unter seiner Strenge, seinen Ausrastern und flüchteten. Für andere war der Dauerstress, der Dauerausnahmezustand genau der Kick, den sie brauchten.

Wie für Stefan, der sich dank Plein in Rambo verwandelte. Die *Rambo*-Filme hatte Stefan als Jugendlicher rauf und runter geguckt. Im ersten Teil spielt Sylvester Stallone den Veteranen John Rambo, der aus dem Vietnamkrieg zurückkehrt, in einer Kleinstadt etwas essen will, vom Sheriff misshandelt wird und in den Wald flieht, wo er einen Widersacher nach dem anderen erledigt. Rambo habe das Genre des One-Man-Army-Actionfilms begründet, heißt es auf Wikipedia. Es ist das »Einer gegen Alle«-Schema.

Bei Stefan, der in Dinslaken aufgewachsen ist, wühlte die *Rambo*-Serie etwas auf. Wie Rambo, der in den nächsten zwei Filmen gefangene US-Soldaten in Vietnam befreite und den Sowjets in Afghanistan Feuer unter dem Hintern machte, suchte er eine Mission in seinem Leben. Stefan lechzte nach einem klaren Ziel, das er mit aller Kraft, mit voller Hingabe erreichen konnte. Nach dem Abitur probierte er es zuerst bei der Bundeswehr und leistete seinen Wehrdienst am Luftwaffenstützpunkt in Kalkar ab. Schnell stellte er fest, dass das nicht das Richtige für ihn war. »Die Bundeswehr hat mir nicht so viel Spaß gemacht.« Er verstand, dass ihm nicht das Militär an sich, sondern vielmehr die militärische Disziplin gefiel. In den Krieg ziehen war für Stefan nicht mehr als eine Metapher. »Das realisierte ich damals.«

Er bewarb sich bei der Modeagentur MAB in Düsseldorf. Die vertrieb damals Givenchy und Kenzo, aber auch Michael Michalsky und Philipp Plein. »Wir trieben die kreative deutsche Welle voran. Michalsky und Plein waren damals noch versteckt und kamen langsam hoch«, sagt MAB-Inhaber Regis Benabou. »Das passte gut. Michalsky war minimalistisch, Plein war viel lauter.«

Regis kann sich noch gut an den Moment erinnern, als Stefan in sein Büro marschierte. »Er kam rein und hatte einen Rucksack auf dem Rücken. Er war überhaupt nicht richtig gekleidet für ein Vorstellungsgespräch. Nicht cool, nicht modisch, nicht schick. Das war alles nicht vorhanden.«

Vorhanden sei einzig sein Wille gewesen. »Ich merkte, dass er ein Beißer ist«, sagt Regis. »Solchen Leuten gebe ich gern eine Chance.« Dass auch Regis ein Stallone-Fan ist, war für Stefan eine glückliche Fügung. »Mir gefällt Rocky besser als Rambo, Stefan mag Rambo lieber als Rocky. Aber unsere Stallone-Leidenschaft verband uns. Ich ziehe aus ihr enorm viel Power. Und Stefan auch. Er hat ein Kämpferherz.« Die zwei schauten sich *Rocky 6* und *Rambo 4* gemeinsam im Kino an. Im Jahr 2007 begann Stefan seine Ausbildung zum Groß- und Außenhandelskaufmann bei MAB. Statt ihn auf die Modeeinzelhändler loszulassen, die bei der Agentur die Kollektionen für die nächste Saison bestellten, trug Regis ihm auf, sich um die Internetseite zu kümmern und sie stets mit neuen Bildern aktuell zu halten. »Stefan hat sich durchgelesen und durchgearbeitet.«

Für Plein war MAB eine Nachwuchsakademie, die junge, hungrige Talente hervorbrachte, die er zu sich lotsen konnte. Zuerst schnappte er sich Kerstin Diehl, die für Benabou die PR-Arbeit erledigte, und verpflichtete sie als Pressesprecherin. Als er nach einem E-Commerce-Manager fahndete, empfahlen ihm Regis und Kerstin, mit Stefan zu sprechen. »Das war ein Win-win«, sagt Regis.

Zum ersten Mal trafen sich Plein und Stefan im Intercontinental-Hotel auf der Düsseldorfer Königsallee. Es war ein

Job-Interview der etwas anderen Art. Statt Stefan auszuhorchen und seine E-Commerce-Kenntnisse abzuklopfen, war es Plein, der bei Stefan für sich und seine Vision warb. Er sprach nicht über Marktanteile, Klickraten oder Conversion Rate, sondern gab allein das Ziel vor. Er schaute Stefan an und sagte: »Wir müssen wie Pinky und der Brain die Welt zusammen erobern.«

Pinky und der Brain ist eine Zeichentrickserie aus den 1990er-Jahren, in der zwei Labormäuse versuchen, die Weltherrschaft an sich zu reißen. Damit scheitern sie zwar in jeder Folge, lassen sich davon aber nicht entmutigen. Im Intro lautet eine Zeile: »One is a genius, the other's insane«, was so viel bedeutet wie: »Der eine ist brillant, der andere geisteskrank.«

Wer der Pinky und wer der Brain ist, ließ Plein offen. Jedenfalls hatte er Stefan für sich eingenommen. »Ich war total begeistert«, sagt Stefan. »Schon von der ersten Sekunde an war mir klar, dass ich mich der Mission Plein verschreiben würde. Dass ich eine Kugel für ihn nehmen würde.«

Während seiner Ausbildung in der Agentur arbeitete Stefan für Plein zuerst nur nebenbei. Jede Woche schickte er ihm einen Bericht, in dem er auflistete, was er über die Online-Welt herausgefunden hatte. In Paderborn entdeckte er einen Programmierer, der den ersten Webshop bastelte. Denn Lösungen von der Stange, also Shop-Lösungen wie Magento, wie sie viele Brands für ihre ersten Gehversuche im Internet nutzten, kamen für Plein nicht in Frage. Im April 2009 ging der Online-Store Pleins live. Der erste Artikel, der im Netz verkauft wurde, war eine Mütze für 200 Euro. Die Kunden ordnete Stefan nach Ländern und listete auf, was in Deutschland, was in Österreich, was in Großbritannien gefragt war. Mithilfe von Google Analytics schaute er sich an, worauf geklickt wurde und worauf nicht. »Ich studierte die ganzen Zahlen. Wo waren die Schwachstellen? Wo waren die Stärken? Was brauchen wir, um uns zu verbessern?«

Morgens auf dem Weg in die Düsseldorfer Agentur setzte sich Stefan Kopfhörer auf und spielte die Musik, die auf der Plein-Webseite erklang, in der Dauerschleife ab. »Ich stimmte mich voll ein.« Er selbst hatte den Soundtrack irgendwo im Internet entdeckt und runtergeladen. Es war ein martialischer Marsch und erinnerte Stefan an die Musik des Hollywood-Streifens *Gladiator.*

Um im Internet die Welle zu machen, fing Plein ungefähr zur selben Zeit mit dem Twittern an. Am Freitag, dem 8. Mai 2009, kurz vor 12 Uhr mittags, meldete er sich aus Verona und schrieb auf dem Kurznachrichtendienst: »Piazza delle Erbe, 24 Grad. I love Italy!!!!!«

Im Vergleich zu den meisten anderen Luxusmarken, die das Internet scheuten, war Plein verdammt früh dran mit dem Online-Verkauf. Das Web galt damals noch als gesetzloser Raum, halb Spielhölle, halb Rotlichtzone. Wenn eine Luxusmarke einen E-Commerce-Shop eröffnete, dann wurde das so empfunden, als hätte sie auf der Reeperbahn neben dem Dollhouse oder dem Silbersack aufgemacht.

Heute stürzen sich alle Marken, mit Ausnahme von Chanel, ins Web. Mit ihren eigenen Shops und mit virtuellen Flächen auf Marktplätzen wie Farfetch, Tmall und JD.com, für die sie ein Dauerfeuerwerk auf Social Media veranstalten. »Social first«, lautet die Devise. Und dementsprechend ist der Chief Digital Officer zur Schlüsselposition geworden.

*

Obwohl es keiner in der Luxusbranche zugibt, war Plein im Digitalen ein Pionier. Auch heute noch kennt er den letzten Winkel seiner Internetseite. Als wir einmal in seinem Büro in Lugano zum Interview verabredet waren, tauchte er nicht auf.

Ich fand das seltsam, schließlich stand sein gelber Lamborghini draußen vor der Tür. Er musste also irgendwo im Haus sein. Schließlich fand ich in ihn im Glaskubus von Olga Burfan. Die Ukrainerin leitet den E-Commerce. Sie und Plein saßen vor einem Bildschirm und gestikulierten. »Komm rein«, sagte Plein zu mir. Ihm war aufgefallen, dass die Verkäufe an seine Topkunden schwächelten. Und jetzt wollte er von Olga wissen, woran das liegen könne.

Wenn es irgendwo hakt, dann verkrallt sich Plein in das Problem. Dann lässt er so lange nicht locker, bis es gelöst ist. Dabei spielt es keine Rolle, wo er sich gerade befindet. Im Juni 2022 lehnten wir auf der Mailänder Möbelmesse, dem Salone del Mobile, auf seinem Stand an der Bar. Er stellte seine Möbelkollektion vor und hatte einen Rolls-Royce in der Halle geparkt. In der Mitte kreiste unter Palmen eine Glitzercouch, auf dem sich ein Model räkelte. Trotz des ganzen Tamtams war Plein mit dem Kopf woanders. Er ärgerte sich über Farfetch. Über den Luxusmarktplatz schleust er große Volumina. Doch irgendetwas hatte Farfetch in den Tagen zuvor seiner Meinung nach verbockt, weswegen er auf 180 war. Er zeigte mir die WhatsApp-Nachricht, die er dem Farfetch-Vertriebschef geschickt hatte. Reinkopiert hatte Plein den Farfetch-Aktienkurs, der sich damals binnen weniger Monate halbiert hatte. Sinngemäß hatte Plein dem Farfetch-Topmanager geschrieben: »Kein Wunder, dass der Kurs fällt, wenn ihr solche Fehler macht.«

2010 fing Stefan bei Plein Vollzeit als E-Commerce-Chef an. Seinem ehemaligen Arbeitgeber Regis dankte er mit einem Abschiedsgeschenk. »Warte mal, ich hole es kurz«, sagt Regis, der über Video zugeschaltet ist. Er verschwindet aus dem Blickfeld und taucht mit einem Bowie-Messer mit langer, gezackter Klinge wieder auf. Es ist genauso eines, wie es Stallone im dritten Teil der *Rambo*-Serie schwingt. Es schwebt in der

Horizontalen, gehalten wird es von einem Holzblock, auf den Stefan »Rambo 3, MAB, Stefan Kout, 2007 bis 2010« geschnitzt hat. Regis umfasst das Holz, in dem die Waffe steckt, mit beiden Händen von links und rechts und muss grinsen: »Gut, oder?«

Mit einem flauen Magengefühl stieg Stefan in den Flieger nach Zürich, um dann mit dem Auto weiter nach Amriswil zu fahren. »Das war schon unheimlich für mich. Ich war der kleine Stefan aus Dinslaken, der zum großen Philipp Plein geht. Das war meine erste ›Out of the Box‹-Erfahrung.«

Plein erinnerte ihn an James Bond, was Stefan auf die Idee brachte, ein Video im »James-Bond-Style« zu schneiden. Sein einminütiges Werk taufte er *The Power of Philipp Plein.* Mit Adobe Premiere fügte er Aufnahmen der Ladeneröffnungen in Monte Carlo, Las Vegas, Moskau, Wien und St. Tropez aneinander. Zu sehen ist Plein mit Fußballstar Ronaldinho, umgeben von attraktiven Frauen mit einem Glas Champagner und backstage vor einer Modenschau. Das Ganze unterlegte Stefan mit einem Kino-Triumphmarsch und blendete zwischen den einzelnen Szenen Sätze wie »Monte Carlo war der Anfang. Jetzt erobern wir die Welt«, »Sky is the limit«, »We have enough ice to freeze the world« und »Nur Gott kann uns jetzt stoppen« ein.

Die Tour durch das Amriswil-Anwesen endete unten am Swimmingpool. Plein, der geredet und geredet hatte, verstummte und sagte nach einer Kunstpause zu Stefan: »Bevor du hier anfängst, musst du das Buch lesen.« Stefan fragte verdutzt: »Das Buch?«, worauf Plein antwortete: »*Die Kunst des Krieges.* Alle, die für mich arbeiten, müssen das lesen.«

Die Kunst des Krieges ist ein Werk des chinesischen Feldherrn Sunzi. Es soll um 500 v. Chr. entstanden sein und gilt damit als das früheste Buch über Strategie. Ich kenne es einzig und allein aus dem Film *Wall Street.* Der Finanzhai Gordon Gekko, gespielt von Michael Douglas, verführt den jungen Börsenmakler Bud Fox, verkörpert durch Charlie Sheen. In einer der berühmtesten Szenen des Filmklassikers aus dem Jahr 1987 sagt Gekko zu Fox: »Lies *Die Kunst des Krieges!* Jede Schlacht wird gewonnen, bevor sie jemals gekämpft wird. Lass dir das durch den Kopf gehen!«

Wesentlich fordernder drückte es Plein aus: »Du musst das Buch lesen. Ich werde dich testen, ob du es auswendig kennst.« Plein machte seine Drohung wahr. Er schickte Stefan Textnachrichten, schrieb ihm E-Mails und rief ihn an. Manchmal auch um Mitternacht. »Rambo, wie ist es an der Front?«

Einmal klingelte Plein durch, als er mit dem russischen Rapper Timati unterwegs war. »Ich bin hier mit Timati. Rambo, sag einmal ein paar deiner Sprüche auf.« Und Stefan gab Sentenzen aus Sunzi oder Zitate aus seinem Rambo- und Schwarzenegger-Repertoire zum Besten. »Plein hat mich andauernd aufgezogen. 24 Stunden an sieben Tagen in der Woche.«

In Arbon am Bodensee bezog Stefan eine Wohnung. Statt sich eine glitzernde Lederjacke von Plein herauszusuchen, gab er sich mit einem schlichten schwarzen T-Shirt mit Plein-Logo zufrieden. »Mode war mir egal. Ich wollte einfach eine Uniform anhaben. Jeden Tag dieselbe. Wie im Krieg.« Er bekam einen Dell-Laptop, ein Blackberry und einen Schreibtisch zugewiesen – und legte los.

Auf die Plein-Mitarbeiter machte der neue Kollege einen etwas skurrilen Eindruck. »Die dachten sich: Wo hat er den denn aufgegabelt?« Allein schon wegen seines Speiseplans. Stefan aß nur Fleisch. Proteine halt, um so stark wie Schwarzenegger zu werden. Entweder kochte er Würstchen im Wasser. Oder er holte sich 20 Chicken McNuggets von McDonald's oder einen Döner von der Dönerbude um die Ecke. Wenn er sich ein Steak gönnte, dann ohne Beilage. Bloß kein Gemüse. Dazu kippte er literweise Energy Drinks in sich hinein. Manchmal so viel, dass er fast einen Koffeinschock erlitt. In Meetings habe er Plein ab und an nicht mehr in die Augen gucken können, so aufgedreht sei er gewesen. »Plein dachte wohl, ich sei auf Kokain.«

Saßen alle in der Runde zusammen und diskutierten eine Plein-Idee, war es Stefan, der Plein selbst bei den ehrgeizigsten Vorhaben immer bestärkte. Wenn die anderen gebremst und »Nein, Philipp, das geht nicht, Philipp« gesagt hätten, habe er gerufen: »Das schaffen wir auf jeden Fall.«

Wegen dieser Einstellung, alles erreichen zu können, sei Plein in den ersten Wochen in Amriswil zu seinem Vorbild geworden: »Ich habe ihm das geglaubt, dass es immer einen Weg gibt. Von ihm habe ich viel darüber gelernt, wie man das Unmögliche möglich machen kann.«

Er erlebte aus nächster Nähe, wie Plein selbst an seine körperlichen Grenzen ging. Eines Tags kehrte Plein aus Mailand zurück, mit Schatten unter den Augen, und rief Stefan zu: »Rambo, ich habe zwei Tage lang nicht geschlafen. Wie sind die Sales?«

Ein anderes Mal dämmerte Plein mitten in einer seiner Motivationsreden ein. Seine Schwester Gloria rüttelte ihn an der Schulter: »Philipp, Philipp.« Plein berappelte sich und fragte, als ob nichts geschehen wäre: »Okay, Rambo, wie können wir mehr Sales haben?«

Manchmal jagte Plein Stefan auch ein bisschen Angst ein. Beispielsweise dann, wenn binnen Sekunden seine Stimmung wechselte. Wie an dem Abend, als er sich am Telefon mit seiner damaligen Partnerin Fernanda stritt und rumheulte. »I miss you so much«, schluchzte Plein ins Telefon. Kaum hatte er aufgelegt, wandte er sich Rambo zu: »Go, let's go!«

Es war ein besonderes Verhältnis. Plein sei wie ein »älterer Bruder« für ihn gewesen, sagt Stefan. Zusammen flogen sie nach Russland. »Wir waren in einem Industriegebiet in Moskau. Da saßen wir mit ganz reichen Russen an einem Tisch.« Plein brüstete sich mit Stefan und stellte ihn mit dem Satz vor: »Das ist Rambo, das ist unsere Superwaffe.« Stefan musste sich kneifen, als er das hörte: »Ich kam mir vor wie in einem neuen James-Bond-Film.«

Ein Privatleben, das diesen Namen verdient, hatte Stefan nicht. Er hatte zwar eine Freundin und fuhr gelegentlich nach München. Doch in der spärlichen Freizeit, die ihm blieb, werkelte er an Pleins Webshop weiter. Abends in seinem Apartment in Arbon. Oder am Wochenende in den Schweizer Bergen. Dann packte er seinen Laptop in den Rucksack und klappte ihn in der Höhenluft wieder auf. Von der Hütte schrieb er Plein Kurznachrichten wie: »Ich bin hier gerade im Gebirge auf Mission.«

Wer sich im Webshop einer Modemarke umschaut, hat Hunderte, ja Tausende Bilder vor sich. Jedes einzelne Produkt ist mehrmals fotografiert. Von vorn, von hinten, von der Seite. Es kann allein abgelichtet sein. Oder es wird getragen von einem Model. Jeder Artikel ist beschriftet. Detailliert wird dort aufgelistet, aus welchem Material er gefertigt ist und welche Eigenschaften er hat. Heutzutage beauftragen die Fashion-Brands spezialisierte Foto-Dienstleister damit, die Unmengen an Bildmaterial für sie zu erstellen. Bei Plein erledigte das am Anfang alles Stefan. Er zückte sein iPhone und gab alles, um Pleins riesige Kollektionen, die aus 2000 bis 3000 Teilen bestanden, abzuknipsen. Relativ schnell stellte er fest, dass es für ihn allein zu viel war. Deshalb holte er sich die Hilfe zweier Fotografen, von Francesco Bertola und Giovanni Mossina. Zu dritt quartierten sie sich in Pleins Mailänder Showroom auf der Via Bigli ein. Um 9 Uhr morgens fingen sie an und ackerten bis 4 Uhr in der Nacht durch. Francesco und Giovanni gingen nach Hause, schliefen, duschten und standen nach zwei oder drei Stunden wieder hinter der Kamera. Stefan blieb im Showroom und döste auf der Couch.

Da Plein am Anfang kein Budget für Models hatte, mussten Stefan, Francesco und Giovanni Figuren an- und ausziehen. Gerade bei engen Jeans, Leggins oder Shirts war das eine Schweißarbeit. Der erste kippte, der zweite hielt, und der dritte stülpte. Irgendwann war das Trio so eingespielt, dass jeder Handgriff saß. »Wir waren so effizient wie Arbeiter, die am Fließband einer Montagehalle stehen«, erinnert sich Giovanni.

Mit jedem Mal verfeinerten sie ihre Methode. Weil es anstrengend war, die Figur dauernd anheben und drehen zu müssen, um Pleins Mode von vorn, hinten und der Seite aus fotografieren zu können, ließ sich Giovanni von einem Handwerker ein Podest bauen. Es war ein Gestell mit einer Drehscheibe, dank der die Puppe mühelos um die eigene Achse bewegt werden konnte.

Wenn Fotografen heutzutage Artikel ablichten, dann lesen sie mit einem Scanner einen Barcode ein. Dadurch werden die Bilder automatisch dem Produkt zugewiesen. Eine solche Scanner-Pistole hatten Stefan, Francesco und Giovanni damals aber nicht, weswegen sie sämtliche Artikelnummern manuell in den Computer übertragen mussten.

»Wir riefen uns die Codes zu. ›B2C1421‹. Doch um vier Uhr morgens funktioniert dein Gehirn nicht mehr richtig.« Um nichts falsch zu machen, probierten sie es mit dem Funkalphabet. Leider war es nur bedingt nützlich, da sie es nicht richtig beherrschten. »Der eine sagte ›B wie Bologna‹, der andere ›B wie Berlin‹«, sagt Giovanni. »Das war echt der Wahnsinn.«

*

Richtig erfolgreich im Luxus-E-Commerce war Stylebop. Der Online-Modehändler, der später von Mytheresa abgehängt und heute dem Modefilialisten Peek & Cloppenburg gehört, der ihn als Teil des eigenen Webshops weiterführt, war in Deutschland damals die Nummer eins. Der Erfinder dahinter heißt Mario Eimuth. Er gründete den Onlinehandel im Jahr 2004, nachdem er Philosophie studiert und im Münchner Glockenbachviertel einen hippen Modeladen eröffnet hatte. Zu den Hochzeiten war Stylebop dreimal so groß wie Mytheresa. In einem Interview sagte Eimuth: »Wir haben einen anderen Stellenwert als die Boutique an der Ecke, ja. Früher war man eine kleine Geige in einem großen Orchester. Jetzt kann man auch mal den Ton angeben.«

Für Plein war Stylebop im Netz das Nonplusultra. Deswegen klopfte er 2010 bei der Agentur an, die den Online-Marketing-Etat von Stylebop verwaltete: One Advertising in München. Deren Inhaber Paavo Spieker ist eigentlich mit allen sofort beim Du. »Ich bin halber Finne. In Finnland duzt man.« Nur nicht mit Plein. »Wir siezten uns. Er war Herr Plein, ich war Herr Spieker. Ich fand's cool.«

In dem Moment, als Spieker erstmals vor Pleins Villa in Amriswil vorfuhr, ging gerade die Tür auf. Heraus trat Jean-Remy von Matt, Co-Gründer der Agentur Jung von Matt und Star der Werbeszene. Paavo war beeindruckt, schließlich war von Matt nicht dafür bekannt, Hausbesuche zu machen. Meistens kamen die Kunden zu ihm, nicht umgekehrt. Imponierend fand er auch den Swimmingpool, in dem das Plein-Logo am Boden durchschimmerte. Paavo dachte sich: Der meint es ernst.

Dass Plein auch anders dachte und handelte als der durchschnittliche Modeschaffende, merkte Paavo schnell. »Der ist ein Macher.« Plein sei nicht »egogetrieben« gewesen. Ihm sei es nicht darum gegangen, mit dem Webshop einen Schönheitspreis zu gewinnen, sondern halt möglichst viel zu verkaufen. »Mit Respekt sage ich: Das hätte auch eine Schraubenfirma sein können.«

Plein habe viele Fragen gestellt. Er habe genau verstehen wollen, wie der Google-Algorithmus funktioniert. Beim Budget ließ er sich nicht lumpen. Monatlich gab Plein zwischen 50.000 und 100.000 Euro für das Online-Marketing aus. Im Gegenzug wollte er allerdings genau wissen, ob es sich rentiere. Das Prinzip Kosten-Nutzen-Relation beherrschte Plein aus dem Effeff. Deshalb fragte er nach, woher die Kunden kämen, die im Webshop einkauften. Hatten sie nach der Marke Plein gesucht? Oder hatten sie einen generischen Begriff wie »Designerjeans« gegoogelt? Das ist ein gewaltiger Unterschied, schließlich ist der Kunde, der nur das Produkt gesucht hat und dann auf der Seite landet, in der Währung des Suchmaschinenmarketings wertvoller, da er die Marke Plein nicht gekannt hat und nur aufgrund der Onlinewerbung auf Pleins Seite gelangt ist.

Die Deckungsbeiträge seiner Produkte hatte Plein alle parat. »Er war blitzschnell im Kopfrechnen.« Und genauso schnell, wie er rechnete, traf er auch Entscheidungen. Paavo erinnert sich an ein Meeting mit Plein und Stefan, in dem Plein auf einmal losschimpfte: »Herr Spieker, es ist alles scheiße. Wir kriegen online nur die T-Shirts los, die 89 Euro kosten. Stattdessen sollten wir die Jeanshose verkaufen, die 289 Euro kostet. Da haben wir einen ganz anderen Deckungsbeitrag.«

Eine Weile diskutierten sie, bis Paavo fragte: »Herr Plein, warum erhöhen Sie nicht einfach den Preis der T-Shirts?« Plein dachte kurz nach und rief nach Stefan, der gerade nicht im Raum war: »Rambo, hebe mal den Preis für die T-Shirts auf 289 Euro an.« Rückblickend sagt Paavo: »Das war für mich Philipp Plein. Andere hätten erst 33 Leute gefragt, was sie von solch einer Preiserhöhung halten. Er hat's einfach mal gemacht. Die T-Shirts verkauften sich trotzdem gut.«

Die Onlinekurve zeigte steil nach oben. 2011 erwirtschaftete Plein schon 4 Millionen Euro im Netz. Es brummte. Doch in Stefan brannte das Feuer nicht mehr so stark. Er hatte jetzt mehrere Mitarbeiter. »Das war ein Riesenteam.« Er war sich nicht sicher, was er noch beitragen konnte. Er fühlte sich fast schon ein wenig überflüssig. »Für mich war die Mission zu Ende.«

Los Angeles, Schwarzenegger, Stallone kamen ihm wieder in den Sinn. Er bewarb sich in L.A., bekam die Stelle und teilte Plein seinen Abschied mit. In Konstanz trafen sie sich. Plein nannte ihn nicht mehr »Rambo«, sondern »Herr Kout«. Er stockte sein Gehalt, das im Vergleich zu dem der anderen Mitarbeiter eh schon üppig war, weiter auf und überredete ihn zu bleiben. Aber nur für kurze Zeit. »Ich saß in Zürich in meinem Loft. Das war ein richtig teures Loft. Das war quasi mein Traumleben. Sicherer Job, beste Position, viel Geld«, sagt Stefan. Doch er sei traurig gewesen. »Ich fühlte mich so, als ob ich meinem Traum nicht nachgehe.«

Wieder meldete sich eine Firma aus Los Angeles. Ein Schmucklabel. Dieses Mal hielt Stefan nichts mehr. Er kaufte sich das Ticket, stieg in den Flieger und landete am 5. Mai 2012 in L. A. »Da war es vorbei.« Seitdem hat er Plein weder gesehen noch gesprochen.

In den zehn Jahren in den USA hat Stefan einiges durchgemacht. »Ich war so oft schon fast tot hier.« Er meint das wörtlich. Auf seinem Rücken entdeckte er ein Karzinom. Hautkrebs. Er stellte seine Ernährung um, fing mit dem Meditieren an. »Ich habe mich spirituell weiterentwickelt.«

Inzwischen ist er geheilt. Damit er nicht vergisst, auf sich zu achten, hat er in seinem Büro ein Whiteboard aufgestellt, das er mit einem Filzstift in Abschnitte aufgeteilt hat. Eine Spalte hat er mit dem Wort »Gesundheit« überschrieben. »Alle Aspekte des Lebens sind wichtig.«

Intensiv lebt er immer noch. Jeden Morgen steht er um 4:30 Uhr auf. Denn wenn der amerikanische Börsenhandel um 9:30 Uhr New Yorker Zeit beginnt, ist es bei ihm in Santa Monica an der Westküste erst 6:30 Uhr. Pünktlich zum Handelsstart verschickt Stefan seinen Newsletter an die Abonnenten. Dann beginnt der »Trade War«, der »Krieg an der Börse«. Rambo lebt. Dieses Mal kämpft er sich nicht durch den Wald, den Dschungel oder die Steppe, sondern halt durch das Finanzlabyrinth.

An Plein denkt Stefan immer noch. »Wenn du einen Traum hast und alles für ihn gibst, jeden Tag, dann wirst du gewinnen. Egal, wie dunkel es in deinem Leben ist, am Ende rettet dir irgendwas den Arsch. Das habe ich bei Philipp Plein gesehen.« Wir verabschieden uns. »Richte ihm einen Gruß aus.«

Ich vernetze die beiden. Und siehe da, ein paar Wochen später schickt mir Stefan ein Bild. Auf ihm ist er neben Plein zu sehen. Die zwei lehnen in Los Angeles vor einer mit Graffitis besprühten Garagenwand. Plein hat die Finger seiner rechten Hand zum Victory-Zeichen gespreizt. Rambo is back!

KAPITEL VIERZEHN: AUF DER KÖ

Nennen wir es den Einkaufsstraßentest. Wer abschätzen will, welche Modemarken stark sind, braucht einfach nur eine der wichtigsten Shoppingmeilen Deutschlands abzulaufen. Denn wenn sich eine Brand die astronomische Miete leisten kann, macht sie bestimmt etwas richtig.

Ausgesucht habe ich mir die Königsallee in Düsseldorf. Vom Tritonenbrunnen marschiere ich los in Richtung Süden und spaziere an lauter ausländischen Brands vorbei. Ich passiere zuerst Louis Vuitton (Frankreich), dann Moncler (Italien), Gucci (Italien) und Burberry (Großbritannien), bis ich den ersten deutschen Namen erblicke: Philipp Plein.

Seit mehr als zehn Jahren ist Plein schon auf der Königsallee, die im Volksmund »Kö« genannt wird. Es ist sein erster Laden in Deutschland gewesen. Und der erste überhaupt, den er in Eigenregie betreibt. Der Verkauf über eigene Läden ist für Modedesigner verlockend. Denn wer eigene Läden hat, der spart sich die Marge, die er an Boutiquen und Warenhäuser abdrücken muss. Es ist durchaus üblich, dass der Verkaufspreis an den Endkunden zwei- bis dreimal so hoch ist wie der Einkaufspreis für den Modehändler. Ein Teil, das der Designer für 50 Euro herstellt und für 150 Euro an den Händler verkauft, kostet im Laden 450 Euro. Hat der Designer selbst Läden, dann kassiert er also nicht nur 150 Euro, sondern die ganzen 450 Euro, die der Kunde auf die Theke legt. Allerdings gelingt der Sprung hin zu eigenen Läden nur einer Minderheit. Das liegt daran, dass Retail teuer und riskant ist. Wer einen Store aufmacht, der hat auf einmal Kosten für Miete, Personal und Ware. Die Geschichte der Mode ist voll von Labels, die auf Prachtboulevards Läden aufmachten und sie dann nach kurzer Zeit mit horrenden Verlusten wieder schließen mussten.

Es war Franca Sozzani, die langjährige Chefredakteurin der italienischen *Vogue*, die Plein dazu ermuntert hatte, eigene Läden zu eröffnen. »Ich sollte dir das eigentlich nicht sagen. Aber du solltest keine Werbung in meinem Magazin schalten. Denn die Menschen müssen das Magazin kaufen, damit sie deine Anzeige sehen. Du solltest lieber Läden aufmachen. Ein Schaufenster ist kostenlos. Jeder auf der Straße sieht es und kann deinen Laden betreten«, habe Sozzani ihm geraten. »Nimm dein Geld und mache Läden auf.«

Wer auf der Internetseite Pleins auf den Store-Locator klickt, der hat eine Landkarte vor sich, auf der mit weißen Kreisen die Läden markiert sind. Plein hat sich auf dem gesamten Erdball ausgebreitet. Sein Reich spannt sich von der amerikanischen Westküste bis nach Südkorea. Stand November 2022 hatte er 40 eigene Läden, 30 Outlets und 40 Franchise-Stores.

Er hat sich behutsam rangetastet. Und machte es wieder einmal anders als der Rest.

*

Seinen ersten Shop eröffnete Plein im P1. Die Nobeldiskothek ist die Münchner Antwort auf das Studio 54 in New York. Gastronom Michael Käfer und Franz Rauch etablierten den Club als Mekka für Nachtschwärmer, in dem die Kicker des FC Bayern es genauso krachen lassen wie Topmodel Naomi Campbell oder Sängerin Nicole Scherzinger.

Das P1 genießt den Ruf, eine der härtesten Türen Deutschlands zu sein. 2002 zog Pleins Mitarbeiterin Janine Fichna nach München. »Die ersten zwei Jahre kam ich nicht rein.« Irgendwann hatte sie die Barriere überwunden und wurde Stammgast. Nachdem sie bei Plein angefangen hatte, kam sie mit dem Eventmanager des P1 ins Gespräch. Der war begeistert, als sie ihm erzählte, für wen sie arbeitete, und sagte: »Philipp Plein? Boah, geil, ich würde auch gern die Jacke haben.«

Das war das Einfallstor für Plein, der Janine auftrug: »Rede doch mal mit denen, was wir zusammen machen können.« Das P1 schlug Plein vor, die Terrasse umzugestalten. Plein zögerte keine Sekunde und ließ sich die Aktion »Pimp the P1-Terrace« einfallen. Er schob die roten Sofas weg und stellte schwarze Krokoleder-Couches hin. Die längste maß sechseinhalb Meter und zog sich an der Theke entlang, über die Plein einen ultraflachen Plasmabildschirm hängte. Als Wohlfühlzugabe gab es eine Hollywoodschaukel. Überall verteilte Plein Kissen mit seinem Swarovski-Totenkopf.

Seine Kollektion präsentierte Plein auf einer Fläche, die er mit dem Architekten Stefan Mauritz so gestaltete, dass sie wie die Ankleide in seinem Haus in der Dietlindenstraße aussah. »Schwarzer Boden, schwarze Wände. Das war cool und sehr nachtclubmäßig«, sagt Stefan.

Die T-Shirts und Jacken wurden zum Renner. Weil es sie in München eben nur im P1 gab, geschah das Gleiche wie mit H'ugo's Trüffelpizza, die auch nur in dem exklusiven Club zu haben war. Viele Menschen bettelten den Türsteher an, sie kurz reinzulassen, um sich eine Pizza zu holen: »Ich gehe rein und gleich wieder raus. Ich will nur die Pizza.« Und ähnlich verhielt es sich mit Pleins Mode.

*

Den nächsten Schritt ging Plein mit Franchisenehmern. Sie schulterten das finanzielle Risiko und kannten ihre lokale Klientel. Im August 2009 eröffnete er im Einkaufszentrum Le Métropole im Fürstentum Monte Carlo seinen ersten Philipp-Plein-Laden in Europa. Partnerin war Mercedeh Libellio, der mehrere Schuhläden gehören, in denen sich Stars wie die Sängerin Pink ihre High Heels und Stiefel kaufen, mit ihrem Mann.

Das Powerpaar ist im Schuhhandel an der Côte d'Azur eine Macht und weiß genau, welche Modeteile ihrer Klientel gefallen und welche nicht. Für Plein war es eine unglaublich wichtige Starthilfe, die Mercedeh-Macher an seiner Seite zu haben. Zur Einweihungsfeier stellte er einen goldenen Rolls-Royce vor die Tür. Innen drin richtete er eine Theke aus Hochglanz-Edelstahl ein, die Mario Babock geschweißt hatte. Die Theke war so empfindlich, dass Plein empfohlen wurde, sie mit Damenbinden zu polieren. Er befolgte den Rat und deckte sich in der Drogerie mit einem Vorrat ein.

Im Februar 2010 folgte in Wien der zweite Philipp-Plein-Store. Dieses Mal tat sich Plein mit Ernst und Manuela Fischer zusammen. Die *Kronen Zeitung* verpasste Ernst Fischer einst den Spitznamen »Wiener-Innenstadt-Rebell«, weil der Modehändler an Adventssonntagen aufsperrte, um gegen das gesetzliche Verkaufsverbot am Sonntag zu protestieren. Am Anfang führte das Ehepaar Fischer die Marke Philipp Plein in ihrem Laden Fisher's Focus am Bauernmarkt. Entdeckt hatten die Fischers Plein auf der Bread & Butter in Barcelona. »Er hatte da zwei Jacken hingehängt. Meine Frau meinte, sie müsse das unbedingt haben«, sagt

Ernst. Mit der Zeit wurde das Plein-Sortiment immer größer. »Wir haben uns langsam aneinander hochgearbeitet.«

Schließlich habe Plein ihnen vorgeschlagen, einen Philipp-Plein-Laden aufzumachen. »Was den Verkauf betrifft, war Plein immer relativ engagiert, um es einmal freundlich zu sagen. Er hat uns diesen Laden ziemlich aufs Auge gedrückt«, sagt Ernst. »Er hat uns halb gezogen, wir sind halb gefallen.« Zuerst widmeten sie Plein ein halbes Stockwerk, dann den ganzen Laden. »Es ist eigentlich immer ganz gut ausgegangen.« Bis heute sind die Fischers dabei.

*

Mitte November 2011 in Düsseldorf wagte es Plein selbst. Der entscheidende Kniff war, dass Plein den Immobilienunternehmer Uwe Reppegather überzeugt hatte, als Mitgesellschafter einzusteigen und die Finanzierung zu stemmen. Der Zweimetermann, der aus Überzeugung Pferdeschwanz trägt, gilt als der inoffizielle König der Kö und hat sich über die Jahre ein dickes Stück der Luxusmeile einverleibt. Jetzt hat er sich an sein bislang wohl spektakulärstes Vorhaben gewagt. Mithilfe des Stararchitekten Santiago Calatrava, der den Boulevard überdachen soll, will er den Kö-Abschnitt in ein »Luxusquartier mit internationaler Strahlkraft« verwandeln, das eine Handels- und Gastronomiefläche von 15.000 Quadratmetern umfasst. 1 Milliarde Euro lässt Reppegather springen. »Dieses Projekt von internationaler Ausstrahlung kann ein neues Wahrzeichen für die schönste Einkaufsstraße Europas werden«, sagt er. Bis 2028 soll es fertig sein.

Reppegather denkt wie Plein groß. Zu groß vielleicht …? Denn Berichten zufolge hat Reppegathers Centrum-Gruppe wegen »massiver Kostensteigerungen, höherer Zinsen und einem quasi zum Erliegen gekommenen Investmentmarkt« im

Sommer 2023 Insolvenz beantragt und ein Sanierungsverfahren in Eigenverantwortung gestartet. Wie es mit Reppegather und seinem Megaprojekt weitergeht, beschäftigt nicht nur die Stadt Düsseldorf, sondern die ganze deutsche Immobilienszene. Denn Reppegather ist eine ganz große Nummer in der Branche, sein Werdegang ist außergewöhnlich. Er hat keine Business School besucht, sondern ist gleich nach dem Hauptschulabschluss ins Berufsleben gestartet. Den Grundstein für seine Karriere legte er nach der Wende im Osten Deutschlands. Er und sein Bruder kauften den Bürgern, die enteignet worden waren, ihre Rückforderungsansprüche ab und reprivatisierten sie. Sie kauften, sanierten und verkauften Wohnungen in den neuen Bundesländern. Zurück im Westen gründete Reppegather Centrum und konzentrierte sich fortan auf Häuser für den Einzelhandel, die er gern an Modeketten wie Esprit, H&M und Mango vermietete.

Auf der Kö in Düsseldorf stellte Reppegather das Einkaufszentrum Sevens hin. Eine Dekade lang war es eine Enttäuschung. Den Besuchern war es zu verschachtelt und zu dunkel. Das System der Rolltreppen war kompliziert, die Aufzüge waren überlastet. 2011 beschloss Reppegather, das Sevens umzubauen und neue Mieter mit Prestige anzulocken. Als Zugpferd wählte er Philipp Plein. »Philipp Plein passt mit seiner luxuriösen und zugleich trendigen Mode gut hinein«, sagte Reppegather. Den Kontakt zwischen Plein und Reppegather hatte PR-Profi Alain Midzic vermittelt.

Plein und Reppegather gründeten die Gesellschaft PP Retail GmbH, an der sie jeweils die Hälfte hielten. Als erste Geschäftsführerin wurde Pleins Schwester Gloria eingesetzt. Die Partnerschaft zwischen Reppegather und Plein währte drei Jahre, 2014 übernahm Plein die GmbH komplett.

*

Der erste deutsche Laden war ein Schlüsselmoment für Plein. Von da an wurde er nicht nur im Ausland, sondern endgültig auch in seiner Heimat Deutschland als Modeunternehmer wahrgenommen. »Der fleißige Goldjunge«, titelte das Fachmagazin *TextilWirtschaft* anerkennend und schrieb: »Philipp Plein hat vieles richtig gemacht. Er hat das geschafft, wovon viele träumen.«

Die Eröffnungsparty schenkte Plein in Deutschland eine enorme mediale Aufmerksamkeit. Plein begnügte sich nicht damit, einfach nur ein paar Luftballons an den Eingang zu hängen, leckere Schnittchen zu servieren und Champagner auszuschenken. Stattdessen zauberte er eine Red-Carpet-Atmosphäre auf die Kö, die genauso gut nach Los Angeles oder Cannes gepasst hätte.

Alles andere hätte auch nicht zu Plein gepasst, der er in Düsseldorf schon einige aufsehenerregende Aktionen durchgezogen hatte. Im Februar 2009 lud er zu seiner Fashion Show ins Intercontinental ein. Die Gäste hatten sich unten in der Lobby versammelt und wunderten sich, wo Plein abgeblieben war. Auf einmal durchschnitt ein Scheinwerferstrahl die Halle und tauchte die Fassade in ein helles Licht. Weit oben war Plein zu sehen, der am Seil die Wand senkrecht nach unten lief. Die Idee war Plein gekommen, als er nach einer Preisverleihung in der Lobby gesessen hatte und sein Blick in die Höhe gewandert war. Er hatte Jochen Schweizer angerufen, der als der Wegbereiter des Bungee-Springens in Deutschland gilt und solche Vertical Catwalks anbietet. Angst hatte er nicht, als er in die Tiefe schaute. »Ich habe Angst vorm Fliegen. Ich war nicht so begeistert, da runterzulaufen. Albträume hatte ich deswegen aber keine. Ich hab's halt gemacht. Und ich hab's überlebt«, sagt Plein. »Das war jetzt nicht die größte Heldentat meines Lebens.«

Für die Store-Premiere bot Plein alles auf, was Rang und

Namen hatte. Hollywood-Star Adrien Brody, der für das Holocaust-Drama *Der Pianist* den Oscar als bester Hauptdarsteller gewonnen hatte, reiste an. Genauso wie die Rapperin Eve, die aus San Francisco eingeflogen war, der russische Hip-Hopper Timati und Baptiste Giabiconi, die Muse Karl Lagerfelds. Deutsche Prominenz und Semi-Prominenz war auch zugegen. Tennis-Ass Boris Becker lief mit Krücken ein. Formel-1-Rennfahrer Heinz-Harald Frentzen schaute vorbei. Verona Pooth, Sophia Thomalla, Schauspieler Mark Keller sowie die Familie Ohoven waren da. »Philipp Plein macht einfach wunderschöne Mode«, sagte Chiara Ohoven. »Ich hoffe natürlich, ein paar ganz besondere Einzelstücke zu sehen. Philipp traut sich etwas mehr als andere Designer. Das zeichnet ihn aus«, sagte Kristina Liliana Chudinova, Model und Ex-Frau von Lothar Matthäus.

Auf die Beine gestellt hatte die Megaparty eine junge Frau, die gerade frisch von der Universität gekommen war: Lara Stahl.

*

Plein hatte sie zur Kommunikations- und Marketingchefin ernannt, als sie 21 Jahre alt war. Für die Einweihung des Düsseldorfer Ladens hatte er ein Budget von 1,2 Millionen Euro eingeräumt. Plein sparte sich das Geld für eine Eventagentur und übertrug Stahl die Verantwortung. »Sie kriegen das gut hin«, habe er ihr gesagt, erinnert sich Stahl. Sie staunt rückblickend darüber, wie viel Vertrauen ihr Plein entgegenbrachte, obwohl sie damals kaum Erfahrung mitbrachte. »Er hat mir von Tag eins an dieses Selbstbewusstsein eingeimpft. Er hielt das alles für total selbstverständlich. Und dadurch habe ich es auch gelebt«, sagt sie.

Nach Praktika bei Peek & Cloppenburg und Marc O'Polo hatte Stahl zwei Angebote auf dem Tisch liegen: das eine von Michael Michalsky, das andere von Plein. Sie entschied sich für

Plein. »Ich habe es gefeiert, dass die Marke Plein für ein lautes Produkt stand. Rebellisch, anders. Und auch Plein war so ganz anders als die aalglatte Modewelt. Das alles war beruflich sehr spannend für mich.«

Mit den Ausschlag gab das Bewerbungsgespräch. Stahl war nach Amriswil gefahren, wo sie Plein zum ersten Mal persönlich begegnete. »Ich stand in diesem früheren Pferdestall, er kam von seiner Villa rüber und stellte sich mir vor: ›Ich bin Philipp Plein.‹«

Er sei »nett und zugänglich« gewesen, aber förmlich geblieben. »Wir siezten uns. Und die Zeit, in der ich im Unternehmen war, blieben wir beim Sie.« Plein redete nicht über das, was er bereits vollbracht hatte, sondern über das, was er als Nächstes anpacken wollte. Er habe eine »Faszination im Blick« gehabt, ein »Glitzern in den Augen«. »Er war von Ideen angefixt. Und er hatte immer wieder ein nächstes großes Ereignis, dem er entgegenfieberte.«

Sobald sie bei Plein unterschrieben hatte, hatte Stahl kaum Privatleben und arbeitete oft bis spät in die Nacht. »Ich gab alles für den Job. Das war ein Stück weit auch die Erwartungshaltung von ihm.« Sie jettete um den Globus. Alles vollzog sich wie im Zeitraffer.

Sie flog zum Kampagnen-Shoot mit Kim Kardashian nach Los Angeles. »Wir kriegten das Jacken-Outfit nicht so schnell hin, und jemand musste das Shooting betreuen. Also mache ich das. Zack, sitze ich im Flieger nach L.A.« Sie flog für einen Pressetag nach Russland. »Es hieß: ›Wir machen einfach gleich auch ein Event dort.‹ Zack, sitze ich im Flieger nach Moskau.«

Stahl besuchte weltweit Redaktionen, Zeitungen und Modemagazine. Oft auch gemeinsam mit Plein. Die Rollenverteilung hatten sie teilweise vorab abgesprochen. »Sie sind Good Cop, ich bin Bad Cop«, habe Plein gern gesagt. Mit den Chefredakteurinnen und Chefredakteuren hätten sie nicht nur über die neuesten Kollektionen, die Fashion Show und anstehenden Events, sondern auch über die Zahlen gesprochen.

Plein habe ohne Umschweife darüber gesprochen, wie groß das Anzeigenvolumen gewesen sei und was er sich im Gegenzug an redaktioneller Unterstützung gewünscht habe. Ihm sei es, »ganz der Geschäftsmann«, um den »Return of Investment« gegangen.

*

Die Beziehung zur deutschen Presse war und ist für Plein eine Hassliebe. Es ist die die Eröffnungsparty in Düsseldorf gewesen, die die deutsche Presse auf Plein neugierig machte.

Eineinhalb Monate hatte Stahl mit einem kleinen Team Zeit, um alles auf die Beine zu stellen. Es war verdammt wenig, weswegen sie all ihre Kräfte mobilisieren musste. »Mit Anfang 20 kannst du auch einfach mal fünf Nächte durcharbeiten«, sagt sie. Sie übernahm mit ihrem Team die Event-Organisation und PR-Arbeit. Alain Midzic kümmerte sich um das Celebrity Management.

Mit der Stadt Düsseldorf brütete sie über den Rohbauplänen des Sevens. Sie lief die Sicherheitswege ab, besprach die Auflagen für den Brandschutz und die Sicherheitsabstände. Minutiös wurde festgelegt, was wann stattfand, wo die Bühne stehen, wo die Lautsprecherbox hinkommen und wo das Büffet aufgebaut werden sollte. Da die anderen Marken im Einkaufszentrum auf den Bildern nicht zu sehen sein sollten, musste sie abklären, ob und wie die Läden und die Front des Sevens verhüllt werden durften.

Bis zur letzten Minute war es ein Ringen mit der deutschen Bürokratie, die sich quergestellt und sie habe zappeln lassen:

»Wir hätten fast die Genehmigung nicht bekommen.« Irgendwann hatte sie grünes Licht. Der Abend begann. Die internationalen Stars waren kurz vor der Ankunft. Die ersten Journalisten standen im Sevens, TV-Crews bauten ihre Kameras auf. Und im Laden wurde vor der Shop-Enthüllung noch gefegt.

Am Ende ging alles glatt. Selbst Dirk Elbers, damals der Düsseldorfer Oberbürgermeister, erschien. Stahl hatte ihm einen »handschriftlichen Brief« geschrieben, in dem sie ihn bat, eine Rede zu halten. OB Elbers ließ sich nicht zweimal bitten. Er kam mit Gattin und begrüßte Plein in der Modestadt Düsseldorf: »Gerade die Kö ist international von großer Bedeutung. Wohin würde Philipp Pleins neue Kollektion also besser passen als in die Landeshauptstadt?«

»Es war ein zauberhafter Abend. Tolle Momente, tolle Veröffentlichungen in der Presse«, sagt Stahl. »Das Event hat wieder einmal gezeigt, wie weit einen die Can-do-Attitüde bringen kann.«

*

Die Eröffnungsparty war ein Erfolg. Gleiches lässt sich vom Düsseldorfer Laden nicht behaupten. In den zehn Jahren seines Bestehens hat er Plein viel Ärger und zuletzt auch hohe Verluste eingebrockt. Er ist richtig angefasst, wenn man ihn auf den Store anspricht.

»Deutschland ist das größte Problem im Retail«, schimpft Plein, der mit mir in seinem New Yorker Townhouse auf der Couch sitzt. Gerade Düsseldorf sei eine »Riesenbaustelle«. »Das ist der Laden, der am meisten Historie hat, der die meisten Kundendaten haben sollte. Der wurde einfach runtergewirtschaftet, kein Mensch hat sich um ihn gekümmert. Das ist einfach nur schade.«

Einzelhandel hört sich für den Laien simpel an: einen Laden mieten, Personal anstellen, Ware einräumen, verkaufen, fertig. In Wahrheit ist Retail eine Wissenschaft. »Retail is Detail«, lautet ein Bonmot. Die richtige Ware muss zur richtigen Zeit in der richtigen Menge am richtigen Ort sein. Ist ein Artikel ausverkauft, muss er schnell nachbestellt und nachgeliefert werden können.

Das Zeitalter des E-Commerce hat alles noch komplizierter gemacht. »Omnichannel« lautet die Devise. Wo auch immer der Kunde bestellt, es muss alles reibungslos vonstattengehen. Im Internet bestellen, im Laden abholen. Im Laden anprobieren, sich alles nach Hause schicken lassen. Das setzt voraus, dass die Firma stets genau weiß, wo sie welchen Artikel auf Lager hat.

Die Ansprüche der Kunden sind gewachsen. Sie erwarten eine große Auswahl, Topservice und schnelle Lieferungen. Das weiß auch Plein, der selbst unzufrieden mit seiner Firma ist: »Wir sind kein Retailer.«

Die Mängelliste Pleins ist lang. »Einmal ist der Laden zu klein, ein anderes Mal ist das Lager zu klein. Einmal haben wir zu viel Ware, ein anderes Mal haben wir nicht genug Ware. Es fehlen die klaren Bestseller, die wir pushen. Haben wir mal einen Bestseller, dann ist er sofort ausverkauft, und es dauert zu lange, ihn nachzuproduzieren«, grummelt er. »Es ist extrem schwierig, im Retail erfolgreich zu sein. Wir müssen die Retail-Kultur in die Köpfe unserer Mitarbeiter reinhämmern.«

*

Seit mehr als zehn Jahren doktert Plein am Retail herum. Im Sommer 2011, also ein paar Monate vor der Einweihung des Düsseldorfer Ladens, hatte er Kevin Ziegler zum Bewerbungsgespräch nach Amriswil gebeten. Ziegler war damals bei Peek & Cloppenburg angestellt. Im Modehandel galt

Peek & Cloppenburg, oder kurz P&C, als Goldstandard. Wenn einer mit spitzem Bleistift rechnete, dann P&C. Dass der Händler im März 2023 unter einen Schutzschirm geflüchtet ist, war für viele ein Schock.

Das Retail-Renommee von P&C war Plein bekannt. Er empfing Ziegler mit den Worten: »Wir brauchen jemanden, der Retail versteht, der aus einer guten Schule kommt.« Plein habe P&C als »Militärakademie« bezeichnet, erinnert sich Ziegler. Er habe gesagt: »Die bei P&C sind top gedrillt, die können mit Zahlen, Daten, Fakten arbeiten, die haben das Einmaleins verstanden.«

Schließlich sagte Ziegler zu – und stellte fest, dass das, was eigentlich unmöglich scheint, bei Plein doch irgendwie möglich ist. Wie zwei Läden nahezu gleichzeitig zu eröffnen. Plein hatte sich in den Kopf gesetzt, nach Düsseldorf im November unbedingt vor Weihnachten auch noch auf dem Kurfürstendamm in Berlin aufzumachen. Das brachte es aber mit sich, dass die Eröffnung in Berlin mit der auf der Luxusmeile P.C. Hooftstraat in Amsterdam zusammenfiel.

Für Ziegler bedeutete das, 48 Stunden ohne Pause durchzuackern. Er jettete nach Amsterdam, sah dort nach dem Rechten, und reiste weiter nach Berlin, wo der knapp 400 Quadratmeter große Laden noch wie ein »Rohbau« aussah. Innen drin wurde an allen Ecken und Enden gebohrt und gehämmert. »Boden, Decke, Möbel, Wände, Licht, an allem wurde zeitgleich gearbeitet«, erinnert sich Ziegler, der das völlig absurd fand: »Wie will man denn den Boden machen, wenn die Leute Möbel reintragen? Oder wie will man Möbel an die Wand bringen, wenn die Decke noch nicht gemacht ist? Oder wie will man Möbel ausrichten, wenn noch nicht einmal Beleuchtung da ist? Der Laden sah nach allem aus, nur nicht nach einem Laden, den man aufmachen konnte.«

Trotzdem ging es irgendwie. Nachdem alle Tag und Nacht geschuftet hatten, war der Laden fertig und die Ware eingeräumt. Plein reiste aus Amsterdam an und inspizierte gemeinsam mit den Firmen, die sich um die Interior-Gewerke gekümmert hatten, den Laden. »Den Rundgang werde er nie vergessen«, sagt Ziegler. »Ich war ja schon 48 Stunden wach. Da fing Plein an, den Geschäftsführern der Firmen, die den Laden gebaut hatten, Vorwürfe zu machen. Er wollte wissen, warum hier im Möbelstück eine Macke drin sei, warum dort der Boden noch nicht glatt sei.« Dann habe er gesagt: »Ich bezahle nichts, bis diese Makel nicht korrigiert sind.«

Plein schaltete seine Anwältin ein, Antje-Christina Gromann. Die Nürnberger Juristin, die Plein einst mit seinen Strafzetteln half, sei die »rechte Hand des Teufels«, sagt einer, der mit ihr schon einmal zu tun hatte. Er sagt es halb im Scherz, aber eben nur halb. Denn wenn Gromann anrückt, kann es für die, die Plein auf dem Kieker hat, unangenehm werden.

Im Fall des Berliner Ladens habe Gromann versucht, »ein Stück weit gegen die Baukosten zu ledern« und »an den Verträgen rumzumachen«, meint Ziegler. »Am Ende hat er bezahlt, aber wahrscheinlich weniger, als ursprünglich angedacht gewesen war.«

*

Das größte Abenteuer erlebte Ziegler in Baku. In der Hauptstadt Aserbaidschans eröffnete ein Partner einen Plein-Laden. Wer in das Land einreisen will, benötigt ein Visum. Zumindest der deutsche Durchschnittsbürger. Für Plein gelten andere Regeln. Plein, Ennio und Ziegler standen am Schalter von Azerbaijan Airlines am Flughafen in Rom. Ein Visum hatten sie nicht, weswegen die Dame beim Check-in den Kopf schüttelte: »Sorry, you don't have any visa in your passports, you cannot enter.«

Doch irgendjemand, der in Aserbaidschan anscheinend gut verdrahtet ist, hatte im Hintergrund schon die Strippen gezogen. Jedenfalls tippte ein zweiter Mitarbeiter seiner Kollegin auf die Schulter, guckte sie streng an und meinte zu ihr: »No, they have a visa. Please stamp here.« Sie leistete Gehorsam. »Sie klopfte auf Befehl drei Stempel rein, ohne dass wir den Papierkram hatten.«

Eine Portion Glück mag mit im Spiel gewesen sein. Denn ungefähr zur selben Zeit trug Baku damals den Eurovision Song Contest aus. Schließlich hatte das aserbaidschanische Gesangsduo Ell & Nikki den Gesangswettbewerb im Jahr zuvor gewonnen. Die Regierung von Staatspräsident Ilham Alijew sah das als Chance, sich als weltoffen und gastfreundlich zu präsentieren. Mit anderen Worten: Es wurde wohl bei dem einen oder anderen Gast ein Auge zugedrückt.

Das Flugzeug hatten Plein, Ennio und Ziegler fast für sich. Es hätten vielleicht sieben oder acht Personen in dem Flieger gesessen, in den 200 gepasst hätten. Den Flughafen in Baku hätten sie über den Hintereingang verlassen, erinnert sich Ziegler.

Die Eröffnungsparty war ein rauschendes Fest. Doch im Laufe des Abends nahmen Plein und Ennio Ziegler beiseite. »Kevin, wir haben ein Problem. Die Kasse funktioniert nicht.« Sonderlich überrascht war Ziegler nicht, als er das hörte: »Wir sind in Aserbaidschan. Da hätte man schon vermuten können, dass nicht alles glattgeht.« Was er dann zu hören bekam, ließ ihm den Atem stocken. »Du musst hierbleiben und danach gucken, dass die Kasse geht. Wie auch immer«, sagte Plein, worauf Ziegler entgegnete: »Ich kann doch nicht in diesem Land bleiben. Ich bin dann ja ganz allein. Wenn die mich in irgendeiner Weise hier aufhalten und nach dem Pass fragen, habe ich doch nicht mal ein Einreisevisum.« Plein blieb ruhig: »Der Partner kümmert sich. Mach dir keine Sorgen.«

Es stellte sich heraus, dass das drahtlose Internet im Laden ausgefallen war. »Wir hatten kein WLAN. Und die Kasse war halt auf WLAN angewiesen.« Mit dem Store-Manager, der Englisch konnte, und dem Mitarbeiter der Firma Höltl, die für das Kassensystem zuständig war, habe er die aserbaidschanische Telekom »auf Spur gebracht«.

Die Artikel, die normalerweise in die Kasse übertragen werden, scannte er von Hand ein. Was bereits verkauft, aber nicht registriert war, wurde auf Zettel notiert. »Man kriegt Geld in die Hand und schreibt etwas auf.« Die Kassenschulung, die normalerweise vor den Store-Openings stattfindet, holte er am Tag darauf nach. »Damit der Partner die Probleme nicht mehr hat.«

Abends wurde er zu einem Hotel am Flughafen gefahren. »Wir werden dich morgen früh abholen. Warte auf uns in der Lobby um 5 Uhr.« Im Morgengrauen fuhr ein schwarzer Jeep vor. »Mit zwei Gestalten, zu denen man normalerweise nicht ins Auto steigen würde.«

Sie hielten am Flughafen. Wieder vor dem Hintereingang. »Damit ich nicht durch die Schleuse musste, wo der Pass und das Gepäck kontrolliert wurden.« Sein Koffer wurde »außen rum« direkt aufs Rollfeld und rein ins Flugzeug geschoben. Ziegler wartete »brav«, bis er aufgerufen wurde. Er stieg in den Flieger, hob ab und war nach ein paar Stunden wieder auf europäischem Boden. »Das war meine Auslandsreise.«

Im Vergleich dazu sei die Einweihung des Ladens in Düsseldorf ein Vergnügen gewesen. Ziegler hatte zum ersten Mal etwas von Plein an, ein Sakko, auf dessen Tasche ein Totenkopf gestickt war. »Es war die Hölle los.« Nur die Kasse funktionierte auch in Düsseldorf nicht richtig. Aber das war an dem Abend egal.

KAPITEL FÜNFZEHN: FRANCA

Es ist das erste und das letzte Mal gewesen, dass ich Franca Sozzani live gesehen habe. Im September 2016. Zum Auftakt der Mailänder Fashion Week lud die italienische Modekammer in das Museum der Kulturen, das Mudec, ein. Sozzani hatte eine Ausstellung kuratiert, die »Crafting the future« hieß. Was sie damit meinte, erschloss sich mir nicht so recht. Ich erinnere mich noch daran, wie ich die Exponate abschritt und nur Bahnhof verstand. Natürlich hätte ich das niemals zugegeben. Es gab eine blaue Wollkugel, über der ein Strickpullover schwebte. Neben einer Schaufensterfigur, der ein orangenfarbenes Kapuzenshirt übergezogen war, lehnte ein überdimensionierter Knopf aus Plastik. In der Ecke stand ein Bildschirm, vor dem sich die Gäste eine VR-Brille aufsetzen konnten.

»Die italienische Handwerkskunst ist die Technologie der Zukunft«, reimte ich mir zusammen. Hätte ich einen Aufsatz über meinen Museumsbesuch schreiben müssen, hätte ich mich mit solchen Scheinweisheiten durchmogeln müssen. Gott sei Dank lag die Schulzeit längst hinter mir.

Auf der Pressekonferenz saß Sozzani ganz außen. Eine zierliche Frau, die ausgemergelt wirkte. Die blonden Haare, die auf ihre Schultern wallten, rahmten ihr Gesicht ein, in der die Augen tief in den Höhlen lagen. Was man nicht ahnen konnte, war, dass Sozzani todkrank war. Im Dezember 2016, also nur wenige Wochen später, starb sie im Alter von 66 Jahren.

Sie sagte wenig. Trotzdem stand Sozzani an diesem Morgen im Mittelpunkt. Alle Anwesenden kreisten um sie wie die Planeten um die Sonne: der Präsident der Modekammer; der Staatssekretär des Wirtschaftsministeriums; der Präsident der italienischen Agentur für Außenhandel; die italienischen Journalisten, die sie ehrerbietig grüßten.

Denn: Sozzani war die mächtigste Frau in der italienischen Mode. Als Chefredakteurin der italienischen *Vogue* ebnete und verhinderte sie Karrieren. Sie entschied mit darüber, wer »in« und wer »out« war. Sie war das italienische Pendant zu Anna Wintour, die die US-*Vogue* leitet und an die angeblich die Hauptfigur der Filmkomödie *Der Teufel trägt Prada* angelehnt ist. Um es mit einem englischen Begriff auszudrücken: Sozzani war der ultimative Gatekeeper, sie hatte unglaublichen Einfluss. Das verdeutlichte auch die Gedenkfeier im Mailänder Dom im Februar 2017. Nicht nur Designer wie Donatella Versace, Giorgio Armani und Valentino Garavani erwiesen ihr die letzte Ehre, sondern auch die Politik und der Hochadel. Italiens damaliger Ministerpräsident Matteo Renzi nahm ebenso am Gottesdienst teil wie der norwegische Kronprinz Haakon mit seiner Frau Mette-Marit, mit der Sozzani befreundet war.

Im Mudec-Museum scharwenzelten alle um sie herum, schwärmten von ihrer Ausstellung und gaben geistvolle Sentenzen ab. »Mit neuen Technologien die einzigartigen handwerklichen Methoden unseres Landes zu reinterpretieren ist die Basis, von der aus ›Made in Italy‹ die unangefochtene Führungsrolle im Welthandel anstreben kann«, sagte Staatssekretär Ivan Scalfarotto.

Steile These, dachte ich mir, schwieg aber bei der anschließenden Fragerunde. Denn anecken oder gar einen Eklat riskieren wollte ich nicht. Wer in der Mode nach oben strebte oder zumindest ein sicheres Auskommen suchte, tat gut daran, es sich mit Sozzani bloß nicht zu verscherzen.

Plein war sich dessen genau bewusst. Er gewann Sozzanis Zuspruch. Und sie öffnete ihm die Tür.

*

»Die Franca war eine wirklich gute Freundin von mir«, sagt Plein. »Wir haben nie über Fashion geredet, wir haben über alles andere geredet.« Er fügt an: »Sie hat mich sehr gepusht.«

Plein hat einmal behauptet, dass Sozzani ihn »den jungen Roberto Cavalli« genannt habe. Das kann durchaus stimmen. Öffentlich hielt sich die Chefredakteurin, die eine Vorliebe für Prada und Vintage-Mode hatte, aber mit solchen Lobpreisungen zurück. Als eine Journalistin sie für ein Porträt im *SZ Magazin* zu Plein befragte, verlor sie kein Wort über seine Mode. Philipp sei einfach Philipp, sagte sie: »Er ist jung, frisch, ein bisschen verrückt. Ich bewundere seinen Enthusiasmus! Wie alle, die auch mal etwas riskieren, kann man ihn mögen oder nicht. Aber ihm ist sowieso egal, was andere denken. Und genau das mag ich wieder an ihm.«

Sozzani war eine gewiefte Taktikerin, die genau wusste, was sie sagen konnte und was nicht, um sich mit allen wichtigen Modemarken gutzustellen. Unzweifelhaft ist aber: Sozzani hat Plein protegiert. »Sie hat mich überallhin mitgenommen«, sagt Plein.

Zu einem Dinner nach London, wo sie ihn Jonathan Newhouse vorstellte, der damals den internationalen Ableger des Condé-Nast-Medienhauses leitete, in dem die *Vogue* erscheint. »Ich will, dass du neben Jonathan sitzt«, habe sie ihm gesagt und ihn an der Seite des Verlegers platziert.

Zu Peter Marino nach New York. »Du brauchst einen guten Architekten? Dann musst du Peter Marino kennenlernen«, sagte Sozzani. Marino gestaltet Läden für Luxusmarken wie Giorgio Armani, Chanel, Christian Dior und Louis Vuitton. Eines seiner ambitioniertesten Projekte zuletzt war das 10.000 Quadratmeter große Dior-Flaggschiff auf der Pariser Avenue Montaigne, das er renoviert und in eine Mischung aus Laden, Museum, Restaurant und Patisserie verwandelt hat.

Marino gehört zu den Stars unter den Architekten. Er versteht es, sich in Szene zu setzen. Auf seiner Webseite ist er in einem Lederoutfit samt Ledermütze zu sehen. Die rechte Schulter, auf die ein Drache tätowiert ist, und der muskulöse Oberarm, liegen frei. Gegenüber Sozzani, die Plein im Schlepptau hatte, zeigte sich Marino von seiner besten Seite. Der Kunstliebhaber erklärte ihnen die Werke, die er in seinem Studio angesammelt hat. Er arbeite nicht mehr für Geld, habe Marino gesagt. »Ich arbeite nur noch, um mir Kunst zu kaufen.« Später im Restaurant Cipriani habe er Plein angeboten, auch Läden für ihn zu entwerfen. »Ich bin halt teuer.« »Zu teuer«, fürchtete Plein und entschied sich für einen anderen Architekten, nämlich Massimiliano Locatelli. Auch hier hatte Sozzani ihre Finger im Spiel. »Massimiliano war ihr bester Freund.«

Den entscheidenden Schubs gab Sozzani Plein aber in Mailand. Italien ist neben Frankreich das wichtigste Modeland Europas. Wer als Designer ernst genommen werden will, muss sich auf den Fashion Weeks in Mailand oder Paris durchsetzen. Wäre es ein Fußballturnier, würde man sagen: Düsseldorf und Berlin sind Bundesliga. Mailand und Paris sind Champions League. Und Plein will sich nur mit den Besten messen. In seinen Klamotten ist ein Etikett eingenäht, auf dem »You wanted the best. You got the best« steht.

Plein hat einen langen Atem gebraucht, bevor er in Mailand

mitspielen durfte. Und ohne Sozzani wäre er womöglich an der Seitenlinie auf und ab gerannt und nicht eingewechselt worden. Wer an der Mailänder Fashion Week teilnehmen darf und wer nicht, darüber entscheidet die Camera Nazionale della Moda Italiana. Die Modekammer stellt sich nach außen als inklusiv dar und redet darüber, wie wichtig es sei, jungen Designern eine Plattform zu geben. De facto geben allerdings die großen Marken den Ton hat. Im aktuellen Beirat sitzen unter anderem Dolce & Gabbana, Fendi, Gucci, Max Mara, Prada, Valentino und Zegna. Natürlich vertreten sie auch ihre eigenen Interessen und können diejenigen blockieren, die ihnen missfallen oder die potenzielle Wettbewerber werden könnten. Gerade dann, wenn sie aus dem Ausland kommen.

Jahrelang ließ die Camera Nazionale della Moda Italiana Plein zappeln. Erst, als Sozzani einschritt, löste sich die Blockade – und Plein durfte auf den Schauen-Kalender. In Italien hat das Establishment das Sagen. Und am Anfang behandelte es Plein wie Luft.

Er war der »Luxury Faker«, der bei anderen Designern spickte, um sich seine Inspirationen zu holen. Er war das »New Kid on the Block«, das seine Klappe weit aufriss und stichelte. Was andere sich nur insgeheim dachten und höchstens hinter dem Rücken anderer erzählten, sprach Plein unverhohlen aus. Je größer er wurde, desto schwieriger wurde es, ihn zu ignorieren. Plein eröffnete 2014 auf der Luxusmeile Via Monte Napoleone und drei Jahre später auf dem Corso Venezia. Die Animositäten, von denen meistens niemand etwas erfährt, traten offen zutage.

Im November 2016 rasselte Plein mit Dolce & Gabbana zusammen. Domenico Dolce und Stefano Gabbana warfen ihm vor, für sein Corso-Venezia-Flaggschiff ihr Verkaufspersonal abzuwerben. Sie schalteten ihren Anwalt ein, der Plein ein gepfeffertes Schreiben zusendete. Den »Liebesbrief« des D&G-Juristen veröffentlichte Plein, der die Mechanismen von Social Media meisterlich für sich zu nutzen weiß, prompt auf Instagram und schrieb dazu: »Das ist ein freies Land. Jeder kann sich aussuchen, für wen er arbeitet.«

*

Plein war und ist in Mailand der Außenseiter. Und er hat es Außenseitern zu verdanken, dass er überhaupt nach Mailand kam und dort Fuß fasste.

Die Frau, die Plein nach Mailand holte, heißt Tatiana Souchtcheva. Sie stammt aus Russland und lebt heute in der Nähe des Kurorts Abano Terme in der Region Venetien im Nordosten Italiens, der für seine Thermalquellen berühmt ist. Dort hat sie eine Yoga-Schule eröffnet. Mit der Mode ist sie nach wie vor verbunden. »Sie bleibt meine Leidenschaft.« Zusammen mit Roberto Chinello gründete sie Anfang der 1990er-Jahre die Modeagentur Società Italia. Es war die Wendezeit. Die Berliner Mauer war gefallen, die Sowjetunion war implodiert – und Millionen von Menschen, von Russland über Georgien bis Kasachstan, hatten auf einmal die Möglichkeit, westliche Mode zu kaufen. Sei es eine Blue 501 Jeans von Levi's, die im Kommunismus ein Erkennungszeichen für Systemkritiker war, oder eben eine Bamboo Bag von Gucci. All die Konsumgelüste, die sich über Jahrzehnte hinter dem Eisernen Vorhang aufgestaut hatten, brachen mit einem Schlag hervor. Tatiana und Chinello erkannten die Chance und begannen, Modelabels aus dem Westen in die früheren Sowjetrepubliken zu exportieren.

In ihren Räumlichkeiten an der Mailänder Via Cerva, die sich hinter dem San-Babila-Platz entlangzieht, hingen Kollektionen von Designern wie Julien MacDonald, Matthew Williamson und Catherine Malandrino, die Nischenphänomene waren und es bis heute geblieben sind. »Wir suchten Labels, die es in Mailand noch nicht gab«, sagt Tatiana. Daneben unterstützte sie bekannte Designer und Labels wie Paul Smith, Vivienne Westwood und Blumarine, die in Mailand ihre eigenen Showrooms hatten.

Nachdem Chinello auf der Bread & Butter in Barcelona auf Plein aufmerksam geworden war, mit ihm wegen des Trubels am Stand aber nicht gesprochen hatte, reiste Tatiana im Januar 2006 auf die Berliner Ausgabe der Messe und fand sich vor Pleins Geisterbahn wieder. »Ich fühlte mich, als wäre ich in Disneyland.«

Sie stieg in einen der Wagen. Vorbei an Geistern in Plein-Lederjacken, rein in den Showroom, wo Models in kurzen Minis und mit »rot lackierten« Nägeln hin und her stolzierten und großzügig Champagner ausgeschenkt wurde. Ein DJ hatte Musik aufgelegt. »Wie in der Disko.«

Viel von der Mode erkannte sie in dem schummrigen Licht nicht. »Jeans, T-Shirts und Jacken. Viel Strass und Swarovski.« Umso verdutzter war sie, dass Einzelhändler in dem Halbdunkel eifrig die Bestellformulare ausfüllten. »Die Händler standen da und schrieben, obwohl sie nicht die Hand vor ihren Augen sahen.« Ihre Neugier war geweckt. »Ich habe eine Modeagentur und arbeite mit Russland. Mit wem könnte ich denn sprechen?«, erkundigte sie sich. »Das macht Philipp. Er ist der Designer. Er macht alles hier«, wurde ihr geantwortet. Aha, Philipp macht alles, dachte sie sich und musste schmunzeln.

Kurz darauf stand Plein vor ihr. »Ein hübscher Junge. Er reichte mir gleich ein Glas Champagner«, erinnert sich Tatiana. Sie habe ihm gesagt: »Hör zu, Philipp, dein Label gefällt. Ich würde gern versuchen, deine Kollektion zu verkaufen. Ich habe einen Showroom im Zentrum Mailands.« Kaum habe sie das ausgesprochen, hätten die Augen Pleins »geleuchtet«. Trotzdem verpasste er ihr einen Dämpfer. »Ich kann dir die Musterkollektion nicht gratis geben. Du musst sie kaufen.« Sie habe energisch den Kopf geschüttelt: »Ich habe noch nie in meinem Leben eine Musterkollektion bezahlt. Wenn du in meinen Showroom willst, musst du sie mir so geben.« Plein blieb hart: »Nein, das interessiert mich nicht.« Sie tauschten ihre Visitenkarten aus und gingen auseinander, ohne dass sie sich geeinigt hatten.

Pleins Forderung war nicht außergewöhnlich. Für Designer, die noch am Anfang stehen, ist eine Musterkollektion eine große Investition. Deshalb gibt es sehr wohl Modeagenturen, die sie erwerben und sie später, wenn sie sie den Einzelhändlern gezeigt haben, auf eigene Rechnung verkaufen. Meistens versenden sie dann Newsletter, die mit »Private Sale« und »Family & Friends« überschrieben sind und an Freunde, Bekannte, Geschäftspartner und die Presse gehen.

Für Tatiana kam das aber nicht in Frage. Sie hätte extra Personal abstellen müssen, um die Plein-Musterkollektion an ein Mailänder Publikum loszuschlagen, mit dem sie aber nur wenig zu tun hatte, da sie ja den russischsprachigen Raum bediente. »Das hätte Zeit gebraucht. Und die hatte ich nicht.« Das habe sie Plein erklärt. Der aber hätte auf seinem »Nein« beharrt.

Sie flanierte über die Messe, fand aber nichts, was ihr gefiel. Zurück im Hotel ärgerte sie sich: »Ich bin umsonst nach Berlin gekommen.« Sie dachte an ihre Begegnung mit Plein zurück und sagte sich: Aus dem Label könnte etwas werden. Der russischen Klientel gefiel es damals aufzufallen. Sie kontrastierte sachliche Eleganz mit plakativen Elementen. »Kitsch war angesagt. Durchaus mit einer Prise Humor«, erinnert sich Tatiana. Sie meinte, den Typen Plein in den wenigen Minuten, die sie mit ihm gesprochen hatte, eingeschätzt zu haben: »Das ist bestimmt einer, der es mag, wenn er herausgefordert wird. Der ist ein Abenteurer.«

Am nächsten Tag kehrte sie zur Geisterbahn zurück. Sie sagte Plein: »Das ist mein letzter Tag in Berlin. Ich reise heute ab.« Dann schlug sie ihm eine Wette vor. »Wenn ich in der ersten Saison Aufträge im Wert von mehr 200.000 Euro reinhole, dann zahle ich dir die Musterkollektion nicht. Sind es weniger als 200.000 Euro, dann zahle ich sie dir, beende aber die Partnerschaft.« Plein habe nicht lange überlegt. »Er ging die Wette ein.«

Er zog bei Società Italia in Mailand in den Keller. Plein wäre nicht Plein, wenn er die Räume so belassen hätte, wie er sie vorgefunden hatte. Er gestaltete das Untergeschoss nach seinem Gusto um. »Er hat alles auf den Kopf gestellt«, sagt Tatiana, die ihn gewähren ließ.

Für seinen Showroom verwendete er Elemente seiner Messestände wieder. Wie den Leuchtring oder die Schränke, die außen mit Leder in Kroko-Prägung überzogen, innen verspiegelt waren und von oben mit kleinen Schreibtischlampen angestrahlt wurden, die er aus dem Baumarkt geholt hatte.

Die Wände tapezierte er mit Folien, auf die er den Namen »Philipp Plein« gedruckt hatte, und mit Postern, auf denen das Konterfei Naomi Campbells aus seiner Werbekampagne zu sehen war. An die Decke formte er aus Leuchtstoffröhren das Wort »Plein«. Wer die Treppen hinabstieg, sah sich oben über dem Kopf und ringsum umgeben von »Plein«, »Plein« und nochmals »Plein«. Mit wenig Aufwand erzielte er dank des Stilmittels der Wiederholung einen maximalen Effekt.

Die Wette gewannen am Ende beide, Tatiana und Plein. In der ersten Saison vermittelte Tatiana Bestellungen in Höhe von 500.000 Euro. Schon im ersten Jahr hatte sie Plein 1 Million Euro Umsatz beschert. Nach und nach orderten bei ihr Modeläden, die über die ganze frühere Sowjetunion verteilt waren. Es schrieben Boutiquen in Moskau und St. Petersburg, aber auch in Irkutsk am Baikalsee und in Jekaterinburg am Uralgebirge. Alle im Osten wollten Plein.

Die Kasse klingelte. Die Modehändler aus der Ex-UdSSR beglichen die Rechnung nämlich nicht erst, nachdem sie seine Ware erhalten hatten, sondern leisteten üppige Anzahlungen. Da der Einkaufspreis einem Vielfachen der Produktionskosten entsprach, konnte Plein die Rechnungen seiner Lieferanten begleichen und mit den beachtlichen Überschüssen expandieren.

Es war weit mehr als bloß ein Geldsegen. Die vermögenden Kunden aus der früheren Sowjetunion reisten durch Europa und wurden zu Pleins Markenbotschaftern. Sie spielten Roulette im Casino von Monte Carlo und flanierten an der Croisette in Cannes. In Meran in Südtirol stiegen sie im Luxushotel Palace ab. Sie bräunten sich an den Stränden der Adriaküste.

Auf kurz oder lang blieb den Modehändlern in Frankreich und Italien der Name »Philipp Plein« nicht verborgen. Die russischsprachigen Kunden betraten ihre Läden und erkundigten sich nach dem Label. Das erklärt, warum Antonia einer der ersten wichtigen italienischen Luxusstores war, die Plein orderten. Der Laden liegt im Stadtzentrum von Riccione, etwas südlich von Rimini. Riccione ist eine beliebte Destination für russische Touristen. Die Stadt brachte ein eigenes Magazin auf Russisch heraus, das in den Warenhäusern am Roten Platz in Moskau verteilt wurde.

*

Der erste Modehändler in Mailand, der Plein führte, war Giorgio Dantone. Er nahm ihn nicht nur in sein Sortiment auf, sondern eröffnete auch im September 2012 auf der Via della Spiga den ersten Plein-Laden in der Stadt. Er maß gerade einmal 50 Quadratmeter, doch warf erstaunliche Summen ab.

Dantone eilt der Ruf des Eigenbrötlers voraus. Die Luxusmodehändler in Italien haben sich in einem Verband zusammengeschlossen, der Camera Buyer Italia, um gegenüber den Marken und den digitalen Plattformen mit einer Stimme zu sprechen. Sie haben auch bei Dantone angeklopft, der sich aber geweigert hat, sich der Initiative anzuschließen. Er macht lieber sein eigenes Ding. Sein Laden DAAD Dantone befindet sich an der Via Santo Spirito 24/A im Mailänder Modeviertel. Genannt wird es »Quadrilatero«, weil es wie ein Viereck geformt ist und von den vier Straßen Via Monte Napoleone, Via Manzoni, Via della Spiga und Corso Venezia umrandet wird. Dominiert wird das Karree von den Luxusmarken. Die Flaggschiffe von Balenciaga, Christian Dior, Gucci, Louis Vuitton, Moncler, Salvatore Ferragamo und Versace reihen sich hier aneinander.

Die Multibrand-Händler, die übrig geblieben sind, kann man an einer Hand abzählen. Es sind Gio Moretti, Rosy Biffi mit ihrer Boutique Banner und eben Dantone mit DAAD Dantone, dessen Vater Maßschneider war und auf der Piazza San Carlo zwischen Domplatz und der Piazza San Babila sein Atelier hatte.

Um den Megabrands Paroli zu bieten, hält Dantone Ausschau nach Labels, von denen die wenigsten Normalsterblichen gehört haben. Sein Riecher ist legendär. »Recherche ist entscheidend«, sagt Dantone, für den die Mode eine wahre Leidenschaft ist. Seit seinen Zwanzigern ist er dabei und düst um den Globus. Regelmäßig reiste er zu den Modewochen in Japan, Südkorea und Australien, um nach Talenten zu fahnden. Ihm gefallen japanische Designer wie Yohji Yamamoto oder Rei Kawakubo, die Erfinderin von Comme des Garçons.

Bis vor drei Jahren hatte Dantone einen Webshop. Er hat den Onlineverkauf eingestellt. Denn da er keine kommerziellen Marken hat, die im Internet funktionieren, lohnt sich der

E-Commerce für ihn nicht. Die mangelnde Wirtschaftlichkeit ist aber nicht der einzige Grund. Dantone tut sich schwer mit dem Gedanken, die Namen der Labels, die er aufspürt, für alle sichtbar preiszugeben. »Ich hüte meine Entdeckungen wie meinen Augapfel.«

»Wie passen Dantone und Plein zusammen?«, frage ich mich, als ich Dantone in seinem Laden die Hand schüttle. Er hat etwas von einem Weisen an sich. Er trägt einen langen schwarzen Mantel, darunter einen grauen Strickpullover, und spricht mit ernster, getragener Stimme.

»Hast du etwas von Plein in deinem Schrank hängen?« Dantone verneint. »Mein Geschmack ist konzeptioneller. Meine Frau hat Teile von Plein getragen.« Sein Lieblingsdesigner war bis vor einigen Jahren Carol Christian Poell. Ein Österreicher, der wie der Belgier Martin Margiela das Licht der Öffentlichkeit scheut und der Presse so gut wie keine Interviews gewährt. Seine Kleidung färbt er mit Tierblut, nutzt als Faser Klebebänder, verwendet anstelle von Wolle schon einmal Menschenhaar und lässt aus der Sohle krumme Zacken herabhängen, die an Stalaktiten an der Decke einer Tropfsteinhöhle erinnern. Für seine Show in Mailand vor ein paar Jahren ließ Poell seine Pieces durch den Naviglio-Grande-Kanal treiben. Die Models folgten regungslos hinterher und sahen aus wie Wasserleichen.

Wer als Modehändler Labels wie Poell verkauft, die nur eine kleine Kundengruppe ansprechen, muss zugänglichere Labels ins Sortiment aufnehmen, um über die Runden zu kommen. Da die meisten Marken mit Zugkraft ihre eigenen Läden im Quadrilatero haben, bekam Dantone selten die Chance, die Megabrands zu führen. Deshalb griff Dantone zu neuen Labels wie Plein, die kommerzielles Potenzial besaßen, aber noch nicht ihre Fahne ins Modeviertel gesteckt hatten. »Als Modehändler musst du es verstehen, die Welle mitzureiten«, sagt

Dantone. Mehrere Jahre lang sei er auf der Welle gesurft. »Plein hat sich richtig gut verkauft.«

Dann lässt er einen Begriff fallen, der schillert und schwer ins Deutsche zu übersetzen ist, mir aber ein Grinsen entlockt, weil er mir unmittelbar einleuchtet. Pleins Produkt sei »ruffiano« gewesen, sagt Dantone. Ein »Ruffiano« ist ein Schmeichler, also einer, der das sagt, was die Leute hören wollen. »Plein hat mit seinen glitzernden Totenköpfen genau das bedient, was angesagt war.«

Plein ist kein Konzeptkünstler wie Poell, sondern ein Verkäufer. Er drückt mit seiner Mode keine Haltung, sondern einen Lebensstil aus. Während Poell Kleidung von einem Massenartikel zurück in Einzelstücke verwandelt, die allein für den Träger gemacht, die also nach innen gerichtet sind, entwirft Plein eine Uniform für die Erfolgreichen, die ihren Erfolg nach außen kundtun. Wer Poell trägt, ruft: »So bin ich.« Wer Plein trägt, ruft: »Hier bin ich.«

In Italien stieß Plein in eine Lücke vor, denn die Modehäuser schwelgten im minimalistischen Schick. Dolce & Gabbana verbannte Denim aus den Kollektionen und beging das 20-jährige Schauen-Jubiläum mit einer Gala vor dem Opernhaus La Scala, auf der Frauen in Abendroben und Männer in Smokings über den roten Teppich liefen. Der Stern Roberto Cavallis war am Sinken. Für Plein hingegen ging es bergauf. Er wagte den nächsten Schritt. Im Sommer 2009 zog er bei Società Italia aus und machte auf der Via Bigli, in der Nähe des Modeviertels und der Galerie Vittorio Emanuele II, seinen eigenen Showroom auf.

Am Empfang stellte er einen Steinsarkophag hin. Auf dem Boden legte er Natursteine aus, deren Adern unter dem Block hindurchliefen. Die Wände beschichtete er mit weißem Harz. Später nahm er die angrenzende Wohnung samt Terrasse hinzu, auf der eine Liege stand. Wenn ein Gast eine Pause brauchte, konnte er sich hinlegen und wurde von einer Masseurin durchgeknetet.

Plein und seine rechte Hand, Ennio Fontana, hatten in der oberen Etage zwei Zimmer für sich, in denen sie übernachten konnten. Ein größeres für Plein, ein kleineres für Ennio. Ab und an verschwand Plein in hübscher Begleitung nach oben und kehrte nach einer Weile zurück nach unten.

Als Kantine diente das Santa Lucia. Es war und ist Ennios Lieblingslokal. Der Italiener gehörte zu der Sorte Menschen, die egal, wo sie sich aufhalten, sofort mit dem Eigentümer befreundet sind. Obwohl der Showroom gerade erst eröffnet worden war, spazierte Ennio ins Restaurant und palaverte mit den Inhabern, als ob er sie schon seit 30 Jahren kennen würde.

Für den Showroom trommelte Pleins damalige Lebensgefährtin Fernanda. Die Brasilianerin, die als Model arbeitete und eng mit der Mailänder Clubszene verdrahtet war, organisierte eine Einweihungsfeier und ließ ihre Kontakte spielen. Auf der Fete mischte sich prompt Ronaldinho unter die Gäste. Der brasilianische Fußballstar lief damals für den AC Mailand auf.

Auf der Plein-Party wurde der Weltmeister von 2002 mit einem Drink gesichtet, den er mit einer Papiertüte umwickelt hatte, um ja nicht von Reportern beim Alkoholtrinken ertappt zu werden. »Ronaldinho war vielleicht der Talentierteste, aber nicht gerade der Ehrgeizigste«, sagt einer, der ihn auf der Party sah. In der Tat prasselte auf Ronaldinho damals wegen seines mangelnden Trainingseifers und seinen Ausflügen ins Mailänder Nachtleben immer wieder Kritik ein.

Partys und Stars hin oder her, der Start mit dem Showroom war holprig. Kaum war er offen, war er nach ein paar Monaten auch schon wieder geschlossen. Plein tat sich schwer damit, einen geeigneten Showroom-Manager zu finden. Er fragte mehrere Personen, holte sich aber Abfuhren. Fabien Girardi, der letztendlich den Showroom leiten sollte, weigerte sich zunächst. Plein ging dem Franzosen so lange auf die Nerven, bis er seinen Widerstand aufgab und die Aufgabe übernahm.

Fabien war bei Società Italia angestellt und kümmerte sich um Vivienne Westwood und den Mailänder Showroom. In der Agentur fielen ihm recht schnell die Plein-Pieces auf. Er kann sich an einen schwarzen Trenchcoat und an eine Jeans erinnern, die mit Swarovski-Kristallen besprenkelt waren. »Samt einer Metallplakette, die gefühlt fünf Kilo wog«, sagt Fabien. »Absurd.«

Wer Philipp Plein war, wusste er nicht. »Den Namen hatten wir in Italien noch nie gehört.« Er registrierte aber, wie die Kunden auf Pleins Mode reagierten. »Ich spürte da richtig Emotionen«, sagt Fabien. »Man darf nicht vergessen, dass Facebook damals noch klein war. Instagram existierte noch gar nicht. Die Modehändler suchten etwas, mit dem sie in ihren Läden für Aufsehen sorgen konnten.«

Schließlich wurde Fabien bei Società Italia für Plein abgestellt, der ihn bald zu sich holen wollte. Doch Girardi zierte sich. »Ich fühlte mich wohl, wo ich war.« Plein ließ nicht locker. Eines Tages rief er ihn und sagte: »Ich bin in Hongkong. Ich muss nach Monte Carlo und kann in Mailand einen Zwischenstopp einlegen. Wir haben den Vertrag ausgearbeitet.« Fabien antwortete: »Wenn alle meine Bedingungen im Vertrag berücksichtigt sind, kannst du in Mailand anhalten. Andernfalls kannst du direkt nach Monte Carlo durchfahren.« Darauf entgegnete Plein: »Ich werde in Mailand stoppen. Wenn du nicht unterschreibst, kannst du mich gernhaben.« Wörtlich sagte Plein: »If you don't sign, you can fuck off!«

Nachdem er sich den Vertrag durchgelesen und sich versichert hatte, dass alles passte, unterschrieb Fabien. An seinem ersten Arbeitstag im Dezember 2009 holte ihn Ennio vom Flughafen ab. Er fuhr mit seinem Audi TT vor, Fabien stieg ein, und Ennio drückte das Gaspedal durch in Richtung Amriswil. Es schneite, sie fuhren über den San-Bernardino-Pass. »Im hohen Tempo. Ohne Winterreifen.«

Zurück in Mailand schloss er den Showroom in der Via Bigli auf und musste feststellen, dass der Strom abgestellt war. Ein Bankkonto gab es auch nicht, weswegen Plein und Fabien gemeinsam zur Unicredit-Filiale am Cordusio-Platz gingen. Es lag ein halber Meter Schnee, die Taxis fuhren nicht, wegen eines Streiks war der Nahverkehr ausgesetzt, und Plein stampfte in weißer Hose, einem blauen Sommerhemd, einem leichten Mantel und Schuhen aus Pythonleder durch die Stadt. »Ohne Socken«, sagt Fabien, der lachen muss, als er das erzählt.

Anfang 2010, pünktlich zum Verkaufsstart der Herbstkollektion, war der Showroom in Betrieb. Und Christina Dienst, die das Design verantwortete, drängte Plein, eine Fashion Show in Mailand zu zeigen. »Bitte, bitte, lass uns das machen«, ermunterte sie ihn. Plein war offen für diese Idee, doch das Vertriebsteam um Ennio bremste. Zudem war unklar, ob eine Show abseits des offiziellen Schauenkalenders überhaupt gestattet war.

Christina war »megamotiviert«, es mit einer Show zu probieren. Bei Plein hatte sie direkt nach ihrem Abschluss an der Modeschule Esmod in München angefangen. »Ich war unglaublich jung.« Eigentlich suchte sie nur ein Praktikum für ein paar Wochen, weil sie nach New York zurückkehren wollte, wo ihre Familie wohnt und wo sie eine Stelle bei Betsey Johnson, einer Adeptin Andy Warhols, in Aussicht hatte. »Ich wollte Zeit totschlagen.«

Die Marke Philipp Plein kannte sie von Werbeanzeigen aus Modemagazinen. Das Leder und die Totenköpfe sagten ihr zu. »Ich mochte den Style.« Sie dachte, Plein habe sein Büro in

München. Umso überraschter war sie, dass sie nach Amriswil einbestellt wurde. »Was ist denn Amriswil?«, habe sie gefragt. Dann sei sie eben »da runter in die Schweiz gefahren«, »zwischen Kühen und Bergen«. Bei der Ankunft habe sie sich gedacht: »Oh Gott, das kann ich nicht machen.«

In Kürze entschied sie sich um. Plein habe sie mit seiner »kindlichen Energie« mitgerissen. Er habe toll gefunden, wie schnell sie auf dem Computer zeichnen konnte, und sie zu Fabriken in Italien und in die Türkei mitgenommen. Er sei ein »Arbeitstier« gewesen. Sie aber auch. »Er hat mir den Spitznamen Terminator gegeben. Er meinte, ich sei eine Maschine und kein Mensch. Wir haben wirklich Tag und Nacht gearbeitet.« Einmal hatte sie in Istanbul keine Sekunde geschlafen, war in den Flieger gestiegen und übernächtigt in Mailand in ein Tattoo-Studio gegangen, wo sie sich eine Tätowierung stechen ließ.

Mit Plein sei sie auch auf Ibiza gewesen. »Er war im Urlaub, ich war zum Arbeiten da. Er hat mich mitgenommen, damit er beruhigt Urlaub machen kann, weil er weiß, wenn er eine Idee hat, bin ich da, und er kann mir das direkt weitergeben.«

Im Flieger von Ibiza nach Istanbul zeichnete Dienst ein Hexagon mit einem gespiegelten P drinnen. Es ist bis heute das Plein-Logo geblieben. »Der Vertrieb war dagegen und meinte, es sehe wie ein Stoppzeichen aus«, sagt Christina. »Sie benutzen es immer noch. So schlecht kann es also nicht sein.«

Für die Marke Philipp Plein hegte Christina eine hehre Vision. »Ich wollte aus Philipp Plein ein großes, tolles Couture-Label machen.« Deshalb pochte sie auf eine Fashion Show. Schließlich wischte Plein alle Bedenken beiseite und gab das Go. »Wir zogen das dann einfach durch.«

*

Am 25. September 2010 zeigte er seine erste Modenschau in Mailand. In einer entweihten Kirche auf dem Corso Italia. Abseits des offiziellen Fashion-Week-Kalenders. Die Kiste mit all den Einladungen, die Plein damals verschickte, steht im Büro seiner früheren Pressesprecherin Jennifer Leppla. Wir wühlen in den Unterlagen, bis Jennifer ein DIN-A5-Dokument herausfischt. Es ist ein Brief der deutschen Post, links oben prangt das Philipp-Plein-Logo. Verschlossen war er mit einem schwarzen Wachssiegel mit Totenkopf.

»Fashion Show Spring-Summer 2011« steht da. »Starring Belles de nuit mit einem speziellen Gastauftritt von Pierre Sarkozy. Die Türen öffnen um 20:30 Uhr, die Show beginnt um 21:00 Uhr. Die Aftershowparty findet gleich im Anschluss statt. Dresscode: Dressy Cocktail Attire.«

Das Video der Show und der Party hat Jennifer auch noch. Sie speicherte es auf einer CD-ROM. Man sieht die Kirche, auf deren Treppe Kerzen flackern. Hinter dem Catwalk ist eine Leinwand aufgezogen. Ein Film in Schwarz-Weiß wird eingeblendet. Ein Tänzer, der wie der Comic-Bösewicht Joker geschminkt ist, führt Breakdance-Einlagen vor. Dann laufen die Models ein. Die Kamera hat sie aber nicht in der Totalen, sondern schneidet ihnen die Beine ab. Das Video hat Charme, finde ich. Es ist nicht so überprofessionell perfekt, sondern hat etwas Dilettantisches, Improvisiertes an sich.

Für Plein war das Show-Debüt ein Riesenerfolg. Allein der Auftritt von Pierre Sarkozy, dem Sohn des damaligen französischen Staatspräsidenten Nicolas Sarkozy, war ein medialer Coup. »Für mich sind die Sarkozys die modernen Kennedys«, sagte Plein. »Pierre ist ein starker Typ, interessanter als jedes Model.« Den Kontakt zu Sarkozy hatte Pleins PR-Berater Alain Midzic hergestellt. Er ist in Frankreich gut vernetzt, was er dem französischen Musikproduzenten Henri Belolo zu verdanken hat, der ihm viele Türen geöffnet hat. »Der hat auch die Village People rausgebracht«, sagt Midzic über Belolo.

Sarkozy junior machte gleich mehrmals Werbung für Plein. Auf der Fashion Week besuchte er die Emporio-Armani-Show, wo er sich in einem Plein-T-Shirt Arm in Arm mit Giorgio Armani ablichten ließ. Danach war er das Gesicht der Werbekampagne für das Frühjahr 2011. Er posierte auf einer Yacht im Mittelmeer, die dem Düsseldorfer Immobilienmagnaten Uwe Reppegather gehört.

Überglücklich war Pleins Designerin Christina. Für sie war die Show eine Herkulesaufgabe gewesen. »Wir hatten gar nicht all die Produkte, die du für solch eine Schau brauchst«, sagt sie. In großer Hast hätten sie das Sortiment erweitern müssen. »Okay, hier noch ein paar Kleider.« Am Ende sei es gutgegangen. Die Show habe für die Marke Philipp Plein einen Meilenstein der »Veränderung« dargestellt, sagt Christina. »Fürs Design, für die Produkte, für die Qualität, aber auch für die Publicity.«

Nur: Die Camera Nazionale della Moda Italiana sah das anscheinend anders und hielt Plein weiter auf Distanz. Sie ließ ihn nicht auf den Kalender der Mailänder Fashion Week.

*

Der Präsident der Modekammer war damals Mario Boselli. Zum stellvertretenden Vizepräsidenten hatte er Saverio Moschillo ernannt, dem zu diesem Zeitpunkt John Richmond gehörte. Das Label hatte Anfang der Jahrtausendwende mit Jeanshosen, auf deren Hinterteil »Rich« stand, für Furore gesorgt. Es stand für Rock 'n' Roll, Bikerjacken und spielte gern mit dem Totenkopf. Kurz: John Richmond war Pleins direkter Konkurrent.

Im Jahr 2010 hatte das Label seinen Zenit überschritten und verlor Kunden an Plein. Bis heute sind Mailand-Insider davon überzeugt, dass es in erster Linie Moschillo war, der in der Modekammer gegen Plein agierte. Dass sich die beiden nicht grün sind, war und ist kein Geheimnis. Einen Beweis, beispielsweise ein schriftliches Dokument, aus dem hervorgeht, dass Moschillo Pleins Aufnahme auf den Kalender torpediert hat, habe ich indes nicht auftreiben können.

Einfach aus dem Weg gehen konnten sich Plein und Moschillo nicht. Denn wie es der Zufall wollte, waren sie in Mailand Nachbarn. Moschillos Tochter Alessandra hatte neben Pleins Showroom in der Via Bigli eine kleine Wohnung. Durch ein Fenster schaute sie auf Pleins Terrasse. Der stellte mitten in das Sichtfeld eine Leuchtbox hin. »Mit meinem Face.« Damit die Moschillos immer, wenn sie rausguckten, daran erinnert wurden, wie der Herr aussah, der sie piesackte und umgekehrt.

Es blieb nicht nur bei einer Provokation. Jeder, der heutzutage am Mailänder Malpensa-Flughafen landet, läuft in den Fingern, die das Gate mit dem Hauptgebäude des Terminals verbinden, an Dutzenden Plein-Reklamewänden vorbei. »Das ist der strategisch wichtigste Standort.«

Wenige wissen, dass die Werbeflächen früher von John Richmond belegt waren. Um Moschillo eins auszuwischen, habe er bei JCDecaux angerufen. Das ist die Firma, die über die Plakatwerbung am Mailänder Flughafen entscheidet. »Ich will diese Billboards. Ich übernehme den Vertrag.« Seitdem werden viele, die Mailand besuchen oder verlassen, von Plein begrüßt oder verabschiedet.

Nur bei der Modekammer kam Plein nicht weiter. Bis er dann eben Franca Sozzani kennenlernte. Der Anfang war jedoch alles andere als harmonisch. Sie gerieten aneinander. Seine Herbst-/Winterkollektion 2011/2012 wollte Plein mit einer Anzeige in der italienischen *Vogue* bewerben. Auf dem Bild war ein blondes Model zu sehen, dessen nackter Körper nur von einer Lederjacke verhüllt und dessen Intimzone von einem winzigen Totenkopf verdeckt war. Wer im Internet fleißig googelt, findet die Aufnahme noch. Der Blogger, der es auf seine Seite stellte, hat es mit dem Kommentar versehen: »Hast du den Totenkopf entdeckt? Natürlich hast du das.«

Sozzani fand es offenbar nicht witzig. Sie weigerte sich, das Bild zu drucken. Jemand aus der Anzeigenabteilung der *Vogue* rief an und erklärte Plein, dass die Chefredakteurin es für »sexistisch« halte. Plein keilte zurück: »Und was ist mit dem rasierten G von Tom Ford?«

2003 hatte der damalige Gucci-Kreativdirektor den Starfotografen Mario Testino mit der Kampagne betraut. Der lichtete das Model Carmen Kass ab, deren Unterhose nach unten gezogen war und das Schamhaar freigab, in das das Gucci-G hineinrasiert war. Es war ein Skandal mit Ansage. Aber wie so häufig, bescherte er Gucci eine riesige Aufmerksamkeit. »Tom Ford verstand besser als jeder andere, dass sich Sex verkauft«, sagte Fern Mallis, die frühere geschäftsführende Direktorin der US-Modekammer CFDA.

Am Ende des Telefonats traf Plein die *Vogue* an dem Punkt, der den Modemagazinen, die am Werbemarkt zu kämpfen haben und denen Influencer auf Social Media die Budgets streitig machen, am meisten wehtut: dem Geld. »Du kannst mich mal. Wenn ihr mein Geld nicht wollt, dann behalte ich es. Ich schalte keine Anzeige. Damit habe ich überhaupt kein Problem.«

Kaum hatte er die Drohung ausgesprochen, wurde ihm gesagt: »Okay, Franca würde dich gern sehen.« Plein antwortete darauf: »Wer ist denn Franca?«

Plein marschierte ihn Sozzanis Büro. Unter den Arm hatte er sich die Juni-Ausgabe der *Vogue* geklemmt, auf der drei Models nur in Unterwäsche zu sehen waren. »Belle Vere« hieß die Fotostrecke, die Fotograf Steven Meisel im New Yorker

Waldorf-Astoria-Hotel abgelichtet hatte. Ein paar Aufnahmen zeigten die Curvy-Models oben ohne. Er habe mit Sozzani »ganz direkt« gesprochen, sagt Plein, und vor ihren Augen die Juni-Ausgabe durchgeblättert. »Sexy im Hotel. Die Models sind nackt, zum Teil sind ihre Brustwarzen zu sehen.« Dann habe er sie im Hinblick auf seine Anzeige gefragt: »Was ist denn eigentlich dein Problem?«

Es war der Moment, in dem sich Sozzani in ihn »verliebt« habe, behauptet Plein. Er meint das im übertragenen Sinne. Sie habe angefangen, von ihrem Sohn, dem Fotografen Francesco Carrozzini, zu sprechen. »Der hat ungefähr dein Alter.« Ab da habe sie ihn gefördert.

Es war ein gegenseitiges Geben und Nehmen. Plein schaltete Anzeigen in der *Vogue*, Francas Sohn Francesco schoss Pleins Werbekampagnen. Umgekehrt räumte Sozzani für Plein Barrieren aus dem Weg. »Am Anfang wollte kein Stylist für mich arbeiten«, sagt Plein. Sozzani habe ihm auf die Schulter geklopft und gesagt: »Okay, ich ruf die Stylisten an.« Sie habe Patty Wilson organisiert und die Idee gehabt, nur schwarze Models zu casten. »Sie hat gar nicht gefragt, sie hat das bestimmt.«

Und sie war es, die Plein auf den Kalender der Fashion Week hievte.

Francas Schwester Carla, die mit dem Concept-Store 10 Corso Como, der Kunst, Mode und Gastronomie miteinander verbindet, berühmt geworden ist, sitzt im Beirat der Camera Nazionale della Moda Italiana. »Sie geben dir den Slot nicht? Dann rufe ich an«, habe Sozzani gesagt. Und siehe da: Es dauerte nicht lange, bis Plein Teil des offiziellen Programms war.

Plein bewundert Sozzani und ist ihr immer noch dankbar. Er drückt das auf seine Weise aus. »Die war schon ein Boss, die kleine Maus.«

KAPITEL SECHSZEHN: CRAZY HORSE

Einfach nur wichteln reicht ihm natürlich nicht. Plein hat schließlich einen Ruf zu verlieren, deshalb legt er sich für seine Weihnachtsfeiern genauso sehr ins Zeug wie für seine Fashion Shows. Die Party, die sicherlich keiner vergessen wird, fand 2017 statt.

»Das war eine Story. Die Weihnachtsfeier kann niemand toppen«, sagt Amandine, die mehrere Jahre für Plein die deutsche Presse betreute und mir nun auf dem Bildschirm gegenübersitzt. »Ich kenne niemanden, der eine verrücktere hatte.« Sie erinnert sich, als wäre es gestern gewesen.

Es war die Woche vor Weihnachten. Amandine saß in ihrem Büro in der Mailänder Via Senato und fragte sich, was Plein wohl dieses Mal vorhabe. Ein Jahr zuvor hatte er für seine Mitarbeiter einen Zirkus reserviert. Im Entree des Zelts liefen Artisten auf Stelzen hin und her, in den Ecken waren Popcornmaschinen aufgestellt. Drinnen in der Manege fauchte ein Löwe. »Gigantisch war das.«

Jetzt stand Weihnachten wieder vor der Tür, und Plein hatte noch kein Sterbenswörtchen verloren. »Wir alle warteten auf die Einladung. Das musste ja etwas Geniales sein«, sagt Amandine. Irgendwann landete eine E-Mail von Elena, Pleins persönlicher Assistentin, in ihrem Postfach. Betreff: »PP Weihnachtsfeier«. In der Nachricht stand nur: »Die Location ist geheim. Der Dresscode ist schwarz oder rot.« In den Tagen danach folgte eine zweite E-Mail: »Übrigens, wir treffen uns alle um 15 Uhr in der Via dei Giardini.« Also vor Pleins siebenstöckigem Showroom. Mehr verraten wurde nicht. Weder, um was es ging, noch wo die Feier steigen würde. Fest stand nur, dass die Teilnahme für alle Mitarbeiter Pflicht war. Wait and see, dachte sich Amandine.

Am Tag der Feier pickte sie aus ihrem Kleiderschrank ein Plein-Kleid heraus. Es war komplett schwarz, nur der Kragen war mit silbernen Steinen eingefasst. »Schlicht und schön.« Dazu zog sie sich schwarze, spitze Pumps mit einem zehn Zentimeter hohen Absatz an. Nicht superbequem, aber bequemer als alle anderen hochhackigen Schuhe, die angemessen gewesen wären.

Ihren Personalausweis und ihr Handy verstaute sie in ihrer kleinen Plein-Handtasche. Und das Ladekabel für ihr Mobiltelefon wohlweislich auch. »Das hatte ich gelernt. Man weiß nie, wie lange man mit Philipp unterwegs ist.« Sonst nahm sie nichts mit.

Den Morgen verbrachte sie im Büro. Am Nachmittag zog sie sich eine Jacke über, ließ den Laptop zurück und stakste mit ihren Kolleginnen die paar hundert Meter zum Plein-Tower hinüber, wo sich vor dem Eingang mit dem Glitzerkopf schon ein Pulk in Rot und Schwarz gebildet hatte.

»Wir standen alle draußen und wunderten uns, was das wohl für eine Feier sein könnte.« Einige munkelten: »Vielleicht ist die Feier ja gar nicht in Mailand?« Als sie das gehört habe, sei sie ein »bisschen nervös« geworden, erinnert sie sich: »Ich dachte mir: Um 23 Uhr würde ich eigentlich gern zu Hause sein. Denn am nächsten Tag habe ich sehr viele Termine.«

Elena trat vor die Menge und rief: »Bitte steigt in die Busse«, worauf Amandine sich fragte: »In welche Busse denn?« Im

Augenwinkel entdeckte sie mehrere, die hintereinander in der Querstraße Via Fatebenefratelli geparkt waren. Sie kletterte rein, nahm Platz und wandte sich erneut an Elena: »Kannst du mir ein paar Hinweise geben, wohin wir fahren? Ich habe nämlich morgen ein paar Interviews.« Elena schüttelte mit dem Kopf: »Ich darf dir nur sagen, dass es zum Flughafen geht.«

Beim Stichwort »Flughafen« flutete eine Panikwelle durch Amandine hindurch. Sie zückte das Handy und tippte auf WhatsApp an ihren Freund: »Hilfe! Ich glaube, Philipp hat einen Flug organisiert. Es geht irgendwohin. Ich weiß nicht, ob ich heute Abend zurückkomme.« Der Fahrer ließ den Motor an, fuhr zum Malpensa-Flughafen und hielt nach einer halben Stunde vor dem Terminal für Privatflüge an, wo sich Amandine und ihre Kollegen vor dem Schalter einreihten.

Nach einer Weile traf Plein ein. Bei ihm untergehakt hatte sich seine damalige Freundin Andreea Sasu. Wie zwei Rockstars liefen Plein und Andreea Seite an Seite durch die Halle des Flughafens. Amandine und ihre Kollegen hechelten den beiden »wie sein Fanclub« hinterher. Sie nahmen die Rolltreppe und hielten vor dem Gate an. Statt des Zielorts leuchtete auf dem Bildschirm nur das sechseckige Plein-Logo auf. »Wir wussten immer noch nicht, wohin es geht.«

Im Schlepptau hatte Plein ein Kamerateam der französischen *GQ*. Das Magazin begleitete ihn auf Schritt und Tritt und filmte ihn in Lugano, auf der Mailänder Modewoche, in New York und eben auf der Weihnachtsfeier. Aus den Unmengen an Material schnitt es eine fünfteilige Kurzserie zusammen, die heute noch auf YouTube zu finden ist. Die Weihnachtsfeier wird zwar in keiner der Episoden erwähnt. Allerdings werden für Sekunden einzelne Szenen eingeblendet. In einer steigt Plein in schwarzer Jeans, schwarzem T-Shirt, schwarzer Lederjacke mit Pelzkragen, in der Hand eine schwarze Ledertasche, aus dem

Flughafenbus. Aufgesetzt hat er sich eine verspiegelte Pilotenbrille. Typ Tom Cruise in *Top Gun*. Synchron mit Plein tritt Andreea auf das Rollfeld hinaus. Den Rot-Schwarz-Dresscode hat sie sehr frei ausgelegt. Unter ihrem roten Mantel trägt sie eine weiße Hose und eine weiße Spitzenbluse, durch die sich der BH abzeichnet. Sie bleibt auf dem Flugfeld stehen, hält ihren Kopf in theatralischer Pose zur Seite, während Plein mit seiner Handykamera auf sie hält.

GQ France filmte den filmenden Plein. Ein Film im Film, denke ich beim Vor- und Zurückspulen und frage mich, ob der Streifen nicht mit etwas mehr Sorgfalt eine Chance auf einen Preis in Cannes gehabt hätte. Cinema Paradiso, aber nicht als Melodram, sondern als Action-Komödie. In der nächsten Szene sieht man Plein von hinten, wie er durch den Flieger läuft und mit hoch erhobenem Handy seine Mitarbeiter aufnimmt, die jeweils zu dritt links und rechts des Ganges sitzen. Auf dem Wimmelbild entdecke ich Amandine, die nach oben schaut, als Plein ihre Reihe passiert. Sie hat ein Lachen auf dem Gesicht, doch es wirkt ein wenig schockgefroren. Vielleicht ahnte sie schon, was Plein in Kürze verkünden würde. Er schritt zum Cockpit, drehte sich um, griff zum Hörer der Sprechanlage, durch die normalerweise die Stewardessen die Sicherheitsvorschriften oder das Bordmenü herunterleiern, und rief den Passagieren zu: »Merry Christmas an alle! Wir fliegen nach Paris!«

Kaum hatte er »Paris« ausgesprochen, begann es in Amandine, mächtig hin und her zu wogen. In Ihrem Kopf diskutierte sie das Einerseits und Andererseits. »Einerseits war es megacool, dabei sein zu dürfen. Andererseits flog ich in ein anderes Land, ohne mich vorbereitet zu haben. Ich hatte nichts dabei.« Zum Beispiel keinen Pullover oder ein zweites Paar Kontaktlinsen. »Meine größte Sorge war, dass ich eine verliere. Ohne Kontaktlinsen sehe ich gar nichts, ich habe minus acht.« Das heißt minus acht Dioptrien, sie ist also stark kurzsichtig. »Und je länger ich unterwegs bin, ohne die Linsen rausnehmen zu können, desto röter werden meine Augen.« Sie bemühte sich, das Positive zu sehen und das Negative auszublenden. »Wir waren ja in einer größeren Gruppe. Ich sagte mir: ›Das wird sicher toll.‹«

Ihr blieb auch nichts anderes übrig, denn Gastgeber Plein übernahm die Rolle des Animateurs. Er drehte Weihnachtsmusik in der Kabine auf und forderte alle zum Mitsingen auf. Gleichzeitig wanderte das Team von *GQ France* bewaffnet mit Kamera und Mikro vom einen zum anderen und fragte: »Are you excited to go to Paris?« Wer antwortet darauf bitte mit Nein?

Nach eineinhalb Stunden landete der Plein-Flieger am Flughafen Charles de Gaulle, wo wieder Busse warteten. Elena baute sich vor allen auf und ließ das Geheimnis raus: »Wir fahren zum Crazy Horse.« Das ist das Varieté an der Pariser Avenue George V in der Nähe der Champs-Élysées. Berühmt ist es für seine freizügigen Tänzerinnen. »Sie werden so ausgesucht, dass sie sich in Brustumfang und Körperstatur nicht unterscheiden«, lese ich auf Wikipedia nach.

In Amandine meldete sich beim Stichwort »Crazy Horse« die innere Stimme der Pressesprecherin warnend zu Wort. »Ich machte mir natürlich meine Gedanken und fragte mich: ›Wie kommt das jetzt rüber? Nicht alle sind so positiv eingestellt. Crazy Horse ist ja ein Thema für sich.‹«

Kein Zweifel, eine durchschnittliche deutsche Firma wird sich heute zweimal überlegen, ob sie ihre Belegschaft in Zeiten von »MeToo« und »Female Empowerment« in ein Kabarett bittet, wo viel nackte Haut zu sehen ist. Der Shitstorm auf Social Media ist vorprogrammiert. Zur Verteidigung Pleins sei gesagt: Das Crazy Horse ist alles andere als eine Reeperbahn-Nacktbar. In Frankreich ist es eine Institution mit künstlerischem Anspruch, an deren Shows schon Modedesigner wie Chantal Thomass und Christian Louboutin mitgewirkt haben. Louboutin hat die Choreografie »Voodoo« entwickelt, in der eine Tänzerin sich wie eine Schamanin in Ekstase steppt. Die Bühne ist in Schwarz getaucht. Zu sehen sind nur ihre Beine, die mit fluoreszierender Farbe befleckt sind.

Nichtsdestotrotz scheint *GQ France* auf Nummer sicher gegangen zu sein. In den fünf Filmen kommt das Crazy Horse an keiner Stelle vor. Verewigt ist es nur in einem Video auf Pleins Instagram-Profil. »Wir haben 188 unserer Mitarbeiter mit dem Privatflugzeug zur einer Überraschungsfeier nach Paris geflogen!!«, schrieb Plein und setzte hinter den Satz ein Herzchen und einen Tannenbaum.

Das Video beginnt mit den Worten »Iconic Intimate Cabaret«. Ein Mann, der wie ein kanadischer Mountie aussieht, öffnet die Tür. Pleins Mitarbeiter steigen im Halbdunkel die Stufen der Treppe hinab, die am Boden beleuchtet ist, und machen es sich in den roten Plüschhalbkreisen gemütlich. An einem der Tische im Rund saß Amandine. Mit gemischten Gefühlen. »Ich hätte mir einen Zeitplan gewünscht. Wenn ich weiß, wann wir hin- und wieder zurückfliegen, kann ich mir den Tag einteilen. Dann hat dein Gehirn genügend Informationen. Ansonsten verbringst du sehr viel Zeit damit, darüber nachzudenken, was wohl als Nächstes passiert.«

Ihr Magen knurrte. Es war schon nach 19 Uhr, und sie hatte seit Stunden nichts zu sich genommen. »Wenn ich unterwegs bin, denke ich mir immer: Wann bekomme ich etwas zu essen?« Vor sich hatte sie nur ein paar Häppchen, »Fingerfood«, von denen sie aber nicht satt wurde. Immerhin wurde Champagner ausgeschenkt.

Ihren Freund hielt sie mit Bildern und Textnachrichten auf WhatsApp auf dem Laufenden. »Jetzt sind wir im Crazy Horse.

Wir wissen aber nicht, wie es weitergeht.« Er kommentierte ihre Botschaft mit einem lachenden Smiley. »Ihn amüsierte das natürlich, so was erlebt man ja sonst nicht.« Aber ganz gelöst war er nicht. Mit vorrückender Stunde sei in ihm die Unruhe gewachsen. Später schrieb er ihr: »Wann kommt ihr denn nach Hause? Welchen Flieger nehmt ihr zurück?«

Der Scheinwerfer schwenkte auf Plein, der auf die Bühne gesprungen war. Flankiert wurde er von einer goldenen Statue einer barbusigen Schönheit. Auf dem Vorhang hinter ihm prangte das Plein-Logo. »Enjoy the show«, rief Plein und erntete dafür das Gejohle des Publikums. Der Vorhang ging auf für die »Totally Crazy«-Show. Es ist ein Spiel der Verführung. Es beginnt mit dem Akt »God Save our Bareskin«, in dem die Tänzerinnen die British Royal Guard nachahmen und das Exerzieren erotisch aufladen. Das Ganze beginnt mit einem Trommelwirbel, gefolgt von einem militärischen Appell. Die Tänzerinnen stehen in Reih und Glied. Sie haben eine Bärenfellmütze auf dem Kopf und tragen eine Uniform mit Epauletten, einem Gürtel und Stiefeln. Doch damit hören die optischen Gemeinsamkeiten mit der Grenadier-Garde, die vor dem Buckingham Palace marschiert, schon auf. Denn statt einer schwarzen Hose trägt das Crazy Horse-Regiment Netzstrümpfe, statt der roten Jacke ein Negligé aus Spitze. Nach 90 Minuten war das Schauspiel zu Ende. Amandine hatte sich amüsiert und ihre anfänglichen Bedenken abgelegt. »Das war ein tolles Erlebnis«, sagt sie. »Das Crazy Horse passt zu Philipp Plein. Es ist sexy, aber elegant. Es entspricht dem Frauenbild, das die Marke nach außen transportiert.«

Das Licht im Saal ging an, und Amandine dachte sich schon: Jetzt fahren wir wahrscheinlich gleich zurück. Pustekuchen. Elena stellte sich vor alle hin und rief wie der General, der seine Truppe antreten lässt: »Beeilt euch. Wir sind schon spät dran. Wir müssen weiter.«

Sie marschierte die Treppe hoch, raus aus der Tür und durch den Pariser Abendverkehr hin zum Seine-Ufer. Denn Plein hatte ein Schiff gemietet. Eines der Bateaux Mouches, mit denen Touristen auf dem Fluss entlangschippern. Vorbei am Eiffelturm und der Notre-Dame-Kathedrale.

Amandine schwankte auf ihren hohen Absätzen hinterher. Ihre Füße taten ihr weh. Ein Pflaster, das sie sonst immer dabeihat, hatte sie nicht mitgenommen. Es waren nur rund 600 Meter zu gehen. Aber die hatten es in sich. Der Weg zur Anlegestelle führte einen Hang hinab. Die Straße war nicht asphaltiert, sondern mit Pflastersteinen ausgelegt. »Für viele von uns war das schwierig.«

Anscheinend auch für Pleins Freundin Andreea. Auf dem Instagram-Video ist Plein zu sehen, der sie Huckepack genommen hatte und mit ihr auf dem Rücken zum Boot rannte. Sie rief: »Wir reisen mit Stil!« Zu hören ist auch Ennio Fontana, der mit einem italienischen »Dai« Tempo machte. Innen im Schiff waren die Tische rot gedeckt, an der Decke leuchteten viele Lichter wie am Sternenhimmel, der Champagner war in silbernen Eiskühlern kaltgestellt. Plein sprach in die Kamera: »Wir haben Musik, wir haben Essen, wir haben alles, was es für ein großartiges Fest braucht.«

In Amandines Kopf ratterte es. »Draußen war es dunkel. Ich wusste, dass diese Trips recht lang sind. Ich fürchtete, dass das zeitlich schon ein bisschen eng werden könnte. Man denkt sich so: Kommen wir überhaupt noch nach Hause?« Sie ermunterte sich wieder selbst und habe sich innerlich zugerufen: »Jetzt bin ich hier, jetzt freue ich mich auch darauf. Das ist schließlich die wahrscheinlich coolste Weihnachtsfeier, von der irgendjemand je gehört hat!«

Verköstigt wurden alle mit einem Drei-Gänge-Menü. Mitten im zweiten Gang stand Ennio auf, schnappte sich ein paar

Kolleginnen und trat auf die Tanzfläche. Im Instagram-Video hatte sich eine Gruppe um Elena formiert, die zu Mariah Careys Hit »All I want for Christmas is you« auf und ab hüpfte. In einer Szene bückten sich alle, steckten ihre Hände zusammen, flatterten mit den Fingern und zogen mit Gebrüll gemeinsam die Arme nach oben. Mich erinnert das an die Musketiere, die ihre Degen zusammenstecken und »Einer für alle, alle für einen« rufen.

Nach 22 Uhr meldete sich Plein: »Wir müssen jetzt wieder zurück. Es muss schnell gehen. Unser Flug geht quasi in eineinhalb Stunden.« Alle eilten über die Laufplanke zurück ans Ufer. Amandine stöckelte nach oben zur Straße, wo schon die Busse parkten. Sie ließ sich auf einen der Sitze fallen und schrieb an ihren Freund: »Wir fahren zum Charles de Gaulle. Dann geht der Flug. Und so gegen 1 Uhr sollte ich zu Hause sein. Das wird es wahrscheinlich sein.«

Am Privatflug-Terminal war teilweise schon das Licht ausgestellt. Zwei Sicherheitsschleusen waren noch geöffnet. Obwohl keiner groß Gepäck dabeihatte, bildete sich eine Schlange. »Die war unglaublich lang«, erinnert sich Amandine. »Elena sah ein bisschen nervös aus. Man dachte sich halt: Wann fliegt denn dieser Flieger? Wir können ja nicht einfach losfliegen, wann wir wollen.«

Es erklang die Durchsage: »Der Flug geht in 20 Minuten.« Alle, die durch die Kontrolle gingen, bewegten sich im Zeitraffer. Möglichst schnell zogen sie ihre Jacken aus, leerten ihre Taschen, breiteten Arme und Beine aus, um sich von den Sicherheitskräften abtasten zu lassen, zogen alles wieder an, preschten im Stechschritt vor zum Gate und stiegen in den Bus. Auch Amandine, die neben Plein im Bus Platz nahm. Sie war gelöst, die Spannung des ganzen Tages war von ihr abgefallen. Sie drehte sich zu Plein und bedankte sich: »Das war ein toller

Event.« All die Ungewissheit war wie weggeblasen. Sie sah das Flugzeug auf dem Rollfeld näher rücken. Der Bus hielt neben dem Flieger. Und Amandine wartete nur darauf, bis der Fahrer die Tür öffnen würde. »Wir warteten und warteten. Bestimmt 20 Minuten. Doch die Türen gingen einfach nicht auf.«

Alle rätselten, was der Grund dafür war, bis der Fahrer ankündigte: »Wir müssen euch wieder zurückfahren.« Die Uhr zeigte nach 23 Uhr an. In der Halle steckten Plein, Elena und Ennio ihre Köpfe zusammen. »Wir denken: Was ist denn los?« Schließlich ergriff eine Angestellte des Flughafens das Wort: »Bitte alle näher kommen. Ich muss Ihnen etwas mitteilen. Wir haben ein Problem mit dem Flugzeug, das ein- oder zweimal im Lebenszyklus einer Maschine auftreten kann.«

Sie ließ ein paar technische Begriffe fallen. »Der Strom ist weg«, reimte sich Amandine die Ausführungen zusammen. »Die haben versucht, das Flugzeug einzuschalten. Und es ist gleich wieder ausgegangen.« Sie war erleichtert, dass der Defekt noch am Boden und nicht erst in der Luft aufgetreten war. »Es war ja nicht auszudenken, wenn das über den Alpen eingetreten wäre«, sagt sie heute. »Wer trackt eigentlich so ein Privatflugzeug?«

Die Angestellte des Flughafens verkündete: »Wir versuchen, ein anderes Flugzeug für Sie zu finden.« Und natürlich auch einen Piloten. »Die sind alle schon weg und schlafen schon. Aber vielleicht könnt ihr um 1 oder 2 Uhr losfliegen.« Doch nach einer Stunde stellte sich heraus, dass schlichtweg keine Maschine zur Verfügung stand.

»Ich organisiere Hotelzimmer«, schlug Elena vor und fragte rum, wer mit wem ein Zimmer teilen würde. Amandine zwar zwiegespalten, als sie das hörte: »Lege ich mich in dieses Zimmer rein und schlafe vier Stunden? Eigentlich will ich nicht aufwachen und mich in demselben Szenario wiederfinden.«

Zudem hatte sie noch die Kontaktlinsen in den Augen. »Wenn ich mit denen schlafe, sehe ich danach wie ein Vampir aus. Die Linsen saugen sich fest. Die bekomme ich nie wieder ab.«

Eine halbe Stunde war vergangen, bis Elena wusste, wer mit wem aufs Zimmer kam. Doch es war alles überflüssig. Die Dame des Flughafens erschien und verkündete eine neue Abflugzeit: »Um 5 Uhr geht es los.« Ein Hotel lohnte sich einfach nicht mehr. »Wir blieben also alle hier.«

Der Flieger, der Plein und seine Belegschaft zurück nach Mailand befördern würde, kam aus Bulgarien. »Bulgarien?«, fragte Plein lauthals. Wahrscheinlich hätte er es lieber gehabt, wenn es die Schweiz gewesen wäre. Bulgarien flößte ihm in puncto Luftfahrt nicht gerade Vertrauen ein.

In der kleinen Wartehalle versuchten Amandine und ihre Kollegen, es sich bequem zu machen. So gut es eben ging. Einige fläzten sich auf den Bänken, die anderen streckten sich auf dem Boden aus und betteten ihren Kopf auf Jacken oder Rucksäcke. »Wir haben Nester gebaut. Wir haben uns halt arrangiert. Es war einfach nur lustig.«

Zuerst mögen das alle so empfunden haben. Doch das Murren wurde lauter. Essen und Trinken mussten sich alle aus einem Snackautomaten ziehen. Nach kurzer Zeit war er so gut wie leergeräumt. Das Wasser war ausverkauft. Wer Durst hatte, musste sich mit Leitungswasser zufriedengeben und seinen Mund unter den Hahn halten.

In dem Moment, als die Stimmung zu kippen drohte, schritt Plein ein. »Hey Leute, wir sind alle zusammen. Bald ist Weihnachten.« Mit Plastikflaschen steckte er zwei Tore ab und fing an, mit einer Blechbüchse zu kicken. Es bildeten sich Zweier- und Dreiermannschaften. Mit Plein, der wie aufgedreht über das imaginäre Fußballfeld lief, grätschte, passte, schoss und jede seiner Aktionen wie Waldemar Hartmann kommentierte.

Amandine beobachtete das Treiben und dachte sich: Wenn ich auf einer Insel im Nirgendwo festhänge, dann ist es gut, jemanden wie Philipp dabeizuhaben. Mit so einem zweifelst du nie daran, dass du das Ganze überlebst. Während alle, die sich beim Konservendosenfußball verausgabten, ab und an pausierten, stob Plein wie das Duracell-Häschen hin und her. Wieder einmal stellte er unter Beweis, dass seine Batterie nie erschöpft ist. »Volle Energie. Wie immer.«

Gegen 5:30 Uhr saßen alle in der Maschine. Ob sie aus Bulgarien kam oder nicht, interessierte keinen mehr. »Wir waren einfach so müde, dass wir uns darüber nicht mehr den Kopf zerbrachen.« Der Pilot machte eine Durchsage: »Anscheinend gab es ein Problem mit eurem letzten Flugzeug, aber jetzt ist alles okay. Wir fliegen euch nach Mailand.«

Der Flieger hob ab. Kaum hatte er die Flughöhe erreicht, lief Plein nach vorn zum Cockpit und griff zum Hörer der Sprechanlage: »Ich hoffe, euch hat die Weihnachtsfeier gefallen. Schade, dass der Flieger nicht ging. Aber das passiert halt mal. Wir hatten eine lange Nacht, doch die ›Show must go on‹. Es stehen viele Meetings an. Und es ist superwichtig, dass wir die wahrnehmen. Die schaffen wir jetzt auch noch.« Amandine dachte sich: Ach so, wir müssen heute noch arbeiten?

Gegen 8 Uhr morgens stand Amandine wieder vor der Via dei Giardini. Die Sonne war schon aufgegangen. In dem fahlen Morgenlicht blickte sie in die müden, abgekämpften Gesichter ihrer Kolleginnen der Presseabteilung. Ihre Vorgesetzte Jennifer Leppla trat auf sie zu und sagte: »Was für eine Nacht! Aber wir müssen uns schon an das halten, was Philipp gesagt hat. Wir teilen uns in Schichten auf. Die einen gehen direkt ins Büro und bleibt bis 13 Uhr. Die anderen fahren nach Hause, ruhen sich aus und übernehmen dann am Nachmittag.«

»Ich war im Survival Mode. Ich sagte mir: ›Ich bleibe jetzt

mit meinen Vampiraugen im Büro und halte für die nächsten Stunden die Stellung, bis ich abgelöst werde.‹« Sie schleppte sich in die Via Senato, zog Kleid und Schuhe aus, schlüpfte in eine Leggings und einen weiten Pullover, die sie aus dem Fundus des Showrooms schöpfte, und klappte ihren Laptop auf. Sie schrieb ein paar E-Mails. Sie schickte Bilder an *GQ France*. Und textete eine Pressemitteilung zu irgendeiner Store-Eröffnung. »Ich habe versucht, produktiv zu sein. Meine Kollegen waren auch am Arbeiten. Ich sagte mir: ›Ich bringe auch etwas.‹«

Mitleid habe sie für das Design- und Merchandising-Team empfunden. Gott sei Dank gehöre ich nicht dazu, dachte sie sich. Die zwei Abteilungen hatten an diesem Morgen Meetings mit Plein auf der Agenda stehen. »Diese Meetings sind wirklich intensiv. Da musst du vorbereitet sein und etwas beitragen. Er verlangt wirklich viel von den Leuten.« Und ob jemand in der Nacht zuvor geschlafen hat oder nicht, interessiert Plein, der selbst immer alles gibt, bekanntlich herzlich wenig.

Um 13 Uhr war ihre Schicht vorbei. Sie stand vom Schreibtisch auf und ging nach Hause. Sie duschte, nahm die Kontaktlinsen raus und legte sich hin. Bevor sie die Augen zumachte, textete sie ihrem Freund, der schon bei der Arbeit war, noch eine kurze Nachricht: »I'm at home, safe.«

KAPITEL SIEBZEHN: TIGER GEGEN PUMA

Sich einfach geschlagen geben? Nicht mit Plein. Wenn es beim ersten Anlauf nicht geklappt hat, probiert er es ein zweites Mal. Wie mit Plein Sport. Er ist überzeugt, dass er Nike, Adidas und Puma ärgern kann. Deshalb hat er die Sportlinie, die er 2016 einführte und im Sommer 2019 stoppte, reaktiviert.

Wir stehen in einem silbernen Truck, den Plein vor einer Halle in Mailand geparkt hat. Das Ungetüm gehörte einst dem Formel-1-Team McLaren-Mercedes. Plein hat es zu einem mobilen Showroom umgemodelt. Auf zwei Stockwerken stellt er Sneaker und Bekleidung aus. 1500 Artikel haben Platz. Die Decken sind niedrig, weswegen Plein den Kopf einzieht und den Rücken krumm macht. Er ist umringt von einem Tross an Journalisten und schreit gegen die Musik an, die er draußen vor dem Lkw auf maximale Lautstärke gedreht hat.

»Ich bin sehr aufgeregt, weil ich überhaupt keinen blassen Schimmer habe, ob es funktionieren wird«, ruft Plein, der sich damit auf die Sportlinie bezieht. Er schwitze, weil er sein eigenes Geld reinstecke. »Es muss also verdammt nochmal fliegen. Und ich werde es verdammt nochmal zum Fliegen bringen. Denn ich stehe mit dem Rücken zur Wand.«

Es ist ein ambitioniertes Vorhaben. 300 Sport-Läden will Plein mittelfristig eröffnen. Die Sport-Stores werden mit 50 bis 60 Quadratmetern deutlich kleiner als die Philipp-Plein-Läden sein. Um wenig Personal einstellen zu müssen, sollen die Kunden selbst die Produkte auswählen und anprobieren.

Für sein »Self-Service«-Konzept hat Plein extra ein Regalsystem entwickelt, in dem die Modelle in den verschiedenen Größen aufbewahrt werden. Aus kleinen Türmen können sich die Kunden die Produkte herausziehen und nach der Anprobe durch eine Öffnung in der Wand werfen.

Er spielt mit dem Gedanken, Nahrungsergänzungsmittel auf den Markt zu bringen. »Ich bin ein Meister darin, Aufmerksamkeit auf mich zu ziehen. Erwartet das Unerwartete«, sagt er und ergänzt: »Ich kann mir vorstellen, dass Plein Sport größer werden kann als Philipp Plein.«

Plein hat den Milliardenmarkt Activewear vor Augen, von dem er sich ein winziges Stückchen abschneiden möchte. »Nike macht über 40 Milliarden Euro Umsatz«, sagt Plein. »40 Milliarden! Adidas macht 25 Milliarden Euro. Zusammen sind das fast 70 Milliarden Euro. Und es sind nur zwei Marken! Der Kunde hat keine Wahl!«

Plein will das ändern. Und er will es besser machen als beim ersten Versuch.

*

Im September 2016 lud er die Presse in sein Mailänder Hochhaus an der Via dei Giardini ein. Der Prachtbau ist nur ein paar Meter vom Armani-Hotel entfernt. Plein belegte alle sieben Etagen, Restaurant mit Terrasse inklusive. Nachdem die Journalisten sich auf die Marmorbänke im Wartesaal gesetzt hatten, stürmte Plein heran, kniete sich vor allen hin und sagte: »Ich werde schnell sein und mich kurz fassen. Es dauert zehn, maximal fünfzehn Minuten.« Es waren dann alles in allem eineinhalb Stunden.

Seinen Vortrag begann er mit einer Frage. »Welches ist das größte Modeunternehmen der Welt?« Er schaute in die Runde und beantwortete selbst: »Nike.«

Nike stelle nur Sportartikel her. LVMH sei ein Konzern mit Dutzenden Marken wie »Givenchy, Fendi, Louis Vuitton« und verkaufe neben Mode auch noch Spirituosen wie »Moët & Chandon und Dom Pérignon«. Und trotzdem sei Nike fast so groß wie LVMH. »Das ist verrückt«, sagt Plein. »Das ist irre.«

Die Schuhe von Nike kosteten 60 bis 250 Euro. Die Sneaker einer Luxusmarke wie Valentino seien ab 450 Euro erhältlich. Dazwischen klaffe eine »riesige Lücke«, behauptete Plein. Wer in diese »riesige Lücke« springen werde, verriet Plein im nächsten Atemzug. Natürlich er selbst. »Deshalb habe ich die Activewear-Linie Plein Sports lanciert.«

Er sei der »little guy from Munich«, der es mit »Monstern« wie Nike, Adidas und Under Armour nicht aufnehmen könne. »Wir sind ein kleines, kleines, kleines Licht am Ende des Tunnels«, sagte Plein. Adidas habe Leo Messi unter Vertrag. Er könne sich solch einen Superstar nicht leisten. Plein Sport werde die »BMX-Fahrer, die Base-Jumper, die Wingsuit-Flieger« sponsern. »Das sind die Anti-Helden, die manchmal Verbotenes tun und vom Eiffelturm springen. Wenn sie von der Polizei geschnappt werden, wandern sie hinter Gittern«, sagte Plein.

»Sie sind wie der Akrobat, der auf dem Hochseil zwischen den Türmen des World Trade Center balanciert ist. Erinnert ihr euch?«, fragte Plein und bezog sich auf den Drahtseilakt des Franzosen Philippe Petit, der 1974 in 400 Meter Höhe durch die Luft spaziert und vor Gericht gestellt worden war.

Es hörte sich alles vielversprechend an. Doch der Vorstoß im Sport scheiterte. Plein war zu ungeduldig. Er überschätzte sich und unterschätzte die Herausforderungen. Wenn eine

Sportmarke glaubwürdig sein will, muss sie mit Performance punkten. Die Laufschuhe müssen die Schritte abfedern, die T-Shirts müssen atmungsaktiv sein, die Shorts müssen dehnbar und reißfest sein. Das zu entwickeln braucht Zeit. Nehmen wir das Schweizer Sportlabel On, dessen Umsatz die Milliardenschwelle überschritten hat. Es ist kein Sprint, sondern ein Marathon gewesen, bis die Firma diesen Meilenstein erreicht hat. Co-Gründer Olivier Bernhard war Duathlet und Triathlet. Er gewann mehrmals die Schweizer Meisterschaft, den Ironman Switzerland und die Weltmeisterschaft. Nach seinem Karriereende bastelte er an einem neuen Laufschuh. Er experimentierte mit Stücken eines Gartenschlauchs und klebte sie an die Außensohle seines Prototyps. 2010 holte er sich zwei Mitstreiter an Bord. Im März 2010 wurde der erste On-Schuh, dessen Sohle aus kleinen Pyramiden besteht, auf der Sportmesse ISPO ausgezeichnet.

*

Statt wie On-Co-Gründer Bernhard erst einmal zu tüfteln, kürzte Plein den Weg ab. Im Frühjahr 2016 hatte er im Flugzeug gesessen und zufällig einen Artikel über Nike, Adidas und Co. entdeckt. Er hatte über deren Dimensionen gestaunt und war angefixt gewesen. Binnen weniger Monate stampfte er Plein Sport aus dem Boden, ohne das Produkt perfektioniert zu haben.

Die Plein-Sportartikel sahen zwar anders aus als die Philipp-Plein-Produkte, sie waren ihnen aber für den Geschmack der Einzelhändler trotzdem noch zu ähnlich. Da sie dazu noch deutlich weniger kosteten, stieg der Unmut unter den Retailern, die die Plein-Hauptlinie führten und sich links und rechts von billigeren Plein-Sport-Produkten umgeben sahen. Erschwerend kam hinzu, dass die Distribution der Linien nicht klar getrennt war. Teilweise machten sich die Vertriebsteams von Philipp Plein und Plein Sport Konkurrenz und machten sich gegenseitig die Kunden streitig.

Das Aus für Pleins Sportlinie besorgte Puma. Der Sportartikelhersteller störte sich an dem Logo von Plein Sport, einem springenden Tiger, und einer Applikation auf den Schuhen. Er war der Meinung, dass die beiden Elemente dem Puma und den eigenen Formstreifen zu ähnlich sahen. Vor Gericht erwirkte Puma 2018 eine einstweilige Verfügung und damit ein Verkaufsverbot.

Dass Plein ausgerechnet mit Puma Ärger bekam, entbehrt nicht einer gewissen Ironie. Der frühere Puma-Chef Jochen Zeitz, der ab den 1990er-Jahren den Sportartikelhersteller aus Herzogenaurach zurück zum Erfolg führte, war eine Inspiration für Plein. Zeitz war Nachbar Pleins, als die Familie im Nürnberger Stadtteil Erlenstegen wohnte, und joggte wie Plein durch das umliegende Waldgebiet.

Vor Pleins Lagerhaus in Deutschland tauchte der Gerichtsvollzieher auf. »Mit einem Köfferchen.« Er ließ sich aufschließen, blickte auf 150.000 Pakete und zog wieder ab. »Was sollte er schon machen? In sein Köfferchen passte ja nicht einmal ein Schuh rein«, lästert Plein, der die Kartons in »40 Sattelschlepper« wuchtete und über den Brenner nach Italien bretterte, wo er sie vertreiben durfte.

Die Flucht nach Italien konnte Plein Sport aber nicht retten. Den Schlussstrich zog Plein im Sommer 2019, also nur drei Jahre, nachdem er die Initiative begonnen hatte. Mit der Frühjahrssaison 2020 »integrierte« Plein die Sportlinie in die Hauptlinie. Still und leise, ohne Pressekonferenz.

*

Es war der erste große Rückschlag für Plein. Es hatte auch damit zu tun, dass Plein zu viel zur selben Zeit wollte. Denn parallel zu Plein Sport war er noch mit Billionaire beschäftigt. Das Label ist etwas ganz anderes als Philipp Plein. Es steht für klassische Herrenkonfektion, also für Anzüge, Sakkos und Hemden mit Manschettenköpfen, die sündhaft teuer sind und auf Superreiche in Russland und dem Mittleren Osten abzielen. Erfunden hat es Flavio Briatore. Der aufmerksame Leser wird sich daran erinnern, dass es Briatore war, der mich überhaupt erst zu Plein führte.

In Deutschland und Italien wird Briatore unterschiedlich wahrgenommen. In Deutschland ist Briatore meist in den Klatschspalten anzutreffen. Nachdem er als Teamchef des Benetton-Formel-1-Rennstalls mit Michael Schumacher als Piloten Mitte der 1990er-Jahre zweimal den WM-Titel holte, wurde er als ehemaliger Lebensgefährte von Heidi Klum und als Vater der gemeinsamen Tochter Leni einem breiteren Publikum bekannt. Wer ihn googelt, stößt auf Suchergebnisse wie: »Flavio Briatore: So stolz ist er auf seine Tochter!«

In Italien hat Briatore ein anderes Format. Für viele Männer ist er ein Idol. Er verkörpert den Selfmade-Man, der es mit Raffinesse und Härte von ganz unten nach ganz oben geschafft hat. Er wuchs in den Bergen des Piemont auf, machte eine Ausbildung zum Landvermesser, bevor er das Vertrauen von Luciano Benetton gewann und zum Yachtbesitzer wurde, der an der Côte d'Azur mit Supermodels wie Naomi Campbell turtelt.

Dass ihm in seiner Heimat viele nacheifern, mag auch damit zu tun haben, dass er sich im italienischen Fernsehen wirkungsvoll in Szene zu setzen weiß. Er hält Ruckreden, mahnt Reformen an und spornt die Jugend dazu an, lieber als Kellner zu schuften, als 20 Semester lang Politikwissenschaften zu studieren. Briatore singt die Lieder »Mehr Netto vom Brutto« und »Leistung muss sich wieder lohnen«, die in Deutschland gewöhnlich die FDP anstimmt. Briatore klingt halt nur ein Ticken attraktiver.

Es ist kein Zufall, dass Flavio Briatore zum Protagonisten der italienischen Version von *The Apprentice* erkoren wurden, dessen US-Original dank dem späteren US-Präsidenten Donald Trump zum Quotenhit avanciert war. In der TV-Show stellten Trump und Briatore den Kandidaten Aufgaben. Wie eine Eisdiele zu leiten. Oder über den Shopping-Kanal QVC möglichst viel zu verkaufen. Höhepunkt jeder Episode war das Finale, in dem die Aspiranten in den Boardroom gebeten wurden und einer von ihnen gefeuert wurde. Trump rief »You're fired!«, Briatore »Sei fuori!«

2005 kam Briatore auf die Idee, die Allure seiner Edeldiskothek Billionaire auf Sardinien, in der sich der Jetset trifft, auf die Mode zu übertragen. Geboren war Billionaire Italian Couture. 2007 holte er sich die Percassi-Gruppe an Bord. Antonio Percassi, der einst für den Fußballclub Atalanta Bergamo kickte, hat in Italien überall seine Finger im Spiel. Dem Milliardär gehört die Kosmetikkette Kiko, er ist Franchise-Partner des Unterwäsche-Labels Victoria's Secret und der Kaffeekette Starbucks. Ach ja, ein Einkaufszentrum am Flughafen Bergamo nahe Mailand hat er auch.

Die Percassi-Gruppe versteht etwas vom Einzelhandel. Es wurde kräftig investiert. Billionaire eröffnete Läden in London, St. Tropez, St. Moritz, Porto Cervo und am Flughafen Fiumicino in Rom. Selbst im Designviertel in Miami weihte es ein Flaggschiff ein. Doch: Der Erfolg blieb aus. Billionaire steckte in den roten Zahlen fest.

Briatore suchte nach einem Retter. Und fand Plein. Plein ist ein Topverkäufer. Aber Briatore ist ihm mindestens ebenbürtig.

Denn Briatore gelang es, einem zweifelnden, zaudernden Plein Billionaire aufzuschwatzen.

Plein war sich höchst unsicher. An einem Tag war er dafür, an einem anderen war er dagegen. Schließlich habe er den Kauf platzen lassen wollen, sagt er mir. Ennio Fontana habe ihn gebeten, die Absage Briatore persönlich beizubringen. »Du musst hinfahren und es ihm ins Gesicht sagen.«

Deshalb sei er mit seiner damaligen Freundin Oksana zu Briatore gedüst, der in Monte Carlo wohnt, und habe sich mit ihm im Cipriani an den Tisch gesetzt. Plein ging mit einem Nein auf den Lippen ins Luxusrestaurant hinein. Und ging mit einem Ja wieder hinaus. »Er hat mich einfach überredet«, sagt Plein. »Typisch Briatore halt.«

*

Im Mai 2016 gab Plein bekannt, die Mehrheit an Billionaire übernommen zu haben. Die Pressekonferenz fand im Santa Lucia, also in Ennios Lieblingslokal statt. Es war, wie anfangs beschrieben, meine erste Begegnung überhaupt mit Plein. Die Begegnung, die den Grundstein für mein Interesse an ihm legte.

Als ich durch die Tür des Restaurants trat, waren vor einer Holzwand, auf deren Kante oben Weinflaschen aufgereiht waren, Barhocker aufgestellt. Darauf saßen Plein, in Anzug und weit aufgeknöpftem weißen Hemd, Briatore, in Jeans, Lederjacke und mit Sonnenbrille, und Percassi, der einen blauen Strickpullover unter dem schwarzen Sakko trug. Ins Auge stachen die plüschigen Pantoffeln, die Briatore trug. Auf sie war ein dickes »B« gestickt. Keine Ahnung, warum, aber ich dachte zurück an einen Hit von Mike Krüger, den ich als Kind auf Kassette rauf und runter gehört hatte: »Engel mit dem B davor.«

Wenn man es genau nimmt, war Percassi der Billionaire.

Und hatte zwei Millionaires neben sich. Doch Percassi schwieg und überließ die Bühne Plein und Briatore. Er schwärmte von Pleins Arbeitsethos: »Philipp arbeitet extrem viel. Wenn es nach mir geht, darf jeder nach 23 Uhr das machen, worauf er Lust hat. Wir alle haben ein Privatleben.« Er attestierte ihm ein sicheres Stilempfinden: »Philipp ist ein Kreativdirektor, der unter Beweis gestellt hat, wie gut er ist.« Und er klatschte ihm Beifall für sein Zahlengespür: »Philipp steht mit beiden Füßen auf dem Boden und kann eine Bilanz lesen.« Dank dem Einstieg Pleins werde die Marke Billionaire sich in »unglaublichem Tempo« nach vorn bewegen, sagte Briatore: »Das ist eine bedeutende Hochzeit.«

Pech nur, dass die Hochzeit nicht lange hielt.

Es lag nicht an mangelndem Einsatz. Plein griff tief in seine Marketing-Trickkiste, um Billionaire ins Gespräch zu bringen. Er dachte sich die Menschmaschine Plutus aus, die am Steuer eines weißen Rolls-Royce in Mailand gesichtet wurde. Er schickte Hollywood-Star Mickey Rourke, berühmt für *9 ½ Wochen* und *The Wrestler*, in New York im Cowboy-Look über den Laufsteg. Und er verpflichtete den ukrainischen Boxer Wassyl Lomatschenko als Markenbotschafter. Doch das Wunder blieb aus. Das ist auch nicht wirklich überraschend. Während die Marke Philipp Plein einzigartig ist, ist die Konkurrenz für Billionaire gewaltig. Sie hat es mit Wettbewerbern wie Stefano Ricci und Tom Ford zu tun, die mehr Allure haben. Allein schon der Name Billionaire ist ein Problem. Welcher vermögende Mann trägt freiwillig ein Wappen auf der Brust, in dem das Wort »Billionaire« mit Krone abgebildet ist? Der Kreis der Milliardäre und Möchtegern-Milliardäre, die ihre finanzielle Potenz auf solch direkte Art zur Schau stellen, dürfte überschaubar sein, denke ich.

Nach einem guten 2018 rauschte das Ergebnis 2019 nach unten. Briatore und Percassi machten Plein für den Umsatz- und Ergebnisrutsch verantwortlich und warfen ihm vor, sich nicht an die Absprachen gehalten zu haben. Plein wies diese Unterstellung von sich. Sie stritten sich kurz. Es endete damit, dass Briatore und Percassi ausstiegen. Seitdem ist Plein der alleinige Gesellschafter.

Mit dem gemeinsamen Abenteuer Billionaire endete auch die Freundschaft zwischen Plein und Briatore. Die beiden gehen sich aus dem Weg. Plein, der sich früher in Briatores Nachtclub Twiga in Monte Carlo blicken ließ, feiert jetzt im Jimmy'z, dem Rivalen, wenn er im Fürstentum weilt. Und Briatore will sich auf Anfrage zu Plein und Billionaire nicht mehr äußern.

Trotz allem steht Plein zu Billionaire. Nolens volens. Zum einen deshalb, weil niemand Interesse hat, ihm das Label abzukaufen. »Momentan hat Billionaire keinen Wert.« Zum anderen, weil er sich verpflichtet fühlt, die Luxusmarke nach oben zu führen. Er krempelt sein Hemd nach oben und zeigt auf ein Tattoo. Er hat sich das Wort »Billionaire« in die Haut stechen lassen. »Billionaire ist wie ein Kind. Es ist halt da. Jetzt muss man sich darum auch kümmern«, sagt Plein. »Ich bin schon jemand, der an den Sachen festhält. Wenn ich etwas mache, dann mache ich es richtig. Wenn ich mich zu etwas entschließe, dann bin ich auch fest davon überzeugt und unbeirrbar, das auch so durchzusetzen, wie ich es mir vorstelle.«

Billionaire ist wie Plein Sport. Aufgeben ist keine Option.

KAPITEL ACHTZEHN: PENTHOUSE AM CENTRAL PARK

Zerschlagen habe ich mich auf das Bett fallen lassen. Durch das Fenster blinken stroboskopisch die Leuchtreklamen des Times Square auf, was das Zimmer wie eine Diskothek erscheinen lässt, in der die Musik abgeschaltet ist, sich aber die Diskokugel über den Köpfen weiterdreht. Ich bin seit 15 Stunden unterwegs. Im Flieger von Mailand nach New York habe ich kein Auge zugetan. Am Flughafen JFK stand ich in einer endlosen Schlange, bevor ich den Stempel in meinem Pass hatte. Der Taxifahrer fuhr wie ein Henker. Es ist der 25. Dezember, 21:30 Uhr Ortszeit, die Temperatur ist unter dem Gefrierpunkt, und ich will nur eines: schlafen. Auf einmal vibriert das Handy. Plein hat mir eine Nachricht geschrieben: »Ich habe dich gar nicht im Flugzeug gesehen. Ich wollte dich gern in mein Haus zum Weihnachtsessen einladen. Schreib mir, wann du in der Stadt bist.«

Ich starre auf die Zeilen und wäge ab, was ich antworten soll. Soll ich zugeben, dass ich mich eigentlich ausruhen möchte? Oder soll ich Stärke heucheln?

Plein ist nie müde. Auch nicht auf Reisen. MEZ? EST? PST? KST? Für ihn ist das egal, er bewegt sich in seiner eigenen Zeitzone, PP. Die gilt weltweit. In ihr ist immer Tag. Und die Stunden dehnen sich so lange, bis er all das, was er sich vorgenommen hat, hinter sich gebracht hat.

Lieber flunkern, sage ich mir und tippe zurück: »Der Flug war spitze. Bin in der Stadt. Soll ich zu dir kommen?«

Plein antwortet mir: »Komm! Aber schnell. Das Essen steht schon auf dem Tisch«, und schickt mir die Adresse seines Townhouses auf der Upper East Side. Ich eile aus dem Zimmer, hämmere fünfmal auf den Aufzugknopf, hetze durch die Lobby raus auf die Straße, wo ich die Hand nach oben strecke und in ein Taxi klettere.

»Bin auf dem Weg«, schreibe ich Plein.

»Ok. Schnell«, antwortet Plein.

Laut Google dauert die Fahrt eigentlich nur zehn Minuten. Es entpuppt sich als eine rein hypothetische Angabe, denn wir sind in einem Strom von Blechkisten links und rechts eingekastelt und zockeln von einer roten Ampel zur nächsten. Von wegen »Stille Nacht, Heilige Nacht«, denke ich mir. Wir kommen auf der westlichen Seite des Central Park zum Stehen. Auf einmal rumst es laut, eine Druckwelle schiebt mich von der Rückbank nach vorn. Ich schreie auf, drehe mich um und werde von zwei Scheinwerfern geblendet, die an der Heckscheibe kleben. Ein Geländewagen ist mit voller Wucht von hinten auf uns draufgeprallt.

»Müssen Sie ins Krankenhaus?«, fragt der Taxifahrer. Ich schüttle mit dem Kopf und sage: »Alles gut.« Ich muss ja nicht ins Krankenhaus, sondern zu Plein, der wahrscheinlich vor lauter Ungeduld schon um den Esstisch tigert. Plein wartet nicht gern. Er lässt warten.

Leider geht es nicht weiter. Der Taxifahrer ist ausgestiegen und diskutiert wild gestikulierend mit dem SUV-Fahrer. Mehrmals versucht er, vergeblich den Kofferraum zu schließen, dessen Tür sich aus der Verankerung gelöst hat. Er drückt und drückt, aber sie springt immer wieder auf.

Ich steige aus, drücke dem Taxifahrer einen Dollarschein in

die Hand und winke mir ein neues Taxi ran. Er durchquert den Park von West nach Ost und hält vor einem Haus aus rotem Ziegelstein, an dessen Tür ein Weihnachtskranz hängt. Über den Fenstern wölben sich weiße Halbmonde aus Stein, in die ein Wappen eingelassen ist: die Buchstaben »PP« mit einem Krönchen drauf. Auf dem Türrahmen entziffere ich die Hausnummer 162. Der 16. Februar ist Pleins Geburtstag. Ich bin richtig. An der Tür läute ich. Plein öffnet persönlich. »Endlich«, sagt er und bittet mich herein.

*

»If I can make it there, I'll make it anywhere«, singt Frank Sinatra. New York ist eine harte Stadt. Sie verpasst dir einen Stromstoß, lässt dich schneller laufen und denken. Doch sie kann dich auch ausbrennen. Viele verglühen hier einfach, bevor irgendjemand von ihnen Notiz genommen hat. Vor 20 Jahren verbrachte ich hier ein Jahr. Zuerst wohnte ich in Astoria, Queens, dann in Harlem. Mein Büro war an der Wall Street, gleich dort, wo die Bronzestatue des Börsenbullen steht. Er ist ein bedrohliches Ungetüm, das sich duckt und die Passanten mit den Hörnern aufspießen will. Den gemütlichen, speckigen Börsenbullen in Frankfurt würde der New Yorker Bulle in der Luft zerreißen.

Mit meinem Gehalt kam ich gerade so über die Runden. Ich arbeitete in einem Korrespondentenbüro, schrieb für deutsche und Schweizer Zeitungen und sammelte erste Erfahrungen mit dem Medium Radio. Als Studio musste eine Ecke einer Abstellkammer herhalten, die wir mit einem Vorhang abgeschirmt hatten. Wenn wir Beiträge aufnahmen, schalteten wir die Klimaanlage aus, weil sie zu laut surrte. Und bekamen dafür regelmäßig eine Standpauke unserer Vermieterin. Das Jahr in New York war einfach nur großartig. Und unglaublich anstrengend.

*

»Alles hier ist ein Hustle«, sagt Plein.

»Hustle« ist ein schillerndes Wort. Man kann es mit »Betriebsamkeit«, aber auch mit »Schwindel« übersetzen. Wer in New York nicht dauernd strampelt, die Ellenbogen ausfährt und den Mund aufreißt, den zockt die Stadt gnadenlos ab und spuckt ihn dorthin zurück, wo er hergekommen ist.

Plein ist ein Hustler. Er hat sich von nichts und niemandem unterkriegen lassen.

Wir sitzen zu zweit vor dem Essen, das Pleins Privatköchin Carmen gekocht hat. Freundin Lucia hat sich mit dem neugeborenen Rocky hingelegt. Sohn Romeo, der bei seiner Mutter Fernanda in Brasilien wohnt und Plein über Weihnachten besucht, geistert noch im Schlafanzug herum.

Es ist der erste Weihnachtsfeiertag. Doch es fühlt sich nicht so an. Die Geschenke unter dem Weihnachtsbaum sind noch nicht ausgepackt. Plein kaut das köstliche Hähnchen und Gemüse, scheint es aber nicht zu genießen. Er schlingt es eher in sich hinein. Als wäre er ausgehungert.

Wir setzen uns ins Wohnzimmer. »Frag einfach, was du wissen willst.« Wir sprechen über Finanzinvestoren, Läden, die Belegschaft. Bis weit nach Mitternacht.

New York ist die Stadt, die niemals schläft. Und Plein schläft auch niemals.

Er ruht nicht, bis er es nicht allen hier gezeigt hat. Sein Townhouse zieht sich über sieben Stockwerke. Von der Terrasse aus blickt er bis zum Empire State Building. Er wohnt in der besten Gegend. Sein Nachbar war James-Bond-Darsteller

Sean Connery. Auf der Treppe nebenan wurde eine Szene mit Audrey Hepburn für *Frühstück bei Tiffany* gedreht.

Er hat einen Whirlpool, einen Weinkeller und ein Fitnessstudio. Sein Sohn Rocky schläft in einem Bett, das wie ein Flugzeug geformt ist. Da es nicht durch die Tür passte, ließ es Plein mit einem Kran auf das Dach hieven. Seinen Rolls-Royce hat er in der Garage auf der anderen Straßenseite geparkt.

Es sind die Insignien eines Wohlstands, der nur ganz wenigen Menschen beschieden ist.

Trotzdem: Es reicht ihm nicht.

»I'm a number one, top of the list, king of the hill«, singt Sinatra. Plein kann das noch nicht von sich behaupten. Er ist zwar in den USA auf einem vielversprechenden Weg. Trotzdem steht er mit seiner Luxusmarke nach vielen Rückschlägen immer noch recht am Anfang.

Alles in New York ist eine Frage der Perspektive. Wer unten in den Straßenschluchten nach oben blickt, für den ist jeder Bau ein Wolkenkratzer. Wer oben von einem Turm nach unten guckt, dem scheinen die meisten Häuser Miniaturen einer Modelleisenbahn zu sein.

Alles ist relativ. Das zweistöckige Penthouse an der südöstlichen Ecke des Central Park, das Plein als Büro gemietet hat, ist dafür das perfekte Beispiel. Es ist beeindruckend und bescheiden zugleich. Je nachdem, welchen Maßstab man anlegt.

Es ist beeindruckend, wenn man auf den Balkon hinaustritt. Die Sicht ist überwältigend. Links erhebt sich das Plaza-Hotel, geradeaus breitet sich der Central Park aus, rechts ist das Cipriani-Restaurant. Dahinter befindet sich das Luxuskaufhaus Bergdorf Goodman. Toplage, besser geht's nicht.

Es ist bescheiden, wenn man die Balkontür schließt, sich umdreht und die Räume abläuft. Es ist ziemlich eng. Pleins Mitarbeiter sitzen im Obergeschoss dicht an dicht. Um sie herum stapeln sich die Pakete mit der Ware. John Raber, President und COO von Plein Americas, zwängt sich in ein schlauchförmiges Kabuff, in das sein Stuhl gerade so hineinpasst. Will er ihn nach vorn oder nach hinten verrücken, muss er aufpassen, dass er nirgends anstößt.

Braucht er Ruhe für ein vertrauliches Telefonat, schließt er die Tür. Das Problem dabei ist nur, dass der Drucker, den alle Mitarbeiter benutzen, ausgerechnet in seinem Zimmer steht. Es kann also passieren, dass gerade in dem Moment, in dem er eine wichtige Person an der Strippe hat, der Drucker angeht und quietschend und schleifend die Seiten freigibt.

*

Plein liebt das Penthouse.

Zum ersten Mal sah er es, als er 14 Jahre alt war. Ohne sich dessen bewusst zu sein.

Er durfte seinen Stiefvater zu einem Medizinerkongress in den USA begleiten. Die Reise war ein Geburtsgeschenk. Sie übernachteten in einem Days Inn, in einer »schattigen Straße« in der Nähe des Times Square. »Das war das schäbigste Hotel, das man sich vorstellen kann. Kein Fenster im Zimmer, dafür Kakerlaken.« Ihm sei das aber egal gewesen. »Ich war in Amerika, ich war begeistert.«

Sie liefen die Fifth Avenue entlang. Bis zum Sherman Memorial, einem goldenen Reiterstandbild, das damals restauriert wurde und deshalb von einem Holzgerüst umgeben war. »Machst du ein Foto von mir?«, fragte Plein seinen Stiefvater, der seine Kodak-Kamera zückte und Plein verewigte. Jahre vergingen, Plein hatte das Bild längst vergessen. Bis sich seine Mutter meldete. In einem der Familienalben hatte sie die Aufnahme aufgestöbert. Sie knipste sie mit dem Handy ab und schickte sie ihrem Sohn mit den Worten: »Dein erstes Bild, als du in New York warst.«

Als Plein es sah, traute er seinen Augen nicht. Im Hintergrund war das Penthouse zu sehen. »Meine Mutter wusste gar nicht, dass das mein Büro ist«, sagt Plein. Viele würden das als belanglosen Zufall abtun. Nicht so Plein, der darin ein Augenzwinkern des Schicksals sieht. »Das ist super crazy.« Vor ein paar Jahren postete er das Jugendbild auf Instagram.

An dem Penthouse lässt sich ablesen, was Plein in den Vereinigten Staaten erlebt hat. Die Höhen und die Tiefen. Rein kommerziell gesehen waren es vor allem Tiefen. »Wir haben hier nur Geld verloren.«

Ursprünglich diente das Penthouse als Showroom für Modehändler und Department Stores, die sich dort die Kollektion anschauen und Teile ordern konnten. Den ersten New Yorker Laden eröffnete Plein im Jahr 2014 auf der Madison Avenue. Hausnummer 625, an der Ecke zur 58. Straße. Die 140 Quadratmeter kleidete er mit weißem und schwarzem Marmor aus. Weißer Marmor für die Frauen, schwarzer Marmor für die Herren.

Am Eingang grüßte ein gigantischer schwarzer, komplett mit Swarovski-Kristallen besetzter Totenkopf die Besucher. Über ihren Köpfen schwebte ein massiver Kronleuchter mit Totenköpfen aus Murano-Glas. Es war ein Debüt mit Ausrufezeichen.

Nur: Es rechnete sich überhaupt nicht.

»Der Laden verschlang über 1 Million Dollar an Miete, brachte aber nur 2 oder 3 Millionen Dollar Umsatz. Jedes Jahr verlor ich eine halbe Million«, sagt Plein. Dennoch sei er über Jahre dringeblieben. »Bis zum bitteren Ende. Brav und lieb.« Bis die Coronavirus-Pandemie ausbrach und er ihn zusperrte. Weil er sich nicht erlauben konnte, in New York keinen Laden zu haben, wandelte er das Penthouse flugs in einen VIP-Store um. Seitdem ist es den Topkunden vorbehalten, die mit Pleins Team einen Termin vereinbaren. Die VIPs, denen auf Wunsch ein Glas Schampus ausgeschenkt wird, haben dann die untere Etage des Dachgeschosses für ein, zwei Stunden ganz für sich.

*

Es ist eine pfiffige Idee. Neu ist sie für die Mode aber nicht. Im Grunde genommen ist es eine Rückkehr zu den alten Zeiten, als Modeschöpfer die High Society in ihren Ateliers empfingen und persönlich betreuten. Kate, die frühere Store-Managerin, die den Laden auf der Madison Avenue leitete, hat Plein behalten. Sie ist jetzt »Penthouse Store Manager«. Was sich nobel anhört, ist in Wahrheit ein Knochenjob. Eine Mischung aus Sekretärin, Leiterin der Poststelle und Entertainerin. Sie beantwortet das Telefon, empfängt die Kurierdienste und Handwerker, verstaut die Ware, die das Hauptquartier im Schweizerischen Lugano nach New York sendet, und verhätschelt die Kunden, die früher auf der Madison Avenue einkauften. Sie führt sie durch das Penthouse. Oder chattet mit ihnen auf WhatsApp, um sie zum Shopping zu ermuntern.

Das scheint ihr zu gelingen. Am nächsten Morgen bin ich mit Plein im Penthouse verabredet. Fast zwei Stunden warte ich, doch er taucht nicht auf. Deshalb streune ich durch die Räume und spioniere ein wenig. Auf der Fensterbank hat Kate Plein-Artikel zu einem Haufen aufgeschichtet. Obendrauf liegt ein Blatt Papier, das in eine Folie geschweißt ist. Es ist die Postanschrift der Kundin.

Ich googele den Namen und stoße auf eine Dachdeckerfirma in einem der Südstaaten der USA. Auf der Internetseite des Betriebs klicke ich mich so lange durch, bis ich das Bild der

Eigentümerfamilie vor mir habe. Am linken Rand blickt mir die Empfängerin des Pakets entgegen. Eine blonde junge Frau. Wahrscheinlich ist es die Tochter. Wie in Europa spricht Plein auch in den USA den Mittelstand an, denke ich. In Europa sind es Hersteller von Straßenschildern, in USA eben Dachdecker.

*

»Wir sind Working Class Heroes«, sagte Plein einmal. Das bezieht sich auf die Kunden, aber auch auf die Marke selbst. Die Marke Philipp Plein muss in den USA rackern und richtig laut sein, um sich in diesem riesigen Land Gehör zu verschaffen. Deshalb ließ es Plein im Februar 2017 richtig knallen. Statt in Mailand präsentierte er erstmals auf der New Yorker Fashion Week. Er mietete die New York Public Library an, engagierte den Rapper Nas, die Rockband The Kills und schickte Jeremy Meeks über den Laufsteg, einen Ex-Häftling, der durch sein Polizeifoto, das ihn nach seiner Festnahme zeigte und im Internet kursierte, zum Sexsymbol avanciert war und bei Plein seinen Runway-Einstand als Model feierte.

Es war eine schweißtreibende Angelegenheit. Die New York Public Library ist eine Bibliothek – und eigentlich nicht gemacht für eine Fashion Show, die von jedem Winkel aus gefilmt und mit lauter Musik untermalt ist. Die Stromkabel für die Soundanlage und die Leuchten, die die Besucher normalerweise nicht zu sehen bekommen, zogen sich am Boden entlang.

Haben die eine Macke?, dachte sich Alain Midzic, als er mit Plein den Saal begutachtete. »Da brauchte ja nur einer von den Gästen aufzustehen. Und das war's. Licht weg, Sound weg.« Mit dem Fuß schoben Plein und Midzic die Kabel zur Seite. Sie schnappten sich ein Gaffer-Tape. »Wir haben über 400 Meter

Kabel mit Klebeband überzogen. Einmal rundum«, sagt Midzic. »Zwei Stunden locker.« Das sei typisch deutsch, findet er. »Wenn wir was machen, dann machen wir es auch richtig.«

Drama gehört zur Theaterstadt New York einfach dazu. Für seine Show im Februar 2019 meinte Plein, schon die Zusage von Kanye West sicher zu haben. Doch wenige Tage vor dem Großereignis sagte der Rapper, Musikproduzent und Designer der Yeezy-Schuhe für Adidas völlig überraschend ab und behauptete, nie etwas unterschrieben zu haben. Ins Kreuzfeuer der Medien geriet ein Mittelsmann, der offenbar mit Plein verhandelt hatte, ohne autorisiert worden zu sein.

Auf einmal stand Plein ohne Haupt-Act da. Mit seiner PR-Chefin Maddalena Bertoli Tedeschi und Creative Manager Noemi Alboreto bunkerte er sich in seinem Townhouse ein, um in letzter Minute eine Alternative zu organisieren. »Wir haben rund um die Uhr gearbeitet und bestimmt zehn Kilo abgenommen«, sagt Maddalena. Sie probierten es bei den Smashing Pumpkins, sie läuteten bei Cher an. Nichts zu machen. Zum Schluss entschied Plein, den Plan B sein zu lassen. »Wen wir auch immer auf die Bühne gestellt hätten, er wäre nur als Lückenbüßer wahrgenommen worden.«

Und dann hatte Plein einfach Glück. Der kolumbianische Reggaeton-Superstar Maluma war in der Stadt und willens, Pleins Show als einfacher Gast beizuwohnen. »Ich glaube, der ist richtig groß. Sollen wir es bei ihm probieren?«, fragte Bertoli Tedeschi. Zuerst waren Plein und seine Entourage skeptisch. Doch Maddalena ließ nicht locker und überzeugte alle. Malumas Agentin versetzte ihr einen Dämpfer. Der Künstler sei bereit, als Model zu laufen, mehr aber auch nicht: »Er wird über den Laufsteg gehen. Er wird aber nicht singen.« Doch es kam anders. Am Ende der Catwalk-Show trat Plein vor das Publikum, zu seiner Linken stand Maluma in einem neongelbschwarz gescheckten Mantel. Anschließend drehten sie eine Runde durch den Saal, wo das Abendessen serviert wurde.

Plein reichte Maluma das Mikrofon. Und der gab spontan seinen Hit »Mala Mía« zum Besten. Das Video ging auf den Sozialen Medien viral. »Maluma hat das kostenlos gemacht«, sagt Maddalena. Monate später lief Maluma, der im Lauf des Jahres 2019 mit Madonna und mit Ricky Martin sang, für Dsquared2 auf. Dem Vernehmen nach für eine Spitzengage.

Es war ein Marketing-Meisterstück. Dennoch: Die Marke Philipp Plein ist in den USA nach wie vor weit davon entfernt, so bekannt wie Armani oder Prada zu sein. Ihr Kundenkreis ist begrenzt. Ebenso die Zahl der Bestseller. Plein verkauft Bekleidung und Sneaker. Handtaschen und kleine Lederwaren, mit denen Louis Vuitton ein Vermögen verdient, spielen noch keine Rolle.

Deshalb muss sich Plein ganz genau überlegen, wo er einen Laden aufmacht, wie groß er sein und wie viel er kosten darf. Er muss nach »Smart Locations« Ausschau halten. Kleinere Flächen, wenn nicht anders möglich abseits der wichtigsten Einkaufsstraßen, in Städten, in denen Bling-Bling gefragt ist. In der Spielerstadt Las Vegas. Oder in der Südstaatenmetropole Miami, wo viele Latinos leben, die Glitzer mögen.

*

Das war nicht allen in Pleins Firma bewusst. Anfang 2016 heuerte Plein mit Graziano de Boni einen Veteranen der Mode an. De Boni hatte einen 1A-Lebenslauf. Nach Stationen bei Hugo Boss, Valentino, Prada und Reed Krakoff hatte er mehrere Jahre das Nordamerika-Geschäft von Giorgio Armani geleitet. Mit anderen Worten: De Boni war ein echter Heavy Hitter.

»Damals war ich einfach nur frustriert, weil wir in den USA

Geld verloren«, sagt Plein. »Ich war mir sicher, dass de Boni derjenige ist, der den Turnaround schaffen kann.«

Im September 2016 schüttelte ich de Boni auf der Mailänder Fashion Week die Hand. Plein hatte Paris Hilton in seinen Turm auf der Via dei Giardini eingeladen. Die Hotelerbin legte auf der oberen Etage, wo sich die Bar und das Restaurant befanden, als DJane auf. Neben mir saß ein rothaariger Junge mit Sommersprossen, der einen Freund mitgebracht hatte. Es war offenbar de Bonis Sohn, denn der Italiener umkreiste den Tisch und schien sich andauernd vergewissern zu wollen, dass sich die beiden Teenager auch prächtig amüsierten.

De Boni kam mir vor wie ein Vater, der seinem Filius einen Disneyland-Besuch schenkt und sich nach allen Kräften bemüht, selbst ganz viel Spaß mit Mickey und Minnie zu haben, dabei aber in unbeobachteten Momenten auf dem Firmenhandy die E-Mails durchgeht.

Zu seinem Start habe er de Boni ins Gewissen geredet, sagt Plein: »Egal, was du machst, wir dürfen kein Geld verlieren. Ich kann Läden aufmachen, ich kann die Investitionen stemmen, aber sobald der Laden aufhat, muss er sich selbst finanzieren. Wir dürfen keine Verluste generieren mit unseren Geschäften.« Doch der Appell habe nicht gewirkt: »De Boni hat genau das Gegenteil gemacht.«

Der Italiener drehte an seinem prallen Rolodex. Er ging die Kontakte durch, die er sich in seiner Zeit bei Armani und Konsorten erschlossen hatte, und stach Stecknadeln in die USA-Landkarte. Er eröffnete in Atlanta. »Eine Vollkatastrophe«, schimpft Plein. »Da war keine Frequenz, kein gar nichts.« Und er machte in Clarksburg, einem Outlet in der Nähe Washingtons, auf. »Das hat überhaupt nicht funktioniert.« Da er einen mehrjährigen Vertrag unterzeichnet hatte, konnte Plein nicht einfach kündigen. Er schloss den Store, zahlte aber die Miete weiter. »Das war besser für uns. Hätten wir noch die Angestellten weiterbezahlt, hätten wir noch mehr Geld in den Sand gesetzt.«

Ein richtiger Reinfall war auch der Laden im King of Prussia, einem Einkaufszentrum in Philadelphia. Einen Monat, nachdem Plein den Schlüssel umgedreht hatte, eröffnete der Betreiber der Mall einen neuen Flügel für Luxusmarken. Dolce & Gabbana, Gucci, Hermès und Prada, die Nachbarn von Plein gewesen waren, zogen um. »Alle waren dort.«

Nur Plein blieb an alter Stelle zurück. »Der Laden war komplett isoliert von der Außenwelt, weil alle Geschäfte drum herum zu waren.« Das Einkaufszentrum habe sich schwergetan, die Flächen zu vermieten. Zwei Jahre später sei der Leerstand immer noch hoch gewesen, zetert Plein. Nach eineinhalb Jahren war der Heavy Hitter de Boni raus.

*

Heute leitet John Raber das US-Geschäft. Und mit ihm zeigt die Kurve nach oben. Allein optisch ist er das Gegenmodell zu de Boni. Erschien der Italiener meist in Anzug und Hemd mit Button-Down-Kragen, so taucht John gern mal in der Plein-Lederjacke auf. Die Arme sind tätowiert. Genauso wie die Brust. Im Journalismus nennt man es »Shoe Leather Reporting«. Statt am Schreibtisch zu sitzen, zu telefonieren oder im Internet zu suchen, geht der Redakteur raus und stürzt sich ins Geschehen. Er klappert seine Quellen ab, bis er die Schuhsohlen durchgelaufen hat.

Genauso hält es John. Am Wochenende fährt er zu den Einkaufszentren und beobachtet wie ein Detektiv. »Welche Einkaufstüten tragen die Leute? Wie bewegen sie sich durch die Mall?« Er schaut sich die Läden der Konkurrenz an. Die von

Versace beispielsweise. »Ich lasse mir die Schuhe zeigen, meistens Boots.« Er plaudert mit dem Verkaufspersonal. Er ist nicht Undercover unterwegs wie Günter Wallraff und stellt sich als Mitarbeiter von Philipp Plein vor. »Ich bin schon offensiv, aber ich sage nicht, was meine Position ist.« Die Visitenkarten der Store-Manager sammelt er ein. Schließlich ist es immer gut, die Nummer von jemandem zu haben, den man später vielleicht abwerben will.

Aufgewachsen ist der Deutsch-Amerikaner John in Karlsruhe. Er durchlief die harte Schule von Peek & Cloppenburg. Der Filialist galt lange als das Nonplusultra im deutschen Modehandel. Wer in einem der P&C-Häuser auf der Fläche steht, der lernt von der Pike auf, wie Ware präsentiert wird, welche Artikel sich rechnen und wie der Kunde tickt. P&C-Eigengewächse machen oft Karriere. Beispielsweise bei Hugo Boss oder bei PVH, der Mutter von Tommy Hilfiger und Calvin Klein.

Dem Schema des P&C-Managers, adrett, gescheitelt und Gardemaß, entsprach John überhaupt nicht. Die Haare trug er lang, in der Nase hatte er einen Ring. »Ich war jung und wild.« Vor dem Bewerbungsgespräch in der P&C-Zentrale in Düsseldorf empfahl ihm sein Mentor Kevin Ziegler, die Rock 'n' Roll-Attitüde nach unten zu dimmen. »Nimm den Nasenring raus.«

In Düsseldorf stellte sich John im grauen Zweiteiler vor. »Sehr klassisch. P&C-like.« An einer Stelle des Interviews habe er dann den Satz »Privat bin ich ganz anders« fallengelassen. Als sein Gesprächspartner wissen wollte: »Wie sind Sie denn?«, habe er geantwortet: »Ich mag die 1950er-Jahre. Ich mag Nostalgie. Ich fahre einen alten Volvo. Ich höre Johnny Cash.«

Am Ende sagte der Personalleiter: »Bleiben Sie bitte mal kurz sitzen.« Er ging aus dem Raum, kehrte zurück und legte ein paar Seiten Papier vor John auf den Tisch. »Hier ist der Vertrag. Gucken Sie ihn sich zu Hause an. Wenn er Ihnen zusagt, unterschreiben Sie ihn.« Raber überlegte nicht lange und setzte seine Unterschrift unter das Dokument.

Relativ schnell mischte er den Laden auf. Er versteckte sich nachts im Büro und baute im Dunkeln die Fläche für Hemden um, für die er verantwortlich war. Der Einkaufsleiter, der am nächsten Tag die Fläche inspizierte, traute seinen Augen nicht. Er häufte 100 Überstunden an, weshalb er mit dem Betriebsrat im Clinch lag. »Ich habe mir den Weg freigeboxt.« Allerdings nur bis zu einem bestimmten Punkt. Nach oben war der Weg für einen wie John halt irgendwann versperrt.

Stattdessen ist John mit seiner »Whatever it takes«-Mentalität bei Plein genau richtig aufgehoben. Seine härteste Prüfung legte er in der Covid-19-Zeit ab. »Da bin ich über mich hinausgewachsen.« Freiwillig verzichtete er auf ein Fünftel seines Gehalts. Er richtete einen Krisenstab ein. »Swat-Team« nannte er es. Er schacherte mit den Vermietern. Er schmeichelte und drohte ihnen.

Den Mitarbeitern in den Läden, die geschlossen waren, musste er kündigen. Diejenigen, die online, über das Telefon oder beim Kunden verkauften, behielt er. Penthouse-Managerin Kate rief alle ihre Stammkunden an. »Sie hat 260.000 Euro Umsatz erwirtschaftet. Über das Telefon.« VIP-Betreuer Jack flog nach Mexiko, mit einem Koffer voller Ware, und klopfte an die Tür. Trunk-Show à la Plein.

Körperlich ging er an die Grenzen. Er mietete einen Pick-up-Truck, fuhr von New York nach Philadelphia und räumte den Laden im Einkaufszentrum King of Prussia aus. Mit Handschuhen und einem Mundschutz hievte er Jacken, Kleider und Schuhe in Kartons. Weil er zu wenige mitgenommen hatte, eilte er auf Toilette, kippte die Schachteln mit dem WC-Papier aus und drückte den Rest der Ware in die leeren Boxen und seinen Kleinlaster. »Ich war schweißgebadet.«

Nur der 7000 Dollar teure Teddybär im Schaufenster, der mit Swarovski-Steinen übersät war, passte hinten nicht mehr rein. Deshalb wuchtete Raber ihn auf den Beifahrersitz. Als er Plein per Video-Call anrief und ihm Bericht erstattete, rückte der Bär ins Blickfeld. Plein sah den Bären und sagte: »Bring ihn deinem Sohn mit. Der freut sich.«

*

Plein will seinem Sohn Romeo eine Freude machen und hat eine private Führung im New Yorker Naturkundemuseum organisiert. Es liegt auf der Westseite des Central Park, eigentlich ist es für Plein ein Katzensprung. Er muss von seinem Townhouse aus nur den Park durchqueren. Pünktlich um 10:30 Uhr stehe ich mit dem Tour Guide Mark am Fahnenmast. Von Plein keine Spur.

Unser Guide Mark fängt schon mal an, die Geschichte des Museums zu erzählen. Weil Plein einfach nicht auftaucht, gehen wir rein und stellen uns in die Haupthalle, wo das Skelettgerüst eines Dinosauriers den ganzen Raum einnimmt. Ich fotografiere es, schicke es Plein und schreibe dazu: »Wir sind hier.«

Wenige Sekunden später antwortet er mir mit »Ich auch« und sendet ein Foto, das er in einem Aufzug geschossen hat. Ich zeige es Mark, der jeden Winkel des Museums kennt, aber ausgerechnet den nicht. »Philipp scheint auf seinem eigenen Planeten zu leben«, sagt Mark. »Ich habe schon jetzt Ehrfurcht vor seiner Assistentin.« Es meint es im Scherz. Mark ist New Yorker durch und durch, hat vor nichts Angst und eine ziemlich große Klappe.

Weil Plein uns nicht findet, verabreden wir uns wieder draußen am Fahnenmast. Dort steht er. Unverkennbar, schließlich trägt er wieder seine Lederjacke, auf der mit silbernen Buchstaben »Plein« geschrieben ist. Wir betreten gemeinsam das Museum und machen Halt vor einem ausgestopften Löwen. Mark setzt an, da unterbricht ihn Plein:

»Ich habe auch einen Löwen zu Hause. Der ist aber größer.«

KAPITEL NEUNZEHN: WIE VIEL BIN ICH WERT?

Giorgio Armani geht auf die 90 zu und stellt sich nach jeder Modenschau immer noch vors Publikum. Er ist Re Giorgio, König Giorgio, der absolute Alleinentscheider in seinem Milliardenunternehmen, der wie vor 50 Jahren jedes einzelne Model zurechtzupft, bevor es auf den Catwalk tritt.

Ich frage Plein: »Wirst du das mit 90 auch noch tun?«

Plein antwortet mir: »Da wäre ich sehr enttäuscht.«

»Sehnst du dich danach, etwas anderes als Mode zu machen?«, frage ich ihn.

»Mode ist repetitiv. Auf jede Fashion Week folgt die nächste. Alle Fashion Weeks sind anders, aber im Grunde sind sie alle gleich. Es gibt andere Chancen, die sich im Leben auftun«, sagt mir Plein.

Giorgio Armani hat einen Verkauf seiner Firma stets abgelehnt. Plein tut das nicht. Im Gegenteil, er hatte mehr als ein Jahr lang mit Finanzinvestoren verhandelt. Dabei verhielt er sich wie die Braut, die sich nicht traut. Erst zierte er sich, dann war er kurz davor, sein Jawort zu geben, doch zum Schluss hatte er kalte Füße bekommen und den Bräutigam in spe allein vor dem Altar stehen lassen.

Angefangen hatte der Balztanz im Herbst 2017 mit einem Fußballspiel. Pleins rechte Hand Ennio Fontana kickte in der Freizeit mit jemandem, der für Temasek arbeitete. Temasek ist der Staatsfonds Singapurs. Er legt einen Teil der Ersparnisse des asiatischen Stadtstaats an und beteiligt sich an Fluggesellschaften wie Singapore Airlines, Finanzdienstleistern wie Mastercard, E-Commerce-Firmen wie Alibaba und Spieleanbietern wie Roblox. Laut seiner Webseite hat er momentan knapp 400 Milliarden Singapur-Dollar im Portfolio. Das sind über 270 Milliarden Euro. Das ist die Zahl 27 mit zehn Nullen hintendran.

Ennio schlug dem Temasek-Angestellten vor, doch mal einen Blick auf Plein zu werfen. Völlig abwegig war die Idee nicht. Klar, Singapur ist nicht für Laisser-faire bekannt. Einer wie Plein, der provoziert und es krachen lässt, würde auffallen in einem Stadtstaat, der seinen Bürgern das Kaugummikauen verbietet. Doch Temasek wird nicht von der Regierung gesteuert. Der Staatsfonds ist unabhängig und dementsprechend für das eine oder andere Experiment offen. Mitte August 2017 hatte sich der Staatsfonds bei dem italienischen Sportswear-Label Stone Island eingekauft. Bekannt ist es für Jacken, Hosen und Pullover, auf denen ein dickes Etikett mit Windrose aufgenäht ist.

Wird Stone Island heute von Männern jeden Alters getragen, vom Pennäler bis zum Pensionär, so war es früher die Uniform der englischen Hooligans, was in dem Film *Hooligans* aus dem Jahr 2005 gut dokumentiert ist. Wenn Temasek also Stone Island toll findet, warum dann nicht auch Plein?

Ennio erzählte Plein von seinem Gespräch. Plein sagte der Name »Temasek« überhaupt nichts. Das erste Mal, als die Temasek-Emissäre aufkreuzten und ihm ihr Interesse bekundeten, verlor Plein recht schnell die Geduld. »Ich schmiss sie raus.«

Ennio sei hingegen »sehr motiviert« gewesen und habe ihn weiter bearbeitet, sich die Avancen anzuhören. Schließlich wurde Plein neugierig und googelte den Namen »Temasek«.

Auf der Internetseite des Staatsfonds stach ihm sofort das verwaltete Vermögen ins Auge. »Solche Zahlen hatte ich noch nie zuvor in meinem Leben gesehen.«

Mehrere Wochen lang ging es hin und her. Temasek forderte Daten an. Dem Vernehmen nach tat sich Plein schwer damit, all die Infos zu beschaffen. Er musste Kennziffern liefern, die er nie in Betracht gezogen hatte. Wie den Gewinn vor Steuern, Zinsen und Abschreibungen, Ebitda genannt. »Ich wusste gar nicht, was ein Ebitda genau ist. Für mich war immer der Cash-Flow wichtig. Für mich zählt, was ich auf dem Konto habe.«

Pleins Team schickte rüber, was es auftreiben konnte. Nicht alles, was Temasek zu sehen bekam, gefiel dem Fonds. Nichtsdestotrotz sah es so aus, als ob er bei Plein einsteigen würde. Erst war von einem Minderheitsanteil die Rede, dann von einem Mehrheitspaket. Eine bindende Offerte legte Temasek nie auf den Tisch. Die Verhandlungen endeten, bevor sie richtig angefangen hatten. Plein, der, bevor Temasek aufgetaucht war, nie groß über einen Verkauf nachgedacht hatte, war angefixt. Er sei in »einen Sog« geraten und habe sich »geschmeichelt« gefühlt. Er habe sich gesagt: »Jemand will mich heiraten. Wie viel bin ich wert?«

Grob über den Daumen gepeilt 800 Millionen bis 1 Milliarde Euro. Das war die erste Schätzung von Korosh Farazad. Korosh ist ein Finanzier, der aus dem Iran stammt, in den USA aufgewachsen ist und heute von London aus vor allem in Immobilien und Hotels investiert. Über seinen Aufstieg in der Welt der Großfinanz hat er ein Buch geschrieben. *Full Disclosure* lautet der Titel, was man mit »Volle Transparenz« übersetzen könnte.

In der Tat, Korosh nimmt kein Blatt vor den Mund. »Philipp ist der beste Selbstdarsteller, den ich jemals getroffen habe«, sagt er und meint das als riesiges Kompliment. »Er weiß, wovon er spricht. Ich bewundere seine Leidenschaft.«

Doch das Selbstbewusstsein Pleins kippe ab und an in »Arroganz« um. »Ich bin mir sicher, er wäre heute Milliardär, wenn er seine Karten richtig gespielt hätte«, sagt Korosh.

Korosh ist gut vernetzt. Vereinfacht ausgedrückt bringt er diejenigen, die Geld haben, mit denjenigen, die es für ein Projekt gebrauchen können, zusammen. Auf Plein sei er aufmerksam geworden, weil sie beide in denselben Zirkeln in London verkehrten. Einen Freund habe er gefragt: »Was weißt du über Plein? Der ist ja richtig flashy.« »Flashy« heißt so viel wie »auffällig«.

Der Freund kannte zufällig Pleins langjährigen Finanzchef, Gilles Gaucher-Cazalis, der im Frühjahr 2018 den Kontakt zu Ennio herstellte. Korosh stieg ins Flugzeug und besuchte Ennio in Pleins Hauptquartier in Lugano. Zum ersten Mal sah er dort auch Philipp, der in den Raum gekommen sei, ohne ihn zu grüßen. »Er war richtig unhöflich. Ich habe das aber als Unsicherheit interpretiert.«

Zu Ennio habe er gesagt: »Plein braucht Kapital. Nie im Leben kann er organisch weiter so wachsen, ohne von außen eine Geldspritze zu bekommen. Ich weiß genau, wer es ihm geben kann.« Die Diskussion beendete er mit den Worten: »Lass mich mal machen.«

Zurück in London klopfte Korosh bei Permira an. Das ist eine der bekanntesten Private-Equity-Gesellschaften auf dem Globus. Das Brot-und-Butter-Geschäft von Private-Equity-Fonds besteht darin, Firmen zu kaufen. Sie sammeln Kapital von Anlegern ein und borgen sich von den Banken Geld. Die Verbindlichkeiten bürden sie der Firma auf, die sie sich einverleiben. Deswegen schnellt der Grad der Verschuldung der Zielfirma steil nach oben. Sie installieren ein Management, das je nach Ausgangssituation Optimierer, Sanierer oder Ankurbler spielt. Nach drei bis fünf Jahren wird die Firma an die Börse gebracht oder weiterverkauft. »Exit« heißt das im Finanzjargon.

Während die Private-Equity-Gesellschaften im angloamerikanischen Raum etabliert und akzeptiert sind, sind sie in Deutschland immer noch umstritten. Der frühere SPD-Vorsitzende Franz Müntefering warf ihnen anno 2005 vor, gesunde Unternehmen auszusaugen, und verunglimpfte sie als »Heuschrecken«. Dieser Ausdruck klebt ihnen teilweise heute noch an. Die Heuschrecken-Metapher ist ein Zerrbild. Es stimmt, dass die Private-Equity-Fonds Rendite sehen wollen. Es stimmt auch, dass sie in einigen Fällen Schaden angerichtet haben. Dennoch haben sie auch Positives bewirkt. Wenn's gut läuft, sind sie wie ein Katalysator. Sie rütteln verschnarchte Firmen aus dem Tiefschlaf und verpassen ihnen einen kraftvollen Schubs nach vorn.

Korosh traf sich mit Permira-Partnerin Tara Alhadeff. Die zierliche Iranerin genießt in der Finanz- und Modewelt einen Ruf wie Donnerhall. Sie hat einige der wichtigsten Fashion Deals der vergangenen zwei Jahrzehnte eingefädelt. Sie war dabei, als sich Permira Marken wie Valentino, Hugo Boss und Dr. Martens schnappte und nach ein paar Jahren mit dickem Gewinn wieder veräußerte. Valentino reichte Permira an die Gruppe Mayhoola weiter, hinter der das Emirat Katar steht. Die Anteile an Hugo Boss versilberte sie schrittweise über Aktienplatzierungen. Dr. Martens brachte der Finanzinvestor 2021 an die Börse.

*

Wer verstehen will, wie Alhadeff sich die Marken ausguckt, in die sie Hunderte Millionen steckt, sollte sich das Interview anhören, das sie im Juli 2022 mit dem Podcast *The Money Maze* führte. Darin listete sie vier Kriterien auf, an denen man abliest, wie attraktiv eine Brand ist. Erstens achte sie auf »Psychologie«, also auf die Gefühle, die eine Marke auslöse. »Marken sind keine Wissenschaft, Marken sind Emotionen. Je tiefer die emotionale Beziehung ist, desto mehr Preissetzungsmacht hat eine Marke und desto loyaler sind ihre Kunden.«

Zweitens prüfe sie, wie sich Menschen tatsächlich gegenüber der Marke verhalten. Ein Gradmesser sei Social Media. »Folgen Menschen der Marke? Kommentieren sie das, was sie tut? Teilen sie ihre Gedanken über die Marke mit ihren Freunden?«

Drittens begutachte sie, inwiefern eine Marke einzigartig sei. »Ist ein Management am Ruder, das etwas ganz anderes macht als alle anderen? Denn die Welt der Marken ist überfüllt. Alle möglichen Menschen versuchen andauernd, neue Marken zu lancieren. Wir fragen uns also, ob das Produkt oder das Geschäftsmodell ohnegleichen ist.«

Viertens führe sie sich die Gewinn- und Verlustrechnung zu Gemüte. »Wenn die Marke fabelhaft ist, dann spiegelt sich das normalerweise in der GuV wider.«

Als Korosh ihr von Plein erzählte, wusste sie zuerst nichts mit dem Namen anzufangen. »Wer soll das sein? Ist er auf Social Media?«, fragte sie. »Ja, er hat Millionen Follower«, antwortete Korosh. »Oh, das ist relevant«, sagte sie verblüfft. Sie klickte auf Pleins Instagram-Account und meinte nach einer Weile: »Ich würde liebend gern die Chance bekommen, mir das näher anzusehen.«

Ein paar Wochen später setzte sich Korosh mit Plein, Ennio und Finanzchef Gilles in dessen Villa in Cannes zusammen. Plein redete und redete. Korosh hörte geduldig zu, bis Plein verstummte, und fragte dann provozierend: »Hast du dich jetzt endlich verausgabt? Ich finde deinen Auftritt stark. Aber wenn du von Investoren ernst genommen werden willst, musst du den Regler ein bisschen nach unten drehen. Sonst verlassen sie den Raum, und du siehst sie nie wieder.«

Bevor Plein etwas erwidern konnte, sei Ennio dazwischengesprungen: »Philipp, hör auf das, was er dir sagt.« Sein forscher Auftritt habe ihm den Respekt Pleins verschafft, ist Korosh überzeugt: »Er war höflich zu mir, als er kapiert hatte, dass ich ihm nicht einfach den Hintern küsse.«

Er habe Plein zu verstehen gegeben, was er alles liefern müsse, um Permira für sich einzunehmen. »Das ist das, was ich von dir will«, sagte Korosh. An Daten, Dokumenten und schlichtweg an Personalstunden, um alle Infos heranzukarren. Plein habe den Forderungskatalog auf sich wirken lassen und gefragt: »Was habe ich davon?« Korosh antwortete: »400 bis 500 Millionen Euro.«

Private-Equity-Transaktionen sind meist fürchterlich kompliziert. Die Grundarithmetik ist aber recht einfach. Zuerst überlegen sich die Finanzinvestoren, wie viel eine Firma wert ist. Sie schauen sich an, wie viel Gewinn sie abwirft und wie viel sie in Zukunft abwerfen könnte, und diskontieren die künftigen Gewinnströme ab. Glaubt man Korosh, dann verortete Permira die Marke Plein nicht wie er am Anfang bei 800 Millionen bis 1 Milliarde Euro, sondern etwas tiefer bei 750 bis 800 Millionen Euro. Das ist aber nicht die Summe, die Plein eingesteckt hätte. Um zu vermeiden, die Marke Plein zu kaufen und gleichzeitig den Mann Plein zu verlieren, hätte Permira darauf bestanden, dass Plein einen Teil des Geldes wieder zurück in die Firma fließen lässt. Linke Tasche, rechte Tasche. Nach Koroshs Schätzung hätte Plein im besten Fall 400 bis 500 Millionen Euro auf seinem Konto und einen Minderheitsanteil an seiner Firma gehabt. Alle Angaben waren zu diesem Zeitpunkt noch mit extremer Vorsicht zu genießen. Schließlich hatte Permira sich noch gar nicht geäußert.

Der Grundstein war gelegt. »All diejenigen, die etwas bei Permira zu sagen hatten, waren an Bord gekommen. Die Besten, die für den Luxusmarkt zuständig sind, waren involviert«, behauptet Korosh. Doch dann zerfaserte alles recht schnell. Der Grund dafür? Liegt letztlich in der Person Plein verborgen. Geht es nach Korosh, dann habe sich Plein gedacht: »Holy Shit, jetzt wird das ernst.« Er habe mit dem Schachern und Pokern angefangen, um den Preis hochzutreiben, und sein Blatt überreizt.

Plein habe einen Berater nach dem anderen reingeholt, sagt Korosh, der das nicht verstand. Er habe sich gedacht: »Hey Freund, wozu brauchst du all diese irrelevanten Personen um dich? Du hast doch den 800-Pfund-Gorilla direkt vor dir sitzen.« Mit dem 800-Pfund-Gorilla meinte er Permira. Und konfrontiert mit all den Plein-Beratern habe Permira irgendwann die Lust verloren, so Korosh.

Wer sich in Plein hineinversetzt, findet aber auch gute Argumente dafür, warum er dem Buhlen Permiras nicht sofort nachgab. Zum Verkauf stand ja nicht einfach nur seine Firma, sondern die Marke, die seinen Namen trägt. Es ging um sein Lebenswerk. Und der Maximalist und Meisterverkäufer Plein wäre nicht Plein, wenn er nicht versucht hätte, das Maximale rauszuholen. »Alles, was ich mache, mache ich zu 100 Prozent. Entweder ich tue es, oder ich lass es bleiben. Ich verkaufe nicht irgendjemandem einfach so meine Firma«, sagt Plein rückblickend.

Um ein Wettbieten zu entfachen, engagierte er Mediobanca, PWC und Bain & Co. Die Berater stellten ein Dossier mit vielen Grafiken zusammen, deren Kurven nach oben zeigten und die Marke Plein ins beste Licht rückten. Nicht von ungefähr wird ein solches Vorgehen »Beauty-Contest«, also Schönheitswettbewerb, genannt. Die Unterlagen schickte Pleins Trio an weitere Private-Equity-Fonds, darunter an Carlyle und CVC, zwei Erzrivalen von Permira.

Ohne es mit absoluter Sicherheit zu wissen, vermute ich, dass Plein mit mindestens 1 Milliarde Euro bewertet werden wollte. 1 Milliarde Euro sind in der Plein-Algebra das Doppelte, ja Dreifache von 800 Millionen Euro. Eitelkeit ist ein wichtiger Faktor in dieser Rechnung. Ich wette, dass Plein schon die Schlagzeile »The One-Billion-Dollar-Man« vor seinem geistigen Auge aufblinken sah.

Man könnte meinen, dass es Plein mit der Auktion, die er durchführte, nur ums Geld ging. Je länger ich Plein zuhöre, desto mehr hege ich jedoch den Verdacht, dass noch etwas anderes mitschwang. Ich glaube, er schindete einfach Zeit, um sich selbst darüber klar zu werden, was er eigentlich wollte. Mir erscheint es so, als ob er selbst hin- und hergerissen war und mit sich rang.

Frei nach Hamlet: »Verkaufen oder nicht verkaufen, das ist hier die Frage.«

Mitten in den Verhandlungen mit den Investoren habe ihn sein Stiefvater gefragt: »Was machst du mit dem Geld?« Er habe geantwortet: »Ich weiß es nicht.« Daraufhin habe ihm sein Stiefvater geraten: »Wenn du mit dem Geld nichts anzufangen weißt, dann verkauf nicht.«

Geld sei ihm am Anfang seiner Karriere wichtig gewesen, sagt Plein. Mittlerweile sei es nicht mehr das Wichtigste. »Das Wichtigste ist, Spaß zu haben. Mir macht es Spaß, etwas zu bewegen.« Die Jugendlichen, die mit ihm auf dem Internat in Salem waren, seien teils die unglücklichsten Menschen auf der Welt gewesen. Sie hätten materiell alles gehabt, was man sich nur wünschen kann. Bloß halt kein Lebensprojekt. »Jeder Mensch braucht eine Aufgabe.«

*

Plein ist ein Macher. Er kann vieles, nur nicht stillsitzen. Plein im Frühruhestand? Plein, der auf einer Yacht durch das Mittelmeer schippert? Plein, der auf dem Golfplatz steht? Plein, der seinen Kindern das Schulbrot schmiert? Das hält er eine Woche durch. Dann geht er vor Langeweile die Wände hoch. Daraus ziehe ich den Schluss: Wenn Plein verkauft hätte, dann nicht zu 20 Prozent, 40 Prozent, 60 Prozent oder 80 Prozent, sondern zu 100 Prozent. Er wäre komplett ausgestiegen und hätte mit dem Verkaufserlös noch einmal von vorn angefangen. Mit etwas ganz anderem. Einem neuen Projekt, fernab der Mode.

Noch einmal von vorn anzufangen hätte Plein gefallen. Er mag Start-ups, schließlich ist es ihm wichtig, alles zu kontrollieren. Er tut sich schwer mit dem Delegieren. Lieber macht er alles selbst. Er umgibt sich mit einem kleinen Team an Vertrauten, die er an der kurzen Leine hält.

Die Philipp Plein Holding AG mag ein 200-Millionen-Plus-Unternehmen sein, doch geführt wird es so, als wäre es immer noch eine 2-Millionen-Butze. Im Vergleich zu anderen Modefirmen, die eine ähnliche Umsatzdimension erreicht haben, ist sie personell hoffnungslos unterbesetzt.

In manchen Augenblicken, in denen er mit den Finanzinvestoren diskutiert habe, sei es Plein »mulmig« geworden, meint sein ehemaliger Finanzchef Gilles. Schlichtweg wegen der schieren Größe, die die Private-Equity-Granden im Sinne hatten. Plein habe gesagt: »Das wird zu groß, damit fühle ich mich nicht mehr wohl. Mir gefiel es besser, als wir klein waren und 20 Mitarbeiter hatten. Das ist das, was ich wollte. Das ist das, worauf ich hingestrebt habe.«

Letztendlich kamen für Plein nur zwei Verkaufsszenarien in Frage, denke ich. Entweder hätte er das Geld genommen und Lebewohl gesagt, um anderswo nochmal durchzustarten. Oder er hätte das Geld genommen und in seiner Firma fröhlich weiter kommandiert wie bisher. Keines dieser zwei Szenarien war für die Finanzinvestoren akzeptabel. Allen von ihnen war klar, dass Plein ohne Plein nicht funktioniert. Balenciaga, Saint Laurent, Valentino sind erfolgreich, obwohl ihre Gründer schon längst abgetreten sind. Die Brands leben davon, dass sie für ihre Kunden ein Statussymbol sind und dass ihnen in der Mode eine Meinungsführerschaft zugestanden wird.

Auf die Marke Plein trifft das nicht zu. Wer Plein kauft, kauft die Beziehung zur Person mit. Plein tragen heißt, wie Plein sein zu wollen. Ein Rebell, ein Underdog, der sich von niemandem etwas sagen lässt. Auf Instagram hat Plein fast viermal so viele Follower wie die Marke Plein. Verschwindet Plein, dann ist die Gefahr groß, dass sich die Marke auflöst. »Die Marke Plein ist eine One-Man-Band. Und die One-Man-Band besteht aus Plein«, sagt Korosh, der Finanzier.

Ging es nach den Finanzinvestoren, musste Plein zwingend bleiben. Doch das alleinige Sagen hätte er nicht mehr gehabt. Wer dreistellige Millionensummen überweist, tut das natürlich nur dann, wenn er sich sicher sein kann, dass das Geld gut angelegt ist. Plein wäre von einem Topmanagement, das der jeweilige neue Miteigner bestimmt hätte, und dem Aufsichtsrat eingerahmt worden. Vielleicht wäre ihm sogar ein CEO an die Seite gestellt worden, der das Tagesgeschäft verantwortet hätte. Plein wäre eine Art Tommy Hilfiger geworden. Ein Maskottchen für die Marke Plein, das Interviews gibt, am Ende der Fashion Show über den Laufsteg marschiert, ansonsten aber nicht mehr viel zu sagen hat. Die Vorstellung, nur noch der Grüßaugust zu sein, dürfte Plein erschaudern haben lassen. Ein Unternehmen sei keine Demokratie, sondern eine Diktatur, soll er ab und an lauthals gerufen haben, wenn jemand in der Firma sich getraute, ihm Widerrede zu leisten. Immer mal wieder hatte Plein in der Vergangenheit mit dem Gedanken gespielt, einen

CEO zu verpflichten, war dann aber doch davon abgerückt, weil er sich nicht dazu durchringen konnte, Verantwortung abzugeben. Ein solcher Fast-CEO war Markus.

Der Schweizer war Partner bei einer Beratungsgesellschaft. Pleins Finanzchef Gilles schrieb ihn an und bat ihn, ihm mit den Verrechnungspreisen zu helfen. Verrechnungspreise, Transfer Prices genannt, sind die Preise, die sich die Töchter eines Konzerns in Rechnung stellen.

Plein ist ein Konzern. Wenn Plein seine Läden in Düsseldorf und in Mailand mit Ware bestückt, dann liefert die Schweizer Plein-Gesellschaft an die deutsche und italienische Plein-Gesellschaft und schreibt ihr eine Rechnung. Da die Steuern in Deutschland und Italien höher sind als in der Schweiz, hätte Plein ein Interesse daran, dass die Rechnung möglichst hoch ausfällt, um den Gewinn von Deutschland und Italien in die Schweiz zu verschieben. Doch weil die Steuerbehörden in Deutschland und Italien mit Argusaugen über solches Abrakadabra wachen, hält sich Plein strikt an die Regeln.

Zum ersten Mal sprachen Plein und Markus am Telefon miteinander. Markus saß in Pontresina in Graubünden auf der Terrasse eines Cafés, als sein Handy klingelte. Am anderen Ende war Plein, der zuerst auf das Honorar zu sprechen kam. »Philipp wollte noch einen Rabatt«, erzählt Markus. Er habe das akzeptiert. »Ich gewährte Philipp jeden Rabatt. Ich hatte einen gewissen Rabatt schon miteingerechnet. Mit der Zeit wusste ich, wie es geht.«

Persönlich begegneten sie sich ein paar Wochen später im Sitz der Beratungsgesellschaft. Markus erinnert sich noch daran, dass Plein in Begleitung einer »sehr attraktiven Dame« erschienen sei. Sie habe ein »mintgrünes Mini-Kleidchen« angehabt, das Markus' Mitarbeiter, der die Sitzung protokollieren sollte, ziemlich in Wallung versetzt habe. Am Ende habe er seinen Assistenten gefragt: »Hast du alles mitgeschrieben?«, worauf der geantwortet habe: »Ich war etwas abgelenkt. Hast du auch notiert?«

Plein und Markus verstanden sich sofort. Markus ist ein Mann, der jemandem wie Plein, der nicht nur auf Kompetenz, sondern auch auf Äußerlichkeiten Wert legt, automatisch Respekt einflößt. Markus ist von stattlicher Statur, fährt Porsche und ist ein Kosmopolit. Und er redet Plein nicht wie die meisten anderen, die er bezahlt, nach dem Mund. »Ich sagte ihm meine Meinung.«

Aus einer rein »geschäftlichen Beziehung« sei eine »Geschäftsfreundschaft« entstanden, meint Markus, der sich das mit einer »gewissen Affinität« erklärt: »Ich bin jetzt 60 Jahre alt. Ich bin halber Deutscher. Ich bin wie ein älterer Bruder. Ich komme aus einer Welt, die er als Kind kennengelernt hat.«

Mit der »Welt« bezieht sich Markus »im weitesten Sinne« auf das »Bürgertum im ausgehenden letzten Jahrhundert« und dessen Wertgefüge. Es ist die Welt der Unternehmer, Anwälte, Mediziner, die an guten Universitäten studiert haben, an vornehmen Orten wohnen, in Sternehotels an der Côte d'Azur übernachten und gern in die Oper gehen. »Es ist die Welt, aus der er kommt, die er aber wie ein Rebell, wie ein Revolutionär eigentlich verlassen will«, sagt Markus. »Es gibt Vertreter aus dieser Welt wie mich, die er ganz in Ordnung findet.«

Rasch kümmerte sich Markus um weit mehr als nur Verrechnungspreise. Er wurde zu Pleins engstem Berater. Er besuchte ihn in Cannes, Lugano und Mailand und stand ihm quasi rund um die Uhr zur Verfügung, wenn Plein seine neueste Idee mit ihm durchsprechen wollte. Oft rief ihn Plein kurz vor oder nach Mitternacht an und sagte: »Wieso schläfst du nicht? Du brauchst Schlaf.«

Markus regelte für Plein den Umzug des Firmensitzes von

Amriswil nach Lugano. Dann half er ihm mit dem Haus in Bel Air. Irgendwann schlug Plein vor, ob er CEO werden wolle. »Das solltest du machen«, sagte Plein. Markus, Finanzchef Gilles und der damalige Bilanzprüfer bemühten sich, Plein zu erläutern, was das konkret bedeuten würde. »Wenn du dich in den Aufsichtsrat zurückziehst, dann hast du im Day-to-Day-Business nichts mehr zu sagen«, sagte Markus zu ihm.

Daraufhin habe Plein energisch mit dem Kopf geschüttelt. »Nein, nein, das geht nicht.« Damit sei die Diskussion beendet gewesen. Doch Plein habe sich nicht geschlagen gegeben und gefragt: »Können wir nicht gemeinsam entscheiden?« Markus beantwortete es mit einer Gegenfrage: »Wenn ich ›A‹ sage und du ›B‹, was machen wir dann?« Plein habe ihn angeguckt und gesagt: »Dann machen wir ›B‹. Wenn wir nicht gleicher Meinung sind, machen wir, was ich sage.« Markus entgegnete: »Wenn das so ist, brauchst du keinen CEO.« Mit diesem Wortwechsel sei das Thema CEO vom Tisch gewesen.

*

Das Schauspiel wiederholte sich im Herbst 2018 nochmal. Von all den Interessenten, die Plein beschnüffelten, wagte sich Carlyle am weitesten vor. Der Private-Equity-Fonds legte ein schriftliches Angebot auf den Tisch. Und Plein hätte einfach nur unterschreiben müssen.

Der starke Mann bei Carlyle heißt Marco De Benedetti. Er ist der zweitälteste Sohn Carlo De Benedettis, des Gegenspielers von Italiens Ex-Regierungschef Silvio Berlusconi. De Benedetti, der aus Turin stammt und der in Italien einfach nur »Ingegnere« genannt wird, gehörten einst das Computerunternehmen Olivetti und die italienische Tageszeitung *Repubblica*.

Sein Meisterstück legte De Benedetti junior mit Moncler

ab. Er glaubte an die Vision Remo Ruffinis, der sich anschickte, den Hersteller von Daunenjacken, dessen Ursprung im französischen Grenoble liegt, in eine Luxusmarke zu verwandeln, und stattete den Designer mit den finanziellen Mitteln aus, um Moncler nach oben zu führen. Heute gehört Moncler zu den Marken mit der größten Strahlkraft überhaupt, die inzwischen einen Umsatz von deutlich über zwei Milliarden erwirtschaftet.

Einen Sprung nach oben traute De Benedetti auch Plein zu. Deswegen war er dem Vernehmen nach bereit, die Mehrheit zu übernehmen. Die Marke Plein bewertete er mit 700 Millionen Euro. Immer noch eine stolze Summe, aber weniger als das, was Korosh und Permira in Aussicht gestellt hatten.

Plein hätte auf einen Schlag knapp 400 Millionen Euro bekommen, jedoch einen Teil davon wieder in die Firma reinvestieren müssen. Zusätzlich hätte Plein ein Jahresgehalt von 2,5 Millionen Euro kassiert. Im Gegenzug hätte Plein vieles mit Carlyle abstimmen müssen, angefangen von Budgets für Kollektionen und Fashion Shows bis hin zu neuen Stores. Plein wäre ein reicher Mann, aber zum ersten Mal in seinem Leben bloß ein Angestellter gewesen.

Ihm muss die Vereinbarung, die Carlyle vorschlug, wie ein faustischer Pakt vorgekommen sein, denke ich mir. Deshalb mutmaße ich, dass er irgendeinen Vorwand suchte, um alles platzen zu lassen. Und siehe da, er fand einen. Natürlich in letzter Minute.

Alles war für die Vertragsunterzeichnung bereit. De Benedetti war extra nach Lugano gekommen, in Begleitung seines Leutnants Massimiliano Caraffa, Head of Consumer, Media and Retail bei Carlyle. Sie gingen mit Plein die Details durch. Als die Rede auf das Jahresgehalt von 2,5 Millionen Euro kam, hatte Plein seinen großen Auftritt.

Er griff sich sein Portemonnaie und zog eine schwarze American-Express-Karte heraus. Sie heißt Centurion und ist den Reichsten der Reichen vorbehalten. Er legte sie vor sich und sagte: »Ich habe drei Kreditkarten und habe ein Monatslimit von 300.000 Euro. Ich reize es jeden Monat aus. Was soll ich zum Teufel mit 2,5 Millionen Euro? Damit bezahle ich gerade mal meinen Gärtner in Cannes.«

Für seine Einlage erntete Plein Lacher. Aber Lacher der Sorte, die eher ein betretenes Schweigen übertünchen sollen. De Benedetti war jedenfalls recht schnell aus der Tür raus. Und ward danach nicht mehr gesehen. Es war das Finale des Carlyle-Abenteuers.

Was De Benedetti nicht ahnen konnte, war, dass in Pleins Kopf schon längst die nächste Idee spukte. Er dachte sich: Warum verkaufen, wenn ich jemand anderen kaufen kann?

Im November und Dezember 2018 trat Plein auf den Konferenzen des Luxusverbands Altagamma und des Medienhauses Pambianco auf, wo sich jedes Jahr das Who's who der italienischen Mode- und Konsumgüterindustrie versammelt.

Zwischen den Herren in Maßanzügen wirkte Plein, der in Pullover und Turnschuhen erschien, wie ein Fremdkörper. Auf der Bühne fläzte er sich im Sessel und streckte die Beine nach vorn aus. Wie ein Schüler, der dem Lehrer mit seiner Körperhaltung signalisiert, dass ihn der Unterricht völlig kaltlässt.

Der Auftritt war, typisch für Plein, durch und durch kalkuliert. Das italienische Establishment ließ er wissen, dass er den Markt nach Übernahmezielen sondiere. Auf die Frage, ob für ihn Übernahme in Frage kämen, antwortete er im Scherz: »Ich würde gern Gucci kaufen. Aber Gucci ist zu teuer.«

Im Ernst fuhr er fort: »Es ist eine Konsolidierung im Gange. Der Kauf von Billionaire hat uns das Selbstbewusstsein eingeflößt, Marken entwickeln zu können. Wir haben eine sehr effiziente Organisation in Lugano geschaffen, die es uns erlaubt, weitere Marken zu führen.«

Plein verriet auf dem Podium nicht, dass er bereits eine Marke konkret im Sinn hatte.

Nämlich Roberto Cavalli. In den 1970er-Jahren hatte sich Roberto Cavalli mit seinen bunten Drucken in der Mode einen Namen gemacht. Den Durchbruch zur internationalen Luxusmarke gelang dem Designer in den 1990er-Jahren. Er etablierte sich als Glamour-Brand für den Jetset, der nachts in den Clubs die Korken knallen ließ. Mit sexy Kleidern und Jeans, oft im Leoparden-Look, füllte Cavalli das Vakuum, das der 1997 ermordete Gianni Versace hinterlassen hatte.

Als Plein auf Cavalli aufmerksam wurde, war die Marke nur noch ein Schatten ihrer selbst. Ihr Gründer und Namensgeber hatte sich längst verabschiedet. Eine Serie an Designerwechseln hatten die Cavalli-Fans in aller Welt verprellt.

Und die Marke steckte in den roten Zahlen fest, weswegen der damalige Eigentümer, der Private-Equity-Fonds Clessidra, verzweifelt nach jemandem fahndete, der ihm die »patata bollente«, italienisch für »heiße Kartoffel«, aus den Händen nahm.

Noch heute ist Plein davon überzeugt, dass die Marken Plein und Roberto Cavalli super zusammengepasst hätten. »Roberto Cavalli ist eine Brand für Maximalisten, Plein ist eine Brand für Maximalisten. Roberto Cavalli ist stark bei den Frauen, wir bei den Herren. Auch die Zielgruppe, die wir mit den beiden Marken ansprechen, hätten wir gut vereinen können.«

»Total inspiriert und motiviert« sei er von dem Gedanken gewesen, Plein und Cavalli unter ein gemeinsames Dach zu bringen. »Wir hätten relativ schnell 1 Milliarde Euro Umsatz in den nächsten fünf Jahren erreichen können. Und wir wären auch höchst profitabel gewesen.«

Er hätte nur 15 Mitarbeiter gebraucht, »um das ganze Ding zu drehen«, meint Plein: »15 Mitarbeiter maximum. Fünf im Vertrieb, fünf im Design und fünf zusätzlich im Backoffice. 15 Mitarbeiter, um die Marke Cavalli in mein Unternehmen zu integrieren. Das ist gar nichts, verstehst du?«

So einfach, wie es Plein darstellt, wäre die Operation Roberto Cavalli höchstwahrscheinlich nicht gewesen. Roberto Cavalli hatte ein Riesenbüro in Florenz, drei Standorte in Mailand, darunter eine teure Dependance am San-Babila-Platz, und fünf Lagerhäuser.

Plein hätte den Sitz von Florenz nach Lugano verlegen und Mitarbeiter entlassen müssen. Damit hätte er sich den Ärger der italienischen Politik, der Gewerkschaften und der Presse eingehandelt, die es dem Ausländer Plein nicht verziehen hätte, wenn er die nationale Ikone Cavalli zerlegt hätte.

Um den Cavalli-Coup zu verwirklichen, hätte Plein also jemanden gebraucht, der für ihn bei Cavalli aufgeräumt hätte. Und er hatte auch schon jemanden gefunden: Blue Skye.

Wer sich auf der kargen Internetseite von Blue Skye umschaut, erfährt, dass die Gründer Salvatore Cerchione und Gianluca D'Avanzo heißen. Die beiden Finanziers sind in Italien einem breiteren Publikum bekannt, seitdem sie im Aufsichtsrat des Fußballclubs AC Mailand saßen.

Das Duo Cerchione und D'Avanzo komme dann ins Spiel, wenn es an »konventionellen Kapitalquellen« mangle, und gewähre Geld gegen Sicherheiten, liest man in der Selbstbeschreibung von Blue Skye im Netz. Man könnte es salopp so formulieren: Wenn eine Firma in die Grütze zu gehen droht, rücken Cerchione und D'Avanzo als letztes Aufgebot an.

Mit den Neapolitanern ist nicht zu spaßen. Gegenüber Plein traten sie im Tandem mit Elliott auf. Das ist ein aggressiver Hedge-Fonds aus New York, der sich als Aktionärsaktivist geriert. Er kauft sich in Unternehmen ein und stänkert dann öffentlich gegen das Management.

Wer die Klinge mit Elliott kreuzt, zieht häufig den Kürzeren. Erfahren musste das der frühere Siemens-Chef Klaus Kleinfeld, der bei der Aluminiumschmelze Alcoa rausflog, als er sich über den Elliott-Chef in einem missglückten Brief lustig machte.

Plein und Blue Skye hätten sich die Aufgaben bei Roberto Cavalli untereinander aufgeteilt. Plein hätte an der Kollektion und dem Marketing gedreht, während Blue Skye die unangenehmen Angelegenheiten erledigt hätte. Heißt: Cerchione und D'Avanzo hätten die Axt geschwungen. Sie hätten gekürzt, geschlossen und wären in Italien die Buhmänner gewesen. Das hätten die zwei natürlich nicht unentgeltlich getan. Sie hätten Plein gezwungen, extrem ins Risiko zu gehen.

Der Mechanismus, den Cerchione und D'Avanzo vorschlugen, war wie folgt: Sie bewerteten die Gruppe Plein, inklusive Roberto Cavalli, mit 750 Millionen Euro. Sie hätten sich für 150 Millionen Euro eingekauft. Mit dieser Summe hätte Plein die Marke Cavalli anschieben können.

Der Haken an der Sache: Wäre Plein an Cavalli gescheitert, wäre der Wert der Plein-Gruppe gesunken und der Anteil von Blue Skye gestiegen. Cerchione und D'Avanzo hätten Plein »verwässert«, wie es im Finanzjargon heißt, und wären zu wichtigen Teilhabern geworden. Das vermeintliche 150-Millionen-Geschenk von Blue Skye hätte sich im schlimmsten Fall für Plein als Trojanisches Pferd entpuppt.

Kurz vor Weihnachten flogen Plein und Ennio nach London, um mit Blue Skye und Elliott die letzten Details glattzubügeln. Doch als Plein und Ennio klar wurde, dass sie das gesamte Risiko schultern sollten, rastete Ennio aus. »Ennio ist dem einen Partner da fast an die Gurgel gegangen«, sagt Plein. »Er hat den blöd angemacht. Der war natürlich beleidigt. Wir haben dann nicht weitergemacht und das Ganze abgebrochen.« Unverrichteter Dinge kehrten sie zurück.

Temasek nein, Permira nein, Carlyle und CVC nein, Roberto Cavalli nein. Alles für die Katz.

Doch Plein ist keiner, der zurückblickt und trauert. Er schüttelt das ab und macht einfach weiter. Als wir im Dezember 2021 miteinander sprechen, schreibt ihm Blue-Skye-Macher Cerchione auf WhatsApp und fragt ihn: »Willst du den AC Mailand sponsern?« Plein lacht, als er die Nachricht sieht, und schreibt zurück: »You have to pay me. I love you.«

KAPITEL ZWANZIG: DAS IMPERIUM SCHLÄGT ZURÜCK

Wenn Plein nach seinen Vorbildern gefragt wird, muss er nicht lange überlegen. »Elon Musk ist mein Held«, sagt Plein. Der Tesla- und Space-X-Chef und seit kurzem Twitter-Eigentümer Musk hat keine Angst davor, Marktführer frontal anzugehen. Mit Tesla attackiert er Daimler, General Motors und Volkswagen, mit Space X hat er Arianespace bei Satellitenstarts als Nummer eins abgelöst. »Ich mag Underdogs«, sagt Plein, der sich selbst auch als Underdog identifiziert.

Elon Musk ist nicht der einzige Unternehmer, der Plein inspiriert. Gewaltigen Respekt hat er auch vor Jean-Claude Biver. Der Schweizer baut weder Elektroautos noch Raketen, sondern Uhren. Erst führte er als Topmanager der Swatch-Gruppe die Marke Omega zurück an die Spitze. Er machte Omega zur Uhr des Geheimagenten James Bond und engagierte Topmodel Cindy Crawford. Anschließend kaufte er Hublot, schuf das protzige Modell Big Bang und rührte lautstark die Werbetrommel. Die Marke Hublot, damals quasi tot, war auf einmal in aller Munde. Dem weltgrößten Luxuskonzern blieb das nicht verborgen. Die LVMH-Gruppe übernahm Hublot und ernannte Biver zum CEO ihrer Uhrensparte um Tag Heuer und Zenith. »Ich bin ein Fan«, sagt Plein. »Ich habe so viel Respekt vor Biver.«

Die Magie des Marketing-Zauberers Biver bekam Plein

selbst zu spüren. Er speiste im Restaurant des Sternekochs Alain Ducasse in Paris. An seinem Handgelenk trug Plein eine Royal Oak Offshore in Rosé-Gold von Audemars Piguet. »Damals kostete die zwischen 40.000 und 50.000 Euro.« Der Kellner beugte sich zu ihm herab und sagte mit Samtstimme: »Ich liebe Ihre Big Bang.« Darauf entgegnete Plein wütend: »Das ist keine Big Bang. Diese Uhr kostet doppelt so viel.«

Biver besuchte Plein in dessen Villa in Cannes. Dort habe ihm der Uhrenmanager sein Geschäftsgeheimnis verraten. Damit eine Uhr sich verkaufe, müsse sie teuer sein. Und damit sie ein Bestseller werde, müsse sie noch einen Tick teurer wirken, als sie wirklich sei. »Philipp, der Trick bei Hublot war, dass unsere Uhr 10.000 Euro gekostet, aber wie 15.000 Euro ausgesehen hat«, habe Biver ihm gesagt. »Ich fand das sehr schlau«, sagt Plein …Weil abends ein Black-Tie-Dinner angesetzt ist, sitzt mir Plein in schwarzer Smokinghose und im gerüschten weißen Hemd gegenüber. Einziger Farbtupfer ist ein grünes Monstrum von Uhr, das er sich umgebunden hat. Es ist keine Audemars Piguet, keine Hublot, sondern seine eigene Kreation. Er bezeichnet sie nicht als Uhr, sondern als Zeitmaschine. Es ist die neue Crypto King.

Mit ihr will Plein das schaffen, woran mit Ausnahme von Chanel eigentlich alle Modemarken gescheitert seien: Er will im Feld der Luxusuhren reüssieren, das von Schweizer Marken beherrscht wird, angefangen von Breitling über Rolex bis hin zu Patek Philippe.

Fashion-Brands wie Burberry, Dolce & Gabbana, Gucci und Versace hätten das versucht, seien aber glücklos geblieben, weil sie alle einen Fehler begangen hätten. »Sie haben sich überschätzt«, behauptet Plein. »Nur weil eine Brand ein Kleid für 40.000 Euro verkauft, heißt das noch lange nicht, dass sie eine Uhr für 40.000 Euro verkaufen kann.«

Den gleichen Fehler werde er nicht begehen. »Es ist Teil unseres Erfolgs, uns nicht zu überschätzen. Ich bin Nischenmarktspezialist. Ich suche immer nach Möglichkeiten im Markt. Jeder Markt ist geschützt, es gibt kaum noch Opportunitys. Deshalb muss man genau analysieren, was man tut.«

Daher wendet Plein das Hublot-Prinzip von Jean-Claude Biver an. Er lässt die Crypto King, die in Lugano hergestellt wird, teurer aussehen, als sie eigentlich ist, und positioniert sie mit einem Einstiegspreis von 2900 Euro oberhalb der Fashion-Uhren, aber unterhalb von Marken wie Hublot und Rolex, die grob geschätzt erst ab 4500 Euro zu haben sind. »Für 4500 Euro kriegst du ein Standardmodell aus Stahl mit Lederband«, sagt Plein. »Wenn wir uns mit Autos vergleichen, dann sind wir mit unseren Uhren der Porsche. Ein Porsche 911 ist für 80.000 und 90.000 Euro zu haben. Wenn du einen vergleichbaren rassigen Sportwagen willst, kommen nur Lamborghini und Ferrari in Frage. Die kosten aber dann über 200.000 Euro.«

Plein ist richtig angriffslustig. »Wieder« muss ich hinzufügen.

Denn es sah eine Zeitlang gar nicht gut für ihn aus. Seine Fashion Show am Samstag, den 22. Februar 2020, hatte ihn 3,5 Millionen Euro gekostet. Er hatte eine Halle der Mailänder Messe angemietet und Stargäste wie Jada Pinkett Smith, die Ehefrau von Will Smith, und Rapperin Missy Elliott aufgeboten.

Zum Finale erwies er Basketball-Star Kobe Bryant, der einen Monat zuvor bei einem Helikopterabsturz ums Leben gekommen war, die Ehre. Plein trat in einem Trikot mit Kobes Nummer 24 in limitierter Edition auf die Bühne. Da auf dem Trikot »Plein« in dicken Lettern stand und zwei goldene Hubschrauber in der Halle geparkt waren, löste die Geste einen Sturm der Entrüstung aus.

Modeblogger Bliss Foster fand sie komplett daneben und ätzte auf dem Kurznachrichtendienst Twitter. »Philipp Plein hat zwei Helikopter für seine Show vergoldet, die 27 Tage nach Kobes Helikopterabsturz stattfindet. Aber keine Sorge, er pappte Swarovski-Steine auf Kobes Trikot und schrieb Plein (??) drauf. Damit ist das cool. Fuck you, Philipp.«

Einen Tag später, am Sonntag, den 23. Februar, wurde in den Regionen Lombardei und Venetien der Ausnahmezustand wegen Covid-19 verhängt. Sämtliche Veranstaltungen wurden untersagt, Museen und öffentliche Einrichtungen wurden geschlossen.

*

Es war der Auftakt dessen, was die meisten Menschen zuvor nur aus apokalyptischen Science-Fiction-Filmen gekannt hatten. In Italien durften die Menschen nur noch auf die Straße, wenn sie in den Supermarkt, zur Apotheke oder mit dem Hund Gassi gingen. Wer in eine Polizeikontrolle geriet, musste seinen Ausweis samt Selbsterklärung vorzeigen. Die Geschäfte mussten schließen. Mailand, Rom, Turin wurden zu Geisterstädten. Wenige Wochen später stand ganz Europa still.

Für Plein war es eine bleierne Zeit. Er flüchtete zu seinen Eltern auf den Bauernhof bei München. Weil er Angst hatte, sich das Coronavirus einzufangen und seine Familie anzustecken, scheute er den Kontakt. Die Lieferdienste, die das Essen brachten, mussten es vorn auf der Straße abstellen. Größer als die Angst vor dem Virus war nur die Angst um sein Lebenswerk. »Ich hatte schon Angst, dass alles, was ich mir über zwei Jahrzehnte aufgebaut hatte, kaputtgehen könnte.«

Die Tage und Nächte verbrachte er am Telefon. Denn obwohl seine Läden und die seiner Kunden zugesperrt waren, musste er weiter Miete, die Gehälter seines Personals und die Rechnungen seiner Lieferanten zahlen. Der neue Laden auf dem Rathenauplatz in Frankfurt verschlang 550.000 Euro im Jahr, obwohl er keine einzige Sekunde aufhatte. »Wir bezahlten einfach weiter, Monat für Monat.«

Mit den Vermietern zoffte sich Plein heftig. »Einige wollten von Covid-19 nichts wissen. Ich, Covid?«

Wo er konnte, gab er die Schlüssel zurück. Er räumte den siebenstöckigen Showroom in Mailand. »Allein das Internet kostete dort 60.000 Euro.« Er kehrte in die Räume in der Via Bigli zurück, wo er 2009 seinen ersten Showroom eröffnet hatte. Seinen Wholesale- und Franchisechef Fabien Girardi wies er an, das Verkaufsteam zu verkleinern. Einige Mitarbeiter mussten gehen.

Kaum waren die silbernen »Philipp Plein«-Buchstaben am Mailänder Wolkenkratzer abgeschraubt, zerrissen sich die Lästerer das Maul über Plein. Es wurde gemunkelt und gemutmaßt. »Ist Plein am Ende?«, raunten sie. Dann erfuhr ich, dass Ennio Fontana, der fast 20 Jahre lang Pleins rechte Hand gewesen war, die Firma verlassen und bei Roberto Cavalli angeheuert hatte.

Plein allein zu Haus, dachte ich mir und probierte, ihn zu erreichen. Doch ich wusste nicht, an wen ich mich wenden konnte. Seine Pressesprecherin war weg, seine Assistentin Elena antwortete mir auf WhatsApp nicht. Es wurde unglaublich still um Plein. Ehrlich gesagt machte ich mir fast schon ein wenig Sorgen um ihn.

Ende 2021 meldete er sich plötzlich zurück. Einen kleinen Kreis an Journalisten lud er in die Via Burlamacchi in der Nähe der Porta Romana in Mailand ein. Es ist ein gefragtes Viertel. Früher hatte hier der belgische Designer Bikkembergs seine Dependance. Jetzt gehören die zwei Stockwerke samt Dachterrasse in dem Palazzo, der Anfang des 20. Jahrhunderts erbaut worden ist, Plein.

»Das haben wir alles bar bezahlt«, sagte Plein, nachdem er

in den Raum geeilt war. Er trug eine schwarze Lederjacke und ein schwarzes T-Shirt. Er ließ sich eine Cola-Zero-Dose reichen, nippte kurz und nahm gleich seinen Finanzvorstand auf den Arm, der in die Tür getreten war.

»Wir wollen bei Plein Spaß haben. Das ist ganz wichtig. Wir verkleiden uns als Teletubbies«, sagte Plein. Teletubbies sind vier rundliche Figuren, mit einer Antenne auf ihrem Kopf und einem Bildschirm im Bauch, die in einer Fernsehserie für Kleinkinder auftreten. Plein zeigte auf seinen Finanzvorstand und sagte: »Er wollte das Teletubby-Kostüm nicht anziehen.« Daraufhin murmelte der Manager etwas, das sich wie »Ich werde von Mr. Plein gemobbt« anhörte.

An die Wand warf Plein eine PowerPoint-Präsentation. Der Text auf der ersten Folie war durchweg gefettet und erinnerte an den Titel einer *Krieg-der-Sterne*-Episode. »Das Imperium schlägt zurück – Philipp Pleins glorreiche Rückkehr nach Mailand« stand da geschrieben. Es folgten über 40 Slides mit einer Menge Zahlen, Grafiken und Ankündigungen.

Aus einer Folie ging hervor, dass Plein im Covid-19-Jahr 2020 rund 80 Millionen Euro Umsatz eingebüßt hatte, also knapp ein Drittel, und trotzdem einen kleinen operativen Gewinn geschrieben habe. »Selbst in der dunkelsten Stunde«, schrieb Plein dazu. Seinen Vortrag beendete er mit einer Folie, auf der nur ein Satz stand: »Möge die Macht Plein mit dir sein.«

Ich musste grinsen, schließlich hatte ich die *Krieg-der-Sterne*-Filme, wo der Bösewicht Darth Vader mit seinem Imperium die Rebellen um Luke Skywalker, die für das Gute kämpfen, durch die Galaxis jagt, als Kind rauf und runter geguckt. Besonders häufig hatte ich mir Episode Nummer fünf *Das Imperium schlägt zurück* angeschaut, in der Darth Vader Luke Skywalker die Hand abschlägt. Offenbar identifizierte sich Plein eher mit dem Schurken Darth Vader als mit dem edlen Jedi-Ritter Luke

Skywalker, dachte ich mir. Offen gesprochen: Ich fand Darth Vader in seinem schwarzen Anzug und mit schwarzer Maske, vor dem sich im Film alle in die Hosen machten, auch cooler. Ein paar Wochen später lud mich Plein zu sich nach Lugano ein. Er saß an seinem Schreibtisch. Besser gesagt kippelte er auf dem Drehstuhl hin und her, seine Beine baumelten in der Luft. Er konnte nicht stillsitzen, weil er richtig Dampf abließ. Ich musste keine Fragen stellen. Plein redete und redete und redete von ganz allein. Eineinhalb Stunden lang, ohne Pause.

»Plein hat kein Geld mehr? Solche Gerüchte machten die Runde«, sagte Plein. »Uns ist das wurst.«

»Ich bin kein Baron Münchhausen.«

»Ich bin sehr bold. Ich bin solid.«

»Wenn du einen Banker anrufst, weiß der nichts über Plein.«

»Ich performe. Ich liefere. Ich verkaufe auf den Plattformen.«

»Wir können laut sein, weil wir es verdient haben. Ich bin sehr stolz, was wir aus dem Nichts geschafft haben.«

Am Ende des Interviews posierte Plein noch für den Fotografen. Der hatte die Idee, Plein auf einen Stuhl vor eine Wand zu stellen, wo in spiegelnden Lettern der Satz »Defeat your Enemies with Success« geschrieben steht. Plein ließ sich nicht zweimal bitten, stieg auf die Sitzfläche des durchsichtigen Plastikstuhls, verschränkte die Arme unter der Brust und reckte das Kinn nach vorn. Es war die Feldherrenpose. Die Überschrift hatte ich in diesem Augenblick schon im Kopf: »Er steht dazu.«

Seitdem Plein den Coronavirus-Schock überwand, hat er sein Geschäftsmodell verändert. Hatte er es früher abgelehnt, wie andere Modemarken Lizenzen zu vergeben, weil er fürchtete, wie einst Ed Hardy die Kontrolle über Produktqualität und Vertrieb zu verlieren und im schlimmsten Fall auf dem Wühltisch im Supermarkt zu landen, so hat er jetzt damit im großen Stil begonnen.

Give Back Beauty erfindet die Düfte, De Rigo die Brillen, Timex die Uhren und Eichholtz die Möbel. Gerade Eichholtz hat es Plein angetan. Seine Villen stattet Plein nur mit Eichholtz-Möbeln aus. Die Firma aus den Niederlanden liefert superschnell, da sie die Artikel auf Lager hat. Wenn man so will, ist sie wie Ikea, nur halt auf Luxus gedreht. Als Plein das Bündnis mit Eichholtz verkündete und keiner der Journalisten wusste, wer Eichholtz war, rief Plein ungläubig: »Wie, ihr kennt Eichholtz nicht?«

Einmal rief ich aus Amsterdam an. Plein fragte mich: »Wo bist du gerade?« Ich antwortete: »Amsterdam.« Da schoss es aus ihm heraus: »Dann musst du unbedingt bei Eichholtz vorbei.« Widerrede war zwecklos, am nächsten Morgen saß ich in einem schwarzen Transporter, den Plein organisiert hatte, und raste über das flache Land in Richtung Süden zum Eichholtz-Hauptquartier.

Dort nahm mich Eichholtz-Topmanager Robin Goemans in Empfang, der mir erzählte, wie Plein und er zusammengefunden hätten. Plein habe ihn angerufen und gesagt: »Robin, jetzt machen wir es.« Robin war verdutzt und fragte zurück: »Was machen wir?« Und Plein sagte: »Eine Kooperation.«

Plein habe Eichholtz nicht einfach machen lassen, sondern sich mit vollem Einsatz richtig eingebracht, meint Goemans: »Das ist wie eine Heirat gewesen.« Sie hätten sich in Pleins Villa in Cannes zusammengesetzt. »Morgens legten wir los.« Irgendwann sei Lucia ins Zimmer getreten und habe gesagt: »Wäre es nicht eine gute Idee, wenn ihr etwas essen würdet? Und dann ein Nickerchen machen würdet?« Plein und er hätten sich perplex angeguckt. »Warum sollen wir schlafen gehen? Es ist doch erst Mittag.« Sie schauten aus dem Fenster und stellten fest, dass es schon dunkel war. Sie hatten einfach die Zeit vergessen.

*

Wem der Duft, die Brille, die Uhr und die Chaiselongue von Plein nicht reichen, der kann künftig genauso wie Plein wohnen. Mit der Immobiliengesellschaft Gabetti gestaltet Plein Luxusapartments in Mailand und Rom, die mit Annehmlichkeiten wie Swimmingpools, Fitnessstudios und einer großen Terrasse aufwarten werden. Jeder Wasserhahn, jede Fliese, jede Lampe hat Plein ausgesucht.

Ein Plein-Hotel samt Restaurant, Café und Club wird es auch geben. In der Mailänder Via Manin, wo einst die Designerin Krizia ihr Atelier hatte, entsteht der Plein-Tempel. Vor den Toiletten wird es eine Apotheke geben. Verkauft wird kein Hustensaft, sondern das eine oder andere Sex-Toy.

Finanziell lohnt sich das alles für Plein. Für alle Produkte und Dienste in seinem Namen kassiert er eine Lizenzgebühr, die sich im zweistelligen Prozentbereich bewegt. Da es die Partner sind, die investieren, stehen den Erträgen keine Kosten gegenüber. »Das ist pures Ebitda, das da reinkommt«, sagt Plein. Schau einer an, denke ich mir. Der Crashkurs mit den Private-Equity-Fonds hat offenbar gewirkt. Vor gar nicht so langer Zeit behauptete Plein, gar nicht zu wissen, was die Finanzkennzahl, die das Ergebnis vor Zinsen, Steuern und Abschreibungen ausdrückt, eigentlich bedeutet. Und jetzt flicht er sie mit traumwandlerischer Sicherheit in seine Reden und Interviews ein. »Es macht wirklich Spaß«, sagt Plein.

*

Der Mann, der das alles für Plein eingefädelt hat, heißt Carmine Rotondaro. Seitdem Ennio Fontana weg ist, ist Carmine Pleins wichtigster Consigliere. Er schaut über die Verträge, verhandelt Konditionen, pflegt die Kontakte zur italienischen Presse und achtet darauf, dass Plein bei all seinen Aktivitäten so wenig Steuern wie möglich bezahlen muss. Er ist ein Multitasker, der viele Sprachen beherrscht. Auch Deutsch, das er dank familiärer Bande mit einer leicht österreichischen Färbung spricht.

Dass Plein den Italiener zu seiner inoffiziellen Nummer zwei erkoren hat, ist aber meiner Deutung nach nicht allein dessen Fähigkeiten geschuldet. Vielmehr haben Plein und er etwas gemeinsam: Sie haben es beide gewagt, sich mit den französischen Luxuskonzernen anzulegen.

Bevor Carmine zu Plein stieß, beriet er die Pariser Kering-Gruppe, die Brands wie Gucci, Saint Laurent und Bottega Veneta kontrolliert. Wie mir zugetragen wurde, hatte Carmine, der nicht angestellt war, sondern auf freier Basis arbeitete, direkten Zugang zur Pinault-Familie, die über ihre Holding Artémis größter Aktionär des Luxuskonzerns ist. François-Henri Pinault ist zudem Kering-CEO. Dank des Luxusbooms hatte Kering in den vergangenen Jahren eigentlich nur gute Nachrichten zu vermelden. Das änderte sich am 25. Januar 2019, als die Gruppe mitteilen musste, dass die italienischen Steuerbehörden ihr in einem Audit-Bericht vorwarfen, mithilfe einer Schweizer Tochtergesellschaft Steuern in Höhe von 1,4 Milliarden Euro hinterzogen zu haben. »Kering ficht das Ergebnis des Audit-Reports an«, kündigte der Konzern an. Widerstand leistete Kering allerdings nur kurz. Am 5. September 2019 machte die Gruppe öffentlich, dass sie einem Vergleich zugestimmt habe und 1,25 Milliarden Euro an den italienischen Fiskus überweisen werde. »1,25 Milliarden Euro?« Ich rieb mir die Augen, als ich mir die Pressemitteilung durchlas.

Zuerst war mir nicht klar, warum Kering klein beigegeben hatte. Bis mich jemand in den Untersuchungsbericht der Guardia di Finanza spicken ließ. In den einführenden Worten legt die italienische Finanzpolizei offen, auf welche Dokumente und

Zeugenaussagen sie sich stützt. Der erste Name, der dort genannt wurde, war mir ein Begriff: »Rotondaro, Carmine«.

Die italienischen Behörden hatten also ein Vögelchen bei Kering, das gezwitschert hatte. Und das Vögelchen war offenbar Carmine gewesen. Ich spreche Carmine darauf an, er sagt nichts dazu.

Dass er und Kering sich nicht grün sind, wird mir klar, als ich Carmine während der Modewoche besuche. Carmine gehört die Modemarke Collini Milano 1937 und das Hotel Collini. Es ist ein Boutique-Hotel, in der jede Etage und jedes Zimmer individuell gestaltet ist. Am Eingang grüßt Hulk, auf den Fluren stehen Superman und Batman, die Schale mit den Bonbons wird von Yoda gehalten, und überall verteilt sind Dinosaurier. Nicht in klein, sondern in groß, versteht sich.

Ein wenig mulmig wird mir, als ich mir die Wände und Fresken genauer anschaue. Bemalt hat sie Federico Unia, ein Graffiti-Künstler, der unter seinem Pseudonym Omer bekannt ist. Er zeigt Gesichter und Körper schöner Frauen und Männer, durch deren Haut die Knochen schimmern. Er ersetzt Köpfe der Menschen durch Tierhäupter und stellt dar, wie die Tiermenschen Lastern wie dem Alkohol und dem Glücksspiel frönen. Oben im Restaurant hat Federico einen Altar errichtet, über dem eine Leuchtreklame schwebt. Es ist eine rosarote Hand mit erhobenem Mittelfinger.

Es ist unsere heile Welt, in der sich Abgründe und Widersprüche auftun. In der Leben und Tod, Menschliches und Animalisches, Sakrales und Profanes aufeinanderprallen. Und in der Kering und Carmine kollidieren.

Das Hotel Collini befindet sich direkt neben dem Areal, wo Gucci seine Modenschauen veranstaltet. Carmine hat sich für die Präsentation von Collini Milano 1937 genau den Tag ausgesucht, an dem auch die Gucci-Show stattfindet. Die Gäste der

Gucci-Show stehen links in der Schlange, während es rechts ins Collini-Hotel hineingeht. Carmine hat einen schwarzgoldenen Oldtimer auf der Straße geparkt und die Musik auf Maximum hochgedreht.

Wir stehen oben auf der Dachterrasse und schauen runter auf den Pulk an Menschen, der Zentimeter für Zentimeter in Richtung Gucci zockelt und dabei von Carmine so beschallt wird, dass das Trommelfell bebt. »Das wird Gucci aber nicht gefallen«, sage ich. Carmine schweigt. Doch ich meine, ein süffisantes Lächeln auf seinen Lippen auszumachen. Wie war das noch mit dem Underdog?

KAPITEL EINUNDZWANZIG: DAS SCHLOSS IN BEL AIR

Die Straßennamen in Bel Air sind italienisch. Bellagio Road, Capello Way, Savona Road, Vicenza Way. Die Villa Pleins erhebt sich am Ende des Fontenelle Way. Das hat etwas Niedliches an sich. Fontanella heißt »Brünnlein«. Doch niedlich ist hier nichts, im Gegenteil. Zuerst vermute ich, dass es sich um eine optische Täuschung handelt, so immens sind die Dimensionen. Mich erinnert es an den Unterricht in Bildender Kunst in der Schule, als wir die Fluchtpunktperspektive lernten und ich Objekte, die weit entfernt waren, im Verhältnis zu denen, die nah waren, viel zu groß malte und einen Rüffel des Kunstlehrers bekam.

Wir halten vor einer roten Briefkastensäule. Plein hat sie aus Großbritannien einfliegen lassen, damit sich die Britin Lucia, die Mutter seines zweiten Sohns Rocket, wie zu Hause fühlt.

Ich steige aus und blicke auf eine zehn Meter hohe Mauer, in der Wasserschalen eingelassen sind, die ein solches Volumen haben, dass ich in ihnen wahrscheinlich baden könnte. Zu Fuß schreite ich durch das Eisentor, der Weg steigt an und führt zu einer Ebene, die trichterförmig von einem Steilhang überragt wird, in den Plein 130 Säulen hineingerammt hat. Es ist ein Wald aus Säulen. Auf dem Plateau steht eine neoklassisch angehauchte Villa, die dem Weißen Haus ähnelt. Es ist allerdings bloß das Gästehaus. Die eigentliche Villa, das Chateau Falconview, in dem Plein mit seiner Familie irgendwann leben wird, muss noch weiter oben sein. Ich lege den Kopf in den Nacken, drehe ihn von links und rechts und erspähe den Bau. Es ist nur ein Ausschnitt, aber er ist riesig. Mir wird schwindelig.

»Es sprengt den Maßstab. Das ist wie im Film *Liebling, ich habe die Kinder geschrumpft*«, sagt Plein, als er mit seinem ältesten Sohn Romeo an der Hand durch die Tür des Gästehauses tritt. In der Komödie aus den 1980er-Jahren schnurren die Kinder eines zerstreuten Wissenschaftlers, gespielt von Rick Moranis, der einen Schrumpfstrahler entwickelt hat, auf Miniaturgröße zusammen. Sie finden Unterschlupf in einem Legostein und müssen sich gegen eine Ameise zur Wehr setzen. Genau wie eine Ameise fühle ich mich in diesem Augen blick.

Es ist der Neujahrstag, an dem es Otto Normalbürger bedächtig angehen lassen. Doch Plein ist schon im Turbomodus und stürmt den Berg hinauf: Der Strom und damit das Internet waren ausgefallen. Zudem war Geröll nach unten gerasselt und hatte das Heck von Pleins Rolls-Royce getroffen.

*

Plein ordnete Lucia an, mir aufzutragen, bei seiner Assistentin Elena durchzuklingeln, die wiederum einen gewissen Chris verständigen sollte, nach dem Rechten zu sehen. Den Sinn dieser Telefonkette verstand ich nicht. Warum rief Plein nicht direkt diesen Chris an? Wozu brauchte es Lucia, Elena und mich dazwischen? War die Batterie seines Handys leer? Ohne weiter nachzudenken, läutete ich Elena an, die in der Nähe von Como in Italien wohnt. Es war ungefähr Mittag in Los Angeles, in Como war es also 21 Uhr.

»Buon anno, Elena!«, säuselte ich ins Telefon. »Frohes neues Jahr, Elena!«

»Buon anno un cazzo!«, brüllte Elena zurück. Das lasse ich unübersetzt.

Sie beendete das Telefonat. Offenbar hatte Pleins Mobiltelefon doch Saft. Und er hatte schon bei Elena Telefonterror gemacht. Ich war halt der Nächste, der ihr am ersten Tag des neuen Jahres auf den Geist ging.

*

Jetzt ist der Strom wieder da. Ohne das Zutun von Lucia, Elena, Chris und mir, denn die Elektrizität war in der ganzen Gegend weg gewesen. Blackout in Bel Air und nicht nur im Hause Plein. Wir marschieren in die Höhe, Pleins Atmung geht schwer.

Mit dem Zeigefinger weist er auf den Hang. »Hier wird es einen Wasserfall geben. Mein Sohn wird auf einer Wasserrutsche in die Tiefe sausen können. Wir werden Flamingos haben, echte Flamingos.« Er wendet sich Romeo zu: »Die Flamingos werden dich beißen!« Er knufft ihn in die Seite. Plein richtet den Zeigefinger auf Bäume, die er zwischen die 130 Säulen gepflanzt hat: »Sie werden so geschnitten werden, dass sie wie Lutscher aussehen. Alles wird symmetrisch sein.«

Wir erreichen ein zweites Plateau und halten unter dem Chateau Falconview an. Ich kenne die Bilder aus dem Internet. Doch es mit den eigenen Augen zu sehen, ist dann doch etwas anderes. Ich stehe davor und ringe um Eindrücke, doch mein Gehirn ist leer. »Sagt mir das etwas? Gefällt es mir?« Ich zwinge mich, das, was ich vor mir sehe, einzuordnen. Mir fällt eine Assoziation ein, das Schloss Bellevue in Berlin, die Residenz des deutschen Bundespräsidenten. »Plein setzt auf einen

Berg in Bel Air das Schloss Bellevue hin«, flüstere ich vor mich hin. Den Gedanken finde ich absurd. Dann schaue ich Plein an. Und auf einmal ergibt alles Sinn.

Ob das Chateau Falconview nach Kalifornien passt oder nicht, ob es überproportional ist oder nicht, ob es schön oder hässlich ist, spielt für ihn überhaupt keine Rolle. Entscheidend ist einzig und allein, dass es da ist. Trotz aller Widrigkeiten, Wirren und Widerstände. Plein ist wie Edmund Hillary. Auf die Frage, warum er auf hohe Berge steige, antwortete der Erstbezwinger des Mount Everest ganz lapidar: »Weil sie da sind.«

Das Chateau Falconview ist das aus Beton gegossene Denkmal seines Lebensprojekts. Es ist, um im abgegriffenen Bild der Bergwelt zu bleiben, eine Demonstration, dass der Wille Berge versetzen kann. Wenn alle »Das geht nicht!« rufen, stellt sich Plein hin und schleudert ihnen »Das geht!« entgegen. Er tut das, um es sich und allen da draußen zu beweisen, zu was er imstande ist.

Ich frage mich, ob Plein das auch so sieht. Ein paar Tage zuvor habe ich ihn gefragt: »Wenn Menschen in hundert Jahren zurückschauen, wie willst du in Erinnerung bleiben?« Wir saßen an einem runden Tisch in der Polo Lounge im Beverly Hills Hotel. Für Plein ist es ein festes Ritual, am Tag seiner Ankunft in Los Angeles in dem Restaurant zu essen, in dem einst Hollywood-Granden wie Charlie Chaplin und Fred Astaire dinierten, in dem ein Eisberg-Römersalat mit Avocado und einem Streifen Speck obendrauf ein Vermögen kostet und ein Klavierspieler an einem schwarzen Flügel sitzt. Es ist ein gediegener Ort, der nach altem Geld und Attitüde riecht.

»Ich will nicht, dass sich Leute an mich erinnern«, sagt Plein. »I don't give a fuck!«

Plein hatte für uns Kaviar, Blini, Hühnchen und eine Menge mehr bestellt. Gefragt, was ich essen wolle, hatte er mich nicht. Wir saßen nun vor Dutzenden von Tellern, die Plein für Instagram abfilmte. Mich hatte er in dem Video ausgespart, wie ich später erfahren sollte. Er hatte das Handy weggelegt und zermalmte mit dem Kiefer sein Hühnchen.

»Die Menschen denken, ich sei selbstverliebt. Dabei ist es mir nicht wichtig, berühmt zu sein. Ich habe keinen Selbstdarstellungszwang. Ich möchte einfach nur erfolgreich sein. Ich mache das alles nur des Geldes wegen.« Er fügte an: »Ich werde den Nobelpreis nicht gewinnen. Ich werde die Welt nicht retten. Ich werde einfach reich. Das ist alles. Traurig? Langweilig? Es ist die Wahrheit. Es ist die Lebensgeschichte von 99 Prozent der Bevölkerung.«

Intuitiv fühlte ich, dass das nur die halbe Wahrheit war. Prompt legte Plein nach: »Geld interessiert mich nicht. Ich bin nicht gierig, ich bin nicht geizig. Ich bin finanziell komplett autark. Was kann mir schon passieren? Niemand kann mir etwas anhaben. Wenn ich weniger Geld habe, dann gebe ich weniger aus.«

Ich hakte nach: »Einerseits behauptest du, du machst es des Geldes wegen. Anderseits sagst du, Geld interessiere dich nicht. Das ist ein Widerspruch.«

Er schüttelt mit dem Kopf. Das sei kein Widerspruch. »Geld ist mir nicht wichtig. Es ermöglicht mir nur, meine verrückten Ideen umzusetzen. Warum gebe ich Millionen für Fashion Shows aus? Das ist kein Muss. Ich tue das, weil es mir Spaß macht, weil es aufregend ist. Wenn ich alles Geld auf der Welt hätte, würde ich es ausgeben, um meine Visionen zu verwirklichen.«

Was seine Vision ist, sagte er nicht. Es scheint jedenfalls keine ästhetische Vision zu sein.

»Würdest du sagen, dass du Geschmack hast?«, fragte ich Plein.

»Ich würde nicht von Geschmack reden. Geschmack ist mir gleich. Ich wollte verkaufen.«

»Hältst du dich für kreativ?«, fragte ich ihn.

»Ich verfüge über Fantasie und Kreativität. Geschmack ist subjektiv.«

Ich ließ nicht locker und hämmerte weiter. »Wie würdest du deine Kreativität beschreiben?«

»Ich bin in viele Richtungen kreativ. Ich bin kreativ in der Art, wie ich meine Firma führe. Jeden Tag löse ich Probleme. Ich bin gut darin, Lösungen zu finden. Es ist ein großer Vorteil, dass ich kein Designer bin und keine Ausbildung habe. Die Lehrer haben nicht mein Gehirn gewaschen. Automatisch habe ich alles anders gemacht. Mich zeichnet eine kindliche Naivität aus.«

»Was kannst du besonders gut?«, fragte ich ihn.

»Wenn ich ein Lied höre, bin ich mir zu 90 Prozent sicher, ob es ein Hit wird oder nicht. Spiel mir 100 Lieder vor, und ich kann dir sehr akkurat sagen, ob jedes von ihnen das Potenzial zum Ohrwurm hat. Ich verstehe nichts von Musik oder Mode. Ich verstehe, was den Menschen gefällt. Ich lese Menschen wie ein Buch. Ich lese keine Lexika, ich lese Menschen. Sie sind einfach zu lesen.«

Zu meiner Schande musste ich mir in diesem Moment eingestehen, den Faden verloren zu haben. Im Geiste fasste ich zusammen, was mir Plein über sich gesagt hatte.

Er sei nicht selbstbezogen, sondern mache alles des Geldes wegen. Geld sei ihm aber nicht wichtig, sondern es helfe ihm nur dabei, seine Visionen zu verwirklichen. Was es mit diesen Visionen auf sich habe, ließ er im Ungefähren und hob stattdessen seine kindliche Naivität und sein Talent hervor, Menschen zu lesen und ihnen das zu bieten, was sie sich wünschten, um möglichst viel Geld zu verdienen, das ihm allerdings, wie anfangs betont, nicht wichtig sei. Ad infinitum.

Für mich hörte sich das verdammt nach Zirkelschluss an. Ich hatte viel gefragt, er hatte ausführlich geantwortet, und am Ende hatten wir uns einmal im Kreis gedreht.

*

Das Chateau Falconview ist eine Obsession, die ihn bis heute in ihren Krallen hält.

Als Plein jung war, hegte er zwei Träume. Er träumte davon, einen Porsche 911 zu fahren und ein Haus in Bel Air zu haben. Den Traum, einen Porsche 911 zu besitzen, verwirklichte er schnell. Auf das Haus in Bel Air musste er hingegen lange warten. Täglich ging er auf die Internetseite Zillow, auf der Häuser und Anwesen gelistet sind, die zum Verkauf stehen. Er studierte die Inserate, merkte sich die Preise und prägte sich die Rekordtransaktionen ein. Jahr für Jahr flog er nach Los Angeles. Zusammen mit seinem Architekten Stefan Mauritz kundschaftete er die Stadt aus. Sie übernachteten im Hotel »W«. Tagsüber joggten sie durch Bel Air und Beverly Hills, um sich die Villen anzuschauen. Plein habe auf ihren Laufrunden stets gesagt: »Irgendwann wohne ich hier«, erinnert sich Stefan.

Im Oktober 2014 hatte er 20 Millionen Dollar auf dem Konto und fand im Internet eine Villa in Bel Air, die ihm gefiel. Er beauftragte seinen Wholesale- und Franchisechef Fabien Girardi damit, die Immobilienmaklerin ausfindig zu machen. Fabien stieß auf den Namen Jade Mills. Auf ihrer Internetseite preist sie sich als die »8 Milliarden-Dollar-Frau« an. Jade Mills hat in ihrer Karriere Immobilien im Wert von 8 Milliarden Dollar vermittelt, darunter an Stars wie Britney Spears, Jennifer Aniston und Charlie Sheen. Einen solchen Mandanten wie Plein hatte Mills wahrscheinlich noch nicht.

Fabien rief die Nummer an, die im Internet stand. Es hob eine Frau ab, die sich als Mills' Tochter vorstellte. »Ich rufe im Namen eines europäischen Modedesigners an. Er hat ein Budget von 20 Millionen Dollar zur Verfügung. Er hat aber nur ganz wenig Zeit«, sagte Fabien. »Wait a second«, sagte die Dame. »Ich stelle Sie zu Jade durch.« Nach ein paar Sekunden meldete sich Jade Mills persönlich. Fabien erklärte der Starmaklerin, dass Plein nur vier Tage in Los Angeles sei. Er kam, um einen Laden auf dem Rodeo Drive zu eröffnen. Gleich danach erwartete ihn *Vogue*-Chefredakteurin Franca Sozzani in Dubai, wo sie zu einem Galaevent in der Dubai Mall einlud.

»Franca, kann ich nicht länger in Los Angeles bleiben?«, bettelte Plein.

Sie ließ nicht mit sich reden. »Nein, du musst kommen. Wenn du nicht kommst, dann rede ich mit dir zwei Monate nicht mehr«, sagte Franca.

Er gab klein bei: »Okay, ich komme.«

Plein hatte also nur vier Tage, um sich seine Traumvilla in Bel Air zu sichern. »Reicht das?«, fragte Fabien. »Ja, das geht in Ordnung. Ich schicke Ihnen die Planung«, versprach Mills. Sie presste knapp 20 Villenbesuche in zwei Tage hinein.

Plein, der in Lugano mit seinem Berater Markus zusammensaß, eilte durch die Tür in Richtung Flughafen. Er verabschiedete sich von dem Schweizer mit den Worten: »Ich muss jetzt los. Ich fliege nach Los Angeles. Ich erfülle mir einen Bubentraum und kaufe mir eine Villa in Bel Air. Ich schicke dir Fotos, du musst mir dann helfen.«

Ein paar Tage später habe Plein seinen WhatsApp-Account mit Bildern von Villen geflutet und ihm gesagt: »Ich habe deinen Namen und deine E-Mail-Adresse weitergegeben. Du musst das für mich durchsehen.« Kurz darauf habe er »tonnenweise« Reports zugeschickt bekommen. »Erdbeben, Hochwasser. Ich sah das durch.« Bei Plein geschehe alles in größter Eile. »Für Plein sind Dinge schnell erledigt, obwohl sie in Wahrheit noch gar nicht erledigt sind«, sagt Markus.

Die vierte oder fünfte Villa, die sich Plein mit Fabien anguckte, war der Falconview Estate, benannt nach den Falken, die über der Schlucht kreisen, die sich unterhalb des Areals auftut. Glaubt man den Immobilienmaklern, gehörte das Land einmal Howard Hughes, dem Luftfahrtpionier und Produzenten des Films *Höllenflieger*, den Leonardo DiCaprio in dem Film *Aviator* als besessenen Neurotiker dargestellt hat, der sich zu Hause verbarrikadiert und in Milchflaschen pinkelt.

Plein hatte Glück, dass der Eigentümer unbedingt verkaufen wollte. »Er lag im Krankenhaus und wartete auf ein Spenderherz.« Im Juli listete er die Villa für knapp 18 Millionen Dollar, im September ging er auf 15 Millionen Dollar runter. Plein bot ihm 13,5 Millionen Dollar, er schlug ein.

Dann begann der Kampf gegen die amerikanische Bürokratie und die Nachbarn. Nachdem Baulöwe Mohamed Hadid, Vater der Topmodels Gigi und Bella Hadid, wegen einer Villa, die er in Bel Air hingestellt hatte und die angeblich nicht den Vorschriften entsprach, einen Skandal ausgelöst hatte, war die Stadtverwaltung von Los Angeles lahmgelegt. Plein bekam die Genehmigungen nicht – und musste bis 2018 ausharren, bevor er nur einen Stein bewegen durfte.

Kaum rückte Plein mit den Baggern an, stellte sich ihm die Bel Air Homeowners Alliance in den Weg. Angeführt wird die Allianz der Hausbesitzer, die generell etwas gegen Neubauten hat, von Fred Rosen, dem früheren CEO von Ticketmaster. Sie schrieb Plein einen Protestbrief, den sie an die Lokalzeitung durchsteckte. In dem Schreiben warf sie Plein mehr oder weniger vor, ein Propaganda-Denkmal zu errichten, das an die Monumentalbauten der Nationalsozialisten erinnerte. Plein traf sich mit Rosen zum Friedensgipfel. Plein versprach, die Straße neu zu teeren, wenn seine Villa fertig sei. »Dann ließen sich mich in Ruhe.«

Die Ruhe währte nur kurz. Nachdem Plein auf das Dach seines Gästehauses rosarote Neonzeichen aufgeschraubt hatte, stand die Bel Air Homeowners Alliance wieder bei ihm auf der Matte. »Brief, Drohungen, sofort runternehmen, nicht genehmigt, bla, bla, bla«, sagt Plein. »Der Scheiß hat mich 150.000 gekostet.«

Wir stehen oben vor dem Chateau Falconview. Die Aussicht ist wunderschön, am Horizont sieht man den Ozean. Doch Plein genießt das nicht. Er denkt an all diejenigen, die in Bel Air keine Aussicht haben. »All die da unten, die in der Schlucht wohnen, sehen nichts«, sagt Plein. »Wie Jennifer Lopez.« Er zeigt auf die Stone Canyon Road, die sich unten entlangschlängelt.

Er rechnet vor, was er ausgegeben hat.

3 Millionen Dollar für die Genehmigungen. »Drei Jahre hat es gebraucht. Das ist verrückt.«

5 Millionen Dollar für Bäume und die Säulen. »Die mussten mit dem Kran hingestellt werden. Die Arbeiter mussten sich dafür anseilen.«

80.000 Dollar für den Zaun. »Damit halten wir die Schlangen fern.«

200.000 Dollar laufende Kosten im Monat. »Für diese Baustelle. Für die Architekten in Italien und für die Architekten in Los Angeles. Für den Gärtner. Für Wasser und Elektrizität.«

Umgerechnet 75 Millionen Euro habe er summa summarum in sein Schloss gesteckt. »In bar.«

Das sei aber immer noch wenig. Er zeigt auf die Villa auf

dem gegenüberliegenden Hügel. Sie heißt The One. Gekauft hat sie Richard Saghian, der Gründer des Fast-Fashion-Labels Fashion Nova, für 140 Millionen Dollar. »Das sieht doch wie Mist aus. Das ist doch geschmacklos. Dazu gibt es gar kein Land drum herum, die Privatsphäre ist auch nicht gewahrt. Nicht wie bei mir hier.«

Wir gehen durch die Garage und stehen vor einem Treppenaufgang. »Hier wird ein chinesisches Kinotheater sein. Mit Dolby Surround. Und ein Süßwarenstand. Und ein Safe für die Uhren«, sagt Plein. Er habe das Erdgeschoss um 1000 Quadratmeter vergrößern wollen, um noch eine Bowlingbahn und Räume für die Bediensteten einzurichten. Doch dazu hätte er den Berg stärker abgraben müssen. »Die Nachbarn waren dagegen. Es wäre die nächste Schlacht gewesen, die Zeit gekostet hätte«, sagt Plein. Deshalb habe er das gelassen. »Fuck it!«

Über die Treppen erreichen wir einen Saal, dessen Decke zwölf Meter hoch ist. Es soll das Wohnzimmer werden. »Das ist wie eine Kirche«, sagt Plein.

Er hält sein Handy quer, flippt durch die digitalen Renderings und eilt voran. Durch einen Frühstücksraum, ein Schlafzimmer, eine Küche, eine Car Lounge, in der ein verchromter Jaguar E-Type stehen wird, in dessen Motorhaube eine Getränkebar versteckt sein wird, ein Esszimmer, einen Wellness-Bereich, Gästezimmer bis hin zu seinem Büro, das sich am Ende des Flurs befinden wird. »Da wird der Batman neben dem TV-Bildschirm stehen«, sagt Plein.

Kein Stil wird durchgehalten, kein Raum ist wie der andere. Eindrücke aus aller Welt hat Plein wie ein Schwamm aufgesaugt und in diesen Bau hineingedrückt. Der Aufgang und die Bar wie im Kunsthaus Zürich, das Bad wie im Mandarin Oriental in Mailand, die Gästezimmer wie die Kabinen im Orientexpress. Er mixt Materialien. Marmor für das Esszimmer, Sichtbeton für einen Serverraum, der nur mit einem Fingerabdruck betreten werden kann. Es gilt nur eine Regel. Nirgends findet sich etwas von Philipp Plein. Kein PP-Logo, kein Totenkopf, kein einziges Möbelstück. Plein kommt ohne Plein aus. In der Polo Lounge frage ich Plein nach dem Warum.

»Ich wollte nie Modedesigner werden. Ich erachte das nicht als erstrebenswert«, sagt er mir.

»Macht es dir Spaß, Mode zu entwerfen?«, frage ich ihn.

»Mir macht es Spaß, Schönes zu entwerfen. Es ist das Schönste im Leben, wenn du das, was du im Kopf hast, verwirklichen kannst. Das Problem mit der Mode ist, dass alles, was du erschaffst, nur eine kurze Lebensspanne hat. Es ist, als würdest du die Wettervorhersage vorlesen. Jeden Tag ist das Wetter anders, jeden Tag fängst du neu an. Wer interessiert sich schon für das Wetter von gestern?«

»Du hast die Hälfte deines Lebens hinter dir. Wie sieht der zweite Akt aus? Wirst du die Mode verlassen«, frage ich Plein.

»Der zweite Akt? Ich weiß es nicht. Ich wünschte, ich wüsste es«, antwortet er. »Ich suche nach einem Ausgang. Bislang habe ich ihn nicht gefunden. Doch ich entdecke immer Chancen.«

Wir sind auf der oberen Etage des Chateau Falconview angelangt. Ich habe schon längst die Orientierung verloren. Da sagt Plein: »Hier ist meine Geheimkammer.« Seinen Sohn Romeo macht das neugierig. »Wo denn?«, fragt er. Plein lehnt eine Antwort ab. »Darüber kann ich nicht sprechen. Das ist mein Geheimnis. Dieser Raum existiert für die anderen nicht, er ist unsichtbar, er hat keine Tür.«

Ich stelle mir vor, wie Plein in die Geheimkammer hineingeht. Nur er hat Zutritt, keiner außer ihm kommt rein.

Ich natürlich auch nicht.

DANKSAGUNG

Wenn ich dieses Buch in meinen Händen hin und her wiege, wird mir bewusst, wie lange und verschlungen der Weg bis zu seiner Vollendung gewesen ist. Und wie viele Personen mir auf diesem Weg die Richtung gewiesen und mir verschlossene Türen geöffnet haben.

Dass ich als Berufsjournalist überhaupt Fuß gefasst habe, ist das Verdienst Ina Lockharts. Dank ihr sammelte ich als Praktikant erste Erfahrungen in einer Zeitungsredaktion und wurde später Volontär.

Viel gelernt habe ich von Heike Buchter und Jens Korte in New York. Heike empfahl mir, erst einmal eine Gliederung zu erstellen, bevor ich mit dem Tippen beginne. Die Gliederung für dieses Buch sieht wie ein elektronischer Schaltplan aus und hängt bei mir zuhause an der Wand.

Mode bedeutete mir nicht viel. Bis die *TextilWirtschaft* mich als Italienkorrespondent verpflichtete. Chefredakteur Michael Werner und meine Kollegen haben mir das Einmaleins des Fashion-Business beigebracht. Ohne sie hätte ich Philipp Plein höchstwahrscheinlich gar nicht erst kennengelernt.

Die Idee, ein Buch über Philipp Plein zu schreiben, wäre bloß eine Idee geblieben, wenn nicht mein Agent Tommy Schmoll bei mir angerufen, »Tobi, was machst du eigentlich?« gefragt und mich über Exposé, Kapitelaufriss, Probekapitel bis zum Manuskript geführt hätte; wenn Susanne Ruoff nicht meine inneren Blockaden weggesprengt hätte; und wenn Sabine Niemeier und Valérie Thieme von Bastei Lübbe nicht an das Projekt geglaubt und sich mit Verve dafür eingesetzt hätten.

Philipp Plein, seiner Mutter Hanne, ihrem Mann Klaus Dieth und all denen, die mit mir für dieses Buch gesprochen haben, danke ich für ihre Zeit und das Vertrauen, das sie mir gewährt haben.

Grundlegend war und ist die Unterstützung meiner Familie gewesen. Das sind meine Großeltern, meine Eltern, meine Schwiegereltern und vor allem meine Frau Sara, die Liebe meines Lebens.